COURS

DE

DROIT CIVIL FRANÇAIS.

COURS

DE

DROIT CIVIL FRANÇAIS,

TRADUIT DE L'ALLEMAND

DE M. C. S. ZACHARIÆ,

PROFESSEUR A L'UNIVERSITÉ DE HEIDELBERG;

REVU ET AUGMENTÉ, AVEC L'AGRÉMENT DE L'AUTEUR,

PAR M. C. AUBRY,

PROFESSEUR DE DROIT CIVIL A LA FACULTÉ DE STRASBOURG,

ET M. C. RAU,

PROFESSEUR SUPPLÉANT A LA MÊME FACULTÉ.

TOME PREMIER.

STRASBOURG,

F. LAGIER, LIBRAIRE-ÉDITEUR, RUE MERCIÈRE, 10.

1839.

STRASBOURG, IMPRIMERIE DE G. SILBERMANN,
PLACE SAINT-THOMAS, 3.

PRÉFACE

DES TRADUCTEURS.

———

L'ouvrage dont nous offrons la traduction jouit en Allemagne d'une réputation justement acquise. Quatre éditions, dont la dernière paraît en ce moment, suffisent pour attester la faveur avec laquelle il y a été accueilli.

On trouvera peut-être étonnant que des Français aillent demander à l'Allemagne un ouvrage sur le Code civil, tandis qu'il existe en France d'excellens commentaires et de savans traités soit sur l'ensemble, soit sur les diverses parties de ce Code.

En rendant hommage aux travaux des auteurs qui, depuis la publication du Code civil, ont contribué aux progrès de la science du Droit en France,

nous croyons cependant qu'ils ont laissé une lacune
à combler, un besoin à satisfaire. Nous avons senti
ce besoin sur les bancs de l'école; nous l'avons senti
plus vivement encore, lorsqu'après les avoir quittés,
nous avons voulu nous livrer à l'étude approfondie
de notre législation civile.

Nous cherchions un livre, à l'aide duquel nous
pussions systématiser les connaissances que nous
avions acquises, un livre qui nous offrît un plan
d'études pour les connaissances que nous avions à
acquérir encore. Ce livre, nous sommes forcés de
le dire, dût notre déclaration blesser la suscepti-
bilité nationale, ce n'est point en France, c'est en
Allemagne que nous l'avons trouvé; et dès ce moment nous avons conçu le dessein de donner la
traduction d'un ouvrage dont nous ne saurions
mieux faire apprécier le mérite spécial qu'en indiquant les vues d'après lesquelles il a été écrit.

« Enchaîner d'une manière systématique les dif-
« férentes matières qui forment l'objet du Droit ci-
« vil français; rattacher les dispositions de la loi à des
« principes certains; présenter à l'occasion des ques-
« tions controversées, soit le résumé de mes investi-
« gations ou de celles de mes devanciers, soit du
« moins l'indication des commentateurs qui ont dis-
« cuté ces questions, et celle des arrêts qui les ont
« décidées; justifier et corroborer par des citations
« d'autorités puisées dans la jurisprudence et dans
« la doctrine, tous les points sur lesquels la loi a pu
« laisser quelques doutes; en un mot, exposer dans

« un ordre méthodique l'ensemble et les détails du
« Droit civil français, de manière à satisfaire tout à
« la fois les exigences de la science et les besoins de la
« pratique; — tel est, dit M. Zachariæ, le but que
« je me suis proposé d'atteindre.

Et ce but, nous le dirons sans crainte d'être dé-
mentis, a été complétement atteint par la méthode
et le plan de l'ouvrage. Le texte des paragraphes
contient, sous la forme dogmatique, l'exposé des
principes qui régissent chaque matière, et l'indication des conséquences les plus importantes qui en
découlent. Cependant le cours de M. Zachariæ n'est
point un de ces manuels purement dogmatiques
dont les assertions s'adressent moins à la raison
qu'à la foi ; c'est un traité raisonné où toutes les propositions sont justifiées par des arguments dont le
lecteur est à même de vérifier l'exactitude, ou du
moins appuyées d'autorités auxquelles il lui est facile de recourir.

Des notes nombreuses placées au bas de chaque
page, contiennent en effet l'indication des sources
auxquelles ont été puisés les principes énoncés dans
le texte, avec la citation des auteurs qui les ont en-
seignés, et des arrêts qui les ont proclamés. Ces notes
renferment également la justification, le développement et l'application des propositions émises dans
le texte. On y trouve enfin l'explication des difficultés que présente la lettre de la loi et la solution des
questions que son silence a fait naître. Ainsi le cours
de M. Zachariæ, aussi riche en détails que nourri

de doctrine, allie de la manière la plus heureuse la pratique à la théorie, et réunit tous les avantages de la méthode exégétique à ceux d'un enseignement dogmatique. Cependant ce cours ne se compose que de quatre volumes in-8°. Il serait difficile de réaliser mieux que ne l'a fait notre auteur le précepte *multa paucis.*

Le plan adopté par M. Zachariæ ne consiste pas dans un arrangement plus ou moins arbitraire des matières dont se compose le Code civil. Il est conçu, d'après un ordre logique d'une rigueur telle que chaque matière vient nécessairement, et d'elle-même, pour ainsi dire, prendre la place qu'elle occupe. Tout en intervertissant l'ordre matériel des dispositions du Code, il en facilite l'intelligence par la liaison et l'enchaînement qu'il établit entre elles.

Voici, du reste, l'indication sommaire de ce plan et des considérations sur lesquelles il est fondé.

Avant d'entrer dans le détail des préceptes du Droit civil qui régit une nation, la science doit faire connaître les origines, les développemens histori-ques et la forme actuelle des divers élémens dont ce Droit se compose. Tel est l'objet de l'introduction placée en tête de l'ouvrage sur le Droit français en général et le Droit civil français en particulier.

Le Droit civil a une double tâche à remplir. Il doit, d'une part, après avoir indiqué les conditions auxquelles l'homme devient capable d'acquérir et d'exercer des droits civils, énumérer et régler ces droits eux-mêmes. Il doit, d'autre part, exposer les moyens de les faire valoir, et la marche à suivre dans l'emploi de ces moyens : de là la division du Cours en Droit civil théorique et en Droit civil pratique; de là encore, la subdivision du Droit civil théorique en deux parties.

La première partie, intitulée de l'état civil, traite de la capacité juridique et des circonstances qui peuvent exercer quelque influence sur cette capacité. Tout le premier livre du Code civil, à l'exception des titres V à IX, est expliqué dans cette première partie, où l'homme est envisagé comme personne juridique, abstraction faite des droits qu'il peut avoir en cette qualité suivant les diverses positions dans lesquelles il se trouve placé.

La seconde partie traite des droits qui peuvent appartenir aux personnes sur les objets du monde extérieur avec lesquels elles se trouvent en rapport. Or ces objets ne doivent pas être envisagés seulement dans leur individualité, mais encore comme faisant partie intégrante d'une universalité juridique. (*Patrimoine.*) La seconde partie se trouve ainsi divisée en deux livres.

Le premier s'occupe des droits sur les objets du monde extérieur, envisagés dans leur individualité. Ces objets étant des choses ou des personnes, ce livre se partage de nouveau en deux divisions, dont la première traite des droits réels et la seconde des droits personnels.

Parmi les droits réels viennent se ranger la propriété, les servitudes personnelles et réelles, les hypothèques et les priviléges sur les immeubles. Cette première section, dans laquelle sont accessoirement exposés les priviléges sur les meubles, comprend ainsi l'explication du second livre du Code, du titre XVIII, et de la majeure partie du titre XX du troisième livre.

La seconde section est consacrée aux droits personnels. Une personne pouvant être ou simplement obligée envers une autre à une prestation quelconque, ou se trouver soumise à sa puissance, cette seconde section comprend d'une part la théorie des obligations, d'autre part celle des droits de puissance et de famille.

Dans la théorie des obligations sont exposés les titres III, IV, VI à XVII du troisième livre du Code, à l'exception des règles relatives à la preuve des obligations. Les titres V à IX du premier livre et le titre V du troisième livre sont expliqués dans la théorie des droits de puissance et de famille qui naissent du mariage, de la reconnaissance et de la légitimation des enfants naturels, et de l'adoption.

Le second livre, dans lequel les objets des droits de l'homme sont envisagés comme parties intégrantes d'un patrimoine, est aussi partagé en deux divisions. La première contient la théorie générale du patrimoine, dans laquelle se trouve entre autres, l'explication des titres XVI et XIX du troisième livre du Code sur la contrainte par corps et l'expropriation forcée.

La seconde divison a pour objet l'acquisition du

patrimoine d'une personne décédée. (*Hérédité.*) Elle renferme les règles qui régissent les successions *ab intestat* et testamentaires, et traite accessoirement des donations entre-vifs et des legs à titre particulier. On y trouve par conséquent le développement des titres I et II du troisième livre du Code.

En traitant, à la fin de l'ouvrage, du Droit civil pratique, l'auteur ne s'occupe que des moyens de faire valoir les droits civils. La procédure, c'est-à-dire, l'ensemble des règles concernant la marche à suivre dans l'emploi de ces moyens, se trouve donc exclue du plan de l'ouvrage, qui n'embrasse dans la partie relative au *Droit civil pratique* que la théorie des actions, celle des preuves et celle de la prescription extinctive.

Tel est en résumé le plan du Cours de M. Zachariæ. Les bornes d'une préface ne nous ont pas permis de le développer davantage : le lecteur pourra y suppléer en recourant aux tables qui se trouvent à la fin de chaque volume. Toutefois nous devons appeler son attention sur les introductions qui précèdent les principales divisions de l'ouvrage, et qui présentent, sur les matières auxquelles elles se rapportent, des aperçus historiques, des vues critiques et des notions générales de la plus haute utilité pour l'intelligence des dispositions du Code.

Nous terminerons par quelques explications sur notre mode de traduction.

En nous astreignant à la reproduction exacte de l'original, sans nous permettre d'y apporter aucune

modification, le Cours, dont nous publions la traduction, et dont la troisième édition date de 1827,
n'aurait point été, en 1837, au courant des progrès
de la science. Un travail de simple traduction n'eût
donc pas rempli le but que nous devions nous proposer d'atteindre. Nous aurions pu, il est vrai, accom-
pagner la traduction de notes spéciales, dans lesquelles nous aurions exposé nos opinions particulières et fait entrer nos additions. Mais une semblable
combinaison présentait, outre la difficulté de son
exécution matérielle, l'inconvénient de grossir dé-
mésurément le volume de l'ouvrage, et d'en augmenter considérablement le prix.

D'après ces considérations, nous avons préféré soumettre l'ouvrage de M. Zachariæ à un remaniement
qui pût faire considérer notre traduction comme une
nouvelle édition française de cet ouvrage. Nous ne
pouvions entreprendre un semblable travail que du
consentement de l'auteur, qui a daigné nous l'accorder avec une bienveillance dont nous le prions de
recevoir nos remercîmens publics. M. Zachariæ a
fait plus encore; il a revu notre manuscrit, il a bien
voulu nous éclairer de ses conseils, et nous encoura-
ger par ses concessions[1]. Aussi sommes-nous bien
rarement restés divisés d'opinion avec l'auteur. C'est

1 La précipitation avec laquelle nous avons été forcés de livrer
à l'impression la fin du second volume, ne nous a pas permis de
soumettre à M. Zachariæ la théorie *des obligations* et celle *de la
vente*. Nous devons donc assumer sur nous la responsabilité des
nombreuses additions et des changemens que nous avons faits à
cette partie de l'ouvrage.

dans ces cas seulement que nous avons cru devoir signer les notes que nous avons ajoutées.

Quel que soit le jugement que l'on portera sur notre traduction, du moins on y reconnaîtra, nous aimons à le croire, une œuvre entreprise par amour de la science, et consciencieusement accomplie. La longueur et les difficultés du travail ne nous ont pas rebutés. Nous ne regretterons pas le temps que nous y avons consacré, si nous avons le bonheur de voir accueillir avec quelque intérêt un ouvrage qui, s'éloignant des routes jusqu'à présent suivies en France, élève le Droit civil à la hauteur d'une véritable science, et qui nous paraît ainsi éminemment propre à répandre le goût des études sérieuses, dont la nécessité est aujourd'hui généralement comprise.

ADDENDA ET CORRIGENDA.

Page 36, ligne 23. Ajoutez à la Bibliographie de la législation criminelle : *Traité théorique et pratique du Droit criminel français, ou Cours de législation criminelle*, par Rauter; Paris, 1836; 2 vol. in-8°.

Page 47, note 9, ligne 3. Au lieu de *qui accorde à la loi*, lisez *qui confère à la loi*.

Page 72, ligne 13. Au lieu de *faire droit*, lisez *dire droit*.

Page 76, ligne 17. Ajoutez ce qui suit :

La loi du 30 juillet 1828 vient d'être abrogée par celle du 1er avril 1837.

L'art. 1er de cette dernière loi reproduit, à peu de chose près, l'art. 1er de la loi du 30 juillet 1828. Mais l'art. 2 contient des innovations importantes. Il est ainsi conçu : « Si le deuxième arrêt ou « jugement est cassé par les mêmes motifs que le premier, la Cour « royale ou le tribunal auquel l'affaire est renvoyée, se conformera « à la décision de la Cour de cassation sur le point de droit jugé par « cette Cour. »

Ainsi, d'après la législation actuelle :

1° Le juge saisi, après une seconde cassation, est lié par l'arrêt de la Cour suprême.

2° Le renvoi qui suit une seconde cassation ne se fait pas nécessairement à une Cour royale. La cause doit être renvoyée à un tribunal du degré de celui qui a rendu la décision annulée.

3° L'obligation d'en référer au roi après une seconde cassation, n'est plus imposée à la Cour suprême.

4° Toutefois l'arrêt de cette Cour n'a point, hors de la cause pour laquelle il a été rendu, l'autorité d'une interprétation authentique. Les tribunaux saisis de questions identiques à celles que cet arrêt a décidées, ne sont point obligés de s'y soumettre.

Page 83, ligne 7. Ajoutez à la Bibliographie sur l'ensemble de l'histoire du Droit français : *Histoire du Droit français*, par Laferrière; Paris, 1837; 2 vol in 8°.

Page 116, ligne 3. Ajoutez à la suite de cette ligne : Ces divisions ont été modifiées par une ordonnance du 31 décembre 1835. Les lois et ordonnances d'intérêt général sont, à partir de 1836, publiées dans une seule et même partie. Une autre partie, appelée *partie supplémentaire*, contient les ordonnances d'intérêt local ou individuel.

Page 150, ligne 17. Au lieu de *et 130 du Code*, lisez 254 *et* 255 *du Code*.

Page 158, ligne 9. Au lieu de *depuis* 1793, lisez *depuis* 1791.

Page 168, ligne 12. Au lieu de *ceux qui résultent*, lisez *certains droits résultant*.

Page 181, ligne 21. Ajoutez à la Bibliographie de la tutelle : *Code de la minorité et de la tutelle*, par Marchand ; Paris, 1835 ; 1 vol. in·8°.

Page 196, ligne 23. Au lieu de *art.* 732, lisez *art.* 982.

Page 312, note 13, ligne 36. Au lieu de *à dater de cette époque*, lisez *à dater de l'envoi en possession provisoire.*

Page 313, ligne 4. Supprimez le mot *à* qui se trouve au milieu de cette ligne.

Page 445, lignes 7 et 8. Effacez les mots *a cela de commun avec l'interruption qu'elle.*

Page 445 *in fine*. Supprimez la note 16.

Page 450, note 11, ligne 3. Au lieu de *Duranton*, II, 596 ; IV, III, lisez *Duranton, des Contrats*, II, 596 ; IV, 1114.

EXPLICATIONS DES ABRÉVIATIONS.

arg. art. . . . . signifie *argument tiré de l'article.*

cpr. . . . . — *comparez.*

cbn. . . . . — *combiné.*

op. vº et loc. citt. . . — *opere, verbo et loco citatis.*

cep. . . . . — *cependant.*

OBSERVATIONS SUR LE MODE DE CITATION.

Les ouvrages sur l'ensemble du Code civil, tels que ceux de MM. Delvincourt, Duranton, Toullier, Proudhon (*Des personnes*) et Lassaulx, ne sont cités que par les noms de leurs auteurs. Les traités et les commentaires qui s'occupent spécialement de certaines parties du Code, sont indiqués par le nom de l'auteur et par le titre de l'ouvrage, à moins qu'ils ne soient cités dans la matière sur laquelle ils ont été écrits, auquel cas on se borne à les désigner par le nom de l'auteur. Ainsi, par exemple, dans la matière de l'usufruit, le *Traité de l'usufruit* de M. Proudhon est simplement indiqué par le nom de cet auteur.

A la suite de ces indications se trouvent deux numéros, l'un en chiffres romains, l'autre en chiffres arabes; le premier indique le volume, le second le numéro. Quand les volumes ne sont pas divisés par numéros, le chiffre arabe indique la page; ce chiffre est alors ordinairement précédé d'un *p.*

Les commentateurs sont en général cités d'après l'article du Code sous lequel se trouve le commentaire.

Ce mode de citation est aussi quelquefois employé pour le cours de Code civil de M. Delvincourt. La table numérique des articles du Code, qui se trouve à la fin de cet ouvrage, rend très-facile la recherche du passage indiqué. L'ouvrage de M. Delvincourt est aussi cité par le volume et par la page *des notes et explications.*

Le Répertoire et les Questions de M. Merlin, le Répertoire de M. Favard de Langlade, la Collection alphabétique de M. Dalloz et le grand ouvrage de M. Locré sur la législation civile et criminelle de la France, sont cités de la manière ordinaire.

Il en est de même des arrêts et des recueils qui les contiennent.

DROIT CIVIL FRANÇAIS.

INTRODUCTION.

Sources. — *Code civil, art.* 1-6. — Bibliographie. — *Introduction à l'étude du Code civil*, par F. de Lassaulx. Paris, 1812, in-8'. — *Introduction à l'étude philosophique du droit*, par Lherbette. Paris, 1819, in-8°. — *Introduction à l'étude du droit français et à l'étude du droit naturel, à l'usage des étudians en droit*, par Boulage. Paris, 1821, in-8°. — *Manuel des étudians en droit et des jeunes avocats, recueil d'opuscules de jurisprudence*, par Dupin. Paris, 1835, un vol. in-18. — *Guide moral et intellectuel de l'étudiant en droit*, par Baillet. Paris, 1835, un vol. in-18.

DE LA JURISPRUDENCE EN GÉNÉRAL.

§ 1.

Le droit est l'ensemble des lois, à l'observation desquelles il est permis d'astreindre l'homme par une coërcition extérieure ou physique. La connaissance du droit est l'objet de la jurisprudence[1].

[1] En droit romain, le mot jurisprudence (*jurisprudentia*) se prenait exclusivement pour désigner la science du droit. Chez nous, cette expression s'applique également à l'ensemble des solutions plus ou moins concordantes, données par les tribunaux aux questions de droit qui leur sont soumises. (Jurisprudence des arrêts,

§ 2.

Le droit est ou naturel ou civil.

Le droit naturel est celui qui règle les rapports des hommes dans l'état de nature [1]. Le droit civil (*jus civile in sensu lato*) est celui auquel sont soumis les hommes constitués en société civile [2]. Ce dernier seul trouve une sanction extérieure dans l'appui que lui prête la force publique, les hommes ayant organisé des sociétés civiles ou des états, afin que le droit fût protégé par la force, et la force comprimée par le droit.

Le droit civil a pour objet, soit la constitution de l'État, soit l'exercice de la puissance publique; en d'autres termes son but est de *constituer* d'une part les pouvoirs sociaux, de déterminer de l'autre les règles d'après lesquelles ils devront *gouverner*. Le droit civil [3] est donc *constitutionnel* [4] ou *gouvernemental* [5].

usus fori.) Telle est, même aujourd'hui, l'acception habituelle de ce mot, acception qui tire son origine de la haute considération dont les décisions judiciaires ont toujours joui en France. V. Merlin, *Rép.*, v° Jurisprudence. Lassaulx, I, 4.

[1] Nous ne concevons l'état de nature que comme une abstraction. En entrant dans les idées de l'auteur, nous définirions le droit naturel, l'ensemble des principes juridiques qui règlent les rapports des hommes considérés fictivement comme vivant dans un état extra-social. (*Note des traducteurs.*)

[2] « Quod quisque populus ipse sibi jus constituit, id ipsius pro- «prium civitatis est, vocaturque jus civile, quasi jus proprium «ipsius civitatis. » § I. *Inst. de jur. nat. gent. et civ.* (1, 2.)

[3] Ordinairement, et à l'exemple des jurisconsultes romains, § 4, *Inst. de justitia et jure* (1, 1), on divise le droit civil en public et privé. Cette division n'est pas rigoureusement exacte : il peut, à la vérité, exister des lois qui ne concernent que l'intérêt privé, et d'autres qui ne concernent que l'intérêt public; mais il en est aussi qui touchent à la fois à l'un et à l'autre. Telles sont, par exemple, les lois sur les délits et les peines.

[4] Prise dans son acception ordinaire, l'expression *droit constitutionnel* désigne l'ensemble des principes fondamentaux sur lesquels repose le droit civil.

[5] L'expression *gouvernemental* emporte un sens beaucoup plus

Ce dernier se subdivise en autant de parties qu'il y a de sphères différentes dans lesquelles la puissance publique peut être appelée à manifester son action. Ainsi le droit civil (*jus civile in sensu stricto*) fait partie du droit gouvernemental, puisqu'il détermine la marche à suivre par la puissance publique dans les affaires civiles[6].

§ 3.

Les nations doivent être considérées comme des personnes morales. Le droit international ou des gens (*jus inter gentes*) est donc aussi ou naturel ou civil, suivant que les peuples vivant entre eux dans l'état de nature restent propres juges de leurs démêlés, ou qu'unis par un lien fédératif, leurs rapports sont déterminés par une législation uniforme, et leurs différends jugés par une juridiction commune. On peut ranger dans cette dernière catégorie les États-Unis du nord de l'Amérique, et jusqu'à un certain point les États de la confédération germanique.

Le droit des gens[1] se trouve sous plus d'un rapport en contact avec le droit particulier de chaque État et son administration judiciaire. Cette connexité se fait surtout

large que celui que les auteurs français donnent au mot *administratif*. Le droit administratif, dont nous donnerons la définition au § 47, ne forme qu'une partie de ce que nous appelons ici droit gouvernemental.

[6] Le titre de cet ouvrage ne se rapporte qu'au droit civil (*in sensu stricto*), dont nous indiquerons l'objet au § 22. A partir du § 5, ce sera exclusivement dans leur sens restreint que nous emploierons les mots *droit civil*.

[1] *Le droit des gens*, par Vattel, nouv. édit. Paris, 1820; 3 vol. in-8°. — *Traité de droit politique et de diplomatie, appliqué à l'état actuel de la France*, par Battur. Paris, 1822; 2 vol. in-8°. — *Institution du droit de la nature et des gens*, par Gérard de Rayneval; nouv. édit. Paris, 1832; 2 vol. in-8°. — *Code diplomatique, ou Recueil des traités de paix, d'alliance,* etc., depuis 1789, par Portiez (de l'Oise); 4 vol. in-4°.

sentir dans les matières concernant les prérogatives des am-
bassadeurs[2], les conséquences juridiques des conquêtes[3],
la force obligatoire des traités politiques[4], la juridiction
des consuls commerciaux[5], les fonctions des agens diplomatiques, considérés comme officiers de l'état civil[6].

DU DROIT FRANÇAIS.

§ 4.

Notion et division de ce droit.

Le droit français est le droit civil (cpr., § 2) ou national
des Français. Il se compose des coutumes et des lois françaises non abrogées. Les lois sont, dans l'acception étendue de ce mot, toutes les règles obligatoires, émanées des
autorités compétentes d'après la constitution en vigueur
à l'époque où elles ont été posées.

Quoique les lois rendues depuis l'établissement du con-

---

[2] Merlin, *Rép.*, v° Ministre public, sect. V.

[3] Merlin, *Rép.*, v° Hypothèque, sect. II, § 3, art. 6, n° 4,
questions 3 et 4. (L'auteur y traite de l'influence de la conquête
sur l'efficacité des titres authentiques, et des jugemens émanés
des autorités d'un pays conquis.); v° Loi, § 6, n° 9. (L'auteur
y parle de l'influence de la conquête sur l'autorité des lois.) v^{is} Réunion, § 1; Souveraineté, § 8.

[4] Les juges doivent-ils appliquer d'office et à l'instar des lois les
dispositions des traités politiques? Voy. Merlin, *Rép.*, v°. Jugement, § 7 *bis*. Ces traités perdent-ils, par le seul effet d'une
guerre, leur force obligatoire pour le juge? Voy. Merlin, *Rép.*,
v°. Succession, sect. I, §. 2, art. 4, n° 2. Civ. cass., 15 juillet
1811. Sir., XI, 1, 301; et le décret du 20 décembre 1810.

[5] Merlin, *Rép.*, v° Consuls des marchands, § 2.

[6] Merlin, *Rép.*, v° État civil, § 2, sur les art. 47 et 48 du Code
civil.

sulat forment la partie la plus importante du droit français actuellement en vigueur, il n'en est pas moins vrai que ce droit comprend aussi toutes les lois rendues d'âge en âge, depuis l'origine de la monarchie, à l'exception seulement de celles dont l'application serait contraire à la règle : *lex posterior derogat priori.*

La Charte de 1814 et celle de 1830 ont confirmé, la première explicitement, la seconde implicitement, les lois existant en France à l'époque de leur promulgation [1].

§. 5.

Des sources du droit français actuel.

Les principales sources du droit français actuel sont :

1° Les lois ; cette expression, prise dans le sens restreint que lui ont attribué les constitutions françaises, désigne, d'après la Charte du 9 août 1830, les préceptes juridiques proposés par l'une des trois branches du pouvoir législatif [1], adoptés librement par la majorité de chacune des deux chambres, après discussion publique, et sanctionnés pas le roi [2].

Suivant les constitutions impériales, les lois étaient les préceptes juridiques, proposés par le gouvernement, et adoptés par le corps législatif.

Les lois, *in sensu stricto*, forment la source la plus importante du droit français.

[1] « Le Code civil et les lois actuellement existantes, qui ne sont « pas contraires à la présente Charte, restent en vigueur, jusqu'à « ce qu'il y soit légalement dérogé. » (Charte de 1814, art. 68.)

« Toutes les lois et ordonnances, en ce qu'elles ont de contraire « aux dispositions adoptées pour la réforme de la Charte, sont, dès « à présent et demeurent annulées et abrogées. » (Charte de 1830, art. 70.)

[1] Sous l'empire de la Charte de 1814, l'initiative des lois, c'est-à-dire le droit de les proposer, n'appartenait qu'au roi. (Art. 16.)

[2] Charte constitutionnelle de 1830, art. 14-18. Le mot *lois*, employé ici d'une manière restreinte, comprend dans un sens plus large toutes les sources du droit écrit. Voy. § 4.

2° Les ordonnances royales, et sous l'empire les décrets impériaux.

Les ordonnances royales sont l'œuvre du roi, à qui seul appartient la puissance exécutive; elles ne peuvent avoir pour objet que l'exécution des lois [3].

Les décrets impériaux [4] émanaient de l'empereur que les constitutions de l'empire avaient chargé de faire tous les réglemens nécessaires pour l'exécution des lois [5].

Napoléon régnant en maître souverain outrepassa très-souvent les pouvoirs qui lui avaient été conférés: cependant ses décrets les plus inconstitutionnels ont été confirmés par une jurisprudence à peu près constante [6], fondée sur ce que le sénat, seule autorité compétente pour

---

[3] Dans l'ancienne monarchie, les ordonnances des rois de France réglaient tout à la fois les objets aujourd'hui réservés au pouvoir législatif, et ceux qui sont encore maintenant du domaine de la puissance exécutive. — D'après l'art. 14 de la Charte de 1814, le roi avait le droit de faire les réglemens et ordonnances nécessaires pour l'exécution des lois *et la sûreté de l'État*. Ces dernières expressions ont été remplacées dans l'art. 13 de la Charte de 1830 par la phrase suivante : « *Sans pouvoir jamais ni suspendre les* « *lois elles-mêmes, ni dispenser de leur exécution.* »

[4] On désignait sous le terme de *statuts impériaux*, les décrets ayant spécialement pour objet, soit de régler l'organisation du palais et de la maison de l'empereur, soit de déterminer les droits et devoirs des membres composant la famille impériale. S. C. 28 floréal an XII, art. 14. Ces statuts ne sont pas obligatoires pour les membres de la famille royale actuelle.

Dans les circulaires ministérielles, on trouve quelquefois invoquées des décisions orales, rendues par l'empereur sur le rapport d'un ministre. La force obligatoire de ces décisions semble devoir se déterminer d'après les principes relatifs aux circulaires elles-mêmes.

[5] Constitution, 22 frimaire an VIII, art. 44. Merlin, *Rép.*, v° Loi, § 3.

[6] Voy., par exemple, req. rej., 18 janvier 1821 et crim. rej. 3 octobre 1822, Sir., XXII, 1, 57 et 394; crim. cass., 12 décembre 1823, Sir., XXIV, 1, 184; crim. cass., 4 août 1827 et 26 avril 1828, Sir., XXVIII, 1, 26 et 333; crim. rej. 1er septembre 1831, Sir., XXXI, 1, 353; cour des pairs, 20 septembre 1831, arrêt Montalembert; voy. aussi Dalloz, jp. gén., v° Lois, sect. I, art. 2, § 2, n° 7.

annuler ces actes, et les priver de toute efficacité, n'usa jamais du droit que lui donnait à cet égard l'art. 21 de la constitution du 22 frimaire an VIII.

3° Les avis du conseil d'État. Entre autres attributions, le conseil d'État avait celle de développer le sens des lois; toutefois ses avis ne devenaient obligatoires que lorsqu'ils avaient été approuvés par le chef du gouvernement[7].

Aujourd'hui le droit d'interpréter la loi d'une manière authentique[8] est réservé au pouvoir législatif. Cpr. § 39.

4° Les sénatus-consultes, ou résolutions du sénat[9]. Les sénatus-consultes dont l'objet était de statuer sur les points qui tenaient à l'organisation du corps politique, n'offrent d'intérêt en droit civil qu'autant que ce dernier se trouve en contact avec le droit constitutionnel.

5° Les circulaires et décisions ministérielles. Obligatoires pour les employés du gouvernement, elles ne lient point les tribunaux, lorsqu'elles décident des questions de droit civil[10].

---

[7] Art. 8, 9 et 11 du réglement du 5 nivôse an VIII; art. 2, loi du 16 septembre 1807. — Aussi les avis du conseil d'État portent-ils ordinairement une double date; celle du jour où ils ont été rendus, et celle du jour où ils ont été approuvés; lorsqu'ils ne sont cités que sous une seule date, c'est d'après celle de leur approbation.

[8] Quoique la Charte de 1814 eût virtuellement enlevé au conseil d'État et au chef du gouvernement l'interprétation législative ou authentique, on prétendit pendant long-temps, et jusqu'à la promulgation de la loi du 30 juillet 1828, que le roi avait conservé une espèce d'interprétation judiciaire. Voy. avis du conseil d'État du 27 novembre — 17 décembre 1823; ordonnance du 23 janvier 1828.

[9] Sur les fonctions et les pouvoirs du sénat; voy. constit. du 22 frimaire an VIII, art. 15-25; le sénatus-consulte organique du 16 thermidor an X, art. 54 et suiv., et celui du 28 floréal an XII, art. 57 et suiv.

[10] Mauguin, *Bibliothèque du barreau*, année 1808, t. I, p. 316. Ce principe a été admis par la jurisprudence. Req. rej., 11 janvier 1816, Sir. XVI, 1, 366. Req. rej., 8 décembre 1825, Sir. XXVI, 1, 202.

§ 6.

Continuation. Les cinq Codes.

Au premier rang des lois françaises, il faut, sans contredit, placer les cinq Codes; savoir : 1° Le Code civil;
2° le Code de procédure civile; 3° le Code de commerce;
4° le Code d'instruction criminelle; 5° le Code pénal, ou
Code des délits et des peines [1]. Ces Codes renferment sur
les matières civiles, commerciales et criminelles, un ensemble tellement clair, concordant et complet, que de
toutes les législations européennes, il en est peu qui
puissent être comparées à la législation française. Tous ces
Codes, préparés et discutés de la même manière, ont été
promulgués sous le règne d'un prince dont la puissance
n'est plus aujourd'hui pour l'Europe un sujet d'effroi,
mais dont les lois sont toujours l'objet de la reconnaissance des Français. Les travaux pacifiques du monarque
législateur sont donc plus durables que les hauts faits
d'armes du conquérant [2] !

Il existe plusieurs éditions des cinq Codes, ainsi qu'une
foule d'ouvrages, où leur texte est accompagné de notes
plus ou moins détaillées. De ce nombre sont: *Les cinq
Codes annotés*, par Desenne. Paris, 1819, in-8°. *Les cinq
Codes annotés de toutes les décisions et dispositions interprétatives*, par J. B. Sirey, et L. M. de Villeneuve. Paris, 1833, 1 vol. in-4°. *Manuel de droit français*, par

---

[1] Un sixième Code a été promulgué le 21 mai 1827, sous le titre
de Code forestier; il se compose de 225 articles, et règle, soit
dans l'intérêt public, soit dans l'intérêt privé, tout ce qui touche
d'une manière spéciale aux matières forestières. L'art. 218 de ce
Code a formellement abrogé toutes lois, ordonnances, édits et
déclarations, arrêts du conseil, arrêtés et décrets, et tous réglemens intervenus, à quelque époque que ce soit, sur les matières
qui s'y trouvent réglées. Cpr., § 15, note 8.

[2] *Napoléon-le-Grand, considéré comme législateur*, etc., par
L. Rondonneau.

J. B. J. Pailliet, 8ᵉ édition. Paris, 1832, 1 vol. in-4°. Cet
ouvrage a été reçu avec grande faveur. Les observations
qu'il contient se sont petit à petit tellement accrues, qu'elles
forment presqu'un commentaire.

I. DU CODE CIVIL.

§. 7.

1. *Description de ce Code.*

Le Code civil renferme la théorie du droit civil général
(*jus civile generale*. Cpr., § 25) accompagnée de quelques notions pratiques (de procédure). Toutes les lois
dont il se compose ont été réunies et promulguées sous la
forme de Code, le 30 ventôse an XII, (21 mars 1804.)
Ce Code contient 2281 articles cotés d'après une seule
série de numéros; il est divisé en trois livres précédés d'un
titre préliminaire[1] qui traite des lois en général, de leur
promulgation et publication, et comprend les art. 1-6.
Le premier livre est intitulé *des Personnes* (art. 7-515);
le second *des Biens et des différentes modifications de la
propriété* (art. 516-710); le troisième *des différentes manières dont on acquiert la propriété* (art. 711-2281.)
Chaque livre est de nouveau divisé en titres: les titres en
chapitres, et ainsi de suite[2].

[1] Le projet de la commission était précédé d'un livre préliminaire, rédigé par Portalis, et intitulé *du Droit et des lois en général*. Les articles dont il se composait ont été, les uns conservés
dans le titre préliminaire du Code, ou transportés au titre des obligations, les autres retranchés, comme appartenant à la doctrine
et non à la loi.

[2] On peut avec fondement critiquer, sous plus d'un rapport,
l'ordre dans lequel se suivent les différentes matières du Code civil. Voy. Bucher, *Sur l'ordre scientifique du Code Napoléon*, dans
les archives de Dabelow, P. V, 1ᵉʳ cahier.

§ 8.

2. *Notions historiques sur le Code civil. —*
Introduction.

Avant la révolution, la France, divisée en pays de droit écrit et de coutumes, n'était point soumise à une législation civile uniforme. Le droit romain formait dans les provinces de droit écrit la source principale du droit civil; en pays coutumier cette source consistait dans les diverses coutumes des villes et des provinces. Les ordonnances des rois étaient seules obligatoires dans tout le royaume.

On avait à différentes époques formé le projet de donner à la France un Code général de droit civil: ces essais étaient restés sans résultat[1]; cependant de nombreux travaux tant sur le droit positif[2] que sur la philosophie du droit, et la science de la législation[3] avaient aplani les difficultés de cette entreprise.

§ 9.

Travaux préparatoires pendant la révolution.

L'ancien droit français se trouvait en opposition directe

[1] C'est ainsi que, sous le règne de Henri III, et par ordre de ce prince, Barnabé Brisson rédigea un Code composé en partie des ordonnances alors en vigueur, en partie de dispositions nouvelles. Ce Code fut dans la suite augmenté et commenté par d'autres jurisconsultes, entre autres par Charondas; mais il n'obtint jamais force de loi. Voy. Merlin, *Rép.*, vᵘ Code, § 3.

[2] Les auteurs français qui se sont servis du droit romain pour expliquer ou commenter le droit coutumier, en ont en général apprécié les préceptes d'après les principes du droit naturel. Le caractère distinctif de leurs ouvrages, et surtout de ceux de Pothier, consiste dans la préférence donnée à l'élément philosophique sur l'élément historique du droit.

[3] Montesquieu, *De l'esprit des lois. Théorie des lois civiles*, par Linguet; Paris 1774, 2ᵉ édit., 3 vol. in-12. *La science de la législation*, par G. Filangieri; traduit de l'italien par J. A. Gauvain-Gallois; Paris, an VII, 2ᵉ édit., 7 vol. in-8°.

avec les principes consacrés par la révolution, et principalement avec l'unité de l'État, la séparation des pouvoirs spiri-
tuel et temporel, l'égalité devant la loi, et l'abolition de la
féodalité. Aussi les lois rendues pendant cette période furent-
elles rédigées dans un esprit directement contraire aux principes jusqu'alors adoptés en fait de mariage, de puissance
paternelle, de successions et de propriété. On aurait voulu
tout réformer, et faire disparaître jusqu'au dernier ves-
tige de l'ancien ordre de choses. Mais en législation il ne
suffit pas de détruire, il faut immédiatement reconstruire,
et comment l'aurait-on fait au milieu du tumulte de cette
époque? On dut dès-lors se contenter de remplacer par de
nouvelles dispositions celles qui étaient tout-à-fait in-
conciliables avec l'ordre de choses qui venait de s'établir.
Ce procédé avait ses inconvéniens. Bientôt le droit civil ne
se composa plus que de fragmens incohérens qui contras-
taient souvent d'une manière tranchante les uns avec les
autres. Ainsi, par exemple, les priviléges des diverses provinces avaient été abolis, le territoire avait reçu une nouvelle division, et cependant on était obligé de conserver
provisoirement la distinction en pays de droit écrit et de
coutumes. Un nouveau Code civil pouvait seul porter dans
ce chaos l'ordre et la lumière.

L'assemblée constituante le sentait parfaitement, lorsqu'elle insérait dans *la Constitution* du 3 — 14 septembre 1791 un article qui ordonnait la confection d'un Code
de lois civiles communes à tout le royaume.

Malheureusement l'assemblée législative qui succéda à
l'assemblée constituante, ne travailla pas à mettre la législation en harmonie avec une constitution, que bien loin
de vouloir fortifier, elle cherchait à détruire.

La convention enfin s'occupa de la rédaction d'un Code
civil. C'était pour elle le seul moyen de rajeunir la France
républicaine. Sa commission de législation reçut donc
la mission de jeter les fondemens de ce travail; et le
9 août 1793, le représentant Cambacérès présenta un

projet de Code civil qui était presque entièrement son ouvrage[1]. Ce projet n'obtint pas l'assentiment de l'assemblée;
elle pensa que, trop empreint des anciennes idées, il ne
faisait point une part assez large aux principes qu'elle considérait comme devant exclusivement convenir à la nouvelle France[2]. La convention, en rejetant le travail de
Cambacérès, prit la résolution de nommer une commission de philosophes chargée de rédiger un nouveau projet
plus conforme à l'esprit de l'époque. Cette résolution n'eut
pas de suite.

Le règne de la terreur ayant été renversé au 9 thermidor an II, on fit un nouvel essai qui ne fut pas suivi de
plus heureux résultats. On décréta, à la vérité, quelques
articles d'un nouveau projet que Cambacérès avait présenté le 23 fructidor an II[3]; mais des affaires plus pres-
santes arrêtèrent la continuation des travaux.

Lorsque la constitution de l'an III, par laquelle fut établi le gouvernement directorial, eut fait naître l'espérance
de jours plus paisibles, on mit derechef la main à l'œuvre.
Le 24 prairial an IV, un troisième projet concordant en
grande partie avec celui de 1793, fut soumis par Cambacérès au conseil des cinq-cents[4]. Toutefois ce représentant étant sorti de cette assemblée en l'an V, et les relations politiques des deux conseils devenant de jour en jour
plus embarrassées et plus difficiles, l'entreprise si souvent
commencée ne put encore cette fois être terminée.

C'est dans cet état que se trouvaient les choses, lorsque

---

[1] *Plan de Code civil et uniforme pour toute la république française,*
par Durand de Maillane. Paris, 1793, brochure in-8° de 163 pages.

[2] Le contraste qui existe entre ce projet et le Code civil fait
cependant bien ressortir le caractère de l'époque où il fut conçu.
Les matières concernant le mariage, la puissance paternelle et les
successions y sont traitées d'une manière qui semblait devoir satisfaire les vues de la convention.

[3] *Rapport sur le Code civil,* par Cambacérès. Paris, 2 vol. in-8°.

[4] *Projet de Code civil, présenté au conseil des cinq-cents au nom
de la commission de classification des lois,* par Cambacérès. Paris,
4 vol. in-8°.

l'élévation de Napoléon à la dignité de premier consul ouvrit une ère nouvelle pour la France.

§ 10.

Rédaction du Code civil.

La loi du 19 brumaire an VIII, qui établit le gouvernement consulaire, annonçait dans son art. 14 la prochaine publication d'un Code de lois civiles. Aussi, dès que le nouveau gouvernement eut reçu son organisation définitive, vit-on commencer les travaux préparatoires du Code civil.

Le 24 thermidor an VIII, les consuls, auxquels appartenait alors l'initiative des lois, nommèrent une commission chargée de rédiger un projet de Code civil : elle fut composée de Tronchet, président à la cour de cassation; Portalis, commissaire du gouvernement près du conseil des prises; Bigot-Préameneu, commissaire du gouvernement près la cour de cassation, et Malleville, juge en la même cour.

Les membres de la commission se partagèrent les différentes matières; le travail de chacun d'eux se discuta en assemblée générale chez Tronchet, président de la commission. En quatre mois, le projet fut terminé. Imprimé[1] dans le mois de pluviôse an IX, il fut immédiatement soumis à l'appréciation de la cour de cassation et des tribunaux d'appel qui accélérèrent tellement la remise de leurs observations[2], que la discussion au conseil d'État

---

[1] *Projet de Code civil, présenté par la commission nommée par le gouvernement,* le 24 thermidor an VIII. Paris, an IX, 1 vol. in-8°.

[2] *Observations des tribunaux d'appel et du tribunal de cassation sur le projet de Code civil;* Paris, an IX—X, 4 vol. in-8°. *Conférence des observations des tribunaux sur le projet de Code civil,* an IX-X, 4 vol. in-8°. *Analyse des observations des tribunaux d'appel et du tribunal de cassation, rapprochées du texte,* par Crussaire; Paris, 1804, 1 vol. in-4°.

commença dans le courant de la même année. Chaque
titre était d'abord examiné en présence des membres de
la commission de rédaction par la section de législation
du conseil d'État ; après avoir reçu les modifications que
cette section jugeait nécessaires, il était imprimé et distribué à tous les membres de ce conseil. La discussion s'en-
tamait ensuite sous la présidence du premier consul [3], ou
de Cambacérès, dans l'assemblée générale du conseil d'État
à laquelle assistaient les commissaires rédacteurs. Chaque
titre plus ou moins amendé y était adopté ou renvoyé
à la section de législation pour subir une nouvelle rédaction. Les titres définitivement adoptés étaient, comme
projet de loi, portés au corps législatif par des orateurs
que le gouvernement chargeait d'en exposer les motifs,
et d'en soutenir la discussion. Le corps législatif renvoyait
ces projets de loi au tribunat qui les discutait à son tour
sur un rapport présenté par un des membres de sa section
de législation, et donnait ensuite à des orateurs choisis
dans son sein la mission d'exprimer le vœu qu'il avait
émis pour leur adoption ou leur rejet [4]. Après avoir entendu les conclusions du tribunat et les nouveaux développemens que les commissaires du gouvernement ju-
geaient à propos de donner, le corps législatif statuait,
par scrutin secret et sans délibération préalable, sur le
sort de la loi proposée [5].

[3] On trouve dans les archives de Gœnner une dissertation très-
intéressante concernant l'influence que Napoléon exerça personnellement sur la rédaction du Code civil.

[4] Le tribunat ne pouvait proposer aucun amendement, et le
corps législatif devait adopter ou rejeter purement et simplement
les projets de loi qui lui étaient soumis. Constitution du 22 frimaire an VIII, art. 28 et 34.

[5] *Procès-verbaux du conseil d'État, contenant la discussion du
projet de Code civil;* Paris, an X—XII, 5 vol. in-4°. Cet ouvrage ne
contient pas dans leur intégralité les procès-verbaux du conseil
d'État ; ils sont insérés d'une manière plus complète dans les recueils de MM. Fenet et Locré. (Voy. la note 7.) On trouve les délibérations du conseil d'État sur le Code civil, rangées d'après l'ordre

C'est d'après ce mode que le gouvernement présenta au corps législatif, vers la fin de 1801, trois projets de loi qui, pour lors, ne furent point décrétés, mais qui formèrent plus tard, et à peu de changemens près, le titre préliminaire et le commencement du premier livre du Code civil.

Le corps législatif avait rejeté le premier de ces projets, conformément au vœu du tribunat qui se proposait de conclure également au rejet du second, à raison de ses dispositions sur la mort civile et le droit d'aubaine, lorsque le gouvernement rendit, le 13 nivôse an X, un arrêté par lequel il retirait tous les projets de loi déjà présentés. L'exécution du plan formé par le gouvernement de donner un Code civil au peuple français, parut dès-lors pour long-temps ajourné. « Le temps n'est pas encore venu, disait le message adressé au corps législatif, à l'occasion du retrait de ces projets de loi, où l'on portera dans ces grandes discussions le calme et l'unité d'intentions qu'elles demandent. » Cependant, le besoin d'un Code civil était si pressant, que l'ajournement ne fut pas de longue durée.

Le tiers du corps législatif et du tribunat ayant été renouvelé, et les membres de cette dernière assemblée ayant été réduits à cinquante, par le sénatus-consulte du 16 thermidor an X, on se remit à l'œuvre avant la fin de l'an X, et dans le cours des deux années suivantes, le corps législatif décréta, au fur et à mesure de leur présentation, les différentes lois qui composent aujourd'hui le Code civil.

On suivit dans la rédaction, la délibération et l'adoption de ces lois, la marche que nous avons ci-dessus indiquée. Cependant, avant d'être portés au corps législatif, les différens projets furent, au moyen d'une communication offi-

---

des articles, dans l'ouvrage intitulé : *Conférence du Code civil avec la discussion particulière du conseil d'État et du tribunat*, par Favard; Paris, 1812, 8 vol. in-8° et in-12. L'éditeur, membre de la section de législation du tribunat, a inséré dans son ouvrage les observations qu'elle présenta lors de la communication officieuse. Les procès-verbaux contenant la discussion au tribunat n'ont jamais été publiés.

cieuse, soumis par le gouvernement à l'examen de la section de législation du tribunat; et les observations qu'elle présenta, soit par écrit, soit verbalement, lors de ses conférences avec la section de législation du conseil d'État, ne furent pas sans influence sur la rédaction définitive du Code civil [6].

Enfin, la loi du 30 ventôse an XII (21 mars 1804) réunit, sous le titre de Code civil des Français, les différentes lois qui, destinées dès l'origine à former un corps complet de droit civil, n'avaient cependant été décrétées et promulguées que partiellement et à des époques différentes [7].

§ 11.

Nouvelle édition du Code civil.

Le gouvernement impérial ayant remplacé la république, il fallut, pour mettre le Code civil en harmonie avec le nouvel ordre de choses, lui faire subir différentes modifica-

[6] Les exposés des motifs, les rapports faits au tribunat, les discours prononcés au corps législatif, se trouvent dans les ouvrages suivans : *Code civil des Français, suivi de l'exposé des motifs sur chaque loi,* etc. ; Paris, 1804, 8 vol. in-12. (Cet ouvrage est la continuation de la conférence dont il a été question dans la note précédente.) *Code civil, avec les discours des orateurs du gouvernement,* etc. Paris, 1804, 8 vol. in-8°. *Recueil des lois composant le Code civil, avec les discours,* etc. Paris, chez Rondonneau, 1803-1804, 9 vol. in-8°. *Motifs du Code civil, extraits textuellement des discours, rapports et opinions, prononcés au corps législatif et au tribunat, avec des notes,* etc. Paris, 1825, in-8°.

[7] Des collections, comprenant l'ensemble des travaux préparatoires du Code civil, ont été publiées sous les titres suivans : *Recueil complet des travaux préparatoires du Code civil, contenant sans morcellement:* 1° *le texte du projet;* 2° *celui des observations du tribunal de cassation et des tribunaux d'appel;* 3° *toutes les discussions littéralement puisées, tant dans les procès-verbaux du conseil d'État que dans ceux du tribunat;* 4° *et les exposés des motifs, rapports et discours, tels qu'ils ont été prononcés au corps législatif et au tribunat, par Fenet;* Paris, 1827 et 1828, 15 vol. in-8°. *Législation civile, criminelle et commerciale de la France, par Locré.*

tions. Le 24 août 1807, le gouvernement soumit donc au corps législatif une nouvelle édition du Code civil, qui fut décrétée par cette assemblée le 3 septembre suivant.

Les modifications portèrent plutôt sur les mots que sur le fond des choses[1]. Le Code changea son ancien nom contre celui de Code Napoléon. Les termes qui se rapportaient au gouvernement républicain, furent remplacés par des expressions correspondant à une constitution monarchique. Voyez par exemple les art. 1 et 980.

Du reste, les principes posés par le Code civil n'éprouvèrent, tant que dura le gouvernement impérial, d'autre modification essentielle que celle résultant de l'introduction des majorats; et le nombre des lois rendues pendant cette période, pour éclaircir ou compléter le droit civil, est lui-même peu considérable[2].

§ 12.

Introduction du Code civil en d'autres États.

Le Code civil étendit au loin son empire, et commanda pour ainsi dire partout où se fit entendre la parole puissante du conquérant qui lui avait donné son nom.

Il reçut force de loi dans tous les pays qui furent suc-

Paris, 1827-1832, 31 vol. in-8°. Les seize premiers volumes se rapportent au Code civil. Ce dernier recueil, plus étendu que le premier, en ce qu'il comprend la discussion publique et particulière des cinq Codes, est moins complet en ce qui concerne spécialement le Code civil, puisqu'il ne contient pas les observations du tribunal de cassation et des tribunaux d'appel.

[1] On ne rencontre dans cette nouvelle édition que fort peu d'additions ou de retranchemens. Voy. cependant les art. 17, 427, 896, 2261. Tous ces changemens se trouvent indiqués dans l'*Esprit du Code Napoléon*, par Locré; tom. V de l'édition in-4°, et tom. VI de celle in-8°.

[2] On en trouvera quelques-unes dans la matière des hypothèques légales et judiciaires, et dans celle du prêt de consommation.

TOME I.   2.

cessivement réunis à la France, en Italie[1], dans le royaume de Hollande[2], dans les départemens anséatiques[3] et dans le grand-duché de Berg[4].

Il fut introduit dans le grand-duché de Varsovie, où il forme encore en grande partie la base de la législation[5].

Il fut admis par la ville libre et anséatique de Dantzig, et par plusieurs États de l'Allemagne, entre autres par les grands-duchés de Baden, de Francfort, de Nassau, et par le royaume de Westphalie.

Les souverains de plusieurs autres pays allemands, notamment le grand-duc de Darmstadt, avaient formé le projet de le promulguer dans leurs États. Déjà l'on croyait entrevoir, dans son introduction en Allemagne, le moyen d'y rendre uniforme la législation civile, et de réaliser ainsi un projet qui comptait de nombreux partisans, lorsque la bataille de Leipzig (16 octobre 1813) lui enleva l'autorité dont il avait joui jusqu'alors dans les provinces allemandes de la rive droite du Rhin.

Ce Code n'a conservé sa force obligatoire que dans les départemens de la rive gauche restitués par la France, et dans les grands-duchés de Baden et de Berg.

Traduit dans presque toutes les langues de l'Europe[6], le Code civil, quoique déchu de sa puissance matérielle,

[1] Décret du 30 mars 1806, art. 2.
[2] Décret du 18 octobre 1810, art. 114.
[3] Sénatus-consulte du 13 décembre 1810.
[4] Décret impérial du 17 décembre 1811, art. 8.
[5] Dans le courant de l'année 1820, l'empereur de Russie, roi de Pologne, nomma une commission chargée de rédiger un nouveau Code civil sur les bases du Code Napoléon; plusieurs parties de son travail ont déjà été promulguées.
[6] En allemand, par Daniels, Cologne, 1810; par Lassaulx, Coblence, 1807; par Spielmann, Strasbourg, 1808. En anglais, sous le titre suivant: *The C. N. verbally translated, from the french by Bryan Barret; London*, 1811, 2 vol. in-8°. En latin: *Codex gallorum civilis è patrio in latinum sermonem translatus, studio B. Gibault;* Paris, 1806, in-8°. En espagnol: *Codigo Napoleon, traducido el castellano,* Madrid, 1809. En polonais, il existe deux traductions: l'une de Szaniawsky, l'autre de Staviersky.

ne cessera pas de jouir d'une autorité morale bien méritée, et d'exercer une influence sensible sur le développement des législations européennes.

§ 13.

Histoire du Code civil depuis la restauration.

La charte de 1814 maintint, par son art. 68, la force obligatoire du Code Napoléon, auquel elle restitua le nom de Code civil. Ce Code constitue encore aujourd'hui [1] le droit général de la France en matière civile, quoique différentes lois, rendues depuis 1814, aient porté une atteinte essentielle au système d'après lequel il avait été rédigé : telles sont par exemple, la loi du 8 mai 1816 sur l'abolition du divorce; la loi du 14 juillet 1819 relative à l'abolition du droit d'aubaine et de détraction, et celle du 17 mai 1826 sur les substitutions.

§ 14.

3. Conséquences de la promulgation du Code civil par rapport à la force obligatoire des lois antérieures.

Ces conséquences ont été déterminées par l'art. 7 de la loi du 30 ventôse, an XII (Cpr. § 10, *infine*), ainsi conçu : « A compter du jour où ces lois (celles qui composent le » Code civil) sont exécutoires, les lois romaines, les ordon- » nances, les coutumes générales ou locales, les statuts, les » réglemens cessent d'avoir force de loi générale ou parti- » culière, dans les matières qui sont l'objet des dites lois » composant le présent Code. »
Toutes les lois *(in sensu lato)* ayant le droit civil pour

---

[1] La Charte de 1830, art. 59, a également maintenu le Code civil.

objet, ont donc été abrogées d'une manière absolue, c'est-à-dire non-seulement en tant que la nouvelle législation contient des dispositions incompatibles avec l'ancienne, mais par cela seul que les matières formant l'objet de lois antérieures, se trouvent réglées par le Code civil [1]. Ce principe ne reçoit exception que dans les cas où ce Code rappelle et confirme le droit ancien, Cpr. art. 645, 650, 663, 671 et 674.

Le droit romain en particulier n'a donc plus aujourd'hui force de loi en France; il n'a d'autre autorité que celle que lui confère, en l'absence de toutes dispositions législatives, sa concordance avec le droit philosophique, qui lui a si justement mérité le titre de *raison écrite*[2]. On ne pourrait dès-lors fonder un moyen de cassation sur la violation ou la fausse application d'une loi romaine [3]. Cpr. § 39.

Les lois anciennes, qui n'ont pas le droit civil pour objet [4] ou qui ne s'occupent que de certaines spécialités de ce droit non réglées par le Code civil [5] (*jus civile speciale*, Cpr. § 25) n'ont été abrogées qu'autant que les dispositions de ce Code se trouvent directement ou par voie de

---

[1] Colmar, 7 juin, 1808, Sir., IX, 2, 168. Chabot, quest. transit., I, 3. L'art. 1907 a donné lieu, dans les pays réunis à la France postérieurement à la promulgation du Code civil, à la question de savoir si les lois antérieures fixant le taux de l'intérêt, devaient encore y être appliquées. La question a été résolue en sens divers par les arrêts suivants : Turin, 2 mai 1807, Sir., VIII, 2, 89; Bruxelles, 10 janvier 1810, Sir., X, 2, 343.

[2] Locré, tom. I, introduction.

[3] Cpr. Merlin, quest., vº Cassation, § 14.

[4] Civ. cass., 1er février 1813, Sir., XIII, 1, 113. Cet arrêt juge que la promulgation du Code civil, dans un pays réuni à la France, n'a point détruit les effets de la mort civile encourue par suite de profession religieuse, les lois relatives à cet objet étant plus politiques que civiles.

[5] Civ. cass., 3 novembre 1812, Sir., XIII, 1, 152. Cet arrêt décide que le Code civil, et notamment l'art. 1622, n'est point applicable aux matières forestières régies par un droit spécial. Cpr., § 25.

conséquence en opposition avec celles de la législation spéciale antérieure[6].

§ 15.

4. *Des sources du Code civil.*

Les sources principales auxquelles ont puisé les rédacteurs du Code civil sont :

1° Les coutumes et surtout celles de Paris : elles ont été spécialement mises à profit dans les dispositions concernant l'autorisation maritale, les servitudes légales des bâtimens, les successions, la communauté entre conjoints et le bail à cheptel. En général, on remarque que les rédacteurs du Code ont donné au droit coutumier la préférence sur le droit romain, dans presque toutes les matières sur lesquelles les coutumes avaient admis des principes qui leur étaient propres. La raison en est simple : le droit coutumier était le droit de la majorité des Français, et la plupart des membres de la section de législation du conseil d'État étaient originaires des pays de coutume.

2° Le droit romain : il a principalement servi de guide dans les matières relatives à la propriété, aux servitudes autres que celles ci-dessus dénommées, aux obligations et aux conventions.

3° Les ordonnances royales : elles ont fourni de nombreux matériaux, surtout en ce qui concerne les actes de l'état civil, les donations et testamens et les substitutions.

4° Le droit intermédiaire, c'est-à-dire les lois rendues depuis la révolution : on les a nommément consultées en

---

[6] Encore faut-il distinguer si la disposition abrogée par le Code civil pour cause d'incompatibilité, constitue ou non, avec le restant de l'ancienne loi, un tout indivisible. En cas d'affirmative, l'ancienne loi est abrogée dans son entier ; dans l'hypothèse contraire, on doit appliquer simultanément les dispositions du Code civil et celles des lois anciennes qui seraient compatibles avec les règles que ce code a introduites.

fait de mariage, de puissance paternelle, de priviléges et d'hypothèques.

Toutes les doctrines puisées dans ces différentes sources[1] ont été complétées, modifiées et coordonnées entre elles de manière à former un tout harmonique.

Les parties les mieux traitées sont, sans contredit, celles qui ont été calquées sur l'ancien droit. On peut cependant reprocher aux rédacteurs du Code d'avoir reproduit plusieurs dispositions qui sont peu compatibles avec certains préceptes de la nouvelle législation, ou qui, n'étant que les conséquences de principes qu'elle a rejetés, se trouvent aujourd'hui sans base[2]. Des objections d'une nature beaucoup plus grave pourraient, à juste titre, être élevées contre la partie du Code à laquelle le droit intermédiaire a servi de fondement.

§ 16.

5. *De l'esprit qui a présidé à la rédaction du Code civil, et du mérite de cet ouvrage*[1].

Il faudrait avoir l'esprit bien prévenu, soit pour contester au Code civil l'excellence de sa rédaction, soit pour lui dénier le mérite d'avoir soigneusement observé la ligne de démarcation qui sépare une œuvre législative d'un ou-

[1] *Conférence du Code civil avec les lois anciennes, par Dard.*, 3ᵉ édit.; Paris, 1827, 1 vol. in-8°, ou in-4°. *Code civil avec les sources où toutes ses dispositions ont été puisées, par Dufour; Paris, 1806, 4 vol. in-8°.*

[2] Pourquoi, par exemple, faut-il encore que les témoins, assistant à la confection d'un testament mystique, soient précisément au nombre de sept, lorsque le testateur ne sait pas signer? Art. 997. Pourquoi a-t-on admis le partage de la succession entre les lignes paternelle et maternelle, dans les cas prévus par les art. 746 et 752? Pourquoi les immeubles des époux sont-ils exclus de la communauté légale? Art. 1404.

[1] *Des caractères distinctifs du Code Napoléon, par Fr. de Lassaulx;* Paris, 1811, in-8°.

vrage scientifique sur la législation[2]; et malgré quelques taches çà et là répandues, qui déparent l'ensemble d'ailleurs si remarquable de ce Code, il restera toujours un sujet d'étonnement pour qui réfléchira au court espace de temps dans lequel il a été fait.

Les principes fondamentaux sur lesquels ont été basés les préceptes du Code civil, sont les suivans :

Les Français sont égaux devant la loi.

Le droit civil ne peut dépendre des croyances religieuses.

La loi doit protéger la liberté individuelle, et garantir l'inviolabilité de la propriété.

Elle doit prendre les mesures nécessaires pour empêcher que, par des conventions particulières tendant à établir d'une manière permanente l'inégalité des fortunes, on ne compromette l'égalité devant la loi[3].

La plupart de ces principes ne sauraient être contestés que par des personnes qui chercheraient les bases de la législation, plutôt dans l'intérêt de certaines classes, que dans le droit et l'intérêt de la généralité des citoyens. Il en est deux cependant dont le mérite est susceptible de controverse. C'est en premier lieu la séparation du droit civil et du droit ecclésiastique, qui a trouvé en France et à l'étranger de nombreux contradicteurs. C'est en second lieu la restriction apportée, dans un esprit tout démocratique, à la liberté des conventions particulières. Nous nous dispenserons de rappeler les argumens à l'aide desquels on a attaqué et défendu ces principes, en nous bornant à faire remarquer qu'il ne faut juger un ouvrage que d'après les bases sur lesquelles il repose : *Contrà negantem principia non est disputandum.*

---

[2] Il est facile, au moyen de cette distinction, de réfuter la plupart des reproches dirigés contre l'insuffisance des dispositions du Code. Cependant certaines matières, par exemple celles des enfans naturels et du contrat de mariage auraient dû recevoir des développemens plus étendus.

[3] Cpr., art. 896, et 913.

Or, on est forcé de reconnaître que les rédacteurs du Code se sont toujours montrés fidèles aux idées fondamentales qu'ils avaient adoptées. On ne les a blâmés que d'avoir quelquefois poussé trop loin les conséquences de ces idées, et de n'avoir pas toujours pris la route la plus convenable pour arriver au but qu'ils avaient en vue [4].

Le premier de ces défauts se fait remarquer d'une manière sensible dans les matières du divorce et de la puissance paternelle. La liberté, pour ainsi dire illimitée, accordée aux époux, en ce qui concerne le divorce [5], a été combattue par les personnes les plus disposées à séparer entièrement le contrat civil du sacrement. Quant à la puissance paternelle, les liens en ont été relâchés au point de compromettre les intérêts les plus sacrés de l'humanité.

Le Code civil se ressent ici de l'influence de l'époque à laquelle il fut rédigé, époque encore trop agitée par les passions et les souvenirs de la révolution.

Le second défaut dont nous avons parlé, se fait sentir dans le régime hypothécaire : les nombreux écrits dont il a été l'objet, la multiplicité des procès auxquels il a donné lieu, les pertes incalculables qu'il a fait éprouver aux capitalistes, prouvent suffisamment la nécessité d'une révision dans cette partie de la législation [6].

---

[4] On a fait encore aux rédacteurs du Code le reproche d'avoir adopté sur l'ordre des successions un système qui n'a aucun but déterminé, aucun esprit qui lui soit propre. Toullier, IV, 141-148.

[5] Le Code admettait, en effet, le divorce par consentement mutuel. *Divortium bona gratia.* Cpr., art 275 et suiv.

[6] Combien de procès n'a pas fait naître l'art. 2148! Le législateur a commis une grave inconséquence en dispensant de la nécessité de l'inscription l'hypothèque des femmes mariées et des mineurs. Voy. *De la nécessité et des moyens de perfectionner la législation hypothécaire,* par Hua; Paris, 1812, 1 vol. in-8°. *Du danger de prêter sur hypothèque et d'acquérir des immeubles, ou vues d'amélioration du régime hypothécaire et du cadastre combinés entre eux,* par Decourdemanche, 3e édit.; Paris, 1830, 1 vol. in-8°. *Du régime hypothécaire,* par Louis Wolowski, dissertation insérée dans la *Revue de législation et de jurisprudence* (tom. 1er, p. 35 et 276).

II. DU CODE DE PROCÉDURE CIVILE.

§ 17.

Le Code de procédure contient, en 1042 articles, les règles sur la manière de procéder devant les justices de paix, les tribunaux civils de première instance, les tribunaux de commerce et les cours royales. Ce Code est divisé en deux parties; la première est subdivisée en cinq livres, la seconde en deux.

La procédure civile avait été réglée par l'ordonnance de 1667, rendue sous le règne de Louis XIV.

Des lois postérieures et la jurisprudence, avaient cependant apporté tant de modifications aux règles introduites par cette ordonnance, la pratique y avait découvert tant de défauts et de lacunes, que bien avant la révolution, la nécessité d'un nouveau Code de procédure civile s'était fait généralement sentir. Ce besoin devint plus pressant, lorsqu'en 1790 les tribunaux furent soumis à une nouvelle organisation. En l'an V, on chercha à le satisfaire; un projet de loi[1] fut à cet effet présenté au Conseil des Cinq-Cents par la commission de classification des lois; mais la gloire de terminer cette entreprise devait encore être réservée à Napoléon. Une commission, composée de Treilhard, conseiller d'État, Séguier, premier président de la cour d'appel de Paris, Berthereau, président du tribunal de première instance de la Seine, et Pigeau, ancien avocat au Châtelet, fut chargée, sous le gouvernement consulaire,

L'ouvrage de M. Grenier, sur les hypothèques, renferme aussi différentes vues pour l'amélioration du système hypothécaire.

[1] Projet de Code de procédure civile, présenté au conseil des Cinq-Cents au nom de la commission de classification des lois, le 2 germinal an V.; Paris, an V, 1 vol. in-8°.

de préparer un projet de Code de procédure civile. Le projet de cette commission [2], soumis d'abord à l'appréciation de la cour de cassation et des cours d'appel [3], discuté ensuite de la même manière que le Code civil, fut, en 1806, présenté au corps législatif, qui le convertit en loi dans le courant de la même année. Toutefois, le Code de procédure civile ne devint obligatoire qu'à dater du 1er janvier 1807. Art. 1041, Code de procédure civile [4].

Ce Code, traduit comme le Code civil en différentes langues [5], a reçu force de loi dans plusieurs pays, par exemple en Westphalie et dans le grand duché de Berg.

Les effets de la promulgation du Code de procédure, relativement à la force obligatoire des lois qui réglaient autrefois la manière de procéder, sont absolument les mêmes que ceux que la publication du Code civil a produits sur l'autorité des lois qui régissaient anciennement les matières formant l'objet de ce dernier Code. Art. 1041, Code de procédure civile. Cpr. § 14.

Quant à l'influence de la promulgation du Code de procédure sur les dispositions du Code civil, elle se détermine en général par la maxime : *Lex posterior derogat priori.* Cependant, le Code de procédure ayant été destiné à for-

[2] Projet de Code de procédure civile, présenté par la commission nommée par le gouvernement; Paris, an XII, 1 vol. in-4°.

[3] Le travail de la cour de cassation mérite, tant sous le rapport pratique que sous le point de vue théorique, une attention toute particulière. Cette cour avait proposé de faire précéder le Code d'un livre contenant les règles relatives à la théorie des actions, des exceptions et de la juridiction, règles qui forment en effet le point de départ de la procédure. Le projet de loi qu'elle avait présenté à ce sujet n'a point été adopté, mais la théorie qui s'y trouve développée n'en a pas moins servi de guide aux rédacteurs du Code de procédure. Voy. *Observations de la cour de cassation sur le projet de Code de procédure civile*, Sir., IX, 1, 1.

[4] Cpr. Avis du conseil d'État du 6 janvier—16 février 1807, sur l'instruction des procès intentés avant et depuis le 1er janvier 1807.

[5] En allemand, par Daniels; Cologne, 1807. Par Lassaulx; Coblence, 1807.

mer, avec le Code civil, un corps complet et homogène de
législation, il faut, d'après la règle *lex generalis non
derogat speciali*, et à moins que l'intention de déroger ne
résulte clairement du texte du Code de procédure, interpréter les préceptes de cette loi générale sur la forme de
procéder, de manière à les faire concorder avec les dispositions du Code civil, qui contiendraient des règles spéciales de procédure[6].

Les sources auxquelles ont puisé les rédacteurs du Code
de procédure sont, d'une part, les lois anciennes sur la
manière de procéder en justice, notamment l'ordonnance
de 1667[7]; d'autre part, les lois rendues pendant la révolution, sur la procédure et l'organisation judiciaire[8]. Ces
différentes lois, et la discussion au conseil d'État[9], sont
les principaux matériaux à consulter pour l'interprétation
de ce Code[10].

La bibliographie de la procédure est très-riche en bons
ouvrages; nous n'en citerons que les principaux.

Esprit du Code de procédure, par Locré; Paris, 1816,
5 vol. in-8°. Cet ouvrage est fait d'après le même plan que
l'*Esprit du Code Napoléon,* du même auteur. *Cours de
procédure civile,* par Berriat Saint-Prix; Paris, 1825,
5e édition, 2 vol. in-8°. *Introduction à la procédure civile,*

[6] Cpr. La matière du divorce.

[7] Le commentaire le plus remarquable de cette ordonnance est
celui de Jousse, 2e édit.; Paris, 1767, 2 vol. in-12.

[8] *Recueil des lois concernant l'organisation judiciaire, composé en
exécution de l'avis du conseil d'État du 7 janvier 1813,* par Dupin
aîné; Paris, 1818, 2 vol. in-8°.

[9] On trouvera dans la *Législation commerciale et criminelle de la
France,* par Locré (vol. XXI, XXII et XXIII), la discussion au
conseil d'État, les observations du tribunat, et la discussion publique au corps législatif.

[10] Pour connaître les particularités qui distinguent la procédure
française de celle en usage dans d'autres pays, on peut consulter
l'ouvrage intitulé : *Der gemeine deutsche Process in Vergleichung
mit dem preussischen und franzœsichen Civilverfahren, und mit den
neuesten Fortschritten der Processgesetzgebung,* par Mittermaier;
Bonn, 1823 et suiv.

par Pigeau, 5ᶜ édit. revue par Poncelet; Paris, 1834, 1 vol. in-8°. *La procédure civile des tribunaux de France, démontrée par principes, et mise en action par des formules*, par Pigeau, 5ᶜ édit., avec notes par Crivelli; Paris, 1833, 2 vol. in-4°. *Commentaire sur le Code de procédure civile*, par Pigeau, revu et publié par Poncelet et Lucas-Championnière; Paris, 1827, 2 vol. in-4°. *Les lois de la procédure civile*, par Carré, 2ᵉ édition; Rennes, 1829, 3 vol. in-4°. *Théorie de la procédure civile*, précédée d'une *Introduction*, par Boncenne. L'ouvrage doit avoir 4 vol in-8°; jusqu'à présent, il n'en a paru que trois. *Cours de procédure civile française*, par Rauter; Paris et Strasbourg, 1834, 1 vol. in-8°.

§ 18.

De l'organisation du notariat.

Il existe des rapports intimes entre la procédure et l'institution du notariat, telle qu'elle a été organisée par la loi du 25 ventôse an XI[1].

Cette institution joue en France un rôle plus important qu'en Allemagne; les notaires y ont des pouvoirs plus étendus, l'efficacité de leurs actes y est plus pleine et plus entière. La raison de cette différence est facile à saisir : les notaires ayant été, jusqu'à la dissolution de l'empire d'Allemagne, nommés directement ou indirectement par l'empereur, les princes auxquels ces officiers étaient pour ainsi dire imposés, cherchaient à restreindre autant que possible le cercle de leurs attributions.

En France, les notaires jouissent, à l'instar des juges, du droit d'apposer la formule exécutoire[2] aux actes de

---

[1] *Organisation du notariat, contenant la loi du 25 ventôse an XI, les motifs de cette loi et le rapport fait au tribunat*, par Favard de Langlade; Paris, 1803, 1 vol. in-12.

leur ministère. Cette formule confère aux actes qui en sont revêtus[3], exécution parée; en d'autres termes, elle les rend exécutoires par eux-mêmes, sur la simple réquisition des parties intéressées, et indépendamment de toute sanction judiciaire; ce n'est tout au plus que dans le cas où leur exécution est arrêtée par une opposition qu'il peut devenir nécessaire de recourir à justice.

Les notaires sont soumis, en ce qui concerne l'exercice de leurs fonctions, à une surveillance spéciale exercée par les chambres de notaires. Arrêté du gouvernement du 2 nivôse an XII.

Les ouvrages les plus utiles à consulter sur le notariat, sont les suivans : *Cours de notariat*, par J.-B Augan, 2ᵉ édit.; Paris, 1829, 1 vol. in-8°. *Clef du notariat, ou Exposition méthodique des connaissances nécessaires à un notaire*, par Ledru; 3ᵉ édit.; Paris, 1834, 1 vol. in-8°. *Le parfait notaire, ou la Science des notaires*, de Ferrière, nouv. édit. par Massé; 6ᵉ édit.; Paris, 1828, 3 vol. in-4°. *Jurisprudence et style du notaire*, par Massé et Lherbette; Paris, 1823-1830, 9 vol. in-8°. *Répertoire de*

[2] La formule exécutoire est ainsi conçue :

N. (le prénom du roi), roi des Français, à tous présens et à venir, salut :

Savoir faisons que (suit copie de l'acte notarié ou du jugement, laquelle est ensuite terminée ainsi :)

«Mandons et ordonnons à tous huissiers sur ce requis de mettre «les présentes à exécution, à nos procureurs-généraux, et à nos «procureurs près les tribunaux de première instance d'y tenir la «main, à tous commandans et officiers de la force publique d'y «prêter main-forte, lorsqu'ils en seront légalement requis.

[3] La minute (*instrumentum litteris minusculis scriptum*) est l'original de l'acte reçu, soit par un notaire, soit par tout autre officier public. On appelle expédition une copie de cet original. La grosse (*instrumentum literis grossis scriptum*) est une expédition revêtue de la formule exécutoire.

En principe général, le notaire doit garder par devers lui la minute de tous les actes qu'il reçoit, à moins que la loi ne lui ait spécialement accordé la faculté de la remettre aux parties; c'est ce qu'on appelle alors un acte en brevet.

la législation du notariat, par Favard; 2ᵉ édit.; Paris, 1829 - 1830, 2 vol. in-4°. *Dictionnaire du notariat*, par une Société de jurisconsultes et de notaires; 3ᵉ édit.; Paris, 1832 et suiv., 6 vol. in-8°. *Répertoire de la jurisprudence du notariat*, par Rolland de Villargues; Paris, 1827-1831, 7 vol. in-8°. On trouve à la fin du septième volume une notice de tous les ouvrages publiés en France sur le notariat. *Jurisprudence du notariat*, par Rolland de Villargues. Cet ouvrage périodique se publie depuis 1828 : il en paraît annuellement un volume in-8°. *Journal des notaires et des avocats*, par une Société de jurisconsultes et de notaires. Cet ouvrage périodique, qui date du 1ᵉʳ janvier 1808, formait au 1ᵉʳ janvier 1835, 47 vol. in-8° : actuellement il en paraît tous les ans deux volumes.

§ 19.

De l'éloquence judiciaire.

A la différence de ce qui se pratique en Allemagne, où les procès ne se traitent que par écrit, les plaidoiries font en France partie intégrante de la procédure. Il ne sera donc pas inutile de citer ici les meilleurs ouvrages sur l'éloquence judiciaire, et les principaux recueils de plaidoyers :

Anleitung zur gerichtlichen Beredsamkeit, par Zachariæ; Heidelberg, 1810, 1 vol. in-8°. *Essai d'institutions oratoires à l'usage de ceux qui se destinent au barreau*, par Delamalle; Paris, 2 vol. in-8°. *OEuvres du chancelier d'Aguesseau*, nouv. édit., par Pardessus; Paris, 1819 et suiv., 16 vol. in-8°. Les discours du chancelier d'Aguesseau seront toujours, et avec raison, cités comme les véritables modèles du genre. *Collection des chefs-d'œuvre de l'éloquence judiciaire en France*, recueillis par Clair et Clapier; Paris, 1823 - 1827, 18 vol. in-8°. *Annales du barreau français, ou Choix des plai-*

doyers et mémoires les plus remarquables, tant en ma-
tière civile qu'en matière criminelle, par une Société de
jurisconsultes et de gens de lettres. Cet ouvrage, qui doit
avoir 20 volumes in-8°, n'est point terminé; il n'en a paru
jusqu'à présent que 16 vol. On peut aussi consulter l'ouvrage intitulé : *Biographie des principaux magistrats,*
avocats et jurisconsultes, par Lenormand et Charrier.
Cet ouvrage, non encore terminé, doit avoir 12 livraisons.

III. DU CODE DE COMMERCE.

§ 20.

Le Code de commerce est divisé en quatre livres; il se
compose de 648 articles, et contient l'ensemble des lois
civiles relatives aux transactions commerciales terrestres
ou maritimes[1].

On peut diviser en deux classes les dispositions de ce
Code, en rangeant dans la première, celles qui ne sont
que des applications aux affaires commerciales des principes du droit civil général (cpr. § 25), et dans la seconde, celles qui ont apporté à ce droit les modifications
réclamées par les intérêts spéciaux du commerce. Ces dernières dispositions, qui sont les plus nombreuses, ne doivent jamais être appliquées en dehors de l'ordre de choses
pour lequel elles ont été créées[2].

[1] Il renferme aussi quelques dispositions de droit constitutionnel,
notamment celles relatives à l'organisation des tribunaux de commerce (cpr. art. 615-630). La manière de procéder devant ces
tribunaux est réglée par le Code de procédure (art. 414-442);
cependant le Code de commerce contient aussi quelques règles
à cet égard. (Cpr., art. 642 et suiv.)

[2] A cette dernière classe appartiennent, par exemple, les dispositions relatives à la faillite, c'est-à-dire à la cessation de paie-
mens du commerçant. Ces dispositions ne doivent pas être appliquées à la déconfiture, c'est-à-dire à l'insolvabilité du non-com-

Les célèbres ordonnances de 1673, sur le commerce du continent, et de 1681, sur le commerce maritime, rendues sous le règne de Louis XIV et pendant le ministère de Colbert, étaient autrefois les principales sources du droit commercial[3].

La révolution ayant détruit ou changé la plupart des institutions qui se rattachaient au commerce, et modifié toutes les autres parties du droit civil, une révision complète de la législation commerciale devint indispensable. Les consuls nommèrent donc, sous la date du 13 germinal an IX, une commission de sept jurisconsultes et négocians, chargée de rédiger un projet de Code de commerce. Son travail[4], auquel avaient servi de base les ordonnances ci-dessus indiquées, fut terminé l'année suivante, et soumis à l'appréciation des chambres et tribunaux de commerce, des cours d'appel et de la cour de cassation[5]. On

merçant. Dissertations, Sir., XI, 2, 273, et 417; Nancy, 5 novembre 1811, Sir., XII, 2, 382; req. rej., 11 février 1812, Sir., XIII, 1, 124. Duranton, II, 431.

[3] *Explication de l'ordonnance de Louis XIV, concernant le commerce, par Boutaric; Toulouse, 1743, 2 vol. in-4°. Commentaire sur l'ordonnance du commerce, du mois de mars 1673, par Jousse,* avec des *Notes coordonnant l'ordonnance, le commentaire et le Code de commerce, par V. Becanne; Paris, 1828, 1 vol. in-8°. Ordonnance de la marine, du mois d'août 1681,* commentée par Pierre de Merville; Paris, 1714, 1 vol. in-4°. *Nouveau commentaire sur l'ordonnance de la marine, par R. J. Valin; La Rochelle, 1760, 2 vol. in-4°.* Les rédacteurs du Code de commerce ont souvent mis à profit les observations de cet auteur. Une édition entièrement refondue de son ouvrage a paru, en 1809, à Paris, en 1 vol. in-4°, sous le titre suivant: *Le Nouveau Valin, ou le Code commercial et maritime,* etc., par Sanfourche, Laporte et Boucher. Une autre édition, accompagnée de notes par V. Becanne, a été publiée à Paris, en 1828, en 1 vol. in-4°, ou 2 vol. in-8°.

[4] *Projet de Code de commerce, présenté aux consuls de la république française, le 13 frimaire an X, par le ministre de l'intérieur, au nom d'une commission nommée par le gouvernement, le 13 germinal an IX; Paris, an X, 1 vol. in-4° ou in-8°.*

[5] *Observations des tribunaux de cassation et d'appel, des tribunaux et conseils de commerce, sur le projet de Code de commerce; Paris, an XI, 3 vol. in-4°. Observations de la chambre de commerce, sur*

suivit du reste pour la rédaction définitive de ce projet, sa discussion[6] et son adoption, la marche déjà indiquée à l'occasion du Code civil.

Le Code de commerce, entièrement décrété dans le courant de l'année 1807, ne reçut force obligatoire qu'à dater du 1er janvier 1808 ; telle est la disposition de l'art. 1er de la loi du 15 septembre 1807, dont l'art. 2 ajoute: « A da- « ter dudit jour, 1er janvier 1808, toutes les anciennes lois « touchant les matières commerciales sur lesquelles il est « statué par ledit Code, sont abrogées[7]. »

Le Code de commerce, traduit en plusieurs langues[8], a reçu force de loi en différens États.

Les principaux ouvrages sur le Code de commerce et le droit commercial français sont: *Esprit du Code de commerce*, par Locré; nouv. édit. Paris, 1824, 5 vol. in-8°. *Cours de droit commercial*, par Pardessus, quatrième édition. Paris, 1831, 5 vol. in-8°. *Exposition raisonnée de la législation commerciale, ou Examen critique du Code de commerce*, par Vincens. Paris, 1821, 3 vol. in-8°. *Analyse raisonnée du Code de commerce*, par Mongalvy et Germain. Paris, 1824, 2 vol. in-4°. *Questions sur le Code de commerce*, par Horson. Paris, 1829, 2 vol. in-8°. *Cours de droit commercial maritime*, par Boulay-

le projet de *Code de commerce*; Paris, an XII, 1 vol. in-4°. *Révision du projet de Code de commerce, précédée de l'analyse raisonnée des observations du tribunal de cassation, des tribunaux d'appel*, etc., par Gorneau, Legras et Vital-Roux, membres de la commission du Code de commerce; Paris, an XI, 1 vol. in-4°.

[6] On trouve la discussion publique et particulière du Code de commerce dans la *Législation civile, commerciale et criminelle de la France*, par Locré (vol. XVII-XX.)

[7] L'art. 2 de la loi du 15 septembre 1807, différent en cela de l'art. 7 de la loi du 30 ventôse an XII et de l'art. 1041 du Code de procédure, qui ont abrogé toutes les coutumes relatives au droit civil général et à la procédure, ne prononce point l'abrogation des anciens usages du commerce. Un avis du conseil d'État du 13 décembre 1811 les a déclarés obligatoires à défaut de lois écrites.

[8] En allemand, par Lassaulx, Coblence, 1807, in-8°; par Daniels, Cologne, 1812, in-8°.

Paty. Paris, 1821, 4 vol. in-8°. *Des faillites et des ban-*
queroutes, par le même. Paris, 1825, 2 vol. in-8°.

IV. DU CODE D'INSTRUCTION CRIMINELLE. —
V. DU CODE PÉNAL.

§ 21.

Le Code criminel français, expression sous laquelle on
comprend les deux Codes cités en tête de ce paragraphe,
contient, d'une part, les principes théoriques relatifs à la
punition des crimes, délits et contraventions[1] (Code pénal);
de l'autre, les règles de procédure qui doivent être suivies
dans la poursuite, l'instruction et le jugement de ces diverses infractions (Code d'instruction criminelle).

La France n'avait point, avant la révolution, de Code
où se trouvassent réunies ses lois criminelles. Celles qui
la régissaient, promulguées à des époques différentes et
sous l'empire d'influences diverses, étaient tout à la fois
discordantes et incomplètes[2]. L'opinion publique éclairée

---

[1] Le Code pénal distingue trois classes d'infractions à la loi; les
crimes auxquels sont infligés des peines afflictives et infamantes,
ou simplement infamantes : la répression en est poursuivie devant
les cours d'assises ; les délits punis de peines correctionnelles:
leur répression appartient, sauf quelques exceptions, aux tribunaux
de police correctionnelle; les contraventions auxquelles sont infligées des peines de police : c'est aux juges de paix ou aux maires
constitués en tribunaux de simple police qu'appartient, suivant
les circonstances, le droit de les appliquer. Art. 1, Cod. pén.

Le mot délit, pris dans une acception plus étendue, désigne en
général toute espèce d'infractions à la loi pénale. Voy. par exemple,
art. 22, 27, 41, 91 du Code d'instruction criminelle. Sur le sens
que le droit civil attribue à l'expression délit, voy. ci-après la doctrine des obligations *ex delicto*.

[2] Sur l'ancien droit criminel, voy. *Traité de la justice criminelle
de France*, par Jousse, 4 vol. in-4°. *Traité des matières criminelles*,
par Rousseau de la Combe ; 1 vol. in-4°. *Les lois criminelles de
France dans leur ordre naturel*, par Muyart de Vouglans; 1 vol. in-fol.

par les lumières de la philosophie, réclamait depuis long-temps la réforme de la législation criminelle, lorsque la révolution éclata. A cette époque, le besoin d'améliorations se fit sentir d'une manière si énergique qu'il dut être inces-samment satisfait. Aussi un Code pénal, promulgué dès le 25 septembre 1791, fut-il suivi, sous la date du 3 brumaire an IV, d'un Code des délits et des peines. Le premier ren-fermait la partie théorique, le second, la partie pratique de la législation criminelle. Considérées dans leur ensemble, leurs dispositions étaient beaucoup plus humaines et plus douces que celles des lois anciennes [3]. Cependant ces Codes étaient loin d'être parfaits; d'ailleurs, les différens chan-gemens successivement introduits dans la constitution de l'État rendaient indispensable la rédaction de nouveaux Codes criminels.

A cet effet, le gouvernement nomma, en l'an XII, une commission composée de Viellard, Target, Oudart, Treil-hard et Blondel. Le projet qu'elle rédigea [4], fut, après avoir été soumis à l'examen des tribunaux [5], discuté d'après le mode déjà indiqué [6]. Le Code d'instruction criminelle, adopté par le corps législatif dans la session de 1809, et le Code pénal décrété dans celle de 1810, ne devinrent l'un et l'autre exécutoires qu'à dater du 1er janvier 1811. Dé-crets des 17 décembre 1809 et 13 mars 1810.

Ces deux Codes, qui reposent en grande partie sur les principes de la législation intermédiaire, contenaient ce-

---

[3] Code criminel de la république française, ou Recueil complet de toutes les lois composant la législation criminelle; Paris, 2e édit., 7 vol. in-8°.

[4] Projet de Code criminel, correctionnel et de police, présenté par la commission nommée par le gouvernement; Paris, an XII, 1 vol. in-4°.

[5] Observations des tribunaux d'appel sur le projet de Code crimi-nel; Paris, an XIII, 2 vol. in-4°. Observations des tribunaux crimi-nels sur le projet de Code criminel; Paris, an XIII, 6 vol. in-4°.

[6] La discussion publique et particulière des Codes pénal et d'ins-truction criminelle, se trouve dans la Législation civile et crimi-nelle de la France, par Locré. (Vol. XXIV-XXXI.)

3 *

pendant plusieurs dispositions empreintes d'un esprit rétrograde : telle était celle qui rétablissait la peine de la marque. Ils ont reçu d'importantes améliorations notamment par la loi du 28 avril 1832 [7].

Les ouvrages les plus importans sur la législation criminelle sont : *Cours élémentaire des Codes pénal et d'instruction criminelle*, par Pigeau. Paris, 1808, 2e édition in-8°. *Cours de droit criminel*, par Berriat Saint-Prix. Paris, 1825, 3e édit. in-8°. *Manuel d'instruction criminelle*, par Bourguignon. Paris, 3e édit., publiée en 1811, réimprimée en 1823. *Jurisprudence des Codes criminels*, etc., par Bourguignon. Paris, 1825, 3 vol. in-8°. *De l'instruction criminelle*, par Carnot. Paris, 1829, 3 vol. in-4°. *Commentaire sur le Code pénal*, par Carnot. Paris, 1824, 2 vol. in-4°. *Traité de la législation criminelle en France*, par Legraverend, 3e édit., revue par Duvergier. Paris, 1830, 2 vol. in-4°. Cet ouvrage contient des vues excellentes pour l'amélioration de la législation criminelle. *Corps de droit criminel*, par Mars. Paris, 1821, 2 vol. in-4°. *Théorie du Code pénal*, par Adolphe Chauveau et Faustin Héiie. Cet ouvrage, qui aura de cinq à six volumes in-8°, parait par livraisons.

DU DROIT CIVIL FRANÇAIS.

I. DE L'OBJET DU DROIT CIVIL FRANÇAIS.

§ 22.

L'objet du droit civil, en général, est d'assigner, à l'exercice de la liberté naturelle de chaque individu, des res-

[7] Toutes les modifications successivement apportées à ces deux Codes ont été fondues dans de nouvelles éditions officielles publiées en 1832.

trictions qui la rendent compatible avec celle des autres.

Tel est aussi l'objet du droit civil français en particulier. Cependant, ce dernier contient, ainsi que les lois civiles d'autres pays, un grand nombre de préceptes qui, prenant leur source dans des raisons de police et de bon ordre public, n'ont pas un rapport direct avec l'objet ci-dessus indiqué.

II. DIVISIONS DU DROIT CIVIL FRANÇAIS [1].

§ 23.

1. *Droit écrit.* — *Droit non écrit ou coutumier.*

Le droit civil est écrit ou non écrit, suivant qu'il résulte d'une déclaration expresse du législateur, ou ne repose que sur une approbation tacite de sa part.

Une coutume ne s'établit que par le concours des conditions suivantes :

1° Le principe juridique, invoqué à titre de coutume, doit avoir été appliqué comme règle légalement obligatoire[2], d'une manière non équivoque[3], à différentes reprises et pendant un long espace de temps[4]. 2° Cette application doit avoir été faite d'une manière publique, afin que le législateur ait pu en avoir connaissance[5]. 3° Il faut qu'elle

---

[1] Les divisions que nous allons présenter sont en général applicables aux autres parties du droit. Toutefois, nous ne les examinerons que par rapport au droit civil.

[2] *Opinione juris vel necessitatis et non tantum ob auctoritatem rerum perpetuo similiter judicatarum.* Cpr., § 38 et 39.

[3] *Actus plures, diuturnitas temporis.* Le droit français exige, aussi peu que le droit romain et le droit canonique, le laps de temps requis pour la prescription.

[4] La preuve de l'existence de la coutume peut se faire par titres ou par témoins. Un acte de notoriété serait insuffisant pour la constater. Voy. Merlin, *Rép.*, v° Notoriété (acte de), n° 1.

[5] *Actus palam editi.*

n'ait été ni expressément, ni tacitement désapprouvée par
le législateur [6].

Aujourd'hui le juge ne doit et ne peut fonder ses décisions sur des coutumes que dans les cas spéciaux où les
lois s'y réfèrent d'une manière expresse [7]. Voy. par exemple
art. 590, 591, 593, 663, 671, 674, 1135, 1159, 1648,
1736, 1753, 1754, 1758, 1759, 1762, 1766.

D'une part, en effet, toutes les anciennes coutumes relatives au droit civil ont été abrogées par la loi du 30 ventôse an XII [8]. D'autre part, la nouvelle législation civile devant, d'après l'intention du législateur, constituer une
règle permanente, il en résulte que ce dernier a désap-
prouvé d'avance tous usages contraires aux dispositions
du nouveau Code qui pourraient se former à l'avenir, et
qu'ainsi aucun d'eux ne saurait jamais réunir toutes les
conditions qui, suivant les principes ci-dessus posés, sont
nécessaires à l'établissement d'une coutume [9].

---

[6] En ce qui concerce les conditions requises pour l'établissement d'une coutume, voy. Toullier, I, 158. Le droit français, ne
contenant à cet égard aucune explication, M. Toullier s'en rapporte
entièrement au droit romain.

[7] Ce n'est que dans de pareilles hypothèses que la violation d'une
coutume peut donner lieu à cassation. Req. rej., 23 janvier 1816,
Sir., XVI, 1, 105; req. rej., 14 août 1817, Sir., XIX, 1, 29.

[8] Voy. §§ 14, 17, 29. Cpr. cependant ce qui a été dit au § 20
note 7, sur les usages du commerce.

[9] Toullier, VIII, n° 74-78, et addition à ces numéros insérée au
t. XIII, p. 542 et suiv.; Toulouse, 28 novembre 1825, Sir., XXVI,
2, 241; req. rej., 24 avril 1828, Sir., XXVIII, 1, 204; crim.
cass., 3 octobre 1828, Sir., XXIX, 1, 80; crim. cass., 24 septembre 1830, Sir., XXXI, 1, 50. Contrairement à ces principes,
l'ancienne jurisprudence admettait qu'une loi pouvait être abrogée
par une coutume contraire, ou tomber en désuétude par le non-
usage. Voy. Merlin, *Rép.*, v° Désuétude, et v° Appel, sect. I, § 5,
n° 4. C'est à cette ancienne jurisprudence que se rapportent les
arrêts de la section des requêtes de la cour de cassation des 9 novembre 1814, et 15 janvier 1818. (Sir., XV, 1, 5, et XIX, 1, 129.)
Sainement interprétés, l'arrêt de la section des requêtes du 14 juillet 1825 (Sir., XXVI, 1, 77) et celui de la cour de Nismes du
15 juin 1830 (Sir. XXX, 2, 312) ne sont pas contraires à la doc-

§ 24.

2. Droit civil théorique. — Droit civil pratique.

Le droit civil théorique, détermine les droits qui découlent des lois civiles. Le droit civil pratique traite de la
poursuite de ces droits : il indique donc tout à la fois les
moyens, de les faire valoir, et la manière de procéder dans
l'emploi de ces moyens, c'est-à-dire la procédure[1].

Notre ouvrage a pour objet principal l'exposition du
droit civil théorique; nous n'y traiterons du droit civil
pratique que pour suivre le Code civil dans les dispositions qu'il contient à cet égard.

D'après le système des jurisconsultes romains, toutes les
lois, tous les droits peuvent être ramenés à trois objets
principaux, les *personnes,* les *choses* et les *actions*[2]. C'est
sur ce système qu'est fondé l'ordre des matières suivi par
Justinien dans ses Institutes, et qu'est aussi basé celui
qu'ont adopté les rédacteurs du Code.

Pour suivre une méthode plus scientifique, nous traiterons d'abord de l'état civil, c'est-à-dire de la capacité juridique en ce qui concerne les droits civils, des conditions
auxquelles cette capacité est subordonnée, et des circonstances qui peuvent la modifier, la suspendre ou l'enlever.
Nous traiterons ensuite des droits civils eux-mêmes, que
nous distinguerons d'après les objets auxquels ils s'appliquent. Cette dernière partie sera subdivisée en deux autres :

trine exposée dans le paragraphe. En sens contraire, voy. cependant Duranton I, 107 et 108; Dalloz, jp. gén., v° Loi, sect. VII,
n° 11 et 12 ; Bordeaux, 17 juin 1826, Sir. XXVI, 2, 307.

[1] Le droit civil théorique, et le droit civil pratique forment, par
leur réunion, la théorie du droit civil. La pratique du droit civil
consiste dans l'application à des cas spéciaux des principes abstraits
du droit civil.

[2] *Omne jus quo utimur vel ad personas pertinet, vel ad res vel
ad actiones.* S. 12. *Inst. de jur. nat. gent. et civ.* (1 , 2.)

dans la première, nous expliquerons les droits civils sur des objets considérés d'une manière individuelle; dans la seconde, nous parlerons des droits civils sur des objets considérés comme faisant partie intégrante d'un patrimoine.

§ 25.

Droit civil général. — Droit civil spécial.

. Le droit civil se divise en général ou spécial (*jus civile generale et speciale*).

Le droit civil spécial se compose de dispositions particulières qui prennent leur source dans des raisons tirées soit de la constitution du pays, soit de l'intérêt de l'État, soit de toute autre considération. On peut ranger dans cette catégorie[1] :

1° Le droit de famille de la maison régnante. Cpr. le statut de la famille impériale du 30 mars 1806; l'ordonnance du 25 avril 1820, sur la tutèle des enfans de France, et sur les formalités qui doivent être observées lors des scellés et inventaires à apposer ou à dresser, soit après le décès des princes et princesses de la famille royale, soit en toute autre occasion. Cpr. aussi § 5, note 4.

2° Le droit concernant la liste civile et la dotation de la couronne. Cpr. le sénatus-consulte du 1er février 1810 sur la dotation de la couronne; les lois du 8 février 1814 et du 2 mars 1832, sur la liste civile et la dotation de la couronne[2].

---

[1] Les dispositions dont se composent les différentes espèces de droit spécial, ne sont parfois que des applications du droit général; d'autres fois, au contraire, elles constituent des modifications à s préceptes. Voy. § 20.

[2] Voy. la fameuse affaire Desgraviers contre la liste civile: Paris, 1re instance, 18 janvier 1820, Sir. XX, 2, 41; Paris, appel, 19 janvier 1821, Sir. XXI, 2, 38; civ. cass. 30 janvier 1822, Sir. XXII, 1, 113. Merlin, *Rép.*, v° Domaine public.

3° Le droit des majorats. Quoique toute institution de majorats soit interdite à l'avenir (loi du 12 mai 1835, art. 1er), les lois sur cette matière conserveront long-temps encore leur importance pratique, parce que les majorats fondés avec des biens particuliers doivent continuer à produire leur effet jusqu'au second degré inclusivement, l'institution non comprise (loi citée art. 2); et que les majorats provenant de dotations ne s'éteindront que dans les cas prévus par les lois et les actes d'investiture (loi citée, art. 4). Cpr. le décret du 30 mars 1806; le sénatus-consulte du 14 août 1806; les décrets du 1er mars 1808; les décrets des 24 juin, 28 octobre, 21 décembre 1808; 2 février, 4 juin, 17 mai 1809, 3 mars 1810, 13 février, 14 octobre 1811, et 22 décembre 1812. Voy. aussi : *Collection des lois et décrets concernant les majorats,* par Rondonneau. Paris, 1808, in-8°. *Commentaire sur le statut impérial du 1er mars 1808, concernant les majorats,* par Desquiron; Paris, 1809, in-8°. Merlin, *Rép.,* v° Majorat. La 5e partie de l'ouvrage intitulé : *Das Staatsrecht der Rheinbundes-Staaten,* par Zachariæ, Heidelberg, 1810.

Les trois branches de droit civil spécial ci-dessus énumérées reposent sur les principes du droit constitutionnel.

4° Le droit civil spécial concernant les militaires et autres personnes qui leur sont assimilées. Les militaires, à la vérité, sont en général soumis, pour ce qui concerne le droit civil, aux mêmes règles que les autres Français; toutefois, ce principe souffre plusieurs exceptions introduites soit par le Code civil lui-même, soit par d'autres lois [3]. Cpr. instruction du ministre de la guerre sur l'exécution des dispositions du Code civil applicables aux militaires de toute arme, en date du 24 brumaire an XII [4], Sir., IV, 2, 743.

---

[3] Voy. par exemple l'art. 3 du décret du 17 mars 1808, concernant les juifs, et ci-après la matière des absens.

[4] *Législation militaire, ou Recueil méthodique et raisonné des lois*

5° Le droit spécial relatif aux juifs. Les juifs quoique jouissant des droits civils communs à tous les Français ont été pendant quelque temps soumis, en vertu du décret du 17 mars 1808[5], à certaines dispositions exceptionnelles principalement relatives au prêt à intérêt, et à la force probante des actes souscrits à leur profit par des personnes non commerçantes. Cpr. *Commentaire sur le décret impérial du 17 mars 1808*, par Desquiron; Paris, 1809. *Annales de Lassaulx*, *III*, 1. Chauffour le jeune, *Betrachtungen über die Anwendung des kais. Decrets vom 17. März*, 1808, *mit einer Nachschrift*, von Buchholz; Berlin, 1809, in-8°. *Commentaire sur le décret impérial du 17 mars 1808*, par Birnbaum; Coblence, 1810, in-8°. Merlin, *Rép.*, v° Juifs.

6° Le droit commercial. Voyez ce qui a été dit à cet égard au § 20.

7° Le droit rural dans ses rapports avec le droit civil. Le droit rural est encore aujourd'hui régi, sauf quelques modifications, par la loi du 28 septembre - 6 octobre 1791. Un projet de Code rural, rédigé sous l'empire, avait été soumis à l'examen de commissions établies dans le ressort de chaque cour d'appel, et composées de juges, d'administrateurs, et de cultivateurs[6]. Mais les choses restèrent en cet état, et l'on attend encore aujourd'hui le Code rural si souvent promis. Cpr. *Code rural ou re-*

---

décrets, etc., en vigueur, sur toutes les branches de l'état militaire, par Berria; Alexandrie, 1812, 5 vol. in-8°. *Supplément*; Perpignan, 1817, 2 vol. in-8°.

[5] L'art. 18 du décret du 17 mars 1808 portant, qu'à moins de renouvellement, ce décret ne conservera sa force obligatoire que pendant dix ans, il en résulte que, depuis le 18 mars 1818, il a cessé d'avoir force de loi. Il régit cependant encore aujourd'hui les conventions passées et les actes souscrits soit antérieurement à son émission, soit pendant les dix ans fixés pour son exécution. Arg. art. 18, Cbn. art. 4. Tribunal de Colmar, 15 mars 1819, et cour de Colmar, 18 décembre 1820. (*Journal de jurisprudence de Colmar*, tome XVI, p. 207 et 283.)

[6] *Recueil des observations de toutes les commissions consultatives*

cueil des lois, ordonnances, décrets, arrêts, etc., relatifs à l'agriculture. Paris, 1825, nouv. édit. in-18. Le
droit rural français, par Vaudoré; Paris, 1825, 1 vol.
in-8°. Cours de droit rural, par Guichard; Paris, 1825,
in-8° [7].

8° Le droit forestier dans ses points de contact avec
le droit civil. Cpr. Code forestier du 21 mai 1827,
ordonnance d'exécution du 1er août suivant [8] et § 6,
note 1re.

Nous ne nous occuperons de ces différentes branches de
droit civil spécial, qu'autant que nous trouverons dans le
Code civil des dispositions qui y soient relatives.

Du reste, les lois spéciales sont toujours censées se référer aux lois générales; il faut donc, autant que possible,
les interpréter de manière à les mettre en harmonie avec
ces dernières; et s'il se présente une question, que le droit
spécial n'ait décidée ni explicitement ni implicitement, il
faut, pour la résoudre, recourir au droit général [9].

---

sur le projet de code rural formées en vertu du décret impérial du
du 19 mai 1808, par Verneilh; Paris, 1810-1814, 4 vol. in-4°.

[7] Le gouvernement, partageant l'avis de la commission formée,
dans le courant du mois d'août 1819, par le ministre de l'intérieur,
pour examiner l'opportunité de la promulgation d'un Code rural,
paraissait avoir renoncé à la présentation d'un Code de cette nature (voy. l'avis qui se trouve en tête du Manuel rural et forestier, publié par Rondonneau; Paris, 1819, 1 vol. in-8°). Mais
une nouvelle commission vient d'être formée pour cet objet au
ministère de l'intérieur.

[8] Les meilleurs ouvrages sur la législation forestière sont: Le
Code forestier conféré et mis en rapport avec la législation qui régit les différens propriétaires et usagers dans les bois, par Curasson;
Paris, 1828, 2 vol. in-8°. Le Code forestier conféré avec la législ-
lation et la jurisprudence relative aux forêts, par L. Gagneraux;
Paris, 1828, 2 vol. in-8°. Le Code forestier avec les motifs, la discussion des deux chambres, des observations sur les articles et l'ordonnance, publié de concert avec Favard de Langlade, par
Brousse, 2e édit.; Paris, 1828, 1 vol. in-8°. Le Code forestier, expliqué par les motifs et la discussion, par Chauveau; Paris, 1828,
1 vol. in-18.

[9] Merlin, Rép., v° Loi, § 11, n° 4; crim. cass., 7 décembre

III. DE LA FORCE OBLIGATOIRE DES LOIS CIVILES[1].

§ 26.

De la promulgation des lois[2].

Les préceptes juridiques auxquels la puissance législative a imprimé le caractère de loi (cpr. § 5), ne sont point *exécutoires*[3] par eux-mêmes; ils le deviennent en

---

1822, Sir., XXIII, 1, 5; crim. cass., 17 janvier 1823, Sir., XXIII, 1, 93; crim. cass., 3 octobre 1817, Sir., XVIII, 1, 164.

[1] Le mot *lois* est pris ici dans son acception la plus étendue. Cpr. § 4 et § 5, note 2. Les principes que nous allons exposer sur la force obligatoire des lois civiles, sont donc applicables à toutes les sources du droit civil français. Toutefois, en expliquant, dans les §§ 26 et 27, les règles relatives à la promulgation, nous distinguerons les lois proprement dites des décrets impériaux et ordonnances royales, et nous emploierons le mot *loi* dans le sens restreint que lui ont attribué les constitutions françaises. — Les principes qui vont être développés sont en grande partie applicables aux lois pénales, constitutionnelles et autres; mais, à raison de la spécialité de cet ouvrage, nous ne devons les expliquer que dans leurs rapports avec le droit civil.

[2] Cpr. sur les différens systèmes de promulgation: la discussion et Locré, sur l'art. 1er. *Recherches sur les différens modes de |publication des lois, depuis les Romains jusqu'à nos jours,* par Berriat Saint-Prix; Paris, 1809, 1 vol. in-8°. *Des principes relatifs à la publication des lois,* par le baron Favard de Langlade, dans son *Traité des priviléges et hypothèques. Jurisprudence du Code civil,* I, 81. Toullier, I, 59 et suiv.

[3] Le premier alinéa de l'art. 1er du Code civil, en déclarant que la promulgation est la condition sans l'accomplissement de laquelle les lois ne sauraient devenir *exécutoires,* n'indique pas l'époque à laquelle elles peuvent *être exécutées.* Il ne faut pas en conclure que la promulgation d'une loi ait pour effet d'en auto-

vertu de la promulgation, c'est-à-dire d'un ordre *d'exé-cution* émané du chef de l'État[4], en qui réside la puissance *exécutive*. Mais un ordre ne pouvant obliger aussi long-temps qu'il n'est pas connu, ou qu'il ne peut être réputé tel, les lois elles-mêmes ne sont obligatoires que lorsque la promulgation a été manifestée par quelque acte de publication, d'où résulte la preuve ou du moins la présomption de sa publicité. *Lex non obligat nisi rite promulgata.*

Les rédacteurs du Code civil, sans méconnaître la justesse de cette théorie, n'en ont cependant pas adopté toutes les conséquences. Ils établirent, à la vérité, que la loi ne deviendrait obligatoire dans chaque département que du moment où sa promulgation pourrait y être connue; mais ils admirent en même temps que cette connaissance devait être acquise dans le département de la Seine, où le gouvernement avait sa résidence, un jour après celui de la promulgation[5], et dans chacun des autres départemens après l'expiration du même délai augmenté d'autant

riser immédiatement l'application. Tout au contraire, la loi ancienne devant être exécutée aussi long-temps que la loi nouvelle n'a point acquis force obligatoire d'après les règles posées dans les alinéa 2 et 3 de l'art. 1er, on doit tirer de ce principe la conséquence que l'époque à laquelle une loi peut *être exécutée,* se confond avec celle à laquelle elle devient *obligatoire.* Voy. sur cette question: Locré, sur l'art. 1er; Delvincourt, t. I, 2e part., p. 13, note 2; Duranton, I, 45; Merlin, *Rép.,* v° Loi, § 4, n° 5, et § 5, n° 10; Req. rej., 7 mars 1816, Sir., XVI, 1, 418; crim. cass., 15 avril 1831, Sir., XXXI, 1, 380. A plus forte raison doit-on rejeter l'opinion de M. Bernardi, qui enseigne, dans son *Cours de droit civil* (I, 24), que la loi peut être exécutée du jour auquel elle a été décrétée par le corps législatif. Cpr. Mauguin, dans la *Bibliothèque du barreau,* 1809, I, 257.

[4] Du premier consul, Constit. du 22 frimaire an VIII, art. 37; de l'empereur, S. C. org. du 28 floréal an XII, art. 137-141; du roi, Charte de 1814, art. 22, Charte de 1830, art. 18.

[5] C'est-à-dire vingt-quatre heures après l'écoulement du jour auquel le chef de l'État a signé la promulgation. Voy. Merlin, *Rép.,* v° Loi, § 5, n° 6.

de jours qu'il y avait de fois dix myriamètres entre la ville capitale où la promulgation avait été faite, et le chef-lieu de chaque département [6]. Art. 1er.

Ainsi, la loi devenait obligatoire, par cela seul qu'un certain délai s'était écoulé depuis le moment où le chef du gouvernement avait apposé sa signature à la promulgation, et sans qu'aucun acte de publication eût révélé l'existence de l'ordre qu'il avait rendu. En effet, quoique la loi revêtue de la promulgation dût être insérée au *Bulletin des lois* et envoyée aux départemens, l'omission de ces moyens de publication n'était cependant d'aucune influence sur sa force obligatoire qui résultait de la seule expiration des délais ci-dessus déterminés, sans qu'il fût nécessaire de justifier d'aucun fait de publication, et sans que la preuve contraire [7] fût admissible de la part de celui qui aurait voulu se soustraire à l'autorité de la loi, en établissant qu'elle n'avait point été publiée dans tel ou tel département [8].

Pour défendre l'art. 1er du Code civil, on disait que la promulgation de la loi devant, d'après la constitution, avoir lieu précisément le dixième jour après celui de son adoption au corps législatif, il serait facile aux citoyens, qui apprendraient par les papiers publics l'acceptation d'une loi,

---

[6] La distance de Paris aux différens chefs-lieux de départemens a été déterminée d'une manière légale, par un arrêté du 25 thermidor an XI. (Voy. aussi l'ordonnance du 12 juin 1834.) Lorsque la distance est supérieure à dix myriamètres, et inférieure à vingt, la fraction n'entre point en ligne de compte. Arg. du S. C. du 15 brumaire an XIII. Delvincourt, t. I, 2e part. p. 15, no 4. Voy. cep. un arrêt de la cour de cassation (crim. rej., 16 avril 1831, Sir., XXXI, 1, 209), qui a jugé, au contraire, qu'une fraction de distance inférieure à dix myriamètres produit un jour d'augmentation de délai.

[7] A moins de circonstances extraordinaires, telle que l'occupation par l'ennemi d'une partie du territoire français. Voy. discussion sur l'art. 1er, et Toullier, X, 62.

[8] Locré et Malleville, sur l'art. 1er; Merlin, *Rép.*, vo Loi, § 5, no 8 *bis*.

de déterminer d'avance l'époque à laquelle elle serait promulguée.

Ces raisons pouvaient être spécieuses sous les constitutions impériales, mais elles étaient devenues sans force depuis la promulgation de la Charte de 1814, qui exigea la sanction royale[9] pour la perfection de la loi, et qui d'ailleurs n'imposa point au roi l'obligation de promulguer à jour fixe [10] les lois auxquelles il aurait donné son adhésion.

De nouvelles règles sur la promulgation des lois étaient donc indispensables. Elles furent introduites par l'ordonnance du 27 novembre 1816, dont les dispositions, quoique prêtant encore à la critique, ont cependant fait disparaître les inconvéniens les plus graves de l'ancien ordre de choses. D'après cette ordonnance, la promulgation[11] n'est

---

[9] La sanction est l'adhésion que le roi, exerçant une partie de la puissance législative, donne aux projets de loi adoptés par les deux chambres; c'est la sanction qui accorde à la loi sa perfection, et qui, par conséquent, en fixe la date. Sous les constitutions impériales, la loi devenait parfaite en vertu de son adoption au corps législatif, et prenait date du jour où elle y avait été décrétée. Avis du conseil d'État du 5 pluviôse an VIII; voy. Merlin, *Rép.*, v° Loi, § 4, n° 6. La sanction était inutile sous l'empire d'une constitution qui n'accordait qu'au chef du gouvernement l'initiative des lois, et qui refusait au corps législatif le droit d'amendement.

[10] La sanction et la promulgation ont ordinairement lieu le même jour (Voy. à la note suivante la formule de promulgation.) Ce n'est pas une raison pour confondre ces deux actes, qui sont indépendans l'un de l'autre, et qui peuvent avoir lieu séparément. Ainsi, la loi sur la pêche fluviale a été sanctionnée le 15 avril 1829, et promulguée le 24 du même mois. En sanctionnant une loi, le roi agit comme autorité législative; en la promulguant, comme chef de la puissance exécutive. Charte, art. 12, 14 et 18.

[11] La formule de promulgation est ainsi conçue.

« N*** (le prénom du roi) roi des Français, à tous présens et « à venir salut :

« Les chambres ont adopté, nous avons ordonné et ordonnons « ce qui suit : (Vient ensuite le texte de la loi.)

« La présente loi discutée, délibérée et adoptée par la chambre « des pairs, et par celle des députés, *et sanctionnée par nous cejour-* « *d'hui*, sera exécutée comme loi de l'État.

censée prendre date[12] que du jour où la loi qui en a été révêtue a été insérée au *Bulletin des lois*[13], ou mieux encore du jour où ce bulletin a été reçu de l'imprimerie royale au ministère de la justice[14]; par conséquent la loi ne devient obligatoire, dans le département de la résidence royale, qu'un jour après que le bulletin qui la contient est arrivé au ministère de la justice, et dans les autres départemens, après l'expiration du même délai augmenté dans la proportion indiquée par l'art. 1er.

Toutefois, la règle générale que nous venons de rapporter souffre exception, lorsque, dans des cas extraordinaires, le roi juge convenable de hâter l'exécution des lois. Ordonnance du 27 novembre 1816, art. 4; ordonnance du 18 janvier 1817[15].

« Donnons en mandement à nos cours et tribunaux, préfets, « corps administratifs et tous autres, que les présentes ils gardent « et maintiennent, fassent garder, observer et maintenir, et pour « les rendre plus notoires à tous, ils les fassent publier et enre- « gistrer partout où besoin sera, et afin que ce soit chose ferme « et stable à toujours, nous y avons fait mettre notre sceau. »

[12] L'art. 1er de l'ordonnance du 27 novembre 1816 porte : « A « l'avenir la promulgation des lois résultera de leur insertion au « bulletin officiel. » De cette rédaction évidemment incorrecte, il ne faut pas conclure que la promulgation consiste dans l'insertion de la loi au bulletin officiel. Cet article ne veut dire autre chose, si ce n'est que la promulgation, à quelque époque qu'elle ait lieu en réalité, ne sera cependant censée prendre date que du jour où la loi aura été rendue publique par son insertion au bulletin officiel. Quant à cette insertion, elle n'a toujours été considérée, et ne peut encore aujourd'hui être envisagée que comme un mode de publication. Merlin, *Rép.*, vo Loi, § 5, no 6.

[13] Le *Bulletin des lois* est la collection officielle des lois et actes des différens gouvernemens qui se sont succédé en France depuis le 21 prairial an II (10 juin 1794). Cpr., § 51.

[14] La date de la réception est constatée sur un registre spécial tenu au ministère de la justice; elle est indiquée, à la fin de chaque bulletin, immédiatement au-dessus de la signature du garde-des-sceaux.

[15] Les dispositions de ces ordonnances n'ont fait à cet égard que déterminer d'une manière plus précise ce qui avait déjà lieu auparavant. Locré, sur l'art. 1er.

§ 27.

Continuation. — Décrets impériaux. — Ordonnances royales.

Les dispositions de l'art. 1er du Code civil ne s'appliquaient pas aux décrets impériaux soumis, sous le rapport de leur promulgation, à des règles spéciales. Les décrets textuellement insérés au *Bulletin des lois* devenaient
obligatoires dans chaque département, du jour auquel le
Bulletin avait été distribué au chef-lieu, conformément à
l'art. 12 de la loi du 12 vendémiaire an IV. Les décrets non
insérés au *Bulletin des lois,* ou qui n'y étaient indiqués
que par leur titre, ne devenaient obligatoires que du jour
où ils avaient été portés à la connaissance des personnes
qu'ils concernaient[1]. Avis du conseil d'État du 12-25 prairial an XIII.

L'époque, à laquelle deviennent obligatoires les ordonnances royales textuellement insérées au *Bulletin des lois,*
se détermine d'après les règles développées au § 26. Quant
aux ordonnances non insérées au *Bulletin des lois,* il faut
suivre encore aujourd'hui les dispositions de l'avis du conseil d'État du 12 - 25 prairial an XIII. Ordonnances des
27 novembre 1816 et 18 janvier 1817.

§ 28.

De l'ignorance de droit.

Des principes posés aux §§ 26 et 27, on serait autorisé
à conclure que nul ne peut, pour se soustraire à un préjudice quelconque, se fonder sur l'ignorance de la loi.

---

[1] Ces principes étaient également applicables aux avis du conseil d'État approuvés par le chef du gouvernement.

Tel est le sens de la maxime : *Nocet ignorantia juris, non nocet ignorantia facti.* Cependant il paraît résulter de plusieurs dispositions du Code, qu'en matière civile l'erreur de droit est généralement régie par les mêmes principes que l'erreur de fait; qu'ainsi, par exemple, l'une et l'autre donnent également ouverture à l'action en nullité ou en rescision, et rendent également admissible la répétition de ce qui a été indûment payé. Arg. art. 1110 et 1377, combinés avec art. 1356 et 2052 [1].

§ 29.

De l'abrogation des lois.

La loi ne peut être abrogée que par la loi; elle ne perd sa force obligatoire ni par un usage contraire, ni par le non-usage (Cpr. § 23), ni par la cessation des circonstances pour lesquelles elle avait été faite. Cpr. § 40 sur le sens de la maxime : *ratione legis cessante cessat lex.*

La loi nouvelle abroge la loi ancienne, soit expressément *(abrogatio expressa),* lorsqu'elle en prononce littéralement l'abrogation, soit tacitement *(abrogatio tacita),* lorsqu'elle contient des dispositions contraires à celles de la loi antérieure. *Lex posterior derogat priori.* Arg. art. 1 et 2.

---

[1] Cet argument repose sur la règle : *Exceptio firmat regulam in casibus non exceptis.* Cpr., Metz, 28 novembre 1817, Sir., XIX, 2, 142; Toulouse, 19 janvier 1824, Sir., XXIV, 2, 115; Besançon, 1er mars 1827, Sir., XXVII, 2, 141; Grenoble, 24 juillet 1830, Sir., XXXI, 2, 95; Merlin, *Rép.,* v° Testament, sect. II, § 5; Delvincourt, II, p. 461; Toullier, VI, 58, et plus bas la théorie de la *condictio indebiti.* — Cpr. sur le sens de la maxime *error communis facit jus (L. Barbarius Philippus, D. de officio prætor,* 1, 14) : Merlin, *Rép.,* v° Ignorance, § 2, n° 9, v° Témoin instrumentaire, § 2, n° 3—26; req. rej., 28 février 1821, Sir., XXII, 1, 1; req. rej., 25 mars 1823, Sir., XXIV, 1, 138; req. rej., 18 janvier 1830, Sir., XXX, 1, 43; req. rej., 28 juillet 1831, Sir., XXXII, 1, 174.

Toutefois, l'abrogation tacite ne peut résulter que d'une contrariété formelle; dans le doute, il faut, en la rejetant, interpréter la loi nouvelle de manière à la mettre en harmonie avec la loi antérieure. *Posteriores leges ad priores pertinent, nisi contrariæ sint*[1].

D'un autre côté, une loi spéciale n'est point tacitement abrogée par une loi générale postérieure. *Lex specialis per generalem non abrogatur*[2].

§ 30.

De l'effet rétroactif des lois.

Les lois ne disposent que pour l'avenir; elles n'ont point d'effet rétroactif, à moins que, par exception, le législateur n'ait formellement attribué cet effet à certaines dispositions légales[1]. Art. 2[2].

[1] L. 28 *D. de legibus*, (1, 3). Cpr. Toullier, I, 154, et suiv; civ. cass., 24 avril 1809, Sir., IX, 1, 222; crim. cass., 20 octobre 1809, Sir., X, 1, 303. — L'abrogation d'une loi ancienne résultant de son inconciliabilité avec une loi postérieure doit être étendue aux corollaires comme aux règles principales. Montpellier, 21 novembre 1829, Sir., XXX, 2, 88.

[2] Merlin, *Rép.*, v° Loi, § 9, n° 3; civ. cass., 24 avril 1809, Sir., IX, 1, 222; req. rej., 24 avril 1821, Sir., XXII, 1, 27; crim. cass., 8 août 1822, Sir., XXIII, 1, 130; civ. cass., 14 juillet 1826, Sir., XXVII, 1, 104.

[1] Les dispositions de cette espèce doivent être interprétées le plus strictement que possible. Voy. Merlin, *Quest.*, v° Triage, § 1.

[2] Cpr. sur cet article: L. 7, *C. de legibus* (1, 14); Blondeau, *de l'effet rétroactif des lois* (*Bibliothèque du barreau*, 1809, 1, 97, et Sir., IX, 2, 277;. Merlin, *Rép.*, v° Effet rétroactif; *Questions transitoires sur le Code Napoléon*, par Chabot de l'Allier, Paris, 1809, 2 vol. in-4°, et nouv. édit. Dijon, 1829, 2 vol. in-8°; *Das Verbot der rückwirkenden Kraft der Gesetze im Privatrecht*, von Bergmann, Hanôvre, 1818, in-8°. Cet ouvrage présente (page 21 et suiv.) toute la bibliographie de cette matière. — L'art. 2 du Code civil a donné lieu à de nombreuses décisions judiciaires insérées dans les différentes collections de jurisprudence. Voy. surtout Dalloz, *Jur. gén.*, v° Lois, sect. III.

Quelque simple que soit ce principe, quelque facile qu'en paraisse l'application, il donne cependant lieu, dans la pratique, aux plus grandes difficultés. C'est par cette raison que les règles relatives au passage de l'ancienne législation civile à la nouvelle, ont été, pour certaines matières, spécialement déterminées par des lois transitoires [3]. A défaut de pareilles lois, d'ailleurs peu nombreuses, il faut, pour appliquer sainement le principe ci-dessus posé, observer les règles suivantes, que la jurisprudence paraît avoir généralement adoptées.

Les droits établis expressément ou tacitement [4], par un titre irrévocable [5], fondé, soit sur la volonté formelle de

---

[3] Ces lois transitoires, imprimées à la suite de plusieurs éditions du Code civil, sont : 1° Celle du 25 germinal an XI (15 avril 1803) sur les adoptions postérieures au 18 janvier 1792, et antérieures à la promulgation du Code civil ; 2° celle du 26 germinal an XI, (16 avril 1803) relative aux divorces prononcés ou demandés avant la publication du tit. VI du Code civil ; 3° celle du 14 floréal an XI (4 mai 1803), concernant le mode de réglement de l'état et des droits des enfans naturels dont les pères sont morts depuis la loi du 12 brumaire an XI jusqu'à la promulgation des titres du Code civil sur la paternité et la filiation et sur les successions ; nous en parlerons occasionellement dans le cours de cet ouvrage. — Le Code civil lui-même contient quelques dispositions transitoires. Voy. par exemple art. 691 et 2281.

[4] Tout acte devant être interprété et complété par les dispositions législatives en vigueur à l'époque où il a été passé, confère non-seulement les droits qui y sont expressément stipulés, mais encore ceux que les lois attachent à l'acte d'après sa nature. Cpr. art. 1134.

[5] *Quid juris*, dans le cas où le droit nouveau déclarerait révocable un titre qui se trouvait irrévocable d'après l'ancienne législation? La question s'est principalement élevée à-propos de l'art. 1912 qu'on soutenait être inapplicable aux contrats de constitution de rente antérieurs au Code civil. Mais la jurisprudence paraît avoir consacré l'opinion contraire. (Voy. par exemple, civ. cass., 6 juillet 1812, Sir., XII, 1, 281 ; civ. rej., 4 novembre 1812, Sir., XIII, 1, 397). Nous ne savons si c'est avec raison, à moins qu'on ne veuille et qu'on ne puisse considérer l'art. 1912 comme une interprétation de l'ancien droit. Voy. aussi civ. cass., 18 décembre 1822, Sir., XXIII, 1, 220.

l'homme, soit sur sa volonté présumée[6], restent hors de l'atteinte de toute loi postérieure; peu importe qu'il s'agisse de déterminer les effets que produiront, sous une nouvelle législation, des droits antérieurement ouverts, ou qu'il soit question de fixer le sort de droits éventuels et expectatifs qui ne se sont ouverts que depuis le changement de législation[7].

Tous les autres droits sont soumis aux lois nouvelles pour les faits qui s'accomplissent sous leur empire. La nouvelle législation régit donc:

1° Les droits qui dérivent non de la volonté expresse ou présumée de l'homme, mais des seules dispositions de la loi ancienne, encore que celle-ci les ait déclarés irrévocables[8].

2° Les droits reposant sur un titre déjà révocable d'après les principes de l'ancien droit, par exemple, sur un testament.

---

[6] Lorsque les époux ne règlent pas, par des stipulations formelles, leurs conventions matrimoniales, les dispositions légales en vigueur à l'époque où le mariage est célébré, forment à leur égard un véritable contrat fondé sur leur volonté présumée (Cpr. art. 1387, et § 33), et les droits qui en découlent sont tout aussi irrévocables que s'ils avaient été expressément stipulés. Ce principe a été notamment appliqué à l'aliénation de la dot (Req. rej., 21 avril 1813, Sir., XIV, 1, 132; Poitiers, 11 décembre 1832, Sir., XXXIII, 2, 298; Grenoble, 7 décembre 1832, Sir., XXXIII, 2, 489); et aux gains de survie établis par les anciennes coutumes au profit du survivant des époux. Voy. Chabot, *Questions transitoires*, v° Douaire coutumier; Merlin, *Rép.*, v° Effet rétroactif, sect. III, § 3, art. 3, n° 1; v° Gains nuptiaux et de survie, § 2; *Quest.*, v° Tiers coutumier, § 1; Bruxelles, 16 février 1809, Sir., IX, 2, 125; Dissertation, Sir., IX, 2, 132.

[7] Ainsi les intérêts stipulés dans un contrat antérieur à la loi du 3 septembre 1807 ne peuvent être réduits par les tribunaux au taux fixé par cette loi, même pour le temps qui a couru depuis sa promulgation. Merlin, *Rép.*, v° Intérêts, § 6, n° 2; civ. cass., 5 mars 1834, Sir., XXXIV, 1, 597. Voy. aussi Merlin, *Rép.*, v° Choix, § 1, n° 10; v° Viduité, n° 4; Chabot, *Quest. trans.*, v° Contrat; Florence, 13 mai 1811, Sir., XIII, 2, 9.

[8] *Confirmatio nihil dat novi.* Chabot, op. et v° cit. Merlin, *Rép.*, et *Quest.* v° Exclusion coutumière.

Enfin, il faut remarquer que par rapport à sa forme extérieure, un acte, même révocable, doit continuer à être jugé par la loi, sous l'empire de laquelle il a été fait ou passé[9].

Le principe énoncé au commencement de ce paragraphe ne s'applique point aux lois interprétatives; c'est-à-dire à celles qui n'ont été rendues que pour expliquer le sens de lois antérieures. La loi interprétative est en effet censée se trouver virtuellement comprise dans celle qu'elle a pour but d'interpréter; ce qui cependant ne doit pas être entendu d'une manière tellement absolue qu'il soit permis d'attaquer les décisions passées en force de chose jugée qui se trouveraient en opposition avec une loi interprétative postérieure[10].

§ 31.

Quelles sont les personnes et les choses soumises à l'empire du droit civil français?

Cette question, considérée sous le point de vue pratique, peut se traduire ainsi : Quelles sont les lois d'après les-

---

[9] Chabot, *Quest. transit.*, v° Testament; Merlin, *Quest.*, v° Testament, § 12; req. rej., 3 janvier 1810, Sir., X, 1, 184.

[10] Le projet du Code contenait un article qui attribuait formellement un effet rétroactif aux lois interprétatives; mais il fut supprimé dans la crainte qu'on n'abusât d'un principe aussi général. Cpr. Merlin, *Quest.*, v° Chose jugée, § 8; *Rép.*, v° Effet rétroactif, § 13.

Il paraît, d'après les discussions qui ont eu lieu aux deux chambres sur la loi du 30 juillet 1828 (cpr. § 39), que les lois destinées à faire cesser l'obscurité ou l'ambiguité d'une disposition législative sont plutôt à considérer comme lois nouvelles que comme lois interprétatives proprement dites. Suivant ce système, on ne devrait regarder comme lois interprétatives que celles auxquelles l'autorité législative aurait spécialement attribué ce caractère. Voy. *De l'interprétation législative*, par Isambert (*Revue de législ. et de jurisp.*, t. I, p. 241).

quelles les tribunaux français doivent décider les contestations civiles qui sont de leur compétence[1]?

Ainsi posée, la question se résout par le principe suivant : Les tribunaux français n'ont, pour la décision des
procès civils qui leur sont soumis, d'autres règles à suivre
que les lois françaises; peu importe que l'une des parties
soit étrangère, et que le droit litigieux résulte d'un fait ou
d'un acte arrivé ou passé hors de France.

Ce principe est cependant soumis à plusieurs exceptions,
ainsi :

1° Les lois étrangères sont obligatoires pour les tribunaux français, lorsqu'un traité politique leur a, dans des
hypothèses spéciales, attribué cette autorité. Arg. art. 11[2].

2° Les tribunaux français doivent, pour déterminer l'état
et la capacité d'un étranger, consulter uniquement les lois
de son pays. Arg. art. 3. alin. 3[3].

3° Les contestations relatives aux immeubles, que des
étrangers ou même des Français possèdent hors de France,

---

[1] Les rédacteurs du Code civil, craignant de poser des règles
trop générales, n'ont consigné dans l'art. 3 qu'un petit nombre de
préceptes spéciaux sur cette importante question. Cpr. sur la rédaction primitive de cet article : Merlin, *Rép.*, v° Loi, § 6, n° 8.
La division des lois en statuts réels et personnels, division vague
et défectueuse, a évidemment servi de base aux dispositions de
l'art. 3. — Voy. sur cette matière : le cinquante-quatrième plaidoyer
du chancelier d'Aguesseau; Merlin, *Rép.*, v° Loi, § 6, n° 1, et
v° Statut; Dalloz, *Jurisp. gén.*, v° Lois, sect. I, art. 2, § 6, et
sect. IV; Lassaulx, I, §§ 36 et 37; Proudhon, I, p. 46-59; Thibaut,
System des Pandecktenrechts, I, § 36, et les auteurs cités dans ce
dernier ouvrage.

[2] Les traités de cette espèce doivent être très-strictement interprétés. Cpr. Rouen, 25 mai 1813, Sir., XIII, 2, 233.

[3] Merlin, *Rép.*, v° Loi, § 6, n° 6; Lassaulx, I, § 37; Proudhon,
I, p. 50; civ. cass., 1er février 1813, Sir., XIII, 1, 113; Paris,
11 août 1817, Sir., XVIII, 2, 30; cpr. cependant civ. rej., 17 juillet 1833, Sir., XXXIII, 1, 663. — Nous nous sommes servis de
l'expression *uniquement* pour indiquer que ce principe recevrait
son application dans le cas même où l'étranger se serait formellement soumis à la loi française. Arg., art. 6. Voy. Grolman, sur
l'art. 3.

doivent être décidées d'après les lois du pays où ces immeubles sont situés. Arg. art. 3, alin. 2. [4]

4° En principe rigoureux, le patrimoine semble devoir
être régi par les lois qui règlent l'état et la capacité de la
personne à laquelle il appartient. On ne conçoit pas, en
effet, de patrimoine, abstraction faite d'une personne qui
le possède; en d'autres termes, les biens d'un individu ne
forment ce tout idéal qu'on appelle patrimoine, que par
suite d'un rapport juridique établi entre ces biens et
cet individu. Le patrimoine, qui n'est point un objet extérieur, se confond donc, en quelque sorte, avec la personne
qui en est propriétaire [5]. Il résulte de là que la succession
(*patrimonium defuncti*) *ab intestat* ou testamentaire
d'un étranger devrait être régie par les lois du pays de
cet étranger; mais la jurisprudence n'a admis cette conséquence que relativement à la succession mobilière [6].

5. La forme extérieure des actes est réglée par les lois du
pays dans lequel ils ont été passés. Arg. art. 47, 170, 999 [7].

---

[4] Delvincourt, sur l'art. 14; cpr. civ. rej., 26 janvier 1818,
Sir., XVIII, 1, 256. — Cette règle est cependant soumise aux li-
mitations qui résultent des autres exceptions énoncées au présent paragraphe. Cpr. Merlin, *Rép.*, v° Loi, § 6, n° 2.

[5] *Avis de la Faculté de droit de Heidelberg;* Heidelberg, 1808,
in-8°, n° 2.

[6] Merlin, *Rép.*, v° Loi, § 6, n° 3; Duranton, I, 90; Chabot de
l'Allier, *Des successions*, I, p. 92; req. rej., 3 mai 1815, Sir., XV,
1, 352; Colmar, 12 août 1817, Sir., XVIII, 2, 290. — C'est en ce
sens que l'on doit entendre la maxime *Mobilia sequuntur personam;*
car il ne faut point, par *arg. a contrario sensu*, inférer de l'art. 3,
alin. 2, que les *meubles* envisagés d'une manière individuelle (cpr.
§ 24) soient régis par les lois qui déterminent l'état et la capacité
de celui auquel ils appartiennent. Cpr. sur la maxime ci-dessus
citée: Grolman et *Pand. franç.*, sur l'art. 3; Rouen, 25 mai 1813,
Sir., XIII, 2, 233; civ. cass., 7 novembre 1826, Sir., XXVII, 1,
250; civ. rej., 19 mai 1830, Sir., XXX, 1, 325.

[7] *Locus regit actum.* Le projet du Code érigeait en loi cette
maxime, qui fut supprimée dans la rédaction définitive, de crainte
que sa trop grande généralité ne prêtât à des raisonnemens faux
et dangereux. Voy. *Conférence du Code civil sur l'art. 3*; Merlin,
Rép., v° Loi, § 6, n° 7; Proudhon, I, p. 53. — Il ne faut pas conclure

6. Les préceptes du droit civil pouvant être modifiés par des conventions particulières, lorsqu'ils n'intéressent ni l'ordre public, ni les bonnes mœurs, rien n'empêche que les contractans ne se soumettent, sous la même condition, à une législation étrangère, même en ce qui concerne des immeubles situées en France [8]; et, par une conséquence ultérieure, les tribunaux français seront obligés de juger, d'après les lois étrangères, les contestations pour la décision desquelles les parties s'en seraient rapportées aux dispositions de ces lois. En général, il est à présumer que les personnes qui ont conclu une négociation en pays étranger ont voulu se soumettre à la loi du pays où le contrat a été passé. Arg. art. 1159 [9].

§ 32.

Continuation.

Un principe qui se lie d'une manière intime avec celui posé dans le paragraphe précédent, c'est que les tribunaux et fonctionnaires français ont seuls en France juridiction et commandement (*jurisdictio et imperium*). Art 2123 et 2128; Code de procedure civile, art. 546 [1].

de cette maxime qu'un acte fait en pays étranger, suivant les formes exigées par les lois françaises, doive être rejeté par les tribunaux français, par cela seul qu'il n'aurait point été revêtu des formalités requises par les lois du pays où il a été passé. Merlin, *Rép.*, vᵒ Testament, sect. II, § 3, art. 8.

[8] Merlin, *Rép.*, vᵘ Loi, § 6, nᵒ 2.

[9] L. 31, § 20, *D. de œdilit. edic.*, (21, 1); l. 6, *D. de evict.*, (21, 2). Les contrats de mariage ne sont pas soumis à cette règle, parce qu'ils sont toujours censés faits dans le lieu où les conjoints veulent établir leur domicile; l. 65, *D. de judiciis*, (5, 1); Merlin, *Rép.*, vᵒ Loi, § 6, nᵒ 2; civ. cass., 12 juin 1815, Sir., XV, 1, 389.

[1] L'art. 121 de l'ordonnance de 1629 établit ce principe d'une manière plus générale et plus formelle encore que les art. 2123, 2128 du Code civil, et 546 du Code de procédure; il porte: «Les «jugemens rendus, contrats ou obligations reçus ès royaumes et «souverainetés étrangères, pour quelque cause que ce soit, n'au-

De ce principe découlent les conséquences suivantes :

1° Une action introduite devant un tribunal français ne pourrait être écartée *(exceptione litis pendentis)*, sous prétexte que la même affaire est déjà pendante devant un tribunal étranger [2].

2° Les jugemens rendus en matière civile [3], par une juridiction étrangère [4], ne sont pas exécutoires en France, et ne sauraient y être invoqués comme engendrant par eux-mêmes l'exception de la chose jugée. Ils n'y acquièrent autorité qu'autant qu'ils ont été déclarés exécutoires par un tribunal français. Cette déclaration , qui ne doit pas être assimilée à un simple *pareatis* ou ordonnance d'*exc-*

« ront aucune hypothèque ni exécution en notre dit royaume; ains « tiendront les contrats lieu de simples promesses, et nonobstant « les jugemens, nos sujets, contre lesquels ils auront été rendus, « pourront de nouveau débattre leurs droits comme entiers parde- « vant nos officiers.» Ces dispositions, qui renferment un principe de droit constitutionnel, doivent encore aujourd'hui être appliquées dans toute leur étendue, d'autant plus qu'elles ont été implicitement confirmées par les art. 2123, 2128 du Code civil, et 546 du Code de procédure. Req. rej., 27 août 1812, Sir., XIII, 1, 226. — Cpr., sur cette matière : Grenier, *Des hypothèques,* I, 14; Rauter, *Cours de procédure civile,* § 157; une *Dissertation* de Zachariæ, insérée dans la *Germania II,* 2, p. 229; les observations de Kamptz sur la dissertation précédente, *Germania III,* 2, p. 234; la seconde dissertation insérée dans la *Thémis* de Feuerbach, Landshut, 1812, in-8°. — M. Grenier (*Traité des hypothèques,* I, 222) fait valoir d'excellentes raisons pour demander, sinon l'abrogation, du moins la modification de ce principe. Voy. encore une dissertation de M. Mittermayer (*Archiv für civilistische Praxis,* vol. XIV, pag. 84 et suiv.), contenant une analyse comparée de différentes législations en ce qui concerne l'exécution des jugemens rendus à l'étranger, et une critique des dispositions du Droit français sur cette matière.

[2] Req. rej., 7 septembre 1808, Sir., VIII, 1, 453; Turin, 21 août 1812, Sir., XIV, 2, 191; Montpellier, 12 juillet 1826, Sir., XXVII, 2, 227.

[3] Le principe est également applicable en matière commerciale. Grenier, *Op. cit.,* I, 209. Merlin, *Quest.,* v° Jugement, § 14.

[4] Le principe ne s'applique donc pas aux décisions rendues même en pays étranger par des consuls commerciaux français. Delvincourt, III, p. 298. Grenier, *op. cit.,* I, 212.

quatur, ne peut résulter que d'un nouveau jugement[5]; et toute partie[6], qu'elle soit française ou étrangère, qu'elle ait été demanderesse ou défenderesse dans le procès décidé à l'étranger[7], est autorisée à demander que l'affaire soit de nouveau débattue et jugée comme si elle ne l'avait point encore été[8].

Toutefois les décisions rendues en dernier ressort, par des tribunaux étrangers, ne sauraient être soumises à la révision des tribunaux français, lorsqu'elles n'ont eu pour objet que l'exécution de jugemens émanés de ces derniers[9], ou qu'elles ont été volontairement exécutées par les parties[10].

La même exception s'applique aux sentences arbitrales rendues à l'étranger[11].

3° Les jugemens émanés de tribunaux étrangers n'em-

[5] Code de procédure, art. 1020, cbn. art. 546; Merlin, *loc. cit.;* Grenier, *op. cit.*, I, 207.

[6] Merlin, *loc. cit.;* Grenier, *op. cit.*, I, 208; civ. rej., 19 avril 1819, Sir., XIX, 1, 288; Toulouse, 27 décembre 1819, Sir., XX, 2, 312.

[7] Grenier, *op. cit.*, I, 210. Cpr. cependant civ. rej., 15 novembre 1827; Sir., XXVIII, 1, 124.

[8] Mais les enquêtes et tous actes d'instruction faits en pays étranger pour préparer le jugement qui y a été rendu, devront toujours avoir leur effet en France. Grenier, *op. cit.*, I, 211.

[9] Req. rej., 14 février 1810, Sir., X, 1, 243; civ. rej., 30 juillet 1810, Sir., XI, 1, 91.

[10] Paris, 14 juillet 1809, Sir., XII, 2, 359.

[11] Ces décisions arbitrales ne sont, à la vérité, exécutoires en France qu'en vertu d'une ordonnance d'*exequatur* rendue par un juge français. Art. 2123, cbn. Code de procédure, art. 1020. Mais on ne pourrait en demander la révision par le motif qu'elles auraient été rendues à l'étranger. Paris, 16 décembre 1809, Sir., X, 2, 198; Paris, 7 janvier 1833, Sir., XXXIII, 2, 145. Cpr. civ. rej., 31 juillet 1815, Sir., XV, 1, 369; Delvincourt, I, p.32. — Quels sont les effets que produit sur l'autorité des jugemens, soit la réunion d'un pays étranger à la France, soit la séparation d'avec cette dernière d'un territoire qui en faisait partie? Voy. Merlin, *Quest.*, v° Réunion; Grenier, *op. cit.*, I, 217; req. rej., 18 thermidor an XII, Sir., V, 1, 37; Paris, 20 mars 1817, Sir., XVIII, 2, 172.

portent hypothèque judiciaire en France, qu'autant qu'ils ont été déclarés exécutoires par un tribunal français.

4° Les contrats reçus par des fonctionnaires étrangers ne peuvent conférer en France une hypothèque conventionnelle. Art. 2123 et 2128 [12].

Le principe ci-dessus énoncé ne doit être appliqué que sauf les exceptions auxquelles il aurait été soumis, par des lois spéciales, ou par les traités politiques [13]; mais son application est entièrement indépendante de la question de réciprocité [14].

§ 33.

De quelle manière et jusqu'à quel point les lois restreignent-elles la liberté des particuliers? — Notions préliminaires.

On peut diviser les lois en impératives, prohibitives et permissives [1]. Les premières sont celles qui ordonnent, les secondes celles qui défendent quelque chose; les troisièmes [2]

---

[12] Grenier, *op. cit.*, I, 14 et suiv. *Consultation*, Sir., XVII, 2, 217. — A l'égard de l'influence qu'exerce sur l'efficacité des actes passés en pays étranger, la réunion de ce pays à la France, voy. Merlin, *Quest.*, v° Inscription hypothécaire, §§ 1 et 2; civ. cass., 21 novembre 1809, Sir., X, 1, 65; Rouen, 28 juin 1810, Sir., X, 2, 307.

[13] Des traités de ce genre ont été conclus, par exemple: avec la Suisse, sous la date du 4 vendémiaire an XII (27 septembre 1803); avec la Russie, le 31 décembre 1786 (11 janvier 1787). Voy. Merlin, *Rép.*, v° Jugement, § 7 *bis*. Cpr., sur l'application et l'interprétation de pareils traités: Delvincourt, III, p. 300; req. rej., 14 juillet 1825, Sir., XXVI, 1, 378; Grenoble, 9 janvier 1826, Sir., XXVII, 2, 56.

[14] Merlin, *Rép.*, v° Jugement, § 7 *bis*; Paris, 11 février 1808, Sir., 8, 2, 83; civ. cass., 15 juillet 1811, Sir., XI, 1, 301; Rouen, 25 mai 1813, Sir., XIII, 2, 233.

[1] L. 7, *D. de legibus* (1, 3).

[2] L'expression, *lois permissives*, serait une véritable contradiction, si on l'entendait dans un autre sens que celui que nous y attachons.

se subdivisent en deux classes : l'une comprend les lois permissives proprement dites (*leges permissivæ in specie*), qui révoquent pour des cas spéciaux une défense ou un commandement général; l'autre renferme les lois déclaratives (*leges declaratoriæ*) qui, prévoyant le cas où des parties ne régleraient pas elles-mêmes leurs droits respectifs, les déterminent en leur place.

§ 34.

Règle générale. — Dispenses.

D'après les principes du droit civil, tout ce que la loi ne défend pas ou n'ordonne pas, est abandonné au libre arbitre d'un chacun. Cpr. art. 544, 902 et 1123. Tout ce que la loi n'a pas défendu est donc permis; et chacun est maître de faire ou de ne pas faire ce qu'elle n'a pas commandé. Ainsi encore, lorsque les lois offrent deux moyens d'atteindre le même but, le choix entre eux est parfaitement libre; il y a plus, l'option de l'un ou de l'autre ne forme point un obstacle qui empêche de revenir à celui que d'abord on avait abandonné, pourvu qu'en agissant ainsi on ne lèse point les droits acquis à des tiers, par suite de l'option primitive, soit en vertu d'une disposition spéciale de la loi, soit en vertu d'un fait obligatoire[1].

Les lois impératives ou prohibitives cessent d'être obligatoires pour celui que l'autorité compétente a dispensé de leur observation. Mais le roi, auquel appartient, d'après le droit constitutionnel, le pouvoir d'accorder de pareilles dispenses, ne peut les donner que dans les cas spécialement prévus par la loi.[2]

[1] La prétendue maxime: *Electa una via non datur regressus ad alteram*, ou comme on l'exprime encore: *Omnis variatio in jure est odiosa*, ne repose, ni sur les principes généraux du droit, ni sur aucun texte de loi. Merlin, *Quest.*, v° Option, § 1.

[2] Merlin, v° Loi, § 10 *bis*, et v° Dispense.

§ 35.

Des actes déguisés ou simulés (Negotia simulata).

Le principe posé au paragraphe précédent, conduit à la conséquence suivante : Toute disposition ou convention dont le but sera également atteint, quelle que soit la forme dont on la revête ou le genre d'acte dans lequel on la consigne, peut être indifféremment faite ou conclue d'après le mode que le disposant ou les parties estiment convenable[1]. Si cependant le mode choisi pour disposer ou contracter n'a été employé que dans la vue d'éluder la loi, l'acte peut être attaqué comme entaché de simulation, et cette dernière venant à être établie[2], la disposition ou la convention se trouve soumise, quant à ses effets, à l'influence des principes qui lui auraient été de plein droit applicables dans le cas où elle n'eût pas été déguisée au moyen d'un acte simulé[3].

Ainsi, qu'une donation soit déguisée sous la forme d'un contrat de vente, l'acte ne sera pas inefficace, par cela seul qu'il n'aura point été revêtu des formes prescrites pour les

[1] La simulation n'est point par elle-même une cause de nullité. Civ. rej., 7 avril 1813, Sir., XIII, 1, 374.

[2] Il est des cas où cette preuve n'est pas nécessaire, la loi établissant elle-même une présomption de simulation. Voy. art. 918.

[3] Un acte de cette nature est appelé acte simulé ou déguisé : *Negotium simulatum est negotium cui dolus adversus legem inest.* La règle *plus valet quod agitur quam quod simulatur*, ne s'applique donc pas d'une manière absolue aux actes simulés; ils ne sont en réalité soumis à cette maxime qu'autant qu'ils font fraude à la loi. Cpr. sur cette matière: Chardon, *Traité du dol et de la fraude en matière civile et commerciale;* Paris, 1828, 3 vol. in-8°. Merlin, *Rép.,* v° Simulation. Cpr. sur les contrats de vente simulés: Pothier, *Contrat de vente,* n°ˢ 37-39; Merlin, *Rép.,* v° Contrat pignoratif; sur les sociétés simulées: Pothier, *Contrat de société,* n°ˢ 22-27; sur les prêts simulés: civ. cass., 2 décembre 1812, Sir., XIII, 1, 33; sur les transactions simulées : *Traité des transactions,* par Marbeau, n° 138 et suiv.

donations. Cpr. art. 931. La loi, en effet, n'exige pas, à peine de nullité, que toute espèce de libéralités entre-vifs soient faites avec les formes extérieures des donations, et la preuve en est, que rien n'empêche par exemple de remettre une dette sans leur observation. Cpr. aussi art. 1121 et 1973. Mais si la donation déguisée porte atteinte aux droits des héritiers à réserve, elle devra, sur la demande de ces derniers, être réduite à la portion disponible [4]. Cpr. art. 913 et 915. Ainsi encore, si deux époux avaient divorcé par consentement mutuel, dans le seul but de tromper leurs créanciers, le divorce subsisterait, mais ne pourrait être opposé à ces derniers [5].

Un acte simulé peut toujours être attaqué par les tiers dont il lèse les droits [6]; il peut l'être également par les parties qui n'ont aucune fraude ou turpitude à se reprocher [7].

[4] La question de savoir si une donation déguisée sous la forme d'un contrat onéreux, translatif de propriété, est nulle, par cela seul qu'elle n'a point été revêtue des formalités exigées par la loi (*ob defectum formæ*), ou si, au contraire, elle ne devient inefficace qu'autant qu'elle fait fraude à la loi, a été fortement controversée; mais après quelques oscillations, la jurisprudence a définitivement consacré l'opinion énoncée dans le texte. Voy., par exemple, civ. cass., 31 mai 1813, Sir., XIII, 1, 330; civ. cass., 6 juin 1814, Sir., XIV, 1, 215; civ. cass., 26 juillet 1814, Sir., XV, 1, 42; civ. cass., 31 juillet 1816, Sir., XVI, 1, 383; civ. cass., 20 novembre 1826, Sir., XXVII, 1, 205; civ. cass., avril 1827, Sir., XXVII, 1, 267. Cette opinion est également enseignée par la plupart des auteurs. Cpr. Merlin, *Quest.*, v° Donation, § 5; Toullier, IV, 474; voy. cependant Delvincourt, sur l'art. 893. — Deux arrêts de la cour de Paris des 4 juin 1829 et 9 avril 1834 (Sir., XXX, 2, 319, et XXXIV, 2, 293), ont même décidé qu'une reconnaissance sous seing-privé, dont la cause est reconnue fausse par le porteur, peut, comme donation déguisée, être déclarée bonne et valable. M. Duranton (VIII, 402, et X, 355) combat cette doctrine; il ne pense pas qu'on puisse placer sur la même ligne les reconnaissances, qui n'ont pour cause réelle que la libéralité du souscripteur, et les donations déguisées sous la forme d'un contrat de vente.

[5] *Jurisprudence du Code civil*, XI, 257.

[6] Merlin, *Rép.*, v° Simulation, § 2.

[7] Merlin, *Rép.*, v° Cit, § 6; Toulouse, 9 janvier 1821, Sir., XXI, 2, 242.

§ 36.

Des actes par lesquels on déroge aux lois.

La question de savoir s'il est ou non permis de déroger aux lois, doit être résolue au moyen de la distinction des intérêts[1] qu'elles ont pour but de protéger. Cette distinction conduit aux règles suivantes :

1° Chacun est libre de renoncer et par conséquent de déroger aux dispositions légales qui ne sont introduites qu'en sa faveur et qui n'intéressent que lui seul[2] : *Regula est juris antiqui omnes licentiam habere his quæ pro se introducta sunt renuntiare.*

2° Nul ne peut déroger aux dispositions de la loi ayant pour objet de garantir les intérêts des tiers[3].

3° Il n'est pas permis de déroger aux lois qui intéressent l'ordre public et les bonnes mœurs. Cette proposition établie par l'article 6, est incontestable en théorie ; mais son application donne lieu, dans la pratique, à de sérieuses difficultés. Le législateur, en effet, n'a point déterminé quelles sont les *lois qui intéressent l'ordre public et les bonnes mœurs*[4] ; il s'en est remis pour la solution de cette question

[1] La distinction des lois en prohibitives, impératives et permissives ne peut servir de base à la solution de cette question, parce qu'il n'y a pas de lois permissives proprement dites (cpr. § 33 et 34), et que d'ailleurs il existe dans le Code une foule de dispositions conçues en termes impératifs ou prohibitifs, auxquelles il est cependant permis de déroger. Voy., par exemple, art. 575 et suiv.

[2] Mais il faut que le droit auquel on renonce soit ouvert. Cpr. art. 1130, 1453 et 2220.

[3] Ainsi, par exemple, on stipulerait vainement, dans un acte constitutif d'hypothèque, que le créancier sera dispensé de prendre inscription (art. 2134), ou dans un acte de vente sous seing-privé que cet acte fera par lui-même foi de sa date à l'égard des tiers. (Art. 1328.)

[4] Les art. 1131 et 1133 vont encore plus loin que l'art. 6 ; ils prohibent toute convention contraire aux bonnes mœurs et à

aux traditions de la science, et jusqu'à un certain point au tact individuel des jurisconsultes et des magistrats[5]. On chercherait en vain à résoudre ces difficultés à l'aide d'un principe général. Le seul point constant et universellement reconnu, c'est qu'outre les lois constitutionnelles, administratives, pénales et de police, on doit encore considérer comme intéressant l'ordre public, les règles concernant l'état des personnes[6] et la capacité de contracter et de disposer par actes entre-vifs ou testamentaires.

§ 37.

Des nullités [1].

Les lois impératives ou prohibitives sont parfaites ou imparfaites, suivant que leur inobservation est ou non réprimée par quelque peine qui en sanctionne les dispositions. En droit civil, cette peine consiste ordinairement dans la nullité de l'acte fait contrairement au précepte de la loi.

l'ordre public en général. Les art. 900 et 1172 sont rédigés dans le même sens. Cpr. L. 6, C. *de pactis* (2, 3); L. 45, D. de R. J., (50, 7).

[5] Cpr., sur cette matière: une dissertation de M. Mauguin (*Bibliothèque du barreau,* 1819, I, 145, et Sir., IX, 2, 345); Merlin, *Rép.,* v° Loi, § 8; Dalloz, *Jurisp. gén.,* v° Loi, sect. VI.

[6] L'art. 1388 contient une application directe de ce principe, en vertu duquel on a jugé que nul ne pouvait, par convention, se constituer en état d'interdiction. Voy. § 124, notes 4 et 5.

[1] Cpr., sur cette matière, l'une des plus difficiles du droit français : Merlin, *Rép.,* v° Nullité; Toullier, VII, 479 et suiv.; Duranton, XII, 512 et suiv.; *Traité des transactions,* par Marbeau, n° 266 et suiv.; *Traité des nullités de droit en matière civile,* par Perrin, Lons-le-Saulnier, 1816, in-8°; *Traité des nullités de tous genres,* par Biret, Paris, 1821, 2 vol. in-8°; *Théorie sur la nullité des conventions et des actes de tout genre en matière civile,* par Solon, Paris, 1835, 2 vol. in-8°. — La multitude des auteurs qui ont écrit sur cette matière et la diversité des opinions qu'ils ont émises, démontrent que le Code a laissé sur ce point un champ trop vaste à la doctrine.

Ainsi, la nullité est l'invalidité dont un acte est frappé comme contrevenant à un commandement ou à une défense de la loi [2].

L'acte nul diffère essentiellement de l'acte inexistant [3]. L'acte inexistant est celui qui ne réunit pas les conditions essentielles à son existence de fait d'après les notions du droit philosophique [4], ou qui n'a pas été accompagné des solennités indispensables pour lui donner une existence juridique d'après l'esprit du droit positif [5]. On doit,

---

[2] Une nullité peut, à la vérité, résulter aussi d'un contrat; mais notre définition n'en est pas moins exacte, puisque les conventions tiennent lieu de lois aux parties qui les ont faites. Art. 1134.

[3] La loi, la jurisprudence et la doctrine confondent souvent ces deux actes, en qualifiant simplement d'acte nul l'acte inexistant. Quelquefois les auteurs opposent la nullité de *non-existence* à la nullité d'*annulabilité;* d'autres fois, ils appellent l'acte inexistant un acte *radicalement* ou *substantiellement* nul. Nous n'adopterons pas ces locutions, qui ne nous paraissent pas exactes. — L'acte nul diffère également de l'acte *lésionnaire* et de l'acte *frauduleux.* L'acte lésionnaire est celui qui, tout en réunissant les conditions nécessaires à sa validité, contient une lésion au préjudice de la partie qui l'attaque. Cpr. art. 887 alinéa 2, 1079, 1118, 1305, 1313, 1674. L'acte frauduleux est celui par lequel un débiteur porte méchamment préjudice aux droits de son créancier. Cpr. art. 1167.

[4] Un consentement donné par erreur est de fait inexistant. *Non videtur qui errat consentire.* Au contraire, un consentement extorqué par violence ou surpris par dol, existe de fait, mais est vicié en droit. Ainsi, dans le premier cas, la convention (*conventio est duorum vel plurium in idem placitum consensus*) devrait être regardée comme inexistante, et dans le second, comme étant seulement viciée de nullité. Mais les lois transforment souvent, par des motifs dont il est aisé de se rendre compte, une condition de fait en condition de droit. C'est ce qui arrive toutes les fois (voy. cependant art. 1601) qu'elles se bornent à prononcer la nullité d'un acte dépourvu d'une condition essentielle à son existence de fait. L'acte devient alors simplement annulable; telle est la convention entachée d'erreur. (Art. 1109, 1110 et 1117.) Du reste, la grande difficulté est de déterminer quelles sont les conditions nécessaires à l'existence de fait de tel ou tel acte, et ce problème ne peut être résolu d'une manière générale.

[5] C'est en ce sens qu'il faut entendre la maxime : *forma dat esse*

par exemple, considérer comme inexistans, sous le premier point de vue, la convention conclue avec un enfant qui n'a point encore atteint l'âge de raison[6], et le contrat de vente, lors de la passation duquel, la chose vendue avait péri en totalité[7]. On peut citer comme exemple d'acte inexistant sous le second point de vue, un mariage resté incomplet, parce que l'officier de l'état civil n'a point prononcé au nom de la loi l'union des deux époux. L'inexistence d'un acte est indépendante de toute déclaration judiciaire. Elle ne se couvre ni par la confirmation ni par la prescription. Il appartient à tout juge de la reconnaître même d'office[8].

Le Code civil[9] ne contient aucun article qui, soit expli-

---

ré., qui serait fausse, si on l'appliquait à toutes les solennités que les auteurs ont coutume d'appeler substantielles ou constitutives. Cpr. art. 191 et 931.

[6] Lorsque les lois (cpr. art. 1124, 1125 et 1305) se bornent à déclarer annulables ou sujettes à rescision les conventions passées par des mineurs, elles ne parlent évidemment que des mineurs qui, parvenus à l'âge de raison, ont, de fait mais non de droit, la capacité nécessaire pour contracter. *Sed quod diximus de pupillis utique da iis verum est qui jam aliquem intellectum habent.* § 10, *Inst. de inut. stip.* (3, 19). Cpr. §§ 8 et 9, *eod. tit.* Voy. aussi : *Observations du tribunat sur l'art.* 1338 (Locré, *Lég.*, t. XII, p. 284, n° 73); et le rapport cité à la note 8.

[7] C'est à tort que l'art. 1601 se borne à prononcer la nullité d'un pareil contrat, qui doit véritablement être considéré comme inexistant. Cpr. encore §§ 449 et 451. Voy. aussi civ. rej., 2 novembre 1807, Sir., VIII, 1, 33; crim. cass., 6 mai 1813, Sir., XIII, 1, 345; crim. cass., 3 mars 1815, Sir., XV, 1, 217.

[8] Rapport fait au tribunat par M. Jaubert (Locré, *Lég.*, t. XII, p. 523 et 524, n° 24.)

[9] Le Code de procédure (art. 1030) et le Code d'instruction criminelle (art. 407 et suiv.) contiennent des dispositions de cette nature, et cependant la jurisprudence, d'accord avec la raison, admet des nullités virtuelles pour inobservation de règles, que ces Codes ne prescrivent pas à peine de nullité. Voy., entre autres : crim. cass., 21 avril 1808 et 18 juillet 1813, Sir., XVI, 1, 288 et 289; crim. cass., 14 mai 1813, Sir., XVII, 1, 161; crim. cass., 26 décembre 1823, Sir., XXIV, 1, 185; Paris, 19 mars 1825, Sir., XXVI, 2, 69; Amiens, 21 décembre 1825, Sir., XXVI, 2,

citement, soit implicitement, déclare, par voie de mesure générale, la nullité des actes faits contrairement à ses préceptes. Il ne renferme à cet égard que des dispositions spéciales; mais, comme il ne dit pas que les cas prévus par ces dispositions soient les seuls dans lesquels l'inobservation de la loi emporte nullité, il faut admettre avec la jurisprudence [10] que le juge peut et doit quelquefois déclarer nul un acte dont la nullité n'a pas été prononcée par le législateur.

Ainsi, les nullités découlent du texte de la loi ou de son esprit : elles sont ou textuelles ou virtuelles [11]. Les nullités virtuelles sont celles qui résultent de la violation d'un précepte, dont l'observation était exigée d'une manière indispensable, soit comme conséquence des principes généraux du droit, soit comme moyen d'atteindre un but spécial que le législateur avait en vue [12]. Le juge devant lequel on propose une nullité virtuelle, a donc non-seulement à examiner en fait, si un précepte légal a été ou non violé; il doit encore apprécier en droit, si la violation de ce précepte est, d'après l'un des motifs ci-dessus indiqués, de nature à entraîner la nullité de l'acte attaqué [13]. Lorsque le juge, au contraire, est saisi d'une demande en nullité fondée sur le

318; crim. cass., 11 mai 1827, Sir., XXVII, 1, 342; req. rej., 24 janvier 1827, Sir., XXVIII, 1, 107; crim. cass., 15 mars 1828, Sir., XXVIII, 1, 302; crim. cass., 9 avril 1829, Sir., XXIX, 1, 368.

[10] Cpr., entre autres, les arrêts cités au § 93, notes 6, 7 et 13. Voy. Merlin, *Rép.*, v° Mineur, § 7; Toullier, VII, 517.

[11] Les auteurs appellent ordinairement nullité *substantielle* la nullité qui découle de l'esprit de la loi, et à raison même de cette dénomination, ils la confondent avec la non-existence; cpr. note 3. C'est pour éviter cette confusion que nous employons une autre qualification qui nous paraît d'ailleurs beaucoup plus rationnelle.

[12] Toullier VII, 518. De nombreux exemples, propres à éclaircir ce principe, se présenteront lorsqu'il sera question de la composition du conseil de famille et de la rédaction des bordereaux d'inscriptions hypothécaires.

[13] En cas de doute, le juge ne doit pas prononcer la nullité. Art. 1157. Toullier, VII, 519.

texte même de la loi, la seule question qu'il ait à examiner est celle de savoir si le précepte dont l'accomplissement est exigé à peine de nullité, a été violé ou non.

Les nullités sont de droit public ou de droit privé, suivant qu'elles reposent sur une raison d'ordre public ou sur un motif d'intérêt privé. Cette division est d'une grande importance dans la pratique; nous aurons surtout occasion d'en faire l'application en traitant de la confirmation des engagemens.

Enfin, les nullités sont absolues ou relatives. Les premières sont celles qui peuvent être proposées par tout intéressé; les secondes, celles qui ne peuvent être invoquées que par certaines personnes. Cpr. art 1125. Le Code ne contient pas de règle générale à l'aide de laquelle on puisse distinguer si une nullité est absolue ou relative [14]; dans les cas où il n'existe pas de disposition spéciale qui le décide, il faut déterminer le caractère de la nullité d'après le motif sur lequel elle repose [15].

Toute nullité doit, en règle générale [16], être prononcée par jugement. A cet égard il n'y a pas lieu de distinguer entre les cas où la loi se borne à ouvrir contre un acte une action en nullité (cpr. art. 1117 et 1304), et ceux où elle en déclare elle-même la nullité, soit d'une manière pure et simple (cpr. art. 896, 931, 943, 944, 945, 1001, 1099, 1596, 1597, 2055 et 2063), soit avec addition des mots

---

[14] C'est à tort que M. Toullier professe (VII, 558) : « Que « toute disposition qui déclare positivement et sans restriction la « nullité d'un acte, autrement la simple déclaration de nullité, « quel qu'ait été le motif du législateur, soit pour cause d'intérêt « public, soit pour vice de forme, opère une nullité absolue, par « cela même qu'elle n'est pas limitée à certaines personnes. »

[15] Ainsi, par exemple, les art. 1596 et 1597 déclarent nulles certaines ventes dont la nullité ne peut, à raison du motif sur lequel elle repose, être invoquée par l'acquéreur. Delvincourt, sur les art. 1596 et 1597.

[16] On ne peut citer ici qu'une exception à cette règle: c'est celle établie par l'art. 692 du Code de procédure. *Exceptio firmat regulam.*

de droit ou de plein droit (cpr. art. 502). Les termes :
nullité de droit ou de plein droit ne sont pas, dans le langage juridique français, synonymes des expressions : *nullité qu'il n'est pas nécessaire de faire prononcer* [17]. Destinés à faire ressortir telle ou telle intention du législateur, ces mots n'ont pas même de signification propre et
absolue ; leur valeur relative doit être appréciée d'après
les circonstances [18]. Un acte annulable reste donc efficace,
tant que la nullité n'en a point été reconnue par le juge.

La conséquence de tout jugement qui prononce une
nullité, est de faire envisager l'acte qui s'en trouve entaché
comme n'ayant jamais eu d'existence juridique. Tout acte
déclaré nul, ne peut donc par lui-même et en vertu de
son caractère originaire et apparent [19], produire d'effet
juridique, à moins que, par une disposition spéciale, le
législateur n'ait décidé le contraire [20]. Voy. art. 201 et 202.

[17] Ainsi l'art. 41 du décret du 1er mars 1808, sur les majorats,
dit que tout jugement qui validerait une aliénation de biens formant partie d'un majorat *sera nul de droit*, et l'article suivant
charge le conseil d'État de *prononcer la nullité de ce jugement*.
Ainsi, encore, l'art. 28 de la loi communale du 21 mars 1831
porte : « Toute délibération d'un conseil municipal, portant sur
« des objets étrangers à ses attributions, est *nulle de plein droit*.
« Le préfet, en conseil de préfecture, *déclarera la nullité.* »

[18] Les rédacteurs du Code paraissent s'être servis de ces expressions dans l'art. 502, pour indiquer que, contrairement à l'ancienne législation, l'acte fait par un interdit doit être déclaré nul,
d'après le seul rapprochement de sa date avec celle de l'interdiction, sans qu'il soit nécessaire d'examiner si cet acte n'a pas été
passé dans un intervalle lucide.

[19] Mais, par cela même qu'un acte a existé de fait, il peut produire des effets indépendans du caractère sous le rapport duquel
il a été annulé. C'est ce qui arrive lorsque cet acte constitue un
délit (Code de procédure, art. 1030), contient un aveu (civ. cass.,
29 floréal an VII, Sir., I, 1. 208) où crée des relations de fait
entre les parties. Ainsi, un mariage, quoique déclaré nul, n'en
aura pas moins eu pour résultat d'établir de fait une communauté
de biens entre les époux. Voy. Toullier, I, 665.

[20] *Quod nullum est nullum producit effectum.* Cpr., sur les exceptions dont cette règle est susceptible : Merlin, *Rép.*, v° Nullité, § 4.

Toute nullité se couvre, en règle générale, par la confirmation et la prescription [21]. Pour rester autant que possible fidèles à l'ordre du Code, nous ne traiterons que plus tard de ces deux exceptions et de l'action en nullité.

Du reste, les règles énoncées au présent paragraphe ne doivent être appliquées que sauf les modifications établies dans certaines matières spéciales et notamment dans celle du mariage.

IV. DE L'INTERPRÉTATION DES LOIS.

§ 38.

Généralités.

L'interprétation de la loi est ou publique ou privée.

L'interprétation publique ou officielle procède, soit du pouvoir législatif (*interpretatio authentica*), soit du pouvoir judiciaire (*interpretatio usualis, usus fori,* jurisprudence) [1].

L'interprétation privée est celle qui émane des jurisconsultes.

L'interprétation, soit publique, soit privée, doit avoir lieu suivant certaines règles dont l'ensemble constitue l'art de l'interprétation [2].

[21] Le principe, enseigné par quelques auteurs (voy. Merlin, *Rép.,* v° Nullité, § 8, et le *Traité des transactions,* déjà cité, n° 314), que les nullités de droit public ne se couvrent point par la prescription, est faux dans sa généralité.

[1] L'interprétation usuelle peut, à juste titre, être considérée comme une interprétation publique, puisque les décisions des tribunaux sont obligatoires comme les lois elles-mêmes, dans les espèces pour lesquelles elles ont été rendues; et que d'ailleurs il est de maxime que le juge ne doit pas facilement s'écarter, *ab auctoritate rerum perpetuo similiter judicatarum.* Cpr. § 39.

[2] Il faut donc rejeter la division de l'interprétation en authentique, usuelle et doctrinale. Toute interprétation doit être doctrinale, c'est-à-dire conforme aux règles de la doctrine.

§ 39.

De l'interprétation publique ou officielle.

L'interprétation authentique est aujourd'hui[1] réservée au pouvoir législatif. Loi du 30 juillet 1828, art. 3. Elle s'exerce collectivement par le roi, la chambre des pairs et la chambre des députés, suivant la maxime: *ejusdem interpretari cujus est condere*. Cpr. Charte, art. 14.

Les tribunaux ont non-seulement le droit, mais encore le devoir d'interpréter les lois ou de suppléer à leur silence, en tant que cela est nécessaire pour décider les affaires qui leur sont soumises.

Tout juge, en effet, qui, en matière civile[2], refuse de faire droit aux parties, sous prétexte du silence, de l'obscurité ou de l'insuffisance de la loi, peut être poursuivi comme coupable de déni de justice. Art. 4[3]. Il n'est donc

---

[1] Sous l'empire, l'interprétation authentique était donnée dans la forme des réglemens d'administration publique, c'est-à-dire par des avis du conseil d'État que l'empereur approuvait. Loi du 16 septembre 1807. Un avis du conseil d'État du 27 novembre — 17 décembre 1823, décida que la Charte n'avait pas abrogé la loi du 16 septembre 1807. Toutefois, cet avis neutralisa virtuellement les effets de la loi qu'il déclarait être encore en vigueur. En effet, il n'accorda point aux ordonnances rendues en conseil d'État la force d'interprétation authentique que la loi de 1807 donnait évidemment aux avis du conseil d'État approuvés par l'empereur; il ne leur attribua que l'effet d'une interprétation judiciaire légalement bornée au cas particulier pour lequel elle a été donnée. Cpr. § 5, note 8. Voy., sur la législation en matière d'interprétation: Merlin, *Rép.*, v° Interprétation, n° 3; une dissertation de M. Sirey (Sir., XXIV, II, 18); une dissertation de M. Isambert (*Revue de législation et de jurisprudence*, t. I, p. 241); *De la législation en matière d'interprétation des lois en France*, par Foucher; Paris, 1835, in-8°.

[2] En matière pénale, on suit la règle *nulla pœna sine lege*. Code pénal, art. 4. Crim. cass., 8 septembre 1809, Sir., X, 1, 1.

[3] Voy. la discussion de cet article au conseil d'État.

pas ordonné au juge, il lui est même défendu de suspendre le jugement d'une contestation pour demander au législateur une interprétation authentique, qui devienne la règle de sa décision future.

En garantissant, sous ce rapport, l'indépendance de l'autorité judiciaire, il fallait, d'un autre côté, empêcher qu'elle n'empiétât sur les attributions du pouvoir législatif. C'est pourquoi il a été interdit aux tribunaux de prononcer, par voie de disposition générale et réglementaire, sur les causes qui leur seraient soumises, c'est-à-dire d'attribuer à leurs décisions la force d'un règlement général applicable à tous les cas analogues qui pourraient se présenter. Art. 5[4]. La jurisprudence (*usus fori*) ne saurait donc jamais constituer un droit coutumier; et si les tribunaux ne doivent pas à la légère revenir sur des opinions qu'ils n'ont adoptées qu'après mûre délibération, un devoir non moins impérieux leur impose l'obligation de ne pas se laisser arrêter par des précédens dont la doctrine ou l'expérience leur aurait démontré l'erreur[5].

Les cours royales étant indépendantes les unes des autres, et souveraines dans leur ressort, il était à craindre qu'elles ne se missent au-dessus de la loi et qu'il ne s'établit bientôt dans chaque ressort une jurisprudence différente. Pour empêcher le retour de ce fâcheux résultat, que l'organisation des parlemens entraînait autrefois, on éta-

[4] Les parlemens avaient le droit de faire des arrêts de règlement. C'est pour empêcher que les nouveaux tribunaux ne s'arrogeassent un pareil pouvoir, qu'a été édicté l'art. 5 du Code civil. Merlin, *Rép.*, v° Arrêt, n° 8. Voy. aussi req. annul. 19 juillet 1825, Sir., XXV, 1, 393. Cpr., sur les mercuriales (*a die mercurii*) et les décisions que les cours et tribunaux sont autorisés à prendre à cette occasion: décret du 20 avril 1810, art. 8.

[5] *Observations sur le danger d'interpréter les lois*, par Crivelli; Paris, 1807, 1 vol. in-8°. Sur la question de savoir quelle doit être l'influence de la jurisprudence des arrêts sur l'enseignement des lois: voy. une dissertation de Lassaulx (*Bibliothèque du barreau*, 1809, I, 331).

blit, au sommet du nouvel ordre judiciaire, une cour de cassation chargée de réprimer toute contravention à la loi et de régulariser par cela même l'interprétation usuelle en ramenant sans cesse les tribunaux à une jurisprudence uniforme [6].

En principe général, tout jugement ou arrêt rendu en dernier ressort par une juridiction française [7], est susceptible de pourvoi en cassation [8], lorsqu'il contient une contravention à la loi [9]; peu importe du reste que cette contravention consiste, soit dans la violation des formes de procéder, soit dans la violation ou la fausse interprétation de la loi, soit dans la fausse application d'un texte de laquelle résulte-

---

[6] Cpr., sur l'organisation de la cour de cassation: loi du 27 novembre — 1er décembre 1790; loi du 2 brumaire an IV; constitution du 22 frimaire an VIII, art. 65 et 66; loi du 27 ventôse an VIII, tit. VI; ordonnance du 15 janvier 1826; Merlin, *Rép.*, v° Cour de cassation; *Exposition de l'esprit des lois concernant la cassation en matière civile*, par Lavaux, Paris, 1809, in-8°; *Manuel de la cour de cassation*, par Godart de Saponay, Paris, 1831, 1 vol. in-8°; et les différens ouvrages sur l'organisation judiciaire, cités au § 46.

[7] *Quid juris* d'un jugement rendu par une juridiction étrangère dont le territoire a été incorporé à la France? Voy. civ. cass., 5 août 1812, Sir., XIII, 1, 249.

[8] Ce principe ne s'applique pas aux décisions rendues par des tribunaux administratifs. Cpr. § 46. — En matière civile, le pourvoi en cassation n'a point, en général, d'effet suspensif; cette règle n'est cependant pas sans exception. Voy., par exemple, art. 263.

[9] D'après la jurisprudence actuelle, le pourvoi en cassation n'est point admissible, par cela seul qu'un jugement aurait faussement interprété les termes d'une décision judiciaire ou d'un contrat. Req. rej., 13 février 1827, Sir., XXVII, 1, 153; civ. rej., 2 juillet 1827, Sir., XXVII, 1, 388; req. rej., 16 juin 1831, Sir., XXXI, 1, 241. Il en serait autrement, si, après avoir reconnu en fait l'existence de tous les élémens constitutifs d'un acte juridique, le jugement n'avait pas donné à cet acte la qualification voulue par la loi. Voy. Merlin, *Rép.*, v° Société, sect. II, § 3, art. 2, n° 3; cons. class. cass., 26 juillet 1823, Sir., XXIII, 1, 378; civ. cass., 6 août 1827, Sir., XXVII, 1, 428; civ. cass., 21 mai 1833, Sir., XXXIII, 1, 523. Cpr. Carré, *Lois de la l'organisation et de la compétence*, t. II, p. 767 et suiv.

rait violation virtuelle d'un autre texte qui aurait dû être appliqué [10].

Le pourvoi peut être formé par les parties, et, lorsque celles-ci gardent le silence, par le procureur général près la cour de cassation. Dans ce dernier cas, l'issue du pourvoi formé dans l'intérêt de la loi seulement (*ne sententia trahatur ad exemplum*), est sans influence sur les droits des parties, à l'égard desquelles le jugement ou l'arrêt attaqué vaut transaction.

La cour de cassation [11] ne connaît pas du fonds des affaires; elle rejette le pourvoi quand il est non recevable ou mal fondé; dans le cas contraire, elle casse et annule le jugement ou l'arrêt attaqué [12], et renvoie la cause à un autre tribunal ou à une autre cour, qui cependant n'est aucunement lié par l'arrêt de la cour régulatrice. Ainsi, rien n'empêche le juge saisi de la connaissance du fonds

[10] La cour de cassation statue en droit et non en fait. Elle examine si la loi a été violée, faussement appliquée, erronément interprétée; elle n'a point à rechercher si c'est à tort ou à raison que le jugement attaqué a reconnu ou méconnu tels ou tels faits. Voy. Merlin, *Rép.*, v° Cassation, § 2; v° Substitution fidéi-commissaire, sect. VIII, n° 7; *Quest.*, v° Cassation et v° Propriété littéraire, § 1. D'un autre côté, il ne faut pas confondre le moyen de cassation avec l'action en nullité du droit allemand; la voie de cassation est ouverte, en effet, par cela seul que la loi a été faussement interprétée.

[11] Elle est divisée en trois chambres, savoir: la chambre des requêtes, la chambre civile et la chambre criminelle. La première statue, en matière civile, sur l'admission des pourvois; la seconde prononce d'une manière définitive sur les pourvois admis par la première; la troisième décide définitivement, et sans arrêt préalable d'admission, du sort des pourvois formés en matière criminelle, correctionnelle ou de simple police.

[12] Les arrêts de rejet sont d'une autorité bien moins imposante que les arrêts de cassation. Parmi les arrêts de rejet, il faut distinguer ceux qui déclarent *que la décision attaquée a bien jugé, qu'elle a rempli le vœu de la loi, qu'elle a jugé conformément à la loi*, de ceux qui disent simplement *qu'elle n'a point violé la loi*. Les arrêts rendus par les chambres réunies (*consultis classibus*) sont de la plus haute importance.

de l'affaire, de rendre une décision semblable à la première, et qui sera par conséquent susceptible d'être attaquée par les mêmes moyens. Si la cour de cassation persiste dans son opinion, l'interprétation authentique de la loi devient indispensable. Toutefois, comme le pouvoir législatif ne doit jamais prononcer sur des intérêts particuliers, il ne peut intervenir en pareil cas pour vider le conflit qui existe, mais seulement pour empêcher qu'un semblable conflit ne s'élève à l'avenir. C'est donc à l'autorité judiciaire à statuer sur la contestation existante. A cet effet, la loi charge une troisième cour royale, à laquelle on doit nécessairement, après une seconde cassation, renvoyer la décision du fonds, de déterminer d'une manière définitive les droits des parties litigantes.

Nous terminerons ce paragraphe en citant les dispositions de la loi du 30 juillet 1828, relatives à l'interprétation des lois en matière civile.

Art. 1er. » Lorsqu'après la cassation d'un premier arrêt « ou jugement en dernier ressort, le deuxième arrêt ou « jugement rendu dans la même affaire entre les mêmes « parties, est attaqué par les mêmes moyens que le pre- « mier, la cour de cassation prononce toutes les chambres « réunies.

Art. 2. « Lorsque la cour de cassation a annulé deux « arrêts ou jugemens rendus dans la même affaire, entre « les mêmes parties, et attaqué par les mêmes moyens, le « jugement de l'affaire est dans tous les cas renvoyé à une « cour royale. La cour royale, saisie par l'arrêt de cassation, « prononce toutes les chambres assemblées. L'arrêt qu'elle « rend ne peut être attaqué sur le même point et par les « mêmes moyens, par la voie du recours en cassation; « toutefois il en est référé au roi pour être ultérieurement « procédé par ses ordres à l'interprétation de la loi [13].

[13] Le droit d'interpréter les ordonnances appartient au roi seul, d'après la maxime *ejusdem interpretari cujus est condere.*

Art. 3. « Dans la session législative qui suit le référé,
« une loi interprétative est proposée aux chambres. »

§ 40.

De l'art d'interpréter les lois[1].

L'interprétation des lois est ou grammaticale ou logique.
La première détermine le sens des lois d'après leur texte,
la seconde d'après le motif sur lequel elles reposent. L'interprétation logique est elle-même déclarative, extensive ou
restrictive, suivant qu'elle explique simplement, étend ou
restreint les dispositions légales dont le sens est douteux.

Dans l'interprétation grammaticale, il faut, avant tout,
consulter l'usage de la langue juridique (arg. art. 1159[2]),

[1] *Versuch einer allgemeinen Hermeneutick des Rechts*, par Zachariæ; Meissen, 1805, 1 vol. in-8°. *Théorie de l'interprétation logique des lois en général, et des lois romaines en particulier*, par
A. F. J. Thibaut, traduit de l'allemand par C. de Sandt, et A. Mailher de Chassat; Paris, 1811, in-8°. *De l'interprétation des lois*,
par A. Mailher de Chassat, 2e édit.; Paris, 1825, 1 vol. in-8°. — Le
Code civil ne contient pas de règles sur l'interprétation de la loi;
mais celles qu'il donne dans les art. 1156 et suiv. pour l'interprétation des conventions, peuvent y suppléer: les lois, en effet,
sont l'expression de la volonté du législateur, comme les conventions sont l'expression de la volonté des parties contractantes.

[2] La plupart des termes de droit dérivent du latin dont on se
servait autrefois dans la rédaction des lois et actes de justice. Aujourd'hui, la langue française est exclusivement la langue légale
et judiciaire. Voy. Merlin, *Rép.*, v° Langue française; on y trouvera les décrets rendus sur l'introduction de la langue française
dans les pays réunis à la France depuis la révolution. Cpr. *Dictionnaire de droit et de pratique*, par Ferrière; l'édition la plus récente
a paru à Paris en 1771, 2 vol. in-4°. *Le nouveau Ferrière, ou Dictionnaire de droit et de pratique*, etc., par C. H. d'Agar; Paris, 1805,
3 vol. in-4°. *Vocabulaire classique des étudians en droit*, par Rondonneau; Paris, 1821, 1 vol. in-8°. *Vocabulaire des cinq Codes,
ou définitions simplifiées des termes de droit et de jurisprudence*, exprimés dans ces Codes, par Biret; Paris, 1826, 1 vol. in-8°. *Discours
sur les vices du langage judiciaire*; Paris, 1809, in-8°.

en expliquant cependant les différens articles qui se rapportent à un même objet, de manière à donner à chacun d'eux le sens qui résulte de leur ensemble. Arg. art. 1161 [3].

Dans l'interprétation logique, il faut observer les règles suivantes :

1° Les expressions de la loi sont-elles claires, on ne doit pas s'écarter du sens qu'elles présentent. Ces expressions, au contraire, prêtent-elles à l'ambiguité, il faut rechercher, dans les motifs de la loi, quelle a été l'intention du législateur, et ne plus s'arrêter au sens littéral des termes. Arg. art. 1156 [4].

2° La loi est applicable à tous les cas qui, quoique non littéralement exprimés dans sa disposition, s'y trouvent cependant renfermés d'après son esprit. *Ubi eadem est legis ratio, eadem est legis dispositio.* Ce principe est la base de l'interprétation extensive.

3° Par contre, une disposition légale n'est pas applicable aux cas que son texte paraît à la vérité comprendre, mais qui se trouvent exclus par son esprit. *Cessante ratione legis, cessat ejus dispositio.* Cette maxime, qui forme la base de l'interprétation restrictive, ne veut pas dire qu'une loi cesse d'être obligatoire aussitôt que cessent les circonstances en considération desquelles elle a été établie: toute loi tire en effet d'elle-même, c'est-à-dire de la sanction du législateur, sa force obligatoire indépendamment de l'existence des faits qui l'ont motivée. Pour appliquer sainement la maxime dont il s'agit, on doit donc présupposer l'existence de la raison déterminante de la loi, et n'exclure de son application que les hypothèses où cette raison n'existe ni réellement ni fictivement [5].

[3] L. 24, *D. de legibus*, (1, 3). Merlin, *Quest.*, v° Triage, § 2.
[4] L. 17, *D. de legibus*, (1, 3). Merlin, *Rép.*, v° Doute et v° Mineur, § 4.
[5] Merlin, *Quest.*, v° Tribunal d'appel, § 3; v° Usage (droit d') § 3. Civ. rej., 2 mars 1825, Sir., XXV, 1, 237.

Il ne faut pas confondre, comme on le fait si souvent, l'interprétation de la loi avec la déduction des conséquences qui en découlent, soit immédiatement, soit par le moyen de l'argumentation. Les principaux raisonnemens à l'aide desquels on fait ressortir les conséquences d'une loi sont:

1° Celui de l'analogie. Les règles que la loi n'a établies que pour un cas déterminé, sont applicables à tous les cas analogues ou semblables, pourvu qu'il s'agisse de dispositions qui ne soient pas contraires aux principes du droit commun [6]. Si la disposition est exceptionnelle, soit de sa nature, soit par tout autre motif, elle doit être restreinte au cas pour lequel elle est établie [7]. *Exceptio firmat regulam in casibus non exceptis; exceptio est strictissimæ interpretationis.* Ainsi, les lois pénales qui sont toujours à considérer comme des exceptions (cpr. § 34), ne peuvent jamais être étendues à des hypothèses qu'elles n'ont pas formellement prévues.

2° L'argument a *contrario sensu.* Il se résume dans les formules : *Qui dicit de uno negat de altero; inclusione unius fit exclusio alterius.* Cet argument n'est concluant que lorsqu'on part d'une disposition exceptionnelle pour retourner aux principes du droit commun [8].

3° L'argument à *majori ad minus* et à *minori ad majus.* C'est celui en vertu duquel on étend une disposition légale aux hypothèses qu'elle n'a pas prévues, et dans lesquelles on rencontre cependant, à un degré plus éminent que dans celles qu'elle a formellement énoncées, le motif en vue duquel elle a été édictée.

---

[6] Merlin, *Rép.*, v° Pâturage, § 1, n° 20. Nous employons les expressions *droit commun* dans le sens que lui attribuent la plupart des jurisconsultes français pour désigner les principes généraux admis par le législateur comme points de départ des lois positives. Il ne faut donc pas confondre le droit commun avec le droit général dont il a été question au § 25.

[7] L. L, 14 et 15, *D. de legibus* (1, 3).

[8] Merlin, *Rép.* et *Quest.*, v° Argument *a contrario sensu.*

Au surplus, on ne doit pas oublier que, soit en interprétant une loi, soit en déduisant les conséquences qui en découlent, il ne faut jamais restreindre une disposition illimitée, ou la soumettre à des distinctions contraires à sa généralité. *Ubi lex non distinguit neque interpretis est distinguere.*

§ 41.

De l'interprétation du Code civil en particulier.

Pour la saine interprétation du Code civil, on doit observer les règles suivantes[1] :

1° Toutes les dispositions tirées soit de l'ancien droit, soit du droit intermédiaire, doivent être expliquées d'après les sources où elles ont été puisées. Dans le doute sur l'intention du législateur, il est à présumer qu'il a voulu rester fidèle à la législation antérieure[2]. Néanmoins il faut se garder de recourir, pour l'interprétation du Code civil, à des principes qui ne s'y trouvent rappelés ni explicitement ni implicitement[3], et ne pas perdre de vue l'influence que les innovations introduites par ce Code doivent exercer même à l'égard des dispositions qu'il n'a pas expressément modifiées.

2° La discussion au conseil d'État et les observations du tribunat sont de la plus grande utilité pour l'interprétation du Code civil, en ce qu'elles font connaître l'origine de plusieurs de ses dispositions, et les changemens successifs qu'ont subis les différens articles du projet avant leur rédaction définitive[4]. Toutefois, quelques ressources que présente la discussion au conseil d'État pour l'intelligence

---

[1] Voy. les *Archives* de Dabelow, P. II, p. 170; Spangenberg, I, 80.

[2] Cpr., par exemple, Grenier, *Des donations et des testamens*, I, 143.

[3] Voy. aux §§ 627 et suiv. l'explication de l'art. 843.

[4] Cpr., par exemple, la discussion des art. 180 et suiv.

des lois qui composent le Code civil, on ne saurait assimiler à une interprétation authentique les opinions émises au sein de ce corps, lors même qu'elles y auraient été adoptées, soit à la majorité, soit à l'unanimité. On ne doit pas non plus chercher, dans la discussion au conseil d'État, les moyens de suppléer aux lacunes de la loi.

3° Les discours officiels prononcés au corps législatif, n'exprimant que l'opinion personnelle des orateurs dont ils sont l'ouvrage, ne peuvent avoir d'autre autorité que celle d'une interprétation privée. Si l'on y trouve plusieurs erreurs[5], il ne faut pas s'en étonner: pressés par la rapidité des travaux législatifs, ou détournés par d'autres occupations, les auteurs de ces discours n'ont pu apporter à leur composition tous les soins qu'elle réclamait; ils n'avaient pas d'ailleurs les moyens de considérer dans son ensemble une législation qui ne fut établie que successivement.

4° Il faut se rappeler que le Code civil n'a pas été fait d'un seul jet, mais se compose de plusieurs lois particulières, rédigées et discutées à des époques différentes. Cette observation donne la solution d'un grand nombre de difficultés[6].

5° On ne doit pas non plus perdre de vue que le Code civil a été rédigé par des hommes qui avaient reçu leur éducation juridique, les uns dans les pays de droit écrit, les autres dans les pays coutumiers. C'est ainsi que plusieurs dispositions du Code, concernant les droits de la femme mariée, ne parlent que de la femme commune en biens, parce que le rédacteur de ces dispositions était préoccupé du régime de communauté qu'avaient établi les coutumes.

Malgré toutes les règles que nous venons de rappeler,

[5] Merlin, *Rép.*, v° Divorce, sect. IV, § 10; et *Quest.*, v° Notaire, § 3.

[6] Ainsi l'art. 108 parlait du curateur de l'interdit, tandis que, d'après l'art. 508, c'est un tuteur qui doit lui être nommé. Cette erreur a été corrigée dans les nouvelles éditions. Voy. aussi l'art. 144, et Delvincourt, sur cet article.

le principe le plus sûr en cette matière est d'interpréter le Code civil par lui-même.

Lorsqu'il présente des antinomies, il faut avant tout, chercher à les lever au moyen de l'interprétation. Arg. art. 1157. Si elle est impuissante, on appliquera la règle *lex posterior derogat priori*[7]; et dans le cas où celle-ci serait elle-même inapplicable, on donnera la préférence à la disposition la plus en harmonie avec les principes généraux du droit.

V. DES ÉTUDES ACCESSOIRES UTILES A L'INTELLIGENCE DU DROIT CIVIL ACTUELLEMENT EN VIGUEUR EN FRANCE.

Ces études ont pour objet :

1° L'histoire du droit civil français ;

2° L'ancien droit civil français;

3° Le droit civil français intermédiaire;

4° Les lois françaises actuellement en vigueur, qui ne font pas partie du droit civil.

§ 42.

1. *De l'histoire du droit civil français.*

Bibliographie. Ouvrages sur l'ensemble de l'histoire du droit français : *Histoire du droit français;* Paris 1682, 1 vol. in-12. *Historiæ juris gallicani epitome, auctore J. Mart. Silberrad; Argentorati*, 1751 et 1765, 1 vol. in-8°. *Analyse historique des principes du droit français,* par Duchesne; Paris 1757, un vol. in-12. *Histoire du droit français,* par Boileau; Paris, 1806, 1 vol. in-12. *Précis historique de la législation française,* par Alex. Cérésa de Bonvillaret; Turin, 1812, 1 vol in-8°. *De l'Ori*

[7] Cette règle peut recevoir son application dans un grand nombre de cas, puisque le Code civil se compose de lois promulguées à des époques différentes.

gine et des *Progrès de la législation française*, ou *Histoire du droit public et privé de la France, depuis la fondation de la monarchie, jusques et y compris la révolution*, par Bernardi; Paris, 1816, 1 vol. in-8°. *Précis historique du droit français*, par l'abbé Fleury, avec la *continuation, depuis 1674 jusqu'en 1789*, par Dupin; Paris, 1826, 1 vol. in-18.

Ouvrages spéciaux sur certaines périodes ou sur des parties détachées de l'histoire du droit civil français : *Recherchés de la France*, par Pasquier; Amsterdam, 1723, 2 vol. in-fol. *Recherches pour servir à l'histoire du droit français*, par Grosley; Paris, 1752 et 1787. *Histoire des capitulaires des rois français de la première et de la seconde race*, par de Chiniac; Paris, 1779, 1 vol. in-8°. *Commentarii de origine et progressu legum, juriumque germanicorum*, Auct. G. L. Biener; Leipzig, 1787 et suiv., in-8°; lib. I. cap. 3; lib. II, lib. III, cap 1. cap. 2. *Geschichte und Auslegung des salischen Gesetzes*, par Viarda; Bremen, 1809. *Essai historique sur les lois et institutions qui ont gouverné la France sous les premiers rois*, par Hetzrod; Paris, 1811, 1 vol. in-8°. *Histoire du droit romain au moyen âge*, traduit de l'allemand, de M. de Savigny, et précédée d'une introduction, par Ch. Guenoux; Paris, 1830. Tom. I et II, in-8°. Cet ouvrage doit avoir 4 volumes; l'original allemand en a 6, Heidelberg, 1815 et suiv. *Histoire de la civilisation en France depuis la chute de l'empire romain jusqu'à la révolution de 1789*, par Guizot; Paris, 1829 et 1830; 5 vol in-8°. *Histoire de Philippe-Auguste*, par Capefigue, Paris, 1829, 4 vol in-8°. *Histoire constitutionnelle et administrative de la France, depuis la mort de Philippe-Auguste*, par Capefigue; Paris, 4 vol. in-8°. *Des Assemblées nationales en France, depuis l'établissement de la monarchie jusqu'en 1614*, par Henrion de Pansey, 2ᵉ édit.; Paris, 1829, 2 vol. in-8°. *Essai sur les institutions de Saint-Louis*, par A. Beugnot; Paris, 1821, 1 vol. in-8°.

6 *

A. *Histoire du droit civil français, depuis les temps les plus reculés jusqu'à la révolution* [1].

Les Romains, devenus maîtres des Gaules, y avaient introduit leur législation civile. Survivant à leur domination, elle y resta en vigueur, malgré la révolution que produisit l'invasion des peuples de la Germanie.

Après l'établissement, dans les provinces gauloises, des Francs, des Goths et des Bourguignons, l'aspect que présentait le droit civil dans les États qu'ils avaient fondés, était à peu près le suivant : Les anciens habitans de ces provinces, c'est-à-dire les Romains [2], continuèrent à se gouverner d'après les lois romaines, et les vainqueurs d'après le droit allemand. Il devait en être ainsi, car l'idée d'une législation territoriale étendant son empire sur tous les citoyens d'un même État, était pour ainsi dire inconnue aux conquérans qui tenaient pour maxime que chacun est libre de vivre d'après sa loi. Les différentes coutumes qui régissaient ces derniers, et qui jusqu'alors n'avaient été transmises que par la tradition, furent successivement rédigées par écrit. De là, les collections connues sous les noms de loi salique, ripuaire, bourguignonne ou gombette, et visigothe.

D'un autre côté, les divers élémens du droit romain antérieur à la conquête, furent soumis à une révision et réunis en corps de lois que des ordonnances royales rendirent obligatoires pour les Romains; telle est l'origine du bréviaire d'Alaric.

Enfin, les rois, surtout ceux des Francs, promulguèrent des lois nouvelles qui se rendaient d'abord avec le consentement du peuple, et plus tard avec celui des États. Ils publièrent aussi, sur des matières d'administration, des réglemens ou ordonnances qui n'émanaient que d'eux

---

[1] On comprend ordinairement, sous la dénomination de droit ancien, les différentes sources du droit pendant cette période.

[2] Notamment les ecclésiastiques qui, long-temps encore après la conquête, furent exclusivement d'origine romaine.

seuls. Ces lois et ces ordonnances s'appelaient également *capitulaires*[3]. Étrangers pour la plupart au droit civil, les capitulaires concernaient principalement la constitution de l'État, celle de l'Église, le régime féodal et la police. Ceux, qui dans un petit nombre de cas, se rapportaient au droit civil, loin de poser des règles généralement obligatoires, n'avaient d'autre objet que de modifier ou de compléter les dispositions des différens droits nationaux.

Ainsi, deux législations civiles bien distinctes, le droit romain, et les lois nationales des différens peuples vainqueurs, se partagèrent l'empire des Gaules aussitôt après l'invasion des Germains. L'une et l'autre se maintinrent simultanément dans ce pays, lorsque plus tard il subit dans toute son étendue la domination des Francs.

Dans le principe, ce n'était pas suivant une limite territoriale, mais bien d'après la nationalité de chaque individu, que se déterminait la force obligatoire de ces deux législations. Cet état de choses ne pouvait être de longue durée: l'existence de deux législations simultanément obligatoires dans le même territoire, suivant l'origine nationale des individus qui l'habitaient, donnait lieu dans la pratique à des difficultés d'autant plus grandes, qu'après un certain temps, il était devenu impossible de distinguer le Romain du Franc, le Franc du Bourguignon, et ainsi de suite. Une délimitation géographique vint bientôt déterminer les pays sur lesquels chaque législation devait exercer une

---

[3] *Capitula* (petits chapitres, articles). Cette expression désigne une foule d'actes de nature diverse; elle s'applique non-seulement à ceux qui ont été cités dans le texte, mais encore à des notices de jugemens, à des instructions données aux fonctionnaires publics notamment aux *missi-dominici*, à des réponses sur des questions proposées par le clergé. Cpr. Savigny, *Histoire du droit romain au moyen âge*, trad. de Guenoux, t. I, p. 129. La préface du tome premier de l'ouvrage intitulé: *Capitularia regum francorum*, ed. Steph. Baluzius, ed. nov. cur., de Chiniac; Paris, 1780, 2 vol. in-fol. *Geschichte der deutschen staatsbürgerlichen Freiheit*, par F. Montag; Bamberg et Wurtzbourg, 1812, t. I, part. 1, § 11.

autorité exclusive, et les capitulaires des rois de la seconde race[4], font déjà mention de la division de la France en pays de droit écrit et en pays de coutumes. Cette division parait avoir été amenée par les circonstances suivantes : le Midi des Gaules, beaucoup plus peuplé que le Nord[5], avait conservé, après la conquête, un plus grand nombre d'habitans d'origine romaine; c'est dans le Midi que les mœurs et les habitudes des Romains avaient poussé les plus profondes racines; c'est aussi là que leur domination avait été le plus tardivement renversée; enfin, les conquérans du Midi, et surtout les Goths étaient restés pendant long-temps en relation intime avec l'Italie. Il était donc naturel que le droit romain obtînt, dans les provinces du Midi de la France, la préférence sur le droit allemand, que des raisons inverses durent faire prévaloir dans les provinces du Nord et de l'Est.

Dans les pays de droit écrit, la jurisprudence ou des lettres patentes émanées du pouvoir souverain, conférèrent à la législation romaine l'autorité d'un droit positif. La législation qu'elles confirmèrent, ne fut cependant pas celle de Justinien qui n'ayant été promulguée que postérieurement à la chute de la puissance romaine dans les Gaules, y'était à cette époque encore inconnue. Ce ne fut que plus tard et lorsqu'au douzième siècle l'étude du droit romain eut pris faveur en Europe, surtout en Italie et en France, que la législation Justinienne, qui était exclusivement enseignée aux universités, l'emporta assez généralement dans les tribunaux sur les anciennes lois romaines, et notamment sur le Code théodosien. Cependant la question de prééminence resta long-temps indécise, car les lettres patentes qui la décidèrent en faveur du droit de Justinien, ne s'appliquaient qu'au Dauphiné, à la Provence, au Languedoc, à la Gascogne, au Lyonnais et à l'Auvergne.

Dans les pays de coutumes qui formaient la plus grande

[4] Voy. *Edictum pistense* (Baluze, t. II, p. 173); cap. 28, X, *de privilegiis* (V, 33); cpr. Savigny, trad. Guenoux, t. I, p. 132.
[5] Cpr. Tac., Annales XIII, 54, 55.

partie de l'empire franc, les lois nationales, et les ordonnances royales tombèrent, les unes en oubli, à raison du petit nombre de manuscrits où elles étaient consignées, et de l'ignorance de la langue latine dont on s'était servi pour leur rédaction; les autres en désuétude, à cause de l'affaiblissement du pouvoir royal, et du changement des circonstances qui les avaient amenées. Elles furent remplacées par différentes coutumes qui, tout en admettant les modifications que réclamaient les besoins de l'époque et des localités, restèrent cependant fidèles au génie du droit allemand. Aussi, quoique divergentes entre elles, ces coutumes conservèrent toujours une physionomie nationale dont voici les traits principaux:

Chaque famille était considérée comme un corps politique, et l'État comme une alliance offensive et défensive entre les différentes familles. Les biens que possédait chaque citoyen, étaient jusqu'à un certain point censés appartenir à la famille dont il faisait partie, et devaient autant que possible ne point en sortir. Les individus qui n'appartenaient pas à l'une des familles admises dans l'alliance commune, et qui d'ailleurs ne se trouvaient placés sous la protection d'aucune d'entre elles, par exemple les Juifs et les étrangers, ne jouissaient que d'une capacité juridique très-restreinte. Le mariage, base et principe d'un nouveau corps politique, créait entre les époux une communauté de biens qui cependant était sujette à diverses modifications, résultant tout naturellement de ce que l'union conjugale engendrait de nouveaux liens, non-seulement entre les époux, mais encore entre leurs familles respectives. Il existait, comme autrefois à Rome, différens degrés de liberté personnelle. Cependant les corvées, auxquelles fut peu à peu soumis la grande majorité des habitans des campagnes, étaient plutôt réelles que personnelles: elles affectaient principalement le fonds de terre que le corvéable possédait ou sur lequel il était né; elles n'étaient dues qu'au propriétaire du fonds assujéti.

Une des principales conditions de l'alliance entre les différentes familles, avait pour objet la défense réciproque et la conservation de leurs propriétés foncières. Aussi, dès les premiers temps de la monarchie et dans presque toutes les provinces, les propriétés foncières ne pouvaient-elles s'acquérir d'une manière pleine et entière, qu'au moyen d'une investiture conférée par l'autorité publique. Cette investiture fut remplacée sous les rois de la seconde race par l'investiture féodale. La majeure partie du territoire fut ainsi convertie en fiefs relevant immédiatement ou médiatement de la couronne, et dans plusieurs provinces on érigea même en présomption légale, la maxime *nulle terre sans seigneur* (Merlin, *Rép.*, v° Franc-Alleu). Par suite de ce changement la plupart des biens-fonds devinrent des propriétés incomplètes, grevées de redevances féodales.

Transmises d'abord par la tradition et la jurisprudence, les coutumes furent, à mesure qu'elles devinrent plus complètes et plus précises, rédigées par écrit, soit par les tribunaux, soit par des particuliers. Enfin, sur la demande des États généraux, Charles VII prescrivit, par l'art. 125 de l'ordonnance de Tours, du mois d'avril 1452, qu'il serait procédé à une rédaction officielle des coutumes. Des lettres patentes données par le même prince, sous la date du 26 août 1459, approuvèrent la rédaction des coutumes de Bourgogne, qui avait été terminée la première. Le travail fut continué sous le règne de ses successeurs, et terminé sous celui de Charles IX. A partir de cette époque, on réserva le nom de coutumes, dans le sens étroit de ce mot, aux collections officielles de droit coutumier qui, rédigées en vertu de l'ordonnance ci-dessus indiquée et avec le concours des États provinciaux [6], avaient acquis force de loi par la sanction royale. Dans la suite (vers 1580), plusieurs

[6] Voy. au *Recueil général des anciennes lois françaises* (vol. XI, p. 457.) la note sur l'ordonnance de Montils-les-Tours du 28 mai 1506.

coutumes, dans lesquelles s'étaient glissées différentes défectuosités, furent révisées et de nouveau publiées. Du reste, le droit romain exerça la plus grande influence sur la rédaction et la réforme des coutumes. Ces travaux, en effet, furent en grande partie exécutés par des hommes dont l'éducation juridique s'était faite dans des écoles où l'on n'enseignait que la législation romaine.

On voit, d'après ce qui précède, que le droit qui régissait les pays de coutumes, quoique coutumier dans son origine, avait, depuis le quinzième ou le seizième siècle, revêtu la forme et la force obligatoire d'un droit écrit. Le nombre des coutumes était très-considérable; on comptait environ soixante coutumes générales, et trois cents coutumes locales. Les premières étaient observées dans une province entière; les secondes n'étaient obligatoires que dans une seule ville, un bourg ou un village. Chaque coutume tirait son nom du territoire dans lequel elle était observée, ou de la juridiction qui devait l'appliquer. Les jurisconsultes qualifiaient et classaient aussi les coutumes d'après le contenu de leurs dispositions; c'est ainsi qu'ils appelaient coutumes d'égalité, celles qui ne permettaient aucun avantage en faveur des héritiers directs ou collatéraux; coutumes de franc-alleu, celles, où contrairement à la maxime *nulle terre sans seigneur,* tous les biens-fonds étaient présumés libres jusqu'à preuve du contraire. (Coutumes d'estoc et de ligne; coutumes de subrogation).

La coutume de Paris, également appelée coutume de la prévôté et vicomté de Paris, mérite une mention particulière, comme étant une des principales sources du Code civil. Sa première rédaction officielle est de 1510, et sa réformation de 1580. Elle était observée hors de Paris par quelques juridictions qui l'avaient adoptée pour la décision des points, sur lesquels les coutumes générales ou locales étaient muettes.

Le droit romain n'obtint pas, en général [7], dans les pays

[7] Par exception, le droit romain avait force de loi dans les cou-

de coutumes, la force obligatoire d'un droit écrit; mais lorsque l'étude scientifique de la législation Justinienne eut fait des progrès en France, il fut consulté comme raison écrite, pour suppléer au silence des coutumes, principalement dans la matière des obligations et des contrats.

Par suite de la décadence du pouvoir royal sous les derniers descendans de Charlemagne, les capitulaires devinrent de jour en jour plus rares. Pendant les règnes des premiers rois de la troisième race, le pouvoir législatif ne fit presque plus sentir son action. La France ne formait alors en réalité qu'un État fédératif, dont le roi était le président. Cependant l'autorité royale se releva petit à petit de l'avilissement où elle était tombée, et s'emparant bientôt de l'exercice exclusif du pouvoir législatif, elle promulgua, soit de son propre mouvement, soit sur la provocation des États généraux[8], une série d'actes législatifs qui exercèrent une grande influence sur le développement de la législation civile. Ces actes connus sous le nom générique d'*ordonnances*[9], se distinguaient, suivant leur contenu, par différentes qualifications. Ainsi, un *édit* était un réglement sur un objet spécial; une *ordonnance*, au contraire, dans le sens étroit de ce mot, était un réglement sur différens objets de même nature, ou sur l'ensemble d'une matière. On appelait *déclaration*, l'acte par lequel le roi interprétait la loi, ou décidait une question de droit; et *lettres patentes*, celui par lequel il concédait un privilége, ou ordon-

tumes approuvées par des lettres patentes, qui ordonnaient que l'on se référât à ce droit dans les cas non prévus ni décidés par la coutume. Cpr. *lettres patentes de* 1459 (anciennes lois françaises t. IX, p. 364); Merlin, *Rép.*, v° Autorités, § 5.

[8] Pendant cette période, les pouvoirs des États généraux se bornaient au vote de l'impôt. Ils ne participaient pas directement à l'exercice de la puissance législative; ils n'y concouraient que par le moyen *de remontrances*. C'est à ces remontrances que, dans les premiers temps surtout, la plupart des ordonnances sur le droit civil durent leur origine.

[9] Un réglement fait par Philippe-le-Bel, en 1227, est le premier auquel on ait donné le nom d'ordonnance.

naît aux tribunaux l'exécution d'un arrêt du conseil d'État.

Autant fut chancelante dans l'origine l'autorité des ordonnances royales, autant elle devint absolue d'après le droit constitutionnel en vigueur vers le milieu du dix-septième siècle; cependant les parlemens s'attribuèrent le droit d'arrêter l'exécution de ces actes législatifs, en n'appliquant dans leurs ressorts respectifs que ceux dont ils avaient ordonné l'enregistrement [10].

Les ordonnances les plus remarquables sous le rapport du droit civil sont: L'ordonnance sur le fait de la justice, donnée à Villers-Cotterets, en août 1539, sous le règne de François Ier; l'ordonnance rendue par Charles IX, en janvier 1561, sur les plaintes, doléances et remontrances des États assemblés à Orléans; l'ordonnance sur la réforme de la justice, donnée à Moulins par le même prince, en février 1566; l'ordonnance rendue par Henri III, en 1579, sur les plaintes et doléances des États généraux assemblés à Blois, relativement à la police générale du royaume; les ordonnances de Louis XIV, citées aux §§ 17 et 20, et celles de Louis XV sur les donations, les testamens et les substitutions, promulguées en 1731, 1735 et 1747. Ces ordonnances ne firent disparaître que partiellement, et sous certains rapports seulement, la division de la France en pays de droit écrit et en pays de coutumes; bien plus, l'ordonnance de 1735 la prit pour base de ses dispositions, en prescrivant des formes différentes pour les testamens, suivant qu'ils seraient faits en pays de droit écrit ou en pays de coutumes.

B. *Histoire du nouveau droit civil français.*

Elle comprend: 1° L'histoire des lois civiles promulguées pendant la révolution, et qui constituent ce qu'on appelle le droit intermédiaire; 2° celle des Codes civil, de procédure et de commerce; 3° enfin, celle des lois civiles rendues

[10] Le gouvernement a toujours prétendu que les parlemens s'étaient inconstitutionnellement arrogé ce droit.

postérieurement à la promulgation de ces trois Codes.

Comme nous avons déjà tracé l'histoire de ces lois et de ces Codes dans les §§ 8 et suiv., nous nous bornerons à faire connaître les différens pouvoirs auxquels la puissance législative a été successivement conférée pendant cette période.

1° L'assemblée des États généraux se constitua, le 17 juin 1789, en assemblée nationale, plus spécialement appelée *assemblée constituante*. Ses décrets étaient soumis à la sanction du roi. Cpr. lois des 1er octobre et 9 novembre 1789.

2° L'assemblée législative succéda à l'assemblée constituante, le 1er octobre 1791. Ses décrets étaient également soumis à la sanction du roi; mais d'après l'art. 6, sect. III, chap. III, tit. III de la constitution du 3-14 septembre 1791, les décrets présentés au roi par trois législatures consécutives, devaient obtenir force de loi, indépendamment de son adhésion.

3° La convention nationale, qui remplaça l'assemblée législative le 22 septembre 1792, réunit en elle tous les pouvoirs. Ses décrets avaient par eux-mêmes force de loi.

4° Le corps législatif., dont les pouvoirs avaient été déterminés par la constitution du 5 fructidor an III, tint sa première séance, le 5 brumaire an IV. Il se composait de deux conseils, celui des cinq-cents, et celui des anciens. Le premier avait l'initiative des lois, le second les approuvait ou les rejetait. Le directoire, auquel la constitution de l'an III déférait le pouvoir exécutif, n'avait aucune part à l'exercice de la puissance législative; les réglemens qu'il faisait en matière administrative étaient appelés arrêtés.

5° Le 19 brumaire an VIII, le conseil des cinq-cents et celui des anciens tinrent leurs dernières séances: ils furent remplacés provisoirement par deux commissions législatives, choisies dans leur sein. Ces commissions ne pouvaient rendre de lois que sur la proposition de la commission consulaire provisoire qui avait succédé au directoire. L. du 19 brumaire an VIII.

6° Cet état provisoire dura jusqu'au 11 nivôse an VIII, jour auquel furent installés le tribunat et un nouveau corps législatif, qui, plus tard, et sous le régime impérial, fut appelé chambre des députés des départemens. D'après la constitution du 22 frimaire an VIII, le gouvernement avait seul l'initiative des lois; les projets étaient soumis à la discussion du tribunat qui chargeait trois de ses membres d'en exprimer le résultat au corps législatif. Celui-ci votait par scrutin secret, et sans délibération préalable, l'adoption ou le rejet de la loi proposée. Dans la suite, après différens changemens, le tribunat fut tout-à-fait supprimé et remplacé par trois commissions prises dans le sein du corps législatif.

L'organisation actuelle du pouvoir législatif sera expliquée au § 46.

§ 43.

2. *De l'ancien droit civil français.*

Les principaux ouvrages élémentaires sur l'ensemble de l'ancien droit civil français sont: *l'institution au droit français,* par Coquille; Paris, 1642, 1 vol. in-8°. *L'institution au droit français,* par Argou, augmentée par Boucher d'Argis; Paris, 1762, 1771, 1787, 2 vol. in-12. *Les institutions du droit français, suivant celles de Justinien,* par Cl. Serres; Toulouse, 1778, 1 vol. in-4°. *Les règles du droit français,* par Claude Poquet de la Livonnière; Paris, 1678, 1. vol. in-12.

L'ancien droit civil français comprend:

1° Le droit romain. Ce n'est pas ici le lieu de citer tous les auteurs qui en ont traité, et au nombre desquels se trouvent plusieurs jurisconsultes français d'un grand mérite. Nous devons nous borner à faire connaître les ouvrages où le droit romain est examiné dans ses rapports avec le droit civil français actuel, et nous citerons à cet égard : *Le Droit romain dans ses rapports avec le droit français et les principes des deux législations*, par M. O. Le Clercq; Liège, 1810, et *seq.* 8 vol. in-8°. *Elementa juris civilis justinianei cum Codice civili et reliquis qui in gallia legum obtinent codicibus juxta institutionum ordinem collati*, ed. G. D. Arnold; Paris et Strasbourg, 1812, 1 vol. in-8°. *Juris romani elementa secundum ordinem institutionum Justiniani cum notis ad textus explicationem ejusque cum jure gallico collationem compositis auctore*, C. S. Delvincourt, *editio quarta; Parisiis*, 1823. *Application au Code civil des institutes et des cinquante livres du Digeste*, avec la traduction en regard, par Biret; Paris, 1824, 2 vol. in-8°.

2° Le droit coutumier. Les principales collections de coutumes sont : *Somme rurale ou le grand coutumier général*, composé par F. Bouteillier, avec les annotations de Charondas le Caron; Paris, 1603, 1611, 1612, 1621, in-4°. *Bibliothèque des coutumes*, par Berroyer et de Laurière; Paris, 1699 et 1754, in-4°. *Nouveau coutumier ou corps des coutumes générales et particulières de France*, par Bourdot de Richebourg; Paris, 1824, 8 tomes in-folio ordinairement reliés en quatre. — En fait d'ouvrages élémentaires sur les coutumes, nous citerons : *Conférence des coutumes de France*, par P. Guenoys; Paris, 1596. *Institutes coutumières* de Loisel, avec les *Notes* de Laurière; Paris, 1783, 2 vol. in-12. *Méthode générale pour l'intelligence des coutumes de France*, par Paul Challines; Paris, 1666, in-8°. — Qnant aux commentaires, il serait trop long de les énumérer ici, car chaque coutume eut, pour ainsi dire, ses commentateurs; on en trouvera le détail dans le second volume de la *Profession d'avocat*, par Dupin. Les meilleurs commentateurs de la coutume de

Paris sont: Brodeau, Auzanet, Dupplessis, Ferrière et surtout Dumoulin, qui fut à juste titre surnommé l'oracle
du droit coutumier. — Cpr., *Caroli Molinœi opera quœ
existant omnia*; Paris, 1681, 5 vol. in-fol. *Corps et compilation de tous les commentateurs, sur la coutume de
Paris*, par Cl. de Ferrière, nouv. édit. revue, corrigée et
augmentée par l'auteur, et A. J. de Ferrrière, son fils, en-
richie des observations de Le Camus; Paris, 1714, 4 vol.
in-fol. Cet ouvrage n'est pas une simple compilation des
anciens commentateurs, il contient un grand nombre d'explications nouvelles.

3° Les ordonnances royales. Les principales collections
qui les renferment, sont les suivantes: *Ordonnances des
rois de France de la troisième race.* Cet ouvrage, entrepris par ordre du gouvernement, a été commencé en 1723;
il a maintenant 18 volumes in-folio; le dernier, publié
en 1828, contient les ordonnances rendues depuis le mois
d'août 1474, jusqu'au mois de mars 1481. La continuation de cette importante collection, connue sous le nom
de *Collection du Louvre*, est confiée aux soins de l'Acadé-
mie des inscriptions et belles-lettres. Les préfaces placées en
tête de chaque volume sont du plus grand intérêt pour les
jurisconsultes. — *Recueil général des anciennes lois françaises, depuis l'an 420 jusqu'à la révolution de 1789*,
par Isambert, Decrusy, Jourdan, Armet et Taillandier;
Paris, 1822 à 1830, 28 vol. in-8°, et un volume de
tables, publié en 1823. On trouvera, dans la préface du premier volume de ce recueil, une notice très-détaillée, indiquant toutes les autres collections d'ordonnances publiées
jusqu'à ce jour.

4° L'ancienne jurisprudence. On commença dès le quinzième siècle à rassembler les décisions judiciaires les plus
importantes. Nous citerons parmi les principales collections de ce genre: *Guidonis papœ decisiones gratianopo-
litani parlamenti cum annotationibus Rambaudi, Pi-
vardi, Ferrerii; Lugduni, 1643, Genevœ, 1667, in-fol.*

(Guipape qui passe pour avoir été le premier arrêtiste, mourut en 1472).— *Recueil de plusieurs arrêts notables de tous les parlemens et cours souveraines de France*, par Louet, continué par Brodeau, nouv. édit.; Paris, 1712, 2 vol. in-fol.—*Dictionnaire des arrêts, ou Jurisprudence universelle des parlemens et autres tribunaux de France*, par Brillon, nouv. édit.; Paris, 1727, 6 vol. in-fol. Une édition postérieure, publiée par Prost du Royer et Riolz, 1781 à 1788, 7 vol in-4°, est demeurée incomplète. — *Collection de décisions nouvelles et de notions relatives à la jurisprudence*, par Denizart, 4 vol in-4°. L'édition la plus récente, mise dans un nouvel ordre, corrigée et augmentée par Camus et Bayard, Paris, 1783 à 1790, 9 vol in-4°, continuée par Calenge, en 1806 et 1807, 5 vol. in-4°, n'a pas été achevée; elle s'arrête au mot *Hypothèque*. — *Répertoire universel et raisonné de jurisprudence*, par Guyot, 2ᵉ édit.; Paris, 1784, 7 vol. in-4°. Les nouvelles éditions de cet ouvrage, publiées par Merlin, portent à raison des nombreuses additions qu'il y a faites, le nom de *Répertoire de Merlin*. Cpr. § 51. Du reste, cet ouvage est plutôt une encyclopédie du droit qu'un répertoire de la jurisprudence des arrêts.

5. Le droit canonique, c'est-à-dire le droit des Églises catholiques en général, et celui de l'Église gallicane en particulier.

Les principaux ouvrages à consulter sur le droit de l'Église gallicane sont : *Les lois ecclésiastiques de France dans leur ordre naturel*, par de Héricourt, nouv. édit.; Paris, 1771, 1 vol. in-fol. *Institutes du droit canonique*, par Durand de Maillane; Lyon, 1770, 10 vol. in-12. *Dictionnaire canonique*, par Durand de Maillane; Lyon, 1776, 5 vol. in-4°, et 1786, 6 vol. in-8°. *Commentaire de Dupuy sur le traité des libertés de l'Église gallicane*, de P. Pithou; Paris, 1652, 2 vol. in-4°. *Les libertés de l'Église gallicane, prouvées et commentées suivant l'ordre et la disposition des articles dressés par*

P. Pithou, par Durand de Maillane; Lyon, 1771, 5 vol. in-4°. *Des libertés de l'Église gallicane*, par Baillot; Paris, 1819, in-8°. *Essai historique sur les libertés de l'Église gallicane*, par Grégoire; Paris, 1818, in-8°. *Code ecclésiastique français, d'après les lois ecclésiastiques de Héricourt, avec les modifications commandées par la nouvelle législation et accompagné de notes*, par M. R. A. Henrion; Paris, 1828, 1 vol. in-8°.

L'étude du droit canonique est encore aujourd'hui d'une utilité pratique, soit pour l'intelligence de plusieurs dispositions du Code civil, notamment en fait de mariage, soit pour le jugement des contestations qui doivent être décidées d'après l'ancien droit.

L'Église de France jouit en général, dans ses rapports avec le saint-siége, de plus d'indépendance que les autres Églises. Ses prérogatives à cet égard constituent ce qu'on appelle les libertés de l'église gallicane. Les principes sur lesquels reposent ces libertés, dont il serait assez difficile de donner le détail, sont renfermés dans la déclaration du clergé de France de 1682[1]. Cette déclaration fut proclamée loi de l'État par un édit de Louis XIV du 2 mars 1782; depuis la révolution, elle a été confirmée par la législation et la jurisprudence[2].

Les concordats ou traités intervenus entre la France et le saint-siége sont:

Le concordat de 1515 entre François Ier et Léon X.

[1] Cpr. *Defensio declarationis cleri gallicani auct*, J. B. Bossuet, Amsterdam, 1745, et Bamberg, 1810, 2 vol. in-4°; Une traduction française de cet ouvrage a été publiée à Paris en 1735 et 1736, 2 vol. in-4°; *Histoire critique de l'assemblée générale du clergé de France de 1682, et de la déclaration des quatre articles qui y furent adoptés*, par Tabaraud, Paris, 1826, in-8°.
[2] La loi du 18 germinal an X prescrit l'enseignement de la déclaration de 1682. Le décret du 25 février 1810 l'a de nouveau promulguée. Un arrêt de la cour royale de Paris du 3 décembre 1825 (Sir., XXVI, 2, 78) l'a considérée comme ayant toujours été reconnue et proclamée loi de l'État.

Le concordat du 26 messidor an IX, entre le gouvernement consulaire et Pie VII. C'est en vertu de ce concordat qu'a été rendue la loi du 18 germinal an X, qui règle encore aujourd'hui l'organisation des Églises de France, sauf quelques modifications résultant entre autres du décret du 28 février 1810.

Le concordat conclu à Fontainebleau entre Napoléon et Pie VII, le 25 janvier 1813, promulgué comme loi de l'État le 13 février suivant. Ce concordat, que le pape a rejeté comme étant le fruit de la contrainte, n'a jamais reçu d'exécution, malgré le décret du 25 mars 1813, qui ordonnait au clergé de s'y conformer [3].

Le concordat du 16 juillet 1817, entre Louis XVIII et Pie VII. Ce traité n'ayant point obtenu la ratification des chambres, n'a jamais été reconnu ni exécuté comme loi de l'État. Il a été remplacé par une convention provisoire conclue en 1819 [4].

§ 44.

3. Du droit civil français intermédiaire.

Il comprend les lois civiles promulguées depuis 1789 à 1804. On les trouvera dans l'ouvrage intitulé : *Lois civiles intermédiaires*, par J. B. Sirey et Sanfourche-Laporte, 2e édit., Paris, 1809, 4 vol. in-8°; et dans les différentes collections générales indiquées au § 51, rubrique B.

§ 45.

4. Des lois françaises actuellement en vigueur qui ne font pas partie du droit civil.

Toutes les parties de la législation française présentent

[3] Cpr., sur ce décret: Dalloz, *Jurisp. gén.*, v° Loi, sect. I, art. 2, § 5.
[4] Voy. l'ouvrage intitulé : *Vollstændige Sammlung aller alten und*

une connexité plus ou moins intime avec le droit civil. Toutefois, pour ne pas trop nous écarter de l'objet principal de cet ouvrage, nous ne nous occuperons que des lois et institutions dont la connaissance est indispensable pour l'explication du Code civil, en nous bornant à donner quelques notions sommaires sur le droit constitutionnel et le droit administratif, ainsi que sur la législation relative aux monnaies, aux poids et mesures, à la computation du temps et à l'enregistrement.

§ 46.

Du droit constitutionnel.

A. GÉNÉRALITÉS.

Sources principales. Charte constitutionnelle de 1814. Déclarations de la chambre des députés et de la chambre des pairs, du 7 août 1830. Charte constitutionnelle des Français, acceptée par le roi le 9 août 1830. — *Bibliographie. Cours de politique constitutionnelle,* par Benjamin Constant; Paris, 1817, 4 vol. in-8°. *Constitutions de la nation française, avec un essai ou traité historique et politique sur la Charte,* et un *Recueil de pièces corrélatives,* par Lanjuinais; Paris, 1819, 2 vol in-8°. *Constitutions françaises, depuis l'origine de la révolution française jusques et y compris la Charte constitutionnelle,* par L. Thiessé; Paris, 1822, 2 vol. in-18. *Droit public français,* par Paillet; Paris, 1822, 1 vol. in-8°. *Tableau de la constitution politique de la monarchie française selon la Charte,* ou *Résumé du droit public des Français, accompagné du texte des lois fondamentales et de documens authentiques,* par Mahul; Paris, 1830, 1 vol. in-8°.

neuen Concordaten, par E. Münch; Leipsick, 1831, 2 vol. in-8°. On y trouvera l'histoire et le texte de ces différens concordats, et un recueil de pièces y relatives.

7 *

Le gouvernement de la France est une monarchie représentative ou constitutionnelle. La couronne s'y transmet de mâle en mâle, par ordre de primogéniture, et à l'exclusion perpétuelle des femmes et de leur descendance[1].

Le roi, quoique chef suprême de l'État, ne peut exercer son autorité que dans les formes et suivant les limites déterminées par la Charte constitutionnelle, dont l'idée fondamentale consiste dans la séparation des pouvoirs législatif, exécutif et judiciaire.

Le pouvoir législatif s'exerce collectivement par le roi, la chambre des pairs et la chambre des députés. Le droit de proposer la loi (*initiative*) est accordé à chacune des branches du pouvoir législatif.

Au roi seul appartient le pouvoir exécutif; toutefois, les ordonnances qu'il rend dans le cercle de ses attributions n'acquièrent force et vigueur que par la signature d'un ministre responsable.

Le pouvoir judiciaire, quoique émanant du pouvoir exécutif[2], en est cependant indépendant. La justice, en effet, est rendue par des juges qui ne peuvent être déplacés ou destitués qu'en vertu d'un jugement[3]. Les tri-

[1] Le royaume de France ne tombe pas de lance en quenouille (*ad fusum à lancea*). Cette maxime, aussi vieille que la monarchie, est vulgairement appelée *loi salique;* elle découle, en effet, d'un texte de cette loi qui excluait les femmes de toute succession de la terre salique : « *De terra vero salica nulla portio hereditatis mu-* « *lieri veniat, sed ad virilem sexum tota terræ hæreditas perveniat* » (tit. LXII, art. 6). Voy. *Recherches sur la France*, par Pasquier, liv. II, chap. 16; la dissertation de M. Isambert dans le vol. V des *Anciennes lois françaises*, p. 58.

[2] Il n'existe, à proprement parler, que deux pouvoirs sociaux : le pouvoir législatif, chargé de faire les lois, et le pouvoir exécutif, chargé de les faire exécuter. Le pouvoir judiciaire est un démembrement du pouvoir exécutif.

[3] Les juges nommés par le roi sont inamovibles, à l'exception des juges de paix. Charte, art. 49 et 52. — Les juges de commerce, quoique nommés par voie d'élection, sont inamovibles pendant tout le temps que durent leurs fonctions temporaires. Code de commerce, art. 615 et suiv.

bunaux ne sont aucunement soumis, dans la limite de leur juridiction, aux ordres du pouvoir exécutif, qui n'a pas le droit d'enlever à la justice ordinaire la connaissance des procès dont elle a été saisie [4], ou de regarder comme non avenus les jugemens qu'elle a rendus [5]. Cependant, un grand nombre d'affaires contentieuses qui ressortissent naturellement des tribunaux ordinaires, ont été attribuées aux autorités administratives, par exemple aux conseils de préfecture en première instance, et au conseil d'État en instance d'appel. L'ensemble des affaires dévolues à la justice administrative constitue le contentieux de l'administration, dont la connaissance est de la plus haute importance pour l'étude du droit civil [6].

[4] Si cependant un préfet estime que la connaissance d'une question portée devant un tribunal ordinaire est attribuée, par une disposition législative, à l'autorité administrative, il peut, après avoir succombé dans son déclinatoire, élever un conflit d'attributions, par suite duquel, le roi, en conseil d'État, est appelé à décider quelle est la juridiction compétente pour statuer sur l'affaire en litige. Voy. sur les conflits d'attributions : Loi du 7-14 octobre 1790; Loi du 21 fructidor an III, art. 27; Arrêté du 13 brumaire an X; Ordonnance du 1er juin 1828; *Commentaire sur l'ordonnance des conflits*, par Taillandier, Paris, 1829, 1 vol. in-8°; *Les conflits ou empiètemens de l'autorité administrative sur l'autorité judiciaire*, par M. P. F. Bavoux, Paris, 1828, 2 vol. in-4°; *De la législation en matière de conflits*, par Victor Foucher (*Revue de législation et de jurisprudence*, t. I, p. 15); Merlin, *Rép.*, v° Conflit d'attributions.

[5] D'après l'art. 55 du Sénatus-Consulte organique du 16 thermidor an X, le sénat avait le droit d'annuler les jugemens attentatoires à la sûreté de l'État. Le Sénatus-Consulte du 28 août 1813 offre un exemple d'une pareille annulation.

[6] Cpr., sur le contentieux de l'administration et la compétence des autorités administratives en matière contentieuse : Loi du 28 pluviôse an VIII, art. 4; Réglement du 5 nivôse an VIII, art. 11; Merlin, *Rép.*, v⁰ Acte administratif, Agent du gouvernement et Contentieux des domaines nationaux; *Des tribunaux administratifs*, par Macarel, Paris, 1829, 1 vol. in-8°; *Questions de droit administratif*, par de Cormenin, 2e édit., Paris, 1823, 2 vol. in-8°; *Du conseil d'État selon la Charte*, par Sirey, Paris, 1818, 1 vol. in-4°; *Jurisprudence du conseil d'État, depuis 1806 jusqu'à la fin de 1820*, par Sirey, Paris, 6 vol. in-4°; *Esprit de la jurisprudence iné-*

Les autorités administratives et judiciaires sont générales ou locales, suivant que leurs pouvoirs s'étendent sur toute la France ou seulement une partie de son territoire. Parmi les autorités générales, il faut ranger, par exemple, la cour de cassation, les ministres, le conseil d'État.

B. SPÉCIALITÉS. — a. ORGANISATION ADMINISTRATIVE.

Sources principales. Loi du 28 pluviôse an VIII, sur la division du territoire français et l'administration. Loi sur l'organisation municipale du 21 mars 1831. Loi sur l'organisation des conseils généraux de département et des conseils d'arrondissement, du 22 juin 1833. — *Bibliographie. Droit public et administratif français,* par Bouchené-Lefer. Cet ouvrage est annoncé en 12 volumes in-8°; deux volumes ont paru, à Paris, en 1830 et 1831. *Élémens du droit public et administratif,* par Foucart; Paris et Poitiers 1834. Il n'a paru jusqu'à présent qu'un volume de cet ouvage qui doit en avoir deux.

D'après sa division principale [7], la France est distribuée en quatre-vingt sept départemens. Chaque département est divisé en arrondissemens communaux; chaque arrondissement communal en cantons, et chaque canton en communes.

Tout département est administré par un préfet. Un

dite du conseil d'État sous le consulat et l'empire, par Petit des Rochettes, Paris 1827, 2 vol. in-8°; *Recueil des arrêts du conseil, ou ordonnances royales rendues en conseil d'État sur toutes les matières du contentieux de l'administration,* par Macarel, Paris, 1821-1830, 11 vol. in-8°, continué par Deloche, Paris, 1830 et suiv.

[7] Il existe encore d'autres divisions territoriales qui cependant sont toutes fondées sur celle dont il est question dans le texte. Ainsi la France, sous le rapport religieux, est divisée en quatorze archevêchés et soixante-six évêchés; sous le rapport militaire, en vingt divisions militaires; sous le rapport de l'instruction publique, en vingt-sept académies.

conseil de préfecture, présidé par le préfet, à moins que la loi n'en ait ordonné autrement, prononce sur les affaires contentieuses dont la décision lui est spécialement attribuée; mais il ne peut prendre aucune part à l'administration. Un sous-préfet est placé à la tête de tout arrondissement communal, et chaque commune est administrée par un maire. Des conseils généraux de département, des conseils d'arrondissement et des conseils municipaux, chargés de délibérer sur les intérêts que la loi leur a confiés, complètent le système de l'administration départementale et commuuale.

b. Organisation judiciaire.

Sources principales. Loi du 16-24 août 1790. Loi du 27 ventôse an VIII. Décret du 30 mars 1808. Loi du 20 avril 1810. Décrets des 6 juillet et 18 août 1810. — *Bibliographie. Lois concernant l'organisation judiciaire,* etc., par Dupin; Paris, 1819, 2 vol. in-8°. *De l'autorité judiciaire en France,* par Henrion de Pansey, 2ᵉ édit.; Paris, 1818, 1 vol. in-4°; et 3ᵉ édit., 1827, 2 vol. in-8°. *Les lois de l'organisation et de la compétence des juridictions civiles,* par G. L. Carré; Paris, 1825 et 1826, 2 vol. in-4°. *De l'administration de la justice et de l'ordre judiciaire en France,* par d'Eyraud, 2ᵉ édit.; Paris, 1825, 3 vol. in-8°.

Les tribunaux civils, dont la juridiction est restreinte dans un territoire déterminé, sont:

1° Les tribunaux de première instance. Leur compétence s'étend sur toutes les affaires civiles dont la décision n'a point été dévolue à d'autres juridictions, par exemple, aux juges de paix ou de commerce. Il existe un tribunal de première instance pour chaque arrondissement communal.

2° Les cours royales, précédemment appelées tribunaux d'appel, cours d'appel, cours et cours impériales. Elles connaissent des appels dirigés contre les jugemens rendus par les tribunaux de première instance et de commerce, qui se trouvent placés dans leur ressort.

A côté de ces tribunaux, qu'on appelle ordinaires ou de droit commun, il existe différentes juridictions d'exception, telles que les justices de paix et les tribunaux de commerce [8].

Les juges de paix n'ont, comme juges civils, d'autre compétence que celle qui leur est spécialement attribuée par la loi. Par contre, toute affaire civile est soumise, en règle générale, à un préliminaire de conciliation, qui doit être formé devant les juges de paix, en leur qualité de conciliateurs [9].

Outre les juges chargés de prononcer sur les contestations déférées aux tribunaux, il existe différens fonctionnaires et officiers publics qui concourent à faire rendre la justice, tels sont :

1° Les magistrats du ministère public. Sous cette expression générique on désigne les procureurs généraux, les avocats généraux, les procureurs du roi, les substituts des procureurs généraux et des procureurs du roi. Ces magistrats, dont l'origine se perd dans les temps les plus anciens de la monarchie [10], n'ont point, en thèse géné-

8 Sur l'organisation et la compétence des tribunaux de commerce, voy. Code de commerce, art. 615 et suiv.

9 Cpr. *De la compétence des juges de paix*, par Henrion de Pansey, 9ᵉ édit., Paris, 1830, in-8°; *Traité de la juridiction civile judiciaire des juges de paix*, par Brossard, Paris, 1824, in-8°; *Manuel des justices de paix*, par Levasseur, 10ᵉ édit., revue, corrigée et augmentée, par de Foulan, Paris, 1831, 3 vol. in-8°; *Procédure complète et méthodique des justices de paix*, par Biret, 4ᵉ édit., Paris, 1829, in-12; *Recueil général et raisonné de la jurisprudence des justices de paix de France*, par Biret, 3ᵉ édit., Paris, 1834, 2 vol. in-8°; *Le droit français dans ses rapports avec la juridiction des juges de paix*, par Carré, Paris, 1833, 4 vol. in-8°.

10 Il existait déjà, près les tribunaux des Francs et autres peuples de la Germanie, des procureurs du roi ou des communes, dont les fonctions consistaient uniquement, dans l'origine, à soigner le recouvrement des amendes. Voy. Stiernhœck, *De jure suecorum et Gothorum; Hœlmiœ*, 1672, 1 vol. in-4°.

rale[11], d'action à exercer en matière civile. Lorsqu'une affaire est portée devant les tribunaux auxquels ils sont attachés[12], ils n'ont d'autre mission que de défendre, par leurs conclusions[13], les intérêts de l'État et de la loi; c'est ce qu'on exprime en disant que le ministère public n'est, en matière civile, que partie jointe, et non partie principale, qu'il y exerce son ministère, non par voie d'action, mais par voie de réquisition[14].

2° Les officiers ministériels. Ils sont ainsi nommés, parce qu'il est certains cas où l'on est forcé d'employer leur ministère qu'ils ne peuvent eux-mêmes refuser toutes les fois qu'ils en sont légalement requis. Sous cette expression on comprend principalement:

1) Les greffiers. Ils sont les secrétaires des juges et des tribunaux, les gardiens de leurs registres et des minutes de leurs actes[15].

2) Les avoués, autrefois appelés procureurs. Ils sont

[11] Ce principe est soumis à plusieurs exceptions; voy. notamment celles qui résultent des art. 50 et 53, 114, 184, 191, 491, 1057 du Code civil; 56, 1030, 1039 du Code de procédure civile; 67 et 68, 176 du Code de commerce; 14 de la loi du 8 novembre 1814; 49, 50 et 55 de la loi du 20 avril 1810; 53 de la loi du 25 ventôse an XI.

[12] C'est-à-dire devant la cour de cassation, les cours royales et les tribunaux de première instance; il n'existe pas de ministère public près les autres tribunaux.

[13] Ces conclusions sont obligatoires ou facultatives, suivant que la cause est ou non communicable au ministère public. Cpr. Code de procédure civile, art. 83.

[14] Cpr., sur le ministère public: Merlin, *Rép.*, v[ls] Avocat du roi, Avocat général, Procureurs généraux et Ministère public; *Traité sur le ministère public et ses fonctions dans les affaires civiles, correctionnelles et de simple police,* par Schenck, Paris, 1813, in-8°; *Le ministère public en France, traité et Code de son organisation, de sa compétence et de ses fonctions dans l'ordre politique, judiciaire et administratif,* par Ortolan et Ledeau, Paris, 1831, 2 vol. in-8°.

[15] Cpr. *Essai sur le travail des greffes,* par Perrin, Lons-le Saulnier, 1824, in-4°; *Manuel des greffiers,* par Sauvaud, Pau, 1824, in-4°.

chargés de représenter les parties en justice, de postuler et de conclure pour elles [16].

Quoique les avoués aient, dans certains cas, le droit de plaider, il ne faut cependant pas les confondre avec les avocats qui sont spécialement chargés de la défense orale des parties qui leur confient leurs intérêts. En effet, la profession d'avocat [17] est incompatible avec l'office d'avoué, et l'avocat n'est point un officier ministériel. Code de procédure, art. 85.

3) Les huissiers. Ils sont principalement institués pour assigner les parties devant les cours et les tribunaux, signifier les actes de procédure, et mettre à exécution tous arrêts, jugemens et ordonnances du juge [18].

§ 47.

Du droit administratif.

Le droit administratif est cette partie du droit gouvernemental, qui détermine les devoirs et les droits du pou-

[16] Il n'existe d'avoués que près les tribunaux de première instance et les cours royales. Les officiers publics chargés de représenter les parties devant la cour de cassation et le conseil d'État, prennent le titre d'avocats aux conseils du roi et à la cour de cassation. Devant les autres tribunaux, les parties ne sont pas obligées, pour ester en justice, de recourir au ministère d'officiers publics. Code de procédure civile, art. 9 et 414. Cpr., sur les chambres d'avoués : décret du 13 frimaire an IX.

[17] Cpr., sur la plaidoirie en général et la profession d'avocat en particulier : Loi du 22 ventôse an XII, art. 29-32; Décrets des 14 décembre 1810 et 2 juillet 1812; Ordonnances des 27 février, 20 novembre 1822 et 27 août 1830; *Histoire des avocats au parlement et du barreau de Paris, depuis S. Louis jusqu'au 15 octobre 1790,* par Fournel, Paris 1813, 2 vol. in-8°; *Lettres sur la profession d'avocat,* par Camus, 5e édit., considérablement augmentée et publiée par Dupin aîné, sous le titre suivant : *Profession d'avocat, Recueil de pièces concernant l'exercice de cette profession,* Paris, 1832, 2 vol. in-8°.

[18] Cpr. Décret du 14 juin 1813 portant réglement sur l'organisa-

vóir exécutif proprement dit [1], dans ses rapports avec l'intérêt individuel ou local.

Bibliographie du droit administratif. Outre les ouvrages déjà cités comme s'occupant simultanément du droit public et du droit administratif (voy. § 46. rubrique *Organisation administrative*), ou traitant du contentieux de l'administration (voy. § 46, note 6), nous noterons encore les suivans, qui sont relatifs au droit administratif proprement dit: *Code administratif,* par Fleurigeon; Paris, 1809, 6 vol. in-8°. *Principes pour servir à l'étude des lois administratives et considérations sur l'importance et la nécessité d'un Code administratif, suivis du projet de ce Code,* par C. J. Bonin, 3e édit.; Paris, 1812, 3 vol. in-8°. *Classification des lois administratives, depuis 1789 jusqu'au mois d'avril 1814,* par Lalouette; Paris, 1818, in-4°; 2e édit. avec supplément jusqu'en 1823; Paris, 1823, in-4°. *Code administratif, ou Recueil des lois, décrets, sur l'administration communale et départementale,* par de Lépinois, Paris, 1825, in-8°. *Institutes de droit administratif français, ou Élémens du Code administratif, réunis et mis en ordre,* par de Gérando; Paris, 1829 et 1830, 4 vol in-8°. *Dictionnaire de l'administration départementale,* par Péchart; Paris, 1823, in-4°. *Répertoire de l'administration municipale des communes,* par le même; Paris, 1820, 2 vol. in-8°. *Élémens pratiques d'administration municipale,* par le même, 3e édit.; Paris, 1828, in-8°. *Du pouvoir municipal et de la police intérieure des communes,* par Henrion de Pansey; Paris, 1824, in-8°. *Des biens communaux et de la police rurale et forestière,* par le même; Paris,

tion et le service des huissiers; *Style nouveau et manuel des huissiers,* par Dumont, 8e édit., Paris, 1832, in-12; *Le parfait huissier,* par Delaporte, Paris, 1811, 2 t. en 1 vol. in-8°; *Répertoire de législation et style des huissiers,* par Léglize, Paris, 1832; 5 vol in-8°.
[1] Le pouvoir exécutif proprement dit, c'est-à-dire abstraction faite du pouvoir judiciaire.

2ᵉ édit., 1825, in-8°. *Manuel complet des maires, de leurs adjoints, des conseils municipaux et des commissaires de police,* par Dumont de Sainte-Croix, 9ᵉ édit., revue et corrigée par Massé; Paris, 1831, 2 vol. in-8°.

§ 48.

Des poids et mesures. — Des monnaies.

La loi du 1ᵉʳ août 1793, a établi en France un nouveau système de poids, de mesures et de monnaies, fondé sur la mesure du méridien et la division décimale. V. Merlin, *Rép.*, vⁱˢ Monnaie et Poids et Mesures. *Manuel pratique et élémentaire des poids et mesures, et du calcul décimal,* par Tarbé, 8ᵉ édit.; Paris, 1828, 1 vol. in-18. *Code des poids et mesures, ou Recueil complet des lois, décrets, etc., relatifs au système métrique, à la fabrication et à la vérification des poids et mesures,* par Stouder et Gourichon; Amiens, 1826, in-8°.

§ 49.

De l'ère et du calendrier.

Avant la révolution, on se servait en France du calendrier publié par le pape Grégoire XIII, et connu sous le nom de *Calendrier grégorien.* Les décrets des 5 octobre et 24 novembre 1793 introduisirent tout à la fois un nouveau calendrier, c'est-à-dire de nouvelles règles sur la division du temps, et une nouvelle ère, c'est-à-dire un nouveau point de départ pour compter les années[1].

D'après le nouveau calendrier, ordinairement appelé *calendrier républicain,* l'année commençait avec l'équi-

---

[1] Les différences qui existent entre le calendrier grégorien et le calendrier républicain ont donné lieu à des questions fort importantes. Voy. Merlin, *Quest.,* vᵒ Jours complémentaires et vᵒ Protêt.

noxe d'automne. Elle était divisée en douze mois égaux de trente jours; chaque mois, en trois parties égales de dix jours, appelées décades. Les douze mois étaient suivis, dans les années ordinaires de cinq, et dans les années bissextiles de six jours complémentaires. L'ère républicaine avait été fixée au 22 septembre 1792, jour de la fondation de la république.

Le Sénatus-Consulte du 22 fructidor an XIII, rétablit l'usage du calendrier grégorien, à dater du 1er janvier 1806 (11 nivôse an XIV [2]).

La théorie de la supputation des délais établis par les lois se trouvant dans une intime liaison avec la matière qui nous occupe, nous croyons devoir l'exposer dès à présent. Cette théorie présente de sérieuses difficultés, résultant en grande partie de ce que les lois qui fixent des délais, se servent assez souvent d'expressions dont la valeur n'est pas déterminée d'une manière exacte [3]. Voici les principales règles de la matière:

Une heure est censée écoulée au premier coup de l'horloge qui annonce la suivante; il n'est pas nécessaire que tous les coups soient frappés [4].

Le jour est ou civil ou naturel. Le jour civil comprend l'espace des vingt-quatre heures, qui s'écoulent depuis minuit, jusqu'au minuit suivant [5]. Dans le langage juridique, le mot jour s'entend ordinairement du jour civil [6].

---

[2] Lorsque la loi exige, à peine de nullité, qu'un acte soit daté, la nullité est encourue si la date n'est pas indiquée d'après le calendrier grégorien. Aix, 9 mai 1810, Sir., X, 2, 235.

[3] Il n'existe pas d'ouvrage qui traite *ex professo* de la manière de compter les délais en droit français. On trouvera un essai sur cette matière dans le recueil suivant: *Frühlings-Erinnerungsblætter über Gegenstænde aus dem franz. und westph. Civilrechte;* Helmstat, 1810, in-8°, 5e dissertation.

[4] Merlin, *Rép.*, v° Prescription, sect. II, § 1, n° 3.

[5] Merlin, *Rép.*, v° Date, n° 2. *Bibliothèque du barreau,* 1809, P. II, t. I, p. 265.

[6] Merlin, *Rép.*, v° Jour. *Bibliothèque du barreau,* 1809, P. II, t. I, p. 243.

Ce principe n'est cependant pas sans exception. Voy. par exemple, Code de procédure, art. 781 et 1037. Le jour naturel est l'espace de temps compris entre le lever et le coucher du soleil [7], Code pénal. art. 386.

Les jours sont ouvrables ou fériés. Les jours fériés, pendant lesquels les fonctionnaires publics sont, en règle générale [8], autorisés, et même obligés à suspendre l'exercice de leurs fonctions [9], sont les dimanches et autres jours de fête légale [10].

Les mois doivent être pris tels qu'ils sont fixés par le calendrier grégorien [11], lors même que le calendrier républicain aurait été en usage à l'époque de la promulgation de la loi dont il s'agit d'apprécier les délais [12].

Les années sont communes ou bissextiles. Les premières sont de trois cent soixante-cinq jours; les secondes, qui en comptent trois cent soixante-six, sont appelées bissextiles, parce que le trois cent soixante-sixième jour qui les distingue, et qui forme chez nous le vingt-neuvième jour du mois de février, était chez les Romains le *dies bissextus*

---

[7] *Praticien français,* V, 12 et suiv. Crim. cass., 12 février 1813, Sir., XIII, 1, 246.

[8] Voy., comme exceptions à ce principe, les art. 828 et 1037 du Code de procédure civile.

[9] Cpr. Loi du 18 germinal an X, art. 41; Arrêté des consuls du 29 germinal an X; Instruction ministérielle du 22 décembre 1807, (Sir., IX, 2, 224), portant que les bureaux des hypothèques doivent être fermés pour tout le monde les dimanches et les fêtes. Avis du conseil d'État du 13 - 20 mars 1810. Merlin, *Rép.*, v° Fête.

[10] Les jours de fête légale sont, outre les dimanches, Noël, l'Ascension, l'Assomption, la Toussaint et la Circoncision.

[11] Ainsi, les délais de mois se comptent par quantième et non par révolution de trente jours. Civ. cass., 21 juillet 1818, Sir., XIX, 1, 237; Orléans, 3 mars 1819, Sir., XIX, 2, 166. Il est bien entendu que cette règle cesse de recevoir son application toutes les fois que la loi contient à cet égard une exception formelle. Voy., par exemple, art. 2183; cbn. art. 2169.

[12] Grenier, *Traité des hypothèques,* II, 341. Toullier, VI, 683. Merlin, *Rép.*, v° Mois. Paris, 9 août 1811, Sir., XI, 2, 444. Crim. cass., 27 décembre 1811, Sir., XII, 1, 199.

des calendes de Mars. Le jour bissextile qui fait nombre dans les délais de jours, est censé dans les délais d'années se confondre avec le jour qui le précède [13].

La locution *an et jour*, empruntée de l'ancien droit allemand, est aujourd'hui synonyme des expressions *au-delà d'une année*.

Un délai est un espace de temps accordé par la loi ou par un titre juridique pour l'accomplissement d'un fait.

Les règles spéciales sur la manière de compter les délais ne doivent recevoir leur explication que dans les cas pour lesquels elles sont établies. Ainsi, par exemple, la disposition de l'art. 1033 du Code de procédure civile, ne s'applique pas à l'hypothèse prévue par l'art. 702 du même Code [14].

En principe général, le jour auquel un délai commence, ou, suivant le langage de docteur, le jour du terme *à quo* n'est pas à comprendre dans le délai : *Dies termini à quo non computatur in termino* [15]. Au contraire, le jour du terme *ad quem* doit y être compris, à moins qu'il ne s'agisse d'un délai franc [16].

Les délais ne comportent pas d'extension à raison des

---

[13] Merlin, *Rép.*, v° Jour bissextile. Cpr. l'art. 2261, tel qu'il était rédigé dans les premières éditions du Code; Merlin, *Quest.*, v° Délai, § 4.

[14] Civ. cass., 18 mars 1812, Sir., XII, 1, 335; req. rej., 10 septembre 1812, Sir., XIII, 1, 228. Cpr. civ. rej., 26 novembre 1828, Sir., XXIX, 1, 18.

[15] Toullier VI, 682. Grenier, *Traité des hypothèques*, I, 208. M. Merlin (*Rép.*, v° Délai, sect. I, § 3, n° 1), émet une opinion contraire; mais il a été victorieusement réfuté par M. Troplong (*Des priviléges et hypothèques*, I, 294-314). — Cpr. sur le sens des expressions *à compter* ou *à partir de tel jour* : Merlin, *Quest.*, v° Papier monnaie, § 3; v° Triage, § 2; req. rej., 5 avril 1825, Sir., XXVI, 1, 152; Caen, 19 février 1825, Sir., XXVI, 2, 65; Limoges, 3 juillet 1824, Sir., XXVI, 2, 174; *Dissertation*, Sir., XXII, 2, 217.

[16] Civ. cass., 9 février 1825, Sir., XXV, 1, 281; Lyon, 7 février 1834, Sir., XXXIV, 2, 357.

jours fériés qui s'y rencontrent ou sur lesquels ils ex-
pirent [17].

Quant aux délais, qui se composent d'un certain nombre
d'heures, il faut y comprendre tout le temps qui s'écoule,
à partir du moment où le délai commence jusqu'à celui
où il finit (*à momento ad momentum*) [18].

Lorsqu'une dette échoit à jour certain, le créancier ne
peut en exiger le paiement que le lendemain [19].

Les lois ne contiennent pas de règle générale sur la manière de calculer l'époque à laquelle se trouve atteint l'âge
qu'elles exigent pour l'exercice de certains droits. Il n'existe
à cet égard que des dispositions spéciales (cpr. art. 275,
361, 364, 374, 388 et 477), desquelles il est cependant
permis de conclure qu'en principe général, et sauf les
exceptions prévues par la loi [20], un droit subordonné à
une condition d'âge n'est ouvert qu'à l'expiration du dernier jour de l'année qui doit compléter l'âge requis. Arg.
art. 2261.

§ 50.

De l'enregistrement.

Sources principales. Loi du 22 frimaire an VII. Loi du
27 ventôse an IX. Loi du 28 avril 1816, art. 37 à 29. Loi
du 25 mars 1817, art. 74, 75 et 78. Loi du 15 mai 1818,
art. 72 à 82. Loi du 16 juin 1824. Loi du 8 septembre 1830.
Loi du 21 avril 1832, art. 33 et 34. Loi du 24 mai 1834,

---

[17] Req. rej., 28 novembre 1809, Sir., X, 1, 83; civ. rej. 6 juillet
1812, Sir., XII, 1, 366; civ. cass., 7 mars 1814, Sir., XIV, 1, 121;
civ. cass., 27 février 1821, Sir., XXI, 1, 235; civ. cass., 26 mai
1830, Sir., XXX, 1, 225; civ. cass., 1er décembre 1830, Sir., XXXI,
1, 36. L'art. 162 du Code de commerce contient une exception à ce
principe.

[18] *Bibliothèque du barreau*, P. II, t. I, p. 248.

[19] Toullier, VI, 681.

[20] Voy., par exemple, les art. 433 du Code civil et 800 du Code
de procédure civile, combinés avec l'art. 2065 du Code civil,
Cpr. Locré, sur l'art. 433.

art. 11-23. — *Bibliographie. Lois du timbre et de l'enregistrement extraites du Bulletin des lois,* par Tardif; Paris, 1827, 2 vol. in-8°. *Tarif des droits d'enregistrement et d'hypothèque;* Dijon, 1828; in-8°. *Dictionnaire des droits d'enregistrement, de timbre, de greffe et d'hypothèque,* par les rédacteurs du *Journal de l'enregistrement.* 2ᵉ édit.; Paris, 1828 à 1831, 2 vol. in-4°. *Dictionnaire général de l'enregistrement, des domaines et des hypothèques,* par Trouillet, 5ᵉ édit.; Paris, 1835, 1 vol. in-4°. *Le contrôleur de l'enregistrement,* par plusieurs jurisconsultes. Il paraît annuellement 1 vol. in-8° de ce recueil périodique qui date de 1820. *Traité des droits d'enregistrement, de timbre, d'hypothèques, etc.,* suivi d'un *Dictionnaire,* par Championnière et Rigaud; Paris, 1835. Cet ouvrage qui paraît par livraisons doit se composer de 5 vol. in-8°.

L'enregistrement, considéré dans ses rapports avec le droit civil, est une institution dont le but est d'assurer la date des actes, au moyen de leur inscription dans des registres publics. Cpr. art. 1328.

Sous le rapport financier, l'enregistrement est une imposition établie au profit du trésor de l'État; c'est par cette raison que les actes qui ont déjà acquis date certaine d'après les principes du droit civil, n'en sont cependant pas dispensés.

Si l'enregistrement, envisagé comme moyen d'assurer la date des actes, est d'une grande importance en droit civil, d'un autre côté les règles de ce droit réagissent à chaque instant sur l'enregistrement considéré comme institution financière; c'est en effet, d'après ces règles et surtout d'après celles qui déterminent la nullité ou la validité des actes[1], que se décide, la plupart du temps, la question de savoir, si les droits d'enregistrement sont ou non exigibles, dans telle ou telle circonstance.

---

[1] Toullier, VII, 535 et suiv.

VI. BIBLIOGRAPHIE DU DROIT CIVIL FRANÇAIS ACTUELLEMENT EN VIGUEUR.

§ 51.

Nous allons énumérer, sous différentes rubriques, les ouvrages les plus remarquables concernant l'ensemble du droit civil théorique français.

A. OUVRAGES ANTÉRIEURS A LA RÉVOLUTION, QUI SONT D'UNE GRANDE UTILITÉ POUR L'ÉTUDE DU DROIT CIVIL ACTUEL.

OEuvres de Pothier. Les éditions les plus récentes sont celles : de Bernardi et Hutteau fils, Paris, 1822, 25 vol. in-8°; de Sieffrein, Paris, 1821 à 1824, 19 vol. in-8° avec tables; de Dupin, Paris, 1825, 11 gros volumes in-8°; de Rogron et Firbach, Paris, 1825, édition compacte 1 vol. in-8°. Pothier, dont les ouvrages embrassent toutes les parties du droit civil, sera toujours consulté avec fruit, non-seulement à raison de son mérite intrinsèque, mais surtout parce qu'il a servi de guide aux rédacteurs du Code, qui l'ont suivi pas à pas dans plusieurs matières et notamment dans celles des obligations et de la communauté conjugale.

OEuvres de Dumoulin. Il en a déjà été question au § 43.

B. COLLECTIONS GÉNÉRALES DE LOIS.

1. *Collections officielles.*

Le *Bulletin des lois.* Il forme, depuis le 22 prairial an II, la collection officielle des lois et actes du gouvernement. Voy. Lois des 14 frimaire, 30 thermidor an II et 12 vendémiaire an IV. Il comprend aujourd'hui neuf séries; chaque série est divisée par bulletins et numéros d'ordre de la manière suivante:

1re Série (convention nationale), 205 bulletins et 1233 numéros d'ordre.

2e Série (directoire exécutif), 345 bulletins et 3535 numéros d'ordre.

3e Série (consulat), 362 bulletins et 3846 numéros d'ordre.

4e Série (empire), 566 bulletins et 10,254 numéros d'ordre.

5e Série (première restauration), 97 bulletins et 841 numéros d'ordre.

6e Série (cent-jours), 42 bulletins et 313 numéros d'ordre.

7e Série (seconde restauration, règne de Louis XVIII), 698 bulletins et 17,812 numéros d'ordre.

8e Série (règne de Charles X), 375 bulletins et 15,810 numéros d'ordre.

9e Série (règne de Louis-Philippe).

Pour indiquer de la manière la plus précise l'endroit où se trouve, dans le bulletin, tel ou tel acte du pouvoir législatif ou exécutif, par exemple la loi du 14 juillet 1819, relative à l'abolition du droit d'aubaine et de détraction, on indique la série, le bulletin et le numéro d'ordre, ce qui se fait au moyen de l'abréviation suivante, VII, B. 294, n° 6986, dans laquelle le chiffre romain désigne la série, le premier chiffre arabe précédé d'un B, le bulletin, et le second chiffre arabe, le numéro d'ordre.

Ordinairement le *Bulletin des lois* se compose annuellement de deux volumes, dont l'un comprend les actes des six premiers mois, et l'autre, ceux des six derniers. Chaque volume étant accompagné d'une table alphabétique des matières et d'une table chronologique des actes, rien n'est plus facile que la recherche de ceux même qui ne sont indiqués que par leur date. Depuis la neuvième série le *Bulletin des lois* est divisé en deux parties, contenant l'une

8 *

les lois, et l'autre, les ordonnances. A dater du 1ᵉʳ janvier 1832, la seconde partie a été elle-même subdivisée en deux sections. Voy. ordonnance du 31 décembre 1831.

Les lois publiées depuis 1789 jusqu'à l'an II, se trouvent dans la *Collection des lois,* appelée aussi *Collection du Louvre;* Paris, 1792, et années suivantes, 18 vol. in-4°. Les cinq premiers tomes sont en deux parties, qui sont quelquefois reliées séparément.

Ces lois ont également été imprimées sous le titre suivant: *Lois et actes du gouvernement, depuis le mois d'août 1789, jusqu'au 18 prairial an II;* Paris, de l'imprimerie impériale, 1806 - 1807 , 8 vol. in-8°.

2. *Collections privées.*

Lois et actes du gouvernement publiés depuis l'ouverture des états généraux jusqu'au 8 juillet 1815, classés par ordre de matières, et annotés des arrêts et décisions de la cour de cassation, par Desenne; Paris, 1818-1826, 22 vol. in-8°.

Collection générale des lois, décrets, Sénatus-Consultes, avis du conseil d'État, etc., depuis 1789 jusqu'au 1ᵉʳ *avril* 1814, par Rondonneau; Paris, 1817-1819, 12 vol. in-8°.

Corps de droit français, ou *Recueil complet des lois, décrets, etc., publiés depuis 1789 jusqu'au mois de mai* 1828 *inclusivement, mis en ordre,* par Gallisset; Paris, 1825-1830; quatre-vingt-sept livraisons formant 4 vol. in-8°, édition compacte.

Collection complète des lois, décrets, ordonnances, réglemens, avis du conseil d'État, depuis 1788-1830 *inclusivement, par ordre chronologique,* par J. B. Duvergier; Paris, 1825 - 1831, 30 vol. in-8°. Cet ouvrage se continue depuis 1830; il en paraît annuellement 1 vol. in-8° comprenant toutes les lois et ordonnances rendues dans l'année.

Bulletin annoté des lois, décrets, etc., depuis le mois de juin 1789 *jusqu'au mois d'août* 1830, par Lepec-

Paris, 1834 et suiv. Cet ouvrage, qui n'est pas encore terminé, doit avoir 16 vol. in-8°.

3. *Tables.*

*Table générale et par ordre alphabétique des matières,
des lois, Sénatus-Consultes, décrets, arrêtés, avis du
conseil d'État,* etc., publiés dans le *Bulletin des lois* et
les collections officielles, depuis le 5 mai 1789 jusqu'au
1ᵉʳ avril 1814; Paris, 1816, 4 vol. in-8°.

*Tables décennales du Bulletin des lois, faisant suite à
la précédente,* de 1814-1823 et de 1824-1833, rédigées,
par ordre de M. le garde-des-sceaux, par Lonchampt;
Paris, 1827 et 1835, 2 vol. in-8°.

C. RÉPERTOIRES OU ENCYCLOPÉDIES DU DROIT FRANÇAIS.

Répertoire universel et raisonné de jurisprudence,
par Merlin, 5ᵉ édit.; Paris, 1827-1828, 18 vol. in-4°. Cet
ouvrage vaut à lui seul toute une bibliothèque. L'auteur y
a inséré une partie de ses plaidoyers et réquisitoires. Les
autres sont classés et fondus dans la collection suivante,
qui se rattache d'une manière intime au répertoire: *Recueil
alphabétique des questions de droit qui se présentent le
plus fréquemment dans les tribunaux,* 4ᵉ édit.; Paris,
1827-1830, 8 vol. in-4°. On peut ajouter à ces deux ouvrages un volume de tables, publié par Rondonneau; Paris,
1829, in-4°.

*Répertoire de la nouvelle législation civile, commer-
ciale et administrative,* par le baron Favard de Langlade;
Paris, 1823-1824, 5 vol. in-4°.

*Jurisprudence générale du royaume en matière civile,
commerciale et criminelle,* par Dalloz; Paris, 1824-1832,
12 vol. in-4°. Cet ouvrage est un répertoire alphabétique,
et raisonné de la jurisprudence de la cour de cassation
et des cours souveraines, depuis 1791-1824 inclusive-

ment. Chaque matière y est précédée d'un exposé de doctrine. Ce recueil se continue. Voy. rubrique F.

D. Commentaires sur le Code civil.

*Analyse raisonnée de la discussion du Code civil au
conseil d'État,* par Jacques de Malleville, 3ᵉ édit; Paris,
1821, 4 vol. in-8°. Cet ouvrage, fait par l'un des rédacteurs
du projet du Code civil, contient un aperçu très-concis
de la discussion de ce Code au conseil d'État, et quelques
explications principalement tirées de l'ancien droit. Il peut
servir d'introduction à l'étude du Code civil.

*Esprit du Code Napoléon, ou Conférence historique,
analytique et raisonnée du projet du Code civil, des observations des tribunaux, des procès-verbaux du conseil d'État, des observations du tribunat, des exposés
des motifs, des rapports et discours,* par Locré; Paris,
1805 et suiv., 5 vol. in-4°, et 6 vol. in-8°. Cet ouvrage,
resté incomplet, ne comprend que le premier livre du
Code.

Les pandectes françaises, par Riffé-Caubray et Delaporte, 2ᵉ édit.; Paris, 1812 à 1815, 22 vol. in-8°. Cet
ouvrage s'étend sur les cinq Codes; les quinze premiers
volumes comprennent le commentaire du Code civil.

Code civil avec des notes explicatives, par des jurisconsultes qui ont concouru à sa confection; Paris,
1803-1808, 9 vol. in-8°. Chaque volume ayant été rédigé par des auteurs différens, il serait assez difficile de
déterminer d'une manière générale le mérite de cet ouvrage, dont quelques parties ont aussi paru séparément.

Explication du Code civil, par Bousquet; Avignon,
1804-1806, 5 vol. in-4°.

*Code civil, expliqué par ses motifs et par des exem-
ples,* par J. A. Rogron, 7ᵉ édit.; Paris, 1834, 1 vol. in-18.

Commentaire sur le Code civil, par Boileux, 3ᵉ édit., revue par Poncelet ; Paris, 1835, 3 vol. in-8°.

Études du droit français, par Villemartin, 2ᵉ édit.; Coulommiers, 1833-1834. Il a paru jusqu'à présent 3 volumes de cet ouvrage, qui doit en avoir 12.

Parmi les commentaires écrits en langue allemande, nous indiquerons les suivans :

Codex Napoléon, dargestellt und commentirt, par Fr. de Lassaulx ; Coblence, 1809, 3 vol. in-8°. Cet ouvrage, fait avec beaucoup de soin, ne va pas au-delà du titre des servitudes.

Ausführliches theoretisch-praktisches Commentar über den Codex Napoléon, par C. C. Dabelow ; Leipsic, Iʳᵉ partie, 1810, IIᵉ partie, 1811, in-4°.

Ausführliches Handbuch über den Codex Napoléon, par K. Grolmann ; Giessen, 1810-1812, 3 vol. in-8°. Cet ouvrage, sans contredit le meilleur commentaire du Code Napoléon qui ait paru en Allemagne, ne comprend que l'explication des art. 1-311.

Commentar über den Codex Napoléon, par E. Spangenberg ; Göttingen, 1810, 3 vol. in-4°.

Volständiger und ausführlicher Commentar über den Codex Napoléon, mit vorzüglicher Rücksicht auf die in Norddeutschland und besonders in Hannover und den Hansestædten bestandenen Gesetze, par Ch. Haupt ; Hambourg, 1ʳᵉ partie, 1811, in 8°. Cet ouvrage n'a pas été achevé.

E. COURS DE DROIT CIVIL FRANÇAIS.

Les cours de droit civil français qui ont paru en France sont plutôt des commentaires que des traités méthodiques. Les ouvrages les plus remarquables en ce genre sont :

Cours de droit français, par Proudhon ; Dijon, 1809 et 1810, 2 vol. in-8°. Les deux volumes qui ont paru, ne comprennent que le droit des personnes, ou le premier livre du Code civil. Il est à regretter que cet ouvrage si estimable n'ait pas été continué.

Le droit civil français, suivant l'ordre du Code civil, ouvrage dans lequel on a tâché de réunir la théorie à la pratique, par Toullier, 5ᵉ édit.; Paris 1830-1833, 15 vol. in-8° Les quatorze premiers volumes contiennent l'explication des art. 1 - 1581. Le quinzième renferme une table analytique des matières. Cet ouvrage est continué par M. Duvergier, et la continuation doit avoir 9 vol. in 8°; il en a paru un vol. à Paris, en 1835. M. Troplong a également entrepris de continuer l'œuvre de M. Toullier, en substituant toutefois la forme de commentaire à celle du traité. Il a déjà fait paraître : le commentaire du titre *des priviléges et hypothèques,* Paris, 1833, 4 vol. in-8°; celui du titre *de la vente,* Paris, 1834, 2 vol. in-8°; et celui du titre *de la prescription,* Paris, 1835, 2 vol. in-8°. Le cours de M. Toullier a été accueilli avec une faveur bien méritée. On peut le regarder comme un des ouvrages les plus remarquables qui aient été écrits sur le droit civil français. Les trois volumes qui traitent du contrat de mariage offrent cependant beaucoup de prise à la critique; ils ne sont pas à comparer aux volumes précédens.

Cours de droit civil, par Delvincourt; Paris, 1824, 3 vol. in-4°. Cet ouvrage se compose de deux parties bien distinctes : la première n'est autre chose que la cinquième édition des *Institutes du droit civil français,* par le même auteur; la seconde contient l'explication approfondie du texte des institutes.

Cours de droit français, suivant le Code civil, par Duranton; Paris, 1825 et suiv. Les dix-neuf volumes qui ont paru jusqu'à présent comprennent l'explication des art. 1—2091 du Code civil. Cet ouvrage, qui aura probablement encore deux volumes, se distingue par la richesse des développemens qu'il contient.

Programme du cours de droit civil français, fait à la faculté de droit de Paris, par Demante, 2ᵉ édit.; Paris,

1835, 3 vol. in-8°. Pour compléter cet ouvrage on peut y joindre le suivant: *Questions sur le Code civil avec leurs solutions, suivant l'ordre adopté par M. Demante dans son programme*, par Mazerat; Paris, 1835.

F. Ouvrages périodiques.

Le plus grand nombre des ouvrages périodiques écrits en France sur le droit, ont pour objet la jurisprudence des arrêts. Nous citerons cependant comme ouvrages scientifiques les recueils suivans :

Bibliothèque ou *Journal du barreau et des écoles de droit*, par Mauguin et Dumoulin; Paris 1808 à 1812. Cet ouvrage se compose de deux parties qui forment ensemble 13 vol. in-8°, savoir cinq pour la première et huit pour la seconde. *La bibliothèque du barreau* a été réunie, à dater du 1er juillet 1812, *à la jurisprudence du Code civil* dont il sera question ci-après.

Thémis ou bibliothèque du jurisconsulte, par Blondeau, Demante, Ducaurroy, Warnkœnig; Paris, 1820 - 1829, 10 vol. in-8°. Ce recueil a cessé de paraître.

Revue de législation et de jurisprudence, publiée sous la direction de Wolowski, par une réunion de magistrats, de professeurs et d'avocats. Ce recueil, dont la 1re livraison a paru au mois d'octobre 1834, se compose annuellement de 12 livraisons formant 2 vol. in-8°.

Les journaux concernant la jurisprudence des arrêts sont de deux sortes : les uns embrassent la jurisprudence de toutes les cours du royaume; les autres se bornent à rapporter les arrêts rendus par une ou plusieurs d'entre elles.

Parmi les premiers il faut ranger :

1° *Le recueil général des lois et arrêts en matière civile, criminelle, commerciale et de droit public,* publié par J. B. Sirey. L'ouvrage formait, à la fin de 1834, 34 vol.

in-4°. Il paraît annuellement douze cahiers formant 1 vol. Chaque volume se compose de deux parties. La première contient les arrêts de la cour de cassation, la seconde renferme les arrêts des cours royales, les lois et ordonnances nouvelles qui sont d'un intérêt général, les décisions importantes du conseil d'État en matière contentieuse, et quelquefois des dissertations juridiques. Ce recueil est accompagné de tables decennale, vicennale et tricennale, qui se vendent séparément. La table tricennale a été publiée à Paris, en 1835, 1 vol. in-4°

2° *La jurisprudence générale du royaume, en matière civile, commerciale et criminelle*, ou *Journal des audiences de la cour de cassation et des cours royales*. Ce recueil, commencé par Dénevers, continué par Duprat, Jalabert, de Séligny et Tournemine, est aujourd'hui publié par Dalloz aîné et Armand Dalloz. Il formait à la fin de 1824, 22 vol. in-4°. En 1824, M. Dalloz a commencé la publication d'un nouveau recueil déjà cité sous la rubrique C, et dans lequel tous les arrêts rendus jusqu'à cette époque ont été fondus et classés par ordre alphabétique. Depuis 1825, il paraît annuellement un volume in-4° divisé en trois parties : la première comprend les arrêts de la cour de cassation, la seconde les arrêts des cours royales, la troisième les lois, ordonnances et décisions diverses rendues dans l'année. Les volumes publiés depuis 1825 peuvent être regardés comme une continuation, soit de l'ancienne collection chronologique, soit de la nouvelle collection alphabétique. On peut joindre à ce recueil l'ouvrage suivant, destiné à lui servir de table : *Dictionnaire général et raisonné de législation, de doctrine et de jurisprudence*, par Armand Dalloz; Paris, 1835, in-4°.

3° *Le Journal du palais, présentant la jurisprudence de la cour de cassation et des cours royales*, publié par Bourgeois. En 1821 et années suivantes, il a paru une nouvelle édition en 24 vol. in-8°, comprenant, par ordre chronologique, les arrêts rendus depuis 1791 jusqu'à la fin de 1822. A dater de 1823, il paraît annuellement 3 vol. in-8°, renfermant les arrêts rendus dans l'année.

4° *La jurisprudence du Code civil*, par Bavoux et Loiseau. Ce recueil, qui date du 1er vendémiaire an XII, a cessé de paraître à la fin de 1814. Il se compose dè 22 vol. in-8°.

Les journaux de jurisprudence de la seconde espèce sont presque aussi nombreux que les cours royales. La cour de cassation possède aussi un recueil de ce genre, intitulé : *Bulletin officiel des arrêts de la cour de cassation.*

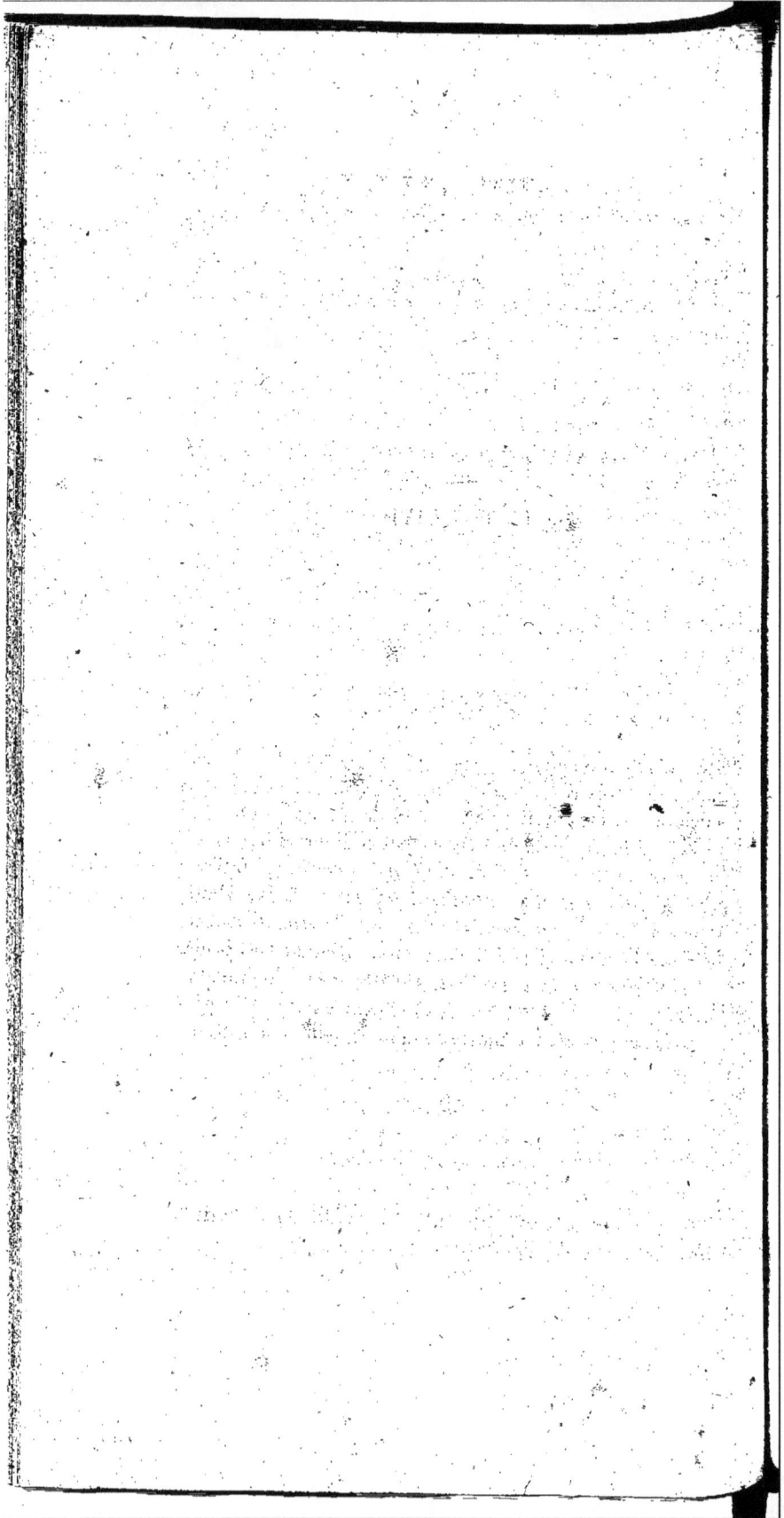

DROIT CIVIL
THÉORIQUE FRANÇAIS.

PREMIÈRE PARTIE.
DE L'ÉTAT CIVIL.

INTRODUCTION.

Sources. — Code civil. art. 34 - 54 et 88 - 101. — Ordonnance du mois d'avril 1667, tit. XX, art. 7 et suiv. — Déclaration du 9 avril 1736. — Loi du 20 - 25 septembre 1792, sur le mode de constater l'état civil des citoyens. — Bibliographie. — *De l'état civil en France, depuis l'origine de la monarchie jusqu'à nos jours;* Paris, 1826, 1 vol. in- 8°. — *Notions élémentaires sur le droit français, État des personnes,* par Bellet; Paris, 1826, 1 vol. in-8°. — *Traité des actes de l'état civil,* par Majorel et Coffinières; Paris, 1826, 1 vol. in-8°. — *Nouveau manuel des officiers de l'état civil,* par Garnier Dubourgneuf; Paris, 1829, in-12.

§ 52.

Des personnes en général.

Une personne est un sujet capable d'obliger les autres envers lui, et de s'obliger envers les autres.

Les personnes sont ou physiques ou morales, suivant que leur individualité est établie par la nature, ou repose sur une abstraction juridique.

Parmi les personnes morales il faut ranger :

1° L'état, dont l'individualité juridique existe de plein droit.

2° Les communes et les établissemens d'utilité publique, dont l'individualité juridique n'existe qu'autant qu'elle a été légalement reconnue par la puissance publique[1].

Les autorités et les fonctionnaires publics sont aussi des personnes morales, en ce sens que les droits qu'ils acquièrent et les obligations qu'ils contractent légalement ne sont pas attachés à leurs personnes, mais aux fonctions qu'ils remplissent[2].

Quoiqu'il existe entre les communes et les établissemens d'utilité publique une grande différence sous le rapport de leur organisation respective et de leurs relations avec le gouvernement, les uns et les autres sont cependant, en ce qui concerne leur capacité juridique, placés sur la même ligne par les lois civiles. Voy. art. 1596, 1712, 2045, 2121, 2153 et 2227.

---

[1] Voy. Loi du 2 janvier 1817 ; Ordonnance du 25 décembre 1830 qui révoque la société des prêtres de la Mission. — Les établissemens d'utilité publique, dont les lois autorisent la reconnaissance, sont, entre autres : 1° les hospices (loi du 16 vendémiaire an V) ; 2° les bureaux de bienfaisance (loi du 7 frimaire an V) ; 3° les séminaires (loi du 23 ventôse an XII) ; 4° les fabriques des églises (loi du 18 germinal an X, art. 76, et décret du 30 décembre 1809) ; 5° les communautés religieuses de femmes (loi du 24 mai 1825).

[2] Voy. req. rej., 24 mars 1825, Sir., XXVI, 1, 201. Toutefois ce n'est que par extension que l'expression de *personne morale* est employée dans ce sens ; aussi la réserverons-nous désormais pour désigner les communautés et les établissemens d'utilité publique. La législation anglaise appelle *a sole corporation* le fonctionnaire public capable d'acquérir pour lui et pour les personnes qui lui succéderont dans ses fonctions. Voy. le *Commentaire de Blackstone*, liv. I, chap. 18.

§ 53.

Des droits civils des personnes morales.

Les personnes morales peuvent être considérées sous un double point de vue : 1° en ce qui concerne leur organisation et l'administration de leurs affaires; 2° en ce qui concerne leurs rapports juridiques avec les tiers. Sous cette dernière expression, on comprend, lorsqu'il est question d'une communauté, non-seulement les personnes étrangères à l'association, mais encore les membres qui la composent. C'est ainsi, par exemple, que les sujets d'un État sont à considérer comme des personnes tierces, entièrement distinctes du corps politique, toutes les fois qu'il s'agit de leurs intérêts particuliers (*si de juribus singulorum agitur*).

Les rapports qui existent entre les personnes morales, notamment entre l'État[1], les communes[2], les établissemens d'utilité publique[3], et les tiers, sont de leur nature, du res-

---

[1] Sur les biens nationaux : voy. Duranton, IV, 185 et suiv. Sur les forêts nationales : voy. le Code forestier, et principalement les art. 8-85; Proudhon, *De l'Usufruit*, VI, 2947 et suiv. Sur la compétence des tribunaux dans les affaires civiles qui intéressent l'État : Toullier, III, §43.

[2] Sur les biens communaux : voy. Fleurigeon, *Code administratif*, v° Communes; Merlin, *Rép. et Quest.*, v° Communes, Biens communaux, Dettes des communes; Dalloz, *Jurisp. gén.*, v° Communes; Duranton, IV, 203 et suiv. Sur les forêts communales : voy. Proudhon, *Op. cit.*, VI, 2832. Sur la compétence des tribunaux dans les affaires qui intéressent les communes : voy. Toullier, III, 52. — Bibliographie. *Jurisprudence communale et municipale*, ou *Exposition raisonnée des lois et de la jurisprudence concernant les biens, les dettes et les procès des communes*, par A. C. Guichard; Paris, 1820, 1 vol. in-8°. *Des biens communaux et de la police rurale et forestière*, par Henrion de Pansey, Paris, 1825, 1 vol. in-8°.

[3] Duranton, *Op. et loc. cit.*, *Législation complète des fabriques des églises*, par Le Besnier, 2° édit.; Paris, 1824, 1 vol. in-8°. *Traité du gouvernement des paroisses*, par Carré; Rennes, 1824, 1 vol. in-8°, avec supplément.

sort du droit civil. Ils sont régis par les principes généraux
de ce droit, à moins qu'une disposition expresse de la loi
n'ait placé ces personnes morales dans une situation exceptionnelle. Arg. art. 619, 910, 937, 1712, 2045 et 2227.

Parmi les différentes exceptions que le droit civil général
reçoit en cette matière, nous ne mentionnerons que celles
qui sont établies par le Code civil. Voy. par exemple, art.
910, 937, 2045, 2121 et 2153. L'explication des autres
doit être réservée au droit administratif avec lequel elles se
trouvent dans une liaison intime; telles, par exemple, celles
qui sont relatives à la manière dont les communautés
peuvent acquérir[4], à titre onéreux, des biens immeubles,
aliéner[5] ou affermer[6] les biens de même nature dont elles
sont propriétaires.

Du reste, il n'appartient qu'au représentant légal et
constitutionnel d'une communauté, et non à chacun des
membres qui la composent, de faire valoir en justice les
droits qui lui compètent[7].

§ 54.

De l'état des hommes. — État civil. — État politique.

L'état (*status*) est la capacité juridique, en vertu de la-

---

[4] Les communautés ne peuvent acquérir des immeubles qu'en
vertu d'une loi spéciale, Toullier. III, 49. La loi du 2 janvier 1817
a fait une exception à ce principe en faveur des établissemens ecclésiastiques, auxquels l'autorisation du roi suffit.

[5] Les biens des communautés ne peuvent être aliénés, même par
échange, sans une loi spéciale. Toullier, III, 51.

[6] Les biens des communautés ne peuvent être loués au-delà de
neuf années sans une ordonnance du roi. Arrêté du 7 germinal
an IX. Cpr. Toullier, *loc. cit.* La loi du 25 mai 1835 a, par exception, permis aux établissemens d'utilité publique d'affermer leurs
biens ruraux pour dix-huit années et au-dessous, sans autres formalités que celles prescrites pour les baux de neuf années.

[7] Merlin, *Rép.*, v° Vaine pâture, § 5. Paris, 18 juillet 1814,

quelle un individu peut obliger les autres envers lui, et s'obliger envers les autres [1]. Cependant le mot *état* est encore pris, en droit civil, dans un sens plus restreint, pour désigner l'ensemble des rapports qui existent entre un individu et une famille [2].

L'état peut être envisagé sous plusieurs points de vue, par exemple sous celui du droit civil et sous celui du droit constitutionnel; de là, les expressions *état civil, état politique* [3].

L'état civil est, dans l'acception étendue de ce mot, la capacité juridique dont jouissent les personnes qui ne sont pas frappées de mort civile. Cpr. art. 22 et 25 [4]. L'état civil, dans la signification restreinte de cette expression, désigne la capacité juridique dont les Français jouissent à l'exclu-

Sir., XV, 2, 63. Civ. rej., 5 juillet 1828, Sir., XXIX, 1, 121. Il ne faut pas attribuer un sens trop général à cette règle, dont les conséquences ne vont pas jusqu'à interdire aux habitans d'une communauté la faculté de faire valoir *ut singuli* les droits de jouissance individuelle qui leur appartiennent sur des objets dont la propriété n'est pas contestée à la communauté. Dalloz, *Jurisp. gén.*, v° Communes, sect. I, et les autorités citées par cet auteur. Req. rej. 15 juin 1829, Sir., XXIX, 1, 359. Req. rej., 12 février 1834, Sir., XXXIV, 1, 190.

[1] L'état en ce sens constitue la personnalité de l'homme; il exprime la même idée que le *caput* des romains. L. 1, D., *de capit. minut.* (4. 5).

[2] L'état, sous ce rapport, constitue ce que les romains appelaient *Status familiæ*. De là, les expressions *Question d'état*, dont le législateur se sert dans l'art. 327. C'est aussi en donnant au mot *état* le sens restreint que nous lui attribuons ici qu'on peut expliquer la raison pour laquelle l'art. 3, alinéa 3, emploie cette expression cumulativement avec celle de *capacité*. Cpr. Merlin, *Rép.*, v° État civil.

[3] L'état peut être envisagé sous différentes faces, mais n'est pas en lui-même susceptible de division.

[4] Sur les nègres: voy. Merlin, *Rép*, v^{ls} Esclaves, Gens de couleur, Nègres; Lassaulx, I, 122; *Le Code noir, ou Recueil des réglemens concernant les nègres*, Paris, 1767, in-4° et in-18; *Projet de Code noir pour les colonies françaises, présenté à son excellence le ministre de la marine*, par Billard; Paris, 1829, in-4°.

sion des étrangers [5]. Art. 8. Voy. cependant art. 11 et 13, et § 76.

L'état politique est la capacité juridique considérée par rapport au droit constitutionnel. C'est cette capacité que doivent posséder, par exemple, les personnes appelées à figurer comme témoins dans un acte notarié [6]. Les Français sont citoyens ou ne le sont pas, suivant qu'ils jouissent ou non de l'état politique.

La qualité de Français est indépendante de celle de citoyen, en d'autres termes on peut être Français sans être citoyen. Art. 7. Au contraire, l'état politique est essentiellement dépendant de l'état civil, personne ne pouvant être citoyen français s'il ne jouit en même temps des droits civils [7]. Arg. *a contrario* art. 7 [8].

Quoique les titres nobiliaires abolis pendant la révolution, aient été rétablis sous l'empire et confirmés par la Charte de 1814 et celle de 1830, les nobles sont cependant soumis, sauf en ce qui concerne les majorats, aux lois civiles qui régissent tous les Français [9]. Charte constitutionnelle, art. 1 et 62.

§ 55.

Généralités sur les faits qui servent de fondement à l'état civil, et sur les moyens de les constater, c'est-à-dire sur les actes de l'état civil.

L'état civil est toujours subordonné à un fait complexe;

[5] Il ne faut pas confondre les étrangers avec les *forains*, expression par laquelle on désigne, relativement aux habitans d'un lieu, les personnes qui s'y trouvent momentanément sans y avoir leur domicile. Voy. Code de procédure, art. 822.

[6] Loi du 25 ventôse an XI, art. 9. Cpr. Duranton, I, 140.

[7] Avis du conseil d'État du 18-20 prairial an XI. (Locré, *Légis.* t. II, p. 408).

[8] *Analyse des droits et des capacités légales de ceux qui habitent le territoire*, par Hepp; Strasbourg, 1815, broch. in-4°.

[9] Toullier, I, 193 et suiv.

il suppose un individu qui, né vivant et viable, n'est pas encore décédé. Avant sa naissance, l'homme n'est pas capable de recueillir des droits[1]; après sa mort, il ne peut plus en acquérir. Ainsi, nul ne peut réclamer de droits au nom d'un individu qui n'est point encore né, et celui qui veut en exercer du chef d'une personne dont l'existence est devenue incertaine[2], doit, en cas de contestation, prouver qu'elle existait à l'époque où ces droits se sont ouverts[3]. Art. 135[4]. Cpr. art. 715, 906, 1983.

Les différentes modifications que peut recevoir l'état civil, sont également subordonnées à des faits, tels que le mariage, le divorce, la reconnaissance d'un enfant naturel, l'adoption, l'émancipation et l'interdiction. Mais ces faits accidentels diffèrent des faits nécessaires qui servent de fondement à l'état civil en général, en ce qu'ils ne constituent plus des faits purs et simples, mais bien des actes juridiques.

Les règles d'une bonne police civile exigent d'une part, que la loi prenne les mesures convenables pour assurer la preuve des faits qui servent de fondement à l'état civil en général, et de l'autre, qu'elle prescrive, pour la consom-

---

[1] On dit ordinairement que pour acquérir des droits il suffit d'être conçu au moment de leur ouverture, mais la capacité en pareil cas est hypothétique, et subordonnée à la condition de la naissance avec vie et viabilité; l'enfant ne recueille réellement les droits qui se sont provisoirement ouverts en sa faveur qu'autant que ces deux conditions viennent à se réaliser. C'est ainsi que doit être entendue la règle : *Nasciturus pro nato habetur quoties de commodo ejus agitur.* Cpr. §§ 80 et 135.

[2] *Qui vixit tamen mortuus esse præsumitur.* Cette présomption est présentée par Delvincourt (sur l'art. 135) comme étant d'une application générale.

[3] La reconnaissance de ce fait par l'un des intéressés n'empêche pas les autres de le contester. Turin, 15 juin 1808, Sir., X, 2, 538.

[4] L'art. 135 est, à la vérité, placé au titre des absens, mais il n'en contient pas moins un principe général. Sur les diverses applications dont ce principe est susceptible : voy. Duranton, I, 537 et suiv.; civ. rej., 18 avril 1809, Sir., IX, 1, 246 ; Paris, 27 janvier 1812, Sir., XII, 2, 292; Paris, 27 avril 1814, Sir., XIV, 2, 355.

9 *

mation des actes juridiques qui doivent le modifier, des formes et des solennités propres à garantir les intérêts des parties et de la société. Le Code civil a suffisamment pourvu à ces exigences. Sans entrer actuellement dans le détail de toutes les dispositions qu'il contient à ce sujet, nous allons expliquer celles qui concernent les officiers et les actes de l'état civil.

Les officiers de l'état civil sont chargés :

1° De constater légalement les naissances et les décès, en dressant pour chaque fait de cette nature un acte spécial. Art. 55, 56 et 78.

2° De procéder à la célébration des mariages, et d'en constater l'existence de la manière qui vient d'être indiquée. Art. 75 et 165.

3° De prononcer les divorces autorisés par justice, et d'en dresser acte. Art. 264.

4° D'inscrire dans les registres de l'état civil les adoptions admises par la justice. Art. 359.

5° De recevoir les déclarations de reconnaissance des enfans naturels et d'en dresser acte. Art. 334[5].

Les actes rédigés par les officiers de l'état civil à l'occasion des faits et actes juridiques ci-dessus énumérés, se nomment actes de l'état civil. Ils doivent tous être inscrits dans des registres tenus par ces officiers et appelés registres de l'état civil[6].

Les règles concernant les actes de l'état civil sont ou

[5] Dans l'intérêt de la statistique, science à laquelle on attache depuis quelque temps une si grande importance, un décret du 20 juillet 1806 a ordonné que des tables alphabétiques des naissances, mariages et décès seraient annuellement rédigées par les officiers de l'état civil, et qu'au bout de dix ans les tables annuelles seraient refondues en une seule par les greffiers des tribunaux de première instance. Une circulaire du ministre de la justice, du 20 mars 1806, avait déjà enjoint aux officiers de l'état civil de communiquer leurs registres, à première réquisition, mais sans déplacement, aux préfets qui désireraient y puiser des renseignemens statistiques.

[6] Sur les actes de l'état civil de la famille impériale : voy. le

générales ou spéciales, suivant qu'elles s'appliquent à tous ces actes ou seulement à quelques-uns d'entre eux, par exemple aux actes de naissance [7].

Nous ne nous occuperons actuellement que des premières qui sont contenues dans les art. 34 - 54 du Code civil, en faisant remarquer que, si le législateur n'a eu en vue, lors de la discussion et de la rédaction de ces articles, que les actes de naissance, de mariage et de décès, ils n'en sont pas moins, à raison de la généralité des motifs qui leur servent de base, applicables aux actes de l'état civil sans distinction, dans tous les cas non prévus par une disposition spéciale [8].

§ 56.

Introduction historique sur la tenue des registres de l'état civil.

Dès le moyen âge, le clergé prit soin de constater les naissances, mariages et décès, dans les registres des paroisses. En lui tenant compte de ce bienfait, il ne faut pas perdre de vue que la validité civile du mariage et la légitimité des enfans étaient alors subordonnées à la validité religieuse de l'union conjugale, et cette circonstance doit porter à penser que les registres des paroisses ont été principalement établis dans le but de mieux garantir l'observation des lois canoniques. Quoi qu'il en soit, le clergé français resta jusqu'à la révolution en possession paisible du droit de constater l'état civil des citoyens. Cependant les lois temporelles, notamment l'ordonnance de 1667, tit. XX, et la déclaration du mois d'avril 1736, avaient

statut du 30 mars 1806, tit. II. Sur ceux de la famille royale : voy. ordonnance du 23 mars 1816.

[7] Locré, sur les art. 34-54. Merlin, *Rép.*, v° État civil (actes de l'), § 2, n° 5.

prescrit différentes règles relatives à la tenue des registres des paroisses, dont les extraits faisaient foi en justice. La révolution changea cet état de choses qui se trouvait en opposition avec le principe de l'indépendance du pouvoir temporel. Une loi du 20 septembre 1792 confia aux municipalités la tenue des registres de l'état civil, et ordonna que désormais ces registres feraient seuls foi en justice. Ce système a subsisté sans interruption jusqu'à présent, malgré les efforts d'un parti qui, pour augmenter l'influence du clergé, avait, sous la restauration, réclamé à différentes reprises le rétablissement de l'ancienne législation. Les registres de baptême, de mariage et de sépulture, tenus aujourd'hui par les ministres des différens cultes, n'ont plus comme autrefois l'autorité et la force probante d'actes authentiques. Cpr. Loi du 18 germinal an X, art. 55, et décret du 22 juillet 1806.

§ 57.

Des officiers de l'état civil.

Le maire exerce dans chaque commune les fonctions d'officier de l'état civil[1]. En cas d'absence ou d'empêchement, il est remplacé par l'adjoint[2], auquel il peut aussi déléguer ces fonctions d'une manière générale et permanente.

Comme fonctionnaires chargés de l'état civil, les maires ne sont point administrateurs ou agens du gouvernement; ils sont officiers de police judiciaire[3]. En cette qualité, ils

[1] Loi du 28 pluviôse an VIII, art. 13. Les droits à percevoir par les officiers de l'état civil sont indiqués dans un décret du 12 juillet 1807.

[2] Angers, 25 mai 1822, Sir., XXIII, 2, 105. Sur la question de savoir si un officier de l'état civil peut dresser un acte de son ministère dans lequel il est lui-même partie: voy. Merlin, *Rép.*, v° État civil (actes de l'), § 5, n° 8.

[3] Par police judiciaire, on désigne cette partie de la police qui

sont exclusivement placés sous les ordres des procureurs du roi et du ministre de la justice[4], et peuvent être poursuivis pour faits relatifs à leurs fonctions, par exemple pour refus de procéder à une publication de bans ou à une célébration de mariage, sans que le demandeur soit au préalable obligé de se pourvoir devant le conseil d'État pour obtenir l'autorisation de les traduire en justice[5].

Du reste l'officier de l'état civil n'a sous aucun rapport, ni dans aucune hypothèse, de juridiction à exercer[6].

§ 58.

Règles relatives à la rédaction des actes de l'état civil.

Pour déterminer les règles d'après lesquelles les actes de l'état civil doivent être rédigés, il faut distinguer les actes reçus en France de ceux passés en pays étranger. Les actes reçus en France sont régis par les mêmes règles, sans distinction entre le cas où ils concernent un étranger et celui où ils sont relatifs à un Français.

§ 59.

Continuation. — 1. *Des actes reçus en France.*

Leur rédaction est soumise aux règles suivantes :

1° Tout acte de l'état civil doit énoncer l'année, le

se rattache d'une manière intime à l'administration de la justice civile ou criminelle.

[4] Locré, sur l'art. 165. Lassaulx, I, § 53, note 9.

[5] D'après l'art. 75 de la constitution du 22 frimaire an VIII, les agens du gouvernement ne peuvent être poursuivis pour faits relatifs à leurs fonctions qu'en vertu d'une décision du conseil d'État. Cet article ne s'applique point aux officiers de l'état civil. Ainsi l'ont décidé les avis du conseil d'État des 30 nivôse — 4 pluviôse an XII, et 28 juin 1806. Voy. Merlin, *Rép.*, v° État civil (actes de l') § 5, n° 5, et v° Mariage, sect. VII, § 2, n° 2.

[6] *Exposé des motifs, présenté par l'orateur du gouvernement et rapport fait au tribunat*, par Siméon, sur la loi concernant les actes de l'état civil. (Locré, *Légis.*, t. III, p. 134, n° 3, et p. 203, n° 8.) Cpr. Merlin, *Rép.*, v° État civil (actes de l'), § 5, n° 8.

jour et l'heure où il est reçu, les prénoms, nom[1], âge, état, profession[2] et domicile de tous ceux qui y sont dénommés. Art. 34.

2° Il ne doit contenir que les énonciations relatives au but dans lequel il est rédigé; encore, l'officier de l'état civil doit-il se borner à y relater ce qu'il a fait personnellement, ce qui s'est passé en sa présence, et ce que les comparans ont pu légalement lui déclarer. Art. 35. Ainsi en rédigeant l'acte de naissance d'un enfant naturel, l'officier de l'état civil doit y énoncer le nom de la mère lorsqu'il a été déclaré (arg. art. 334 et 341); mais il ne peut y insérer celui du père, à moins que ce ne soit du consentement de ce dernier[3]. Arg. art. 334 et 340. Il y a plus, lorsqu'un enfant est présenté à l'officier de l'état civil comme né d'une femme non mariée, et d'un homme marié qui veut le reconnaître, le nom seul de la mère doit être inscrit dans l'acte. Il en est de même dans le cas où l'individu qui se présente comme père de l'enfant est parent de la mère au degré auquel le mariage est prohibé[4]. Arg. art. 335. V. aussi art. 85. Au surplus, l'officier de l'état civil n'est point, en règle générale, obligé de vérifier l'exactitude des déclarations qui lui sont faites par les comparans[5]. Cpr. cep. art. 55 et 77.

3° Les actes de l'état civil doivent être, suivant la diver-

---

[1] Voy., en ce qui concerne les noms qu'il est permis de porter, le § 70 relatif aux actes de naissance.

[2] *État, Profession.* On ne lit, à la vérité, dans le texte de la loi que le mot *Profession;* mais son acception est ici très-étendue, à tel point qu'il s'applique même aux distinctions résultant des titres nobiliaires et des ordres de chevalerie. Instruction du ministre de la justice, du 3 juin 1806.

[3] Loiseau, *Traité des enfans naturels*, 397, 426. Delvincourt, sur l'art. 56. Locré, sur les art. 35 et 57. Grolman, I, 316. Lassaulx, I, 368. *Jurisprudence du Code civil*, III, 54 et VIII, 160. L'opinion contraire est cependant professée par Duroi dans sa dissertation *Qui filii sint legitimi;* Heidelberg, 1812, in-8°, p. 10 et seq.

[4] Duranton, I, 316.

[5] Grolmann, sur l'art. 57. Delaporte, sur l'art. 55.

sité des cas, rédigés en présence soit des parties, soit des déclarans. On appelle parties, les personnes dont l'état fait l'objet de l'acte à rédiger, et déclarans, celles qui sont chargées de porter à la connaissance de l'officier de l'état civil les faits à constater dans cet acte. Les parties peuvent, en général[6], se faire représenter par un mandataire porteur d'une procuration spéciale et authentique[7]. Art. 36. Toute personne capable de rendre un témoignage digne de foi peut être déclarant : une femme par conséquent est susceptible de l'être[8]. Cpr. art. 56 et 78.

4° Lorsque la loi requiert, *solemnitatis gratia*, la présence de témoins à la rédaction de l'acte de l'état civil, il ne suffit pas que ces témoins aient les qualités physiques nécessaires pour rendre un témoignage digne de confiance; ils doivent en outre être du sexe masculin et âgés de vingt et un ans accomplis (art. 37); mais il n'est point exigé qu'ils soient citoyens français[9], et rien n'empêche de les prendre parmi les personnes unies entre elles ou avec les parties, par des liens de parenté[10]. Cpr. art. 78 Voy. aussi Code pénal, art. 34 et 42. Les personnes intéressées ont le droit de choisir les témoins. Arg. art. 37[11]. Lorsqu'elles ne peuvent ou ne veulent pas faire usage de cette faculté, le choix est dévolu à l'officier de l'état civil.

5° L'acte de l'état civil doit être lu simultanément à toutes les personnes qui ont été présentes à sa rédaction, c'est-à-dire aux parties, à leurs fondés de pouvoir, aux déclarans et aux témoins; il doit y être fait mention expresse de l'accomplissement de cette formalité. Art. 38.

---

[6] Les art. 75, 264 et 294 contiennent des exceptions à ce principe.

[7] *Authentique*, ce qui veut dire ici *notariée*.

[8] Locré, I, 344.

[9] Lassaulx, I, 186. Delvincourt, sur l'art. 37. Duranton, I, 288.

[10] Locré, sur l'art. 37.

[11] C'est pour cela que l'art. 37 parle de témoins *produits* et non de témoins *appelés*. Locré et Malleville, sur l'art. 37.

6° Les actes de l'état civil doivent être signés par l'officier de l'état civil, par les comparans et les témoins. Si l'un ou l'autre des comparans ou des témoins ne peut signer, il sera fait mention de la cause qui l'en a empêché. Art. 39.

7° Les renvois et ratures doivent être approuvés et signés comme le corps de l'acte. Art. 42. Cpr. Art. 49.

8° Rien ne doit être écrit par abréviation dans les actes de l'état civil; aucune date ne doit y être mise en chiffres. Art. 42.

Le ministre de la justice a, sous la date du 25 fructidor an XI, adressé aux officiers de l'état civil, par l'intermédiaire des préfets, des modèles indiquant la manière de rédiger les actes de leur ministère, mais ces formules n'ont aucune autorité législative [12].

§ 60.

Continuation. — Des registres de l'état civil.

Les actes de l'état civil doivent être inscrits dans chaque commune [1] sur un ou plusieurs registres [2] à ce destinés. Chaque registre doit être tenu en double, afin que tout acte puisse être inscrit deux fois. Art. 40.

Les registres doivent être cotés par première et dernière feuille, et paraphés sur chacune d'elles [3] par le prési-

---

[12] Un acte de l'état civil n'est donc pas nul pour n'avoir pas été rédigé conformément aux modèles envoyés par le ministre de la justice. Avis du conseil d'État du 12-25 thermidor an XII (Locré, *Légis.*, t. III, p. 254 et suiv.)

[1] C'est aux communes à se procurer, à leurs frais, les registres destinés à l'inscription des actes de l'état civil. Fleurigeon, *Code administratif*, vᵗ État civil et Registres.

[2] *Un ou plusieurs registres.* Dans les communes peu populeuses, un seul registre sert à l'inscription de tous les actes de l'état civil; mais, dans les grandes communes, il existe ordinairement trois registres, dont l'un est spécialement destiné aux actes de naissance, l'autre aux actes de décès, et le troisième aux actes de mariage.

[3] *Cotés et paraphés.* Coter un registre, c'est en numéroter toutes

dent du tribunal de première instance ou par le juge qui le remplace.

Ils doivent être clos et arrêtés à la fin de chaque année par l'officier de l'état civil qui est également chargé de déposer, dans le mois, l'un des doubles aux archives de la commune, et l'autre au greffe du tribunal de première instance. Art. 43. Les pièces à annexer aux actes de l'état civil, telles que les procurations, et autres dont il est fait mention aux art. 66, 70, 71, 73, etc., doivent, après avoir été paraphées par la personne qui les produit et par l'officier de l'état civil, être jointes à celui des registres qui sera déposé au greffe du tribunal. Art. 44.

Les actes de l'état civil doivent être inscrits sans blancs ni lacunes, et incontinent après leur réception. Art. 42.

Toute personne[4] est autorisée à se faire délivrer des extraits des registres de l'état civil[5] par ceux qui en sont les dépositaires, c'est-à-dire par l'officier de l'état civil[6] ou par le greffier du tribunal de première instance.

§ 61.

Continuation. — 2. Des actes reçus à l'étranger.

Leur rédaction est soumise à la distinction suivante :

1° Les actes de l'état civil concernant les militaires ou

les feuilles, depuis la première jusqu'à la dernière, en indiquant sur la première le nombre total de feuilles dont le registre se compose; après chaque numéro, le président doit ajouter son paraphe : on appelle ainsi une marque résultant d'un ou de plusieurs traits de plume, qui se met ordinairement après la signature. Voy. Merlin, *Rép.*, v° Paraphe. *Nouveau Ferrière, eod. v°.*

[4] La personne qui réclame un extrait n'est donc pas obligée de justifier d'un intérêt légal. Cpr. Code de procédure, art. 853.

[5] Quant à la manière dont ces extraits doivent être délivrés : voy. *Circulaire du grand-juge du 21 avril 1806*, Sir., VII, 2, 942.

[6] Les employés connus sous le nom de secrétaires ou secrétaires généraux de mairie, n'ont point qualité pour délivrer des extraits des actes de l'état civil. Avis du conseil d'État du 6 juin—2 juillet 1807.

autres personnes employées à la suite des armées[1], doivent, pendant que l'armée se trouve hors du territoire français[2], être passés devant les autorités militaires désignées à cet effet[3], et rédigés par elles, suivant les formes ordinaires, sauf les exceptions contenues dans les art. 90 - 98[4].
Art. 88.

Ces autorités jouissent à cet égard d'une compétence tellement exclusive, que les actes passés devant des fonctionnaires étrangers ayant, suivant la législation de leur pays, qualité pour recevoir des actes de l'état civil, ne peuvent, malgré cela, avoir aucun effet en France[5], lorsqu'ils concernent des militaires sous les drapeaux[6]. Cepen-

[1] *Ou autres personnes employées à la suite des armées*, ou, comme le dit l'ordonnance de 1735 sur les testamens, art. 31 : « Ceux qui « n'étant ni officiers, ni engagés dans les troupes, se trouvent à la « suite de l'armée, soit à cause de leurs emplois ou fonctions, soit « pour le service qu'ils rendent aux officiers, soit à l'occasion de « la fourniture des vivres ou munitions. » Voy. aussi loi du 12 janvier 1817, art. 12.

[2] Les actes relatifs à l'état civil des militaires qui se trouvent sur le territoire français, doivent, en règle générale, et sauf les exceptions que mentionne l'instruction du ministre de la guerre du 24 brumaire an XII (*Instructions générales et finales*, art. 1, Sir., IV, 2, 759), être reçus par les officiers ordinaires de l'état civil. Avis du conseil d'État du deuxième—quatrième jour complémentaire, an XIII, Sir., VI, 2, 48.

[3] Code civ., art. 89. Ordonnance du 29 juillet 1817, art. 9. Delvincourt, sur l'art. 89.

[4] Le titre II de l'instruction ministérielle précité (Sir., IV, 2, 752-757), présente un excellent commentaire de ces articles.

[5] Cela semble d'autant plus juste que l'art. 88 est rédigé d'une manière impérative. Voy. Merlin, *Rép.*, v° État civil (actes de l'), § 3, n° 1, et *Quest.*, v° Mariage, § 7, n° 3; Vazeille, *Traité du mariage*, I, 194; crim. cass., 17 août 1815, Sir., XV, 1, 297.

[6] *Là où est le drapeau, là est aussi la France*, a dit Napoléon sur les observations duquel fut ajouté le chap. V, tit. 2, liv. 1 du Code civil. Les fonctionnaires étrangers sont donc sans caractère pour recevoir des actes concernant des personnes qui sont toujours censées en France, quoique se trouvant en pays étranger. Ce principe est tellement absolu qu'il s'applique non-seulement à la valdité des actes de l'état civil considérés comme actes juridiques, mais encore à leur force probante, en tant qu'on les

dant la jurisprudence s'est écartée, pour les actes de mariage, de la rigueur de ce principe [7].

2° Les actes relatifs à l'état civil des Français non militaires, peuvent être reçus, soit par des autorités étrangères, soit par des agens diplomatiques ou consuls français. Au premier cas ils font foi [8], pourvu qu'ils aient été rédigés suivant les formes usitées dans le pays étranger [9]. Art. 47. Cpr. Art. 170. Au second cas, non seulement ils font foi, mais ils sont valables pourvu qu'ils aient été passés conformément aux lois françaises (art. 48) et qu'aucun étranger ne s'y trouve partie. Un Français ne peut donc faire valablement célébrer son mariage avec une étrangère devant un agent diplomatique français [10]. Arg. art. 48 cbn. art. 47.

envisage comme actes instrumentaires. Cpr. § 55. — L'art. 47 qui, d'après cela, n'est pas applicable aux militaires sous les drapeaux, le devient lorsqu'il s'agit d'un prisonnier de guerre. *Instructions générales et finales*, art. 2, Sir., IV, 2, 759.

[7] Paris, 8 juillet 1820, Sir., XX, 2, 307. Colmar, 25 janvier 1823, Sir., XXIV, 2. 156. Civ. rej., 23 août 1826, Sir., XXVII, 1, 108. Cpr. Duranton, II, 236.

[8] L'art. 47 dit: *l'acte fera foi,* et non, *sera valable.* Cette dernière rédaction n'eût pas été entièrement en harmonie avec celle de l'art. 170. Cpr. Merlin, *Rép.,* v° État civil (actes de l'), § 2, sur les art. 47 et 48, n° 4, et v° Jugement, § 7 *bis;* Rouen, 25 mai 1813, Sir., XIII, 2, 233. — Pour qu'un pareil acte fasse complètement foi, il faut encore qu'il soit légalisé par un agent diplomatique français. Delaporte, sur l'art. 47.

[9] Lorsque la législation étrangère n'exige pas que les actes de l'état civil soient rédigés par écrit, la preuve peut s'en faire par témoins, conformément à l'art. 46. Merlin, *Quest.,* v° Mariage, § 7; Riom, 11 juin 1808, et Metz, 25 juin 1808, Sir., VIII, 2, 322 et 329; req. rej., 8 juin 1809, Sir., IX, 1, 375; req. rej., 7 septembre 1809, Sir., VII, 2, 927; Paris, 9 août 1813, Sir., XIII, 2, 310.

[10] Merlin, *Rép.,* v° État civil (actes de l'), § 2, sur les art. 47 et 48, n° 2 et 3. La cour de cassation a également décidé la question en ce sens par un arrêt du 10 août 1819 (Sir., XIX, 1, 452). Cette opinion est combattue par M. Vazeille. (Traité du mariage, I, 186). Au contraire, rien n'empêche qu'un Français ne se marie valablement avec une Française, devant un agent diplomatique français, car l'art. 170 n'a point pour but de limiter les dispositions de l'art. 48. Duranton, II, 234 et suiv.

§ 62.

Des actes de l'état civil considérés comme moyens de preuves. — Des conditions moyennant l'accomplissement desquelles ces actes font foi.

1° Les actes de l'état civil n'ont de force probante que relativement aux faits qui, d'après les principes exposés au § 59, sont susceptibles d'y être énoncés [1].

2° Ils ne sont dignes de foi qu'autant que, rédigés conformément aux préceptes généraux et spéciaux qui les concernent, ils ont été inscrits dans les registres de l'état civil. Mais, comme le Code ne s'est point expliqué sur les conséquences de l'inobservation de l'un ou de l'autre de ces préceptes, et qu'il n'est cependant pas possible de les mettre tous sur la même ligne, on se demande avec raison quels sont ceux dont l'inobservation enlève à l'acte imparfait la force probante dont il jouit quand il est régulier [2]. Pour résoudre cette question, il faut, suivant les principes généraux exposés au § 37, remonter au but qui a fait établir les actes de l'état civil, et déterminer d'après ce but, qui consiste à constater certains faits d'une manière précise et digne de foi, quelles sont les formes et les énonciations dont l'omission empêche ces actes de remplir le vœu de la loi. Ainsi, un acte de l'état civil qui n'énoncera pas l'âge des comparans [3] (art. 34), un acte de naissance qui n'indiquera pas le lieu de l'accouchement [4] (art. 57) ne perdront pas pour cela leur force probante. Il est cependant à remarquer que si l'omission de certaines énonciations purement accessoires n'enlève pas à l'acte en

[1] Merlin, *Quest.*, v° Maternité.
[2] Voy., sur cette question, Malleville, sur l'art. 42, Locré, I, 358.
[3] Bruxelles, 4 juillet 1811, Sir., XII, 2, 274.
[4] Même arrêt, *eod. loc.*

lui-même la foi qui lui est due, elle peut en diverses circonstances ne pas être sans inconvéniens; c'est ainsi qu'un acte de décès qui ne fera pas mention de l'heure à laquelle une personne est décédée, sera bien suffisant pour prouver le décès en lui-même, mais il sera insuffisant pour constater d'une manière précise l'époque à laquelle cet événement est arrivé.

3° Lorsque la rédaction d'un acte de l'état civil n'a pas pour objet unique de constater un fait, et forme en même temps une des solennités constitutives d'un acte juridique tel que le mariage (cpr. § 55), la force probante de l'acte instrumentaire est subordonnée à la validité de l'acte juridique. Ainsi, par exemple, la question de savoir si un acte de mariage (*instrumentum*) fait foi, lorsqu'il a été reçu, soit en présence de témoins du sexe féminin (art. 37), soit devant moins de quatre témoins (art. 75), se confond avec celle de savoir si le mariage en lui-même (*negotium juridicum*) est valable, quoique célébré en présence de témoins du sexe féminin ou devant un nombre de témoins inférieur à quatre [5].

§ 63.

Continuation. — *De la rectification des actes de l'état civil.*

La réparation des erreurs ou des omissions que présenterait la rédaction d'un acte de l'état civil, ne peut avoir lieu qu'en vertu d'un jugement rendu par les tribunaux ordinaires. Les autorités administratives, les préfets par exemple, sont sans qualité pour ordonner, et les officiers de l'état civil sans pouvoir pour opérer d'office une rectification quelconque [1].

[5] Civ. rej., 21 juin 1814, Sir., XIV, 1, 291. Merlin, *Rép.*, v° Mariage, sect. IV, § 3.
[1] Cpr. les avis du conseil d'État cités à la note 2. Cpr. encore

Les lois ont introduit, pour la réparation de ces erreurs ou de ces omissions, une procédure spéciale qui s'applique également aux cas où les registres eux-mêmes auraient été irrégulièrement tenus, par exemple à l'hypothèse où ils ne contiendraient pas un acte qui cependant aurait dû y être inscrit [2]. Cette procédure doit être suivie toutes les fois qu'il s'agit de la rectification d'un acte de l'état civil, à moins que cette dernière ne dépende, soit de la décision de questions intéressant l'état d'une personne, soit du résultat d'une procédure criminelle. Voy. art. 198 [3].

Du reste, il est bien entendu qu'on ne peut, au moyen d'une demande en rectification, réparer les vices dont se trouve entaché, pour inobservation des formes exigées par la loi, l'acte juridique formant l'objet d'un acte instrumentaire de l'état civil [4].

Le droit de demander la rectification d'un acte de l'état civil n'appartient qu'aux personnes qui y ont un intérêt légal; il ne compète pas au procureur du roi [5], à moins que l'acte à rectifier ne concerne un indigent [6], ou que sa réformation n'intéresse directement l'ordre public [7], par

celui du 19-30 mars 1808, d'après lequel il n'est pas nécessaire de faire prononcer la rectification de certaines erreurs ou omissions qui se rencontreraient dans les actes de naissance ou de décès à produire lors de la célébration d'un mariage.

[2] Voy. Avis du conseil d'État des 12-13 nivôse an X, 8-12 brumaire an XI, 28-30 frimaire an XII (Locré, *Légis.*, t. III, p. 302-305); Loi du 25 mars 1817, art. 75; Grolman, I, 300. Voy. cependant: Lassaulx, I, 176; l'ordonnance du 9 janvier 1815, qui a prescrit des mesures extraordinaires pour la recomposition des registres de l'état civil de l'arrondissement et de la ville de Soissons, détruits par les événemens de la guerre, et la loi du 2 floréal an III.

[3] Duranton, I, 340. Cpr. Bordeaux, 11 juin 1828, Sir., XXXI, 2, 29.

[4] Lassaulx, I, 182.

[5] Cpr. § 46, sur les fonctions du ministère public; Bruxelles, 6 frimaire an XIV, Sir., VII, 2, 766.

[6] Décisions des ministres de la justice et des finances du 6 brumaire an XI, Sir., III, 2, 161. Loi du 25 mars 1817, art. 75.

[7] Avis du conseil d'État du 8-12 brumaire an XI, ci-dessus cité.

exemple à raison de l'exécution de la loi sur le recrutement de l'armée.

L'action relative à la rectification d'un acte de l'état civil doit être portée devant le tribunal de première instance au greffe duquel a été ou sera déposé le double du registre dans lequel cet acte a été inscrit[8]. Cela n'empêche pas toutefois qu'un autre tribunal ne puisse incidemment statuer sur une action de ce genre[9]. Dans le premier cas, c'est-à-dire lorsque la demande est principale, elle s'introduit par une requête présentée au président du tribunal de première instance qui en ordonne la communication au ministère public et commet un rapporteur. Le tribunal statue sur son rapport et sur les conclusions du procureur du roi; mais, avant de rendre un jugement définitif, il peut, s'il l'estime convenable, ordonner que les parties intéressées seront appelées et que le conseil de famille sera préalablement convoqué pour donner son avis. Art. 99. Code de procédure civile, art. 855, 856[10]. La voie de l'appel est ouverte contre le jugement définitif. Code de procédure civile, art. 858.

Le jugement ou l'arrêt de rectification, que l'on ne peut en aucun cas opposer aux parties intéressées qui ne l'auraient point requis, ou qui n'y auraient point été appelées (art. 100)[11], doit être inscrit sur les registres courans par l'officier de l'état civil, aussitôt qu'une expédition lui en

Circulaire du ministre de la justice du 22 brumaire an XIV, Sir., XIII, 2, 297. Décret du 18 juin 1811, art. 122.

[8] Delvincourt, sur l'art. 99. Duranton, I, 342.

[9] Duranton, loc. cit. Req. rej., 19 juillet 1809, Sir., X, 1, 110. Un jugement de condamnation, prononcé en vertu de l'art. 50 pour une contravention commise par un officier de l'état civil, n'équivaut pas à un jugement de rectification. Lassaulx, I, 225.

[10] Voy., sur la marche de cette procédure: Pigeau, II, 345. La demande en rectification n'est point soumise au préliminaire de conciliation.

[11] L'art. 100 est une application du principe que les jugemens rendus sur requête, sont comme non avenus à l'égard des tiers,

est remise [12]. C'est dans cette inscription que consiste la réformation; aucun changement ne pouvant avoir lieu sur l'acte même, en marge duquel on se borne à faire mention de la décision judiciaire qui en ordonne la rectification. Art. 101. Code de procédure, art. 857.

L'article 49 contient, sur la manière de faire cette mention, des dispositions qui s'appliquent à tous les cas où, pour quelque raison que ce soit (voy. par exemple art. 67), il y a lieu d'annoter un acte relatif à l'état civil en marge d'un autre acte déjà inscrit.

Lorsque l'officier de l'état civil est requis de fournir un extrait de l'acte réformé, il ne doit le délivrer, à peine de tous dommages-intérêts qu'avec les rectifications ordonnées. Code de procédure, art. 857 [13].

§ 64.

De la force probante des actes de l'état civil — Premier principe.

Les actes de l'état civil sont authentiques. Art. 1319. En cette qualité ils font foi jusqu'à inscription de faux (art. 45) des faits qu'ils sont destinés à constater, pourvu qu'ils réunissent les conditions indiquées au § 62. Ce principe ne s'applique pas aux énonciations qui, lors même qu'elles seraient fausses, ne seraient pas de nature à mo-

---

qui n'ont pas même besoin d'y former tierce-opposition. Voy. Rauter, *Cours de procédure*, § 140.

[12] Delaporte, sur l'art. 101.

[13] Cette disposition de l'art. 857 du Code de procédure est, par analogie, applicable à tous les cas où l'officier de l'état civil délivre un extrait d'un acte en marge duquel se trouve une mention quelconque. Voy., par exemple, art. 67. Cpr. l'avis du conseil d'État du 23 février—4 mars 1808, sur le mode de transcription des jugemens portant rectification d'actes de l'état civil, et sur la délivrance des actes rectifiés.

tiver une poursuite criminelle contre l'officier de l'état civil[1].

La force probante dont jouissent les actes de l'état civil est non-seulement attachée aux registres eux-mêmes, elle appartient encore aux extraits de ces registres (art. 45 et arg. de cet art.[2]), pourvu que la signature de l'officier public qui les a délivrés, ait été légalisée par le président du tribunal de première instance, ou par le juge qui le remplace[3] (art. 45), et qu'ils soient conformes à leurs originaux. Celui auquel on n'oppose qu'un extrait des registres de l'état civil, peut donc toujours demander que, pour vérifier l'existence de cette dernière condition, on confronte cet extrait au registre dont il a été tiré. Si cependant ce rapprochement est devenu impossible, par exemple à raison de la perte du registre, l'extrait jouit par lui-même de la même force probante que l'original[4]. Art. 1334 et 1335.

§ 65.

Continuation. — Second principe.

Les faits, pour l'attestation desquels les lois ont prescrit la rédaction d'actes de l'état civil[1], ne peuvent, en principe

[1] Merlin, *Rép.*, v° Maternité, n° 6. Crim. cass., 18 brumaire an XII, Sir., IV, 2, 44. Req. rej., 12 juin 1823, Sir., XXIII, 1, 394.
[2] Merlin, *Rép.*, v° État civil (actes de l'), § 2, sur l'art. 45.
[3] Cpr. Merlin, *Rép.*, v° Faux, sect. I, § 9 *bis*. Lorsque l'extrait est produit devant le tribunal dans l'arrondissement duquel il a été délivré, il n'est pas soumis à la légalisation. Voy. discussion de l'art. 45 au conseil d'État (Locré, *Légis.*, t. III, p. 195, n° 3).
[4] Malleville et Delvincourt, sur l'art. 45. Vazeille, *Traité du mariage*, I, 199.
[1] Ce principe n'est donc pas applicable au fait de la viabilité d'un enfant. Voy. aussi Req. rej., 5 fév. 1809, Sir., IX, 1, 221. — La cour de Paris a également jugé, par arrêt du 2 mars 1814, que lorsque la parenté n'est pas contestée, les degrés de parenté peuvent s'établir par d'autres actes que par les registres de l'état civil. (Sir., XIV, 2, 367.)

10*

général, être prouvés que par le moyen des registres de l'état civil et des extraits qui en sont délivrés. Arg. art. 46, 319 et suiv.

Toutefois ce principe reçoit exception [2] dans les hypothèses suivantes:

1° Lorsqu'il n'a pas été tenu de registres dans le lieu où l'acte devait être dressé (art. 46), et par analogie lorsqu'à raison de circonstances extraordinaires [3], il a été absolument impossible de faire consigner sur les registres de l'état civil l'événement à constater [4]. La jurisprudence va même jusqu'à reconnaître aux tribunaux un pouvoir discrétionnaire en vertu duquel elle leur permet d'appliquer l'article 46 au cas où l'on se borne à soutenir qu'un acte n'a point été inscrit sur les registres de l'état civil, sans indiquer la cause de cette omission [5].

2° Lorsque les registres ont été perdus (art. 46), et par similitude lorsqu'une ou plusieurs feuilles de ces registres ont été arrachées ou sont devenues illisibles [6].

[2] Nous nous réservons d'expliquer en leur lieu les exceptions spéciales dont il est question aux art. 197, 320 et 323; nous ne rappelons actuellement que les exceptions communes fondées sur l'art. 46, dont les dispositions s'appliquent à tous les actes de l'état civil. § 55 *in fine;* voy. cependant art. 359. Cpr. Merlin, *Rép.,* v° État civil (actes de l'), § 2, sur l'art. 46, n° 5; Lassaulx, I, 173; Grolmann, I, 252.

[3] On en trouve un exemple digne de remarque dans une espèce jugée le 12 mars 1807 (Civ. rej., Sir., VII, 1, 261). Cpr. Locré, sur l'art. 32.

[4] L'art. 4, tit. 20 de l'ordonnance de 1667, dont l'art. 46 est tiré, avait aussi reçu cette interprétation extensive. Merlin, *Quest.,* v° Décès, § 1. Toullier, I, 350.

[5] Malleville, sur l'art. 46. Merlin, *Rép.,* v° Légitimité, sect. I, § 2, Quest., 4; et *Quest.,* v° Décès, § 1. Bordeaux, 29 avril 1811, Sir., XII, 2, 39. Civ. rej., 22 décembre 1819, Sir., XX, 1, 281. Req. rej., 1er juin 1830, Sir., XXX, 1, 213. Req. rej., 22 août 1831, Sir., XXXI, 1, 361.

[6] Locré et Grolmann, sur l'art. 46. Toullier, I, 349. Merlin, *Rép.,* v° Mariage, sect. V, § 2, n° 4. Civ. rej., 21 juin 1814, Sir., XIV, 1, 291.

Dans ces différens cas, il faut avant tout établir, soit par titres, soit par témoins[7], le fait qui sert de fondement à l'exception dans laquelle on entend se placer, à moins qu'il ne s'agisse d'une simple omission dont les causes ne soient pas indiquées, cas auquel la preuve de l'omission se confond avec celle de l'événement à constater. Art. 46.

Cet événement peut à son tour être prouvé, tant par titres que par témoins, c'est-à-dire par l'une ou par l'autre de ces preuves[8]; mais la preuve testimoniale n'est pas toujours admissible, à moins qu'il n'existe un commencement de preuve par écrit, ou des faits graves déjà constans, qui rendent probable l'événement à établir. Arg. art. 323[9]. Les écrits auxquels le législateur accorde, en pareille matière, le plus de confiance[10], sont les registres et papiers des pères et mères et autres ascendans[11], pourvu que les personnes dont ils émanent soient décédées[12].

---

[7] Merlin, *Rép.*, vᵒ État civil (actes de l'), § 2, sur l'art. 46, nᵒ 2. Delvincourt, sur l'art. 46. Toullier, I, 346. Duranton, I, 293.

[8] Merlin, *Rép.*, vᵒ État civil (actes de l') § 2, sur l'art. 46, nᵒ 3.

[9] Quoique les art. 46 et 323 statuent sur des hypothèses différentes, il semble néanmoins, d'après l'esprit général de la législation française en matière de preuve, que, dans les cas non formellement prévus par l'article 46, on ne doive admettre la preuve testimoniale que sous la condition exigée par le second alinéa de l'art. 323. Voy. art. 324 et 1347. Cpr. Locré, sur l'art. 46; Lassaulx, I, 171; Grolmann, I, 248; Du roi, *Dissert. qui filii sint legitimi*, p. 17 et 37; Toullier, I, 346; d'Aguesseau, *Plaid.*, XI; Vazeille, *Traité du mariage*, I, 198; Duranton, I, 294; Paris, 13 floréal an XIII, Sir., VII, 2, 765.

[10] L'art. 46 ne parle, à la vérité, que des papiers des pères et mères décédés, mais c'est plutôt pour les mettre au rang des preuves les plus importantes que pour exclure tous autres écrits. *Observations du tribunat sur l'art.* 46 (Locré, *Légis.*, t. III, p. 180 et 181). Delaporte et Grolmann, sur le même article. Merlin, *Rép.*, vᵒ État civil (actes de l'), § 2, sur l'art. 46, nᵒ 3. Req. rej., 8 novembre 1820, Sir., XXI, 1, 402.

[11] Vazeille, *Op. cit.*, I, 197.

[12] Cette condition, prescrite pour rendre la collusion impossible, devient inutile et ne saurait par conséquent être exigée, lorsque la preuve se fait contre les parens. Grolmann, I, 248.

§ 66.

*Des moyens établis par la loi pour garantir la tenue
régulière et la conservation des registres de l'état
civil.*

Les fonctionnaires chargés de la préparation, de la tenue,
de la surveillance et de la garde des registres de l'état civil,
c'est-à-dire les présidens, les officiers de l'état civil, les
procureurs du roi[1] et les greffiers, doivent, pour toute contravention aux art. 34-49[2], être poursuivis devant le tribunal civil de première instance[3] compétent[4], et punis,
sauf l'appel et les autres voies de recours[5] (art. 54), d'une
amende qui, en règle générale (cpr. cependant art. 68,
156, 157 et 192), ne peut excéder cent francs. Art. 50.

Dans les cas déterminés par les art. 156 et 157, les officiers de l'état civil doivent en outre être condamnés par le
même tribunal à une peine d'emprisonnement.

Enfin les art. 145 et suiv., 192 et suiv., et 130 du Code
pénal prononcent contre ces officiers, pour les crimes et
délits par eux commis dans l'exercice de leurs fonctions,
différentes peines dont l'application appartient à la juridiction criminelle.

Le procureur du roi près le tribunal de première ins-

---

[1] Cpr. *Discussions du conseil d'État sur l'art.* 50; (Locré, *Légis.*
t. II, p. 195, n° 5.)

[2] Quelques auteurs (Locré, sur l'art. 50; Vazeille, *Traité du mariage*, I, 209) étendent, *ob paritatem rationis*, les dispositions de
l'art. 50, à l'inobservation de toutes les règles relatives à la tenue
et à la conservation des registres de l'état civil.

[3] Et non devant le tribunal de police correctionnelle. Avis du
conseil d'État du 30 nivôse — 4 pluviôse an XII. (Locré, *Légis.*
III, p. 305.)

[4] C'est-à-dire devant le tribunal au greffe duquel sont ou seront
déposés les registres.

[5] Malleville, sur l'art. 54.

tance est tenu de vérifier [6] les registres de l'état civil, lors du dépôt qui en est fait au greffe, de dresser procès-verbal sommaire de la vérification et de requérir contre les officiers de l'état civil qui se seraient rendus coupables de quelque contravention [7], la condamnation aux peines édictées par la loi. Art. 53. Cpr. art. 156 et 157. Toutefois, il ne peut commencer de poursuites qu'après en avoir donné avis au ministre de la justice, qui est autorisé à les arrêter lorsqu'elles n'ont pas pour objet des négligences vraiment coupables par leur gravité [8].

Les fonctionnaires chargés de la tenue et de la garde des registres de l'état civil, sont obligés à la réparation de tout dommage causé par leur faute ou leur négligence. Art. 52, cbn. 1382. Bien plus, les dépositaires de ces registres sont civilement responsables de toutes les altérations qui y surviennent pendant qu'ils se trouvent sous leur garde, sauf leur recours, s'il y a lieu, contre les auteurs de ces altérations. Art. 51 [9].

§ 67.

Des actions et des exceptions relatives à l'état civil.

Les contestations qui ont pour objet l'état civil d'une

[6] Sur la manière de procéder à cette vérification: cpr. Circulaire du ministre de la justice du 20 avril 1820 (Locré, *Légis.*, t. III, p. 308), et Ordonnance du 26 novembre 1823.

[7] L'art. 53 dit: *Contraventions ou délits.* Pour l'intelligence de ce passage, et de plusieurs autres, il ne faut pas oublier que, lors de la rédaction du Code civil, la distinction légale des infractions à la loi, en contraventions, délits et crimes, n'existait pas encore. Cette distinction n'a été introduite que par le Code pénal de 1810.

[8] Avis du conseil d'État du 31 juillet 1806 (Sir., XIII, 2, 296). Circulaires du ministre de la justice des 22 brumaire an XIV (Locré, *Légis.*, t. III, p. 307) et 10 septembre 1806.

[9] La rédaction peu correcte des art. 51 et 52 s'explique par la discussion au conseil d'État. L'interprétation que nous avons donnée de ces articles, nous paraît la plus conforme aux intentions du législateur et aux principes posés par les lois françaises en matière de responsabilité.

personne se nomment questions d'état[1]. Cependant dans un sens plus restreint, on ne désigne par cette expression que les contestations relatives à l'état de famille. Art. 326 et 327.

Les principes sur les actions et les exceptions relatives à l'état civil, seront, à l'imitation du Code, exposés au fur et à mesure que l'ordre des matières nous en fournira l'occasion.

PREMIÈRE SECTION.

DE L'ACQUISITION DE L'ÉTAT CIVIL.

SOURCES. — Code civil, art. 7-16 et 55-63. — Loi du 20-25 septembre 1792.

§ 68.

L'homme jouit comme tel de l'état civil *in sensu lato.* § 54.

L'état civil *in sensu stricto*, c'est-à-dire la qualité de Français s'acquiert :

1° Par la naissance; 2° par la naturalisation; 3° par la réunion d'un pays au territoire de la France; 4° par le mariage, lorsqu'une étrangère épouse un Français; 5° en vertu du privilége accordé aux enfans des religionnaires fugitifs.

Depuis la loi du 14 juillet 1819, qui a placé les étrangers sur la même ligne que les Français, en ce qui concerne les successions et les donations, la matière qui nous occupe a beaucoup perdu de son intérêt pratique.

---

[1] *Præjudiciales actiones in rem esse videntur.* § 13, *Inst. de act.* (4, 6). Merlin, *Rép. et Quest.*, v° Questions d'état.

§ 69.

1. *Des Français par droit de naissance.*

Les enfans nés, soit en France, soit à l'étranger, de parens français[1], sont Français de plein droit en vertu de leur naissance. Art. 10.

Les lois assimilent à ceux qui sont nés Français[2] :

1° Les enfans nés en France[3] d'un étranger, pourvu que dans l'année qui suit leur majorité, c'est-à-dire l'accomplissement de leur vingt et unième année[4], ils déclarent[5] que leur intention est de fixer leur domicile en France, et que dans le cas où ils résideraient encore en pays étranger, ils réalisent ce projet en venant s'établir sur le territoire français dans l'année à compter de leur déclaration. Art. 9.

2° Les enfans nés, soit en France, soit à l'étranger[6], d'un Français qui a perdu cette qualité avant leur naissance, pourvu qu'à une époque quelconque[7], ils accom-

---

[1] Soit à l'époque de la conception, soit à l'époque de l'accouchement; c'est du moins ce que l'on pourrait admettre en faveur des enfans. Cpr. Duranton, I, 128.

[2] Quelques auteurs, entre autres MM. Delvincourt et Duranton, considèrent les deux cas dont nous allons nous occuper, comme des espèces de naturalisation qui s'opèrent par l'effet de la loi.

[3] Il faut, dans ce cas, uniquement s'attacher à l'époque de l'accouchement. L'enfant ne pourrait invoquer la maxime : *Nasciturus habetur pro nato.* Duranton, I, 130.

[4] Spangenberg, I, 147. Duranton, I, 129. Voy. cependant Grolmann, sur l'art. 9.

[5] Cette déclaration doit être faite devant un fonctionnaire français, et celui qui paraît plus spécialement compétent pour la recevoir est l'officier de l'état civil de la commune dans laquelle le déclarant se propose de fixer son domicile. Cpr. Discussion au conseil d'État sur l'art. 10 (Locré, *Légis.*, t. II, p. 81 et 85).

[6] Duranton, I, 128.

[7] Ils ne sont donc pas obligés d'accomplir dans l'année, à partir

plissent les conditions exigées par l'art. 9 ci-dessus cité.
Art. 10.

Il existe cependant cette différence entre les enfans nés
en France d'un étranger et ceux issus d'un Français qui a
perdu cette qualité, que les premiers, après avoir rempli
les conditions imposées par l'art. 9, sont censés avoir
été Français dès l'instant de leur naissance, tandis que
les seconds ne le deviennent qu'à dater du moment où ils
ont accompli les conditions prescrites par le même article.
Arg. art. 9, 10 et 20 [8].

Les enfans légitimes suivent, sous tous ces rapports,
la condition de leur père, les enfans naturels, celle de leur
mère. Cependant si un enfant né d'une étrangère et reconnu
par un Français, réclamait en vertu de cette reconnaissance
la qualité de Français, on devrait, *in favorem partus*, le
considérer comme Français par droit de naissance [9].

§ 70.

Des actes de naissance.

Les règles relatives aux actes de naissance sont ou générales ou particulières.

Règles générales. Toute naissance doit être constatée

de leur majorité, les conditions qui leur sont imposées. Arg. *a fortiori*, art. 18 et 19.

[8] L'acquisition de l'état civil entraîne donc, dans le premier cas,
un effet rétroactif, qu'elle ne produit pas dans le second : l'art. 9
se sert en effet du mot *réclamer*, l'art. 10 de l'expression *recouvrer*.
L'argument qui résulte de cette différence d'expressions est d'autant plus concluant que l'art. 20 ne se réfère qu'à l'art. 10 et non à
l'art. 9. M. Toullier, I, 251, et d'autres jurisconsultes, tels que
Brauer, sur l'art. 9, Grolmann, I, 94, Duranton, I, 199, pensent
que, dans l'un et dans l'autre cas, l'acquisition de l'état civil s'opère
sans effet rétroactif.

[9] Cpr. sur cette question: Proudhon, I, 68; Lassaulx, I, § 40;
Toullier, I, 259 et 260; Duranton, I, 123 et suiv. Voy. aussi une
dissertation de Duvergier, Sir., XXXII, 2, 641.

par un acte qu'est chargé de dresser l'officier de l'état civil de la commune où elle a eu lieu. Art. 55. A cet effet, le père[1], à défaut du père, les médecins, chirurgiens, sage-femmes, officiers de santé, ou toutes autres personnes qui ont assisté à l'accouchement, et lorsque la mère est accouchée hors de son domicile, la personne chez laquelle l'accouchement a eu lieu, sont tenus, sous les peines portées par l'art. 346[2] du Code pénal, de faire à l'officier de l'état civil la déclaration de naissance dans les trois jours de l'accouchement. L'enfant doit être présenté à ce fonctionnaire[3] (art. 55 et 56, alin. 1) qui, d'après la déclaration à lui faite, rédigera tout aussitôt l'acte de naissance[4] en présence de deux témoins. Art. 56, alin. 2. Cet

[1] Cette obligation n'a pas été imposée à la mère par des motifs dont il est aisé de se rendre compte.

[2] Les peines prononcées par cet article doivent être infligées *in solidum*, à toutes les personnes qui ont assisté à l'accouchement. Voy. cependant Duranton, I, 312. Lorsque la mère est accouchée hors de son domicile, les personnes présentes à sa délivrance ne sont pas déchargées de l'obligation que leur impose l'art. 56. M. Merlin (*Rép.*, v° Déclaration de naissance) exprime une opinion contraire et pense que, dans ce cas, la respousabilité pèse uniquement sur la personne chez laquelle la mère est accouchée.

[3] La présentation de l'enfant est exigée pour rendre toute fraude impossible. — La loi n'ayant pas déterminé le lieu où l'enfant doit être présenté, il en résulte que l'officier de l'état civil peut à cet effet se transporter chez la mère. Cpr. Discussion au conseil d'État sur l'art. 55 (Locré, *Législ.*, t. III, p. 70.)—Un acte de naissance est-il dénué de force probante lorsque la présentation a été omise? La négative a été jugée par les deux arrêts suivans : Bruxelles, 4 juillet 1811, Sir., XII, 2, 274; Angers, 25 mai 1822, Sir., XXIII, 2, 105.

[4] Lorsque l'acte de naissance n'a point été rédigé dans les trois jours de l'accouchement, son inscription sur les registres ne peut avoir lieu qu'en vertu d'un jugement rendu conformément aux règles relatives à la rectification des actes de l'état civil. Avis du conseil d'État du 12 brumaire an XI. Grolmann, I, 304. Colmar, 25 juillet 1828, Sir., XXIX, 2, 28. Voy. cependant, en sens contraire: Malleville, sur l'art. 55; Lassaulx, I, 194; Angers, 25 mai 1822, Sir., XXIII, 2, 105. En adoptant cette dernière opinion, on serait du moins forcé de reconnaître qu'il appartient au juge d'arbitrer le degré de confiance que mérite l'acte de naissance tardi-

acte énoncera le jour, l'heure[5] et le lieu de la naissance, le sexe de l'enfant, les prénoms qui lui seront donnés, les prénoms, noms, professions et domicile des père et mère[6]. Art. 57.

On ne peut donner comme prénoms que ceux en usage dans les différens calendriers et ceux des personnages connus de l'histoire ancienne. Un changement de nom ne peut avoir lieu qu'en vertu de l'autorisation du gouvernement. L. du 11 germinal an XI[7].

Règles particulières. Elles ont pour objet les spécialités suivantes :

1° Le cas où il a été trouvé un enfant nouveau-né. Art. 58. Cpr. Code pénal art. 347.

2° Les naissances pendant un voyage de mer. Art. 59 - 61[8].

3° Les naissances à l'armée d'enfans de militaires. Art. 92 et 93[9].

4° Le cas où l'on présente à l'officier de l'état civil le cadavre d'un enfant dont la naissance n'a point été consignée sur les registres de l'état civil. Dans cette circonstance, l'officier de l'état civil doit simplement exprimer dans l'acte que l'enfant lui a été présenté sans vie, en s'abs-

---

vement inscrit. Paris, 9 août 1813, Sir., XIII, 2, 310. — Le baptême de l'enfant peut avoir lieu avant ou après la rédaction de son acte de naissance.

[5] L'époque de la naissance doit être déterminée d'une manière plus précise encore, lorsque la mère est accouchée de deux enfans jumeaux, à raison de la question de primogéniture, qui peut se présenter, par exemple, en matière de majorats, de substitution, ou de recrutement. Si l'acte n'indique pas le jour de la naissance, la date de l'acte fixe et détermine celle de la naissance. Merlin, *Rép.,* v° Naissance (acte de), § 2, à la note.

[6] Cpr. § 59.

[7] Cpr. le décret du 20 juillet 1808, concernant les juifs qui n'avaient pas de nom de famille et de prénom fixes.

[8] Cpr. Ordonnance de la marine de 1681, liv. II, tit. 3.

[9] Cpr., sur les dispositions spéciales de ces articles: Locré, sur les art. 92 et 93; Grolmann, I, 330.

tenant d'énoncer si l'enfant est décédé ou s'il est né mort.
Du reste, il rédigera l'acte conformément aux règles ordinaires. Décret du 4 juillet 1806 [10].

§ 71.

2. *De la naturalisation.*

La naturalisation résulte de lettres accordées par le roi
à l'étranger qui, après avoir atteint l'âge de vingt et un
ans accomplis, a résidé en France, pendant dix années
consécutives à dater du moment où il a obtenu du gouvernement l'autorisation d'y établir son domicile [1].

Le terme de dix ans peut être réduit à une année en faveur de l'étranger qui aurait rendu à l'état des services importans, qui aurait apporté en France des talens, des inventions, une industrie utile, ou qui aurait formé dans le
royaume de grands établissemens [2].

L'étranger naturalisé est apte à jouir de tous les droits
civils et politiques. Il ne peut toutefois siéger à la chambre
des pairs ou à celle des députés, qu'autant que ses lettres de
naturalisation ont été vérifiées par les deux chambres [3] et
ont obtenu force de loi. Voilà pourquoi on distingue les
lettres de simple et de grande naturalisation.

§ 72.

3. *De la réunion d'un pays à la France comme moyen d'acquérir l'état civil.*

Lorsqu'un pays est réuni à la France, soit en vertu du

---

[10] Cpr. Duranton, I, 516; Paris, 13 floréal an XII, Sir., IV, 2, 732.
[1] Constitution du 22 frimaire an VIII, art. 3. Décret du 17 mars
1809. Avis du conseil d'État du 18-20 prairéal an XI (Locré, *Légis.*,
t. II, p. 408.) Duranton, I, 142. Merlin, *Rép.*, v° Naturalisation.
[2] Sénatus-Consultes des 26 vendémiaire an XI et 19 février 1808.
[3] Ordonnance du 4 juin 1814.

droit de conquête et de la déclaration unilatérale du gouvernement français, soit en vertu d'un traité politique, les
habitans en deviennent Français de plein droit par le fait
même de la réunion[1].

Ils cessent de l'être lorsque les choses sont remises dans
leur ancien état[2]. Toutefois, les habitans des provinces dé-
membrées de la France par les traités de 1814, qui s'étaient
établis sur l'ancien territoire du royaume par suite d'une
réunion effectuée depuis 1793, ont pu, d'après la loi du
14 octobre 1814, conserver ou acquérir[3] la qualité de Français par l'obtention de lettres de déclaration de naturalité[4], sans être astreins à l'accomplissement de toutes les
conditions exigées pour la naturalisation des étrangers[5].

§ 73.

4. *Du mariage considéré comme moyen d'acquérir l'état civil.*

L'étrangère qui épouse un Français, acquiert par son
mariage l'état civil dont jouit son mari (art. 12, *uxor
sequitur statum mariti*, cpr. art. 19), et le conserve
malgré la mort de ce dernier ou la dissolution du mariage
par le divorce[1].

[1] Duranton, I, 133. Civ. cass., 21 novembre 1809, Sir., X, 1, 65.
[2] Cpr., Req. rej., 16 juillet 1834, Sir., XXXIV, 1, 501.
[3] *Conserver*, lorsqu'au moment de la séparation les habitans
avaient déjà dix années de résidence sur l'ancien territoire du
royaume. *Acquérir*, dans le cas où les dix années de résidence n'é-
taient point encore révolues.
[4] Ces déclarations de naturalité n'étaient point inconnues sous
l'ancien droit. Paillet, sur l'art. 13.
[5] Lorsque ces personnes n'ont pas profité du bénéfice de la loi
du 14 octobre 1814, leurs enfans sont étrangers malgré leur naissance sur l'ancien territoire Français, sauf à ces enfans à réclamer
la qualité de français, en se conformant aux dispositions de l'art. 9.
Lyon, 2 août 1827, Sir., XXVIII, 2, 88. Grenoble, 18 février 1831,
Sir., XXXIII, 2, 527. Req. rej., 16 juillet 1834, Sir., XXXIV, 1, 501.
Voy. cependant Douai, 28 mars 1831, Sir., XXXI, 2, 193.
[1] Bousquet, sur l'art. 12.

§ 74.

5. *Des enfans des religionnaires fugitifs.*

D'après la loi du 9 - 15 décembre 1790, art. 22, et la constitution du 3 - 14 septembre 1791, tit. II., art. 2, les descendans de Français ou Françaises expatriés pour cause de religion, ont été déclarés naturels français, et comme tels admis à jouir en France de l'état civil et politique, sous la condition de s'y établir et d'y prêter le serment civique[1].

DEUXIÈME SECTION.

DES DROITS ATTACHÉS A L'ÉTAT CIVIL.

Sources. — Code civil, art. 8, 11 et 13. — Bibliographie. — *Traité sur le droit d'aubaine et de déshérence*, par Bacquet, dans ses œuvres dont la dernière édition a été publiée par Cl. et Cl. J. de Ferrière; Lyon, 1774, 2 vol. in-fol. — *Code diplomatique des aubains ou droit conventionnel entre la France et les autres puissances relativement à la jouissance des droits civils*, par Gaschon; Paris, 1818, 1 vol. in-8°. — *Crusius de finibus juris retorsionis regundis;* Leipsic, 1812, in-4°. — *Traité des droits civils ou notions analytiques sur leur nature*, par Guichard; Paris, 1821, 1 vol. in-8°.

§ 75.

Introduction.

Il est des droits civils dont la jouissance n'exige que l'état

[1] Cpr. Req. rej., 13 juin 1811, Sir., XI, 1, 290; et les débats qui, dans l'année 1824, ont eu lieu à la chambre des députés au sujet de la vérification de l'élection de Benjamin Constant. — Le serment civique ne se prête plus aujourd'hui.

civil *in sensu lato;* il en est d'autres dont la jouissance suppose l'état civil *in sensu stricto,* c'est-à-dire la qualité de Français. Cpr. § 54.

En recherchant quels sont les droits de la dernière espèce, il ne faut pas perdre de vue qu'il est des matières sous le rapport desquelles l'étranger est invinciblement soumis à son droit national, et par cela même privé du bénéfice des lois françaises. Ainsi, par exemple, l'étranger ne peut invoquer les dispositions du Code civil relatives à la fixation de la majorité, ni se prévaloir de celles qui déterminent le degré de parenté auquel il est permis de contracter mariage. Cpr. § 31. Les droits qui se rattachent à ces matières ne doivent donc pas figurer dans l'énumération de ceux dont la jouissance n'est interdite à l'étranger que parce qu'il n'est pas revêtu de la qualité de Français.

D'un autre côté, il faut remarquer que si l'étranger est privé de la jouissance des droits civils, en tant que dépourvu de la qualité de Français, il est en outre soumis, à raison de son extranéité, à différentes lois d'exception (*privilegia odiosa*) dont, à la rigueur, nous ne devrions pas nous occuper ici. Mais pour éviter les longueurs, nous ferons abstraction de cette dernière distinction, d'autant plus que l'étranger admis à établir son domicile en France, et à y jouir des droits civils, cesse aussi par cela même d'être soumis à ces lois d'exception [1].

Enfin, quoiqu'il ne puisse être question dans cet ouvrage de la différence existant entre les étrangers et les Français, que sous le rapport de la jouissance des droits civils, nous ferons encore observer que les étrangers qui seraient, en vertu de dispositions spéciales, admis à l'exercice des droits civils (cpr. § 76), ne pourraient cependant pas être tuteurs ou arbitres forcés [2]. La capacité nécessaire pour exercer

---

[1] Cpr. Douai, 9 décembre 1829, Sir., XXXII, 2, 648; Paris, 25 avril 1834, Sir., XXXIV, 2, 494.

[2] Il ne paraît pas douteux que l'étranger ne puisse être arbitre volontaire. Les avis sont partagés sur la question de savoir s'il peut ou

ces fonctions doit être considérée comme une dépendance de l'état politique que les étrangers ne peuvent acquérir que par des lettres de naturalisation [3]. Cpr. § 71.

Nous allons successivement examiner la théorie des droits civils telle qu'elle avait été établie par le Code civil, et telle qu'elle a été modifiée par la loi du 14 juillet 1819.

I. Théorie des droits civils d'après le code.

§ 76.

Principe. — De la manière de l'interpréter.

L'étranger ne jouit pas en France des droits civils (arg. art. 8), à moins qu'une ordonnance royale ne l'ait autorisé à établir son domicile en France, ou qu'un traité politique [1] conclu avec le pays auquel il appartient, ne lui ait accordé l'exercice de certains droits civils comme conséquence de la réciprocité stipulée au profit des Français [2]. Art. 11 et 13 [3].

---

non être arbitre forcé. A cet égard, il faudrait peut-être établir une distinction entre l'arbitre forcé nommé par les parties et celui qui serait désigné par le juge. Voy. Civ. cass., 7 floréal an V, Sir., I, 1, 104; Paris, 3 mars 1828, Sir., XXVIII, 2, 118; Pardessus, *Cours de droit commercial*, V, 1389; Dalloz, v° Arbitrage, sect. V; Merlin, *Quest.*, v° Arbitrage, § 14, art. 4, et v° Jugement, § 14, n° 3.

[3] Un étranger peut-il être témoin *solemnitatis causa?* Voy. art. 980, et § 670, note 5.

[1] Sur la manière d'interpréter les dispositions que contiennent à cet égard les traités diplomatiques: voy. Merlin, *Rép.*, v° Héritier, sect. VI, § 3, n° 3.

[2] Outre les traités proprement dits, il faut encore consulter différens décrets rendus sous l'empire, et qui portent abolition du droit d'aubaine et de détraction au profit des habitans de certains pays dont les souverains avaient accordé aux Français la même exemption. Tous ces décrets sont rapportés par Locré (*Légis.*, t. II, p. 380 et suiv.).

[3] La rédaction évidemment négligée de l'art. 11 en rend l'inter-

L'étranger admis[4] à établir son domicile en France, jouit de tous les droits civils, tant qu'il continue d'y résider[5] et que l'autorisation d'y demeurer ne lui a point été retirée[6]. Cette autorisation étend ses effets, non-seulement sur l'étranger, mais encore sur sa femme (arg. art. 12), et sur les enfans qui se trouvent en sa puissance.

En ce qui concerne la seconde exception, il est à remarquer que l'étranger ne peut, pour réclamer en France la jouissance de droits civils, se prévaloir de ce que le Français serait de fait ou même en vertu d'une disposition formelle de la loi étrangère, admis à jouir des mêmes droits dans son pays. Ce système de *réciprocité pure et simple*, a été rejeté par le Code qui n'admet que *la réciprocité di-*

---

prétation très-difficile. Le projet admettait l'étranger à la jouissance des droits civils dont l'exercice aurait été accordé aux Français *par les lois* du pays de cet étranger. Mais le tribunat, en proposant la rédaction suivante : «L'étranger jouira en France des droits «civils déterminés par les traités faits avec la nation à laquelle il «appartient, ou par les lois françaises,» fit observer qu'elle offrait le double avantage de ne rien préjuger sur la question du droit d'aubaine, et de ne pas faire dépendre la législation française à l'égard des étrangers de la législation particulière des étrangers à l'égard des Français. Sur cette observation, l'art. 11 fut rédigé de la manière vicieuse et incomplète, dont il est aujourd'hui conçu, sans que la discussion indique comment et pourquoi ce changement fut opéré. Merlin, *Rép.*, v° Étranger, § 1, n° 8. Locré, *Légis.*, t. II, p. 11 et suiv.

[4] L'étranger qui s'établit en France sans autorisation du gouvernement, ou qui s'y trouve comme prisonnier de guerre, n'y est point admis à la jouissance des droits civils, quelle que soit la durée de sa résidence. Avis du conseil d'État du 18-20 prairial an XI (Locré, *Légis.*, t. II, p. 408). Merlin, *Rép.*, v° Étranger, § 1, n° 9 et 10, et Domicile, § 13. Paris, 16 août 1811, Sir., XI, 2, 455. Voy. cependant Proudhon, I, p. 89 et suiv. Voy. aussi req. rej., 24 avril 1827, Sir., XXVIII, 1, 212. Cpr. le droit civil pratique, § 748.

[5] *D'y résider.* Cpr. Malleville, sur l'art. 13. Une absence momentanée, faite avec esprit de retour, n'entraîne point privation de la jouissance des droits civils.

[6] Duranton, I, 144. Avis du conseil d'État du 18-20 prairial

plomatique, c'est-à-dire celle qui a été sanctionnée par des traités politiques [7]. Au surplus, le fondement de toute reciprocité s'opposant à ce que l'une des parties puisse réclamer un avantage dont l'autre ne serait point appelée à jouir, il en résulte que tout traité de ce genre doit être interprété d'après un esprit d'égalité rigoureuse [8].

Mais pour en revenir à la règle ci-dessus posée, quels sont en définitif les droits désignés par les art. 8 et 11 sous la dénomination *de droits civils?* ne doit-on considérer comme tels que les droits expressément accordés aux Français à l'exclusion des étrangers? ou bien au contraire faut-il ranger dans cette catégorie tous les droits qui, d'après les principes du droit philosophique, n'existent pas pour l'homme qui vivrait dans un état extra-social, et ne trouvent leur fondement que dans la législation positive. La dernière solution, qui paraît être mieux en harmonie avec la rédaction des art. 8 et 11, a été adoptée par la plupart des

an XI, ci-dessus cité. — Il n'existe pas en France, comme en Angleterre, d'*alien act.* Voy. cependant les lois des 21 avril 1832, 3 avril 1833 et 1er mai 1834, sur les étrangers réfugiés résidant en France.

[7] Les art. 726 et 912 avaient été rédigés d'après un système de réciprocité pure et simple. Ce système ayant été abandonné, il fallait mettre la rédaction de ces articles en harmonie avec les principes nouvellement adoptés. Le consul Cambacérès en fit l'observation lors de la discussion de l'art. 726. Cependant la section de législation laissa cet article tel qu'il était, et se contenta d'y ajouter la disposition suivante : «Conformément aux dispositions de l'art. 11, au titre de la jouissance et de la privation des droits civils.» Quant à l'art. 912, il fut adopté sans aucune observation, tel qu'il avait été primitivement rédigé. Quoi qu'il en soit, l'intention de rejeter le système d'une réciprocité pure et simple est trop évidente pour qu'on doive s'arrêter à ces vices de rédaction. Voy. Merlin, *Rép.,* vo Succesion, sect. I, § 2, art. 4, no 4; Toullier, IV, 102; Civ. cass., 6 avril 1819, Sir., XIX, 1, 307.

[8] Ainsi, un moine incapable de succéder dans son pays est frappé en France de la même incapacité. Toullier, IV, 102. Merlin, *Rép.,* vo Succession, sect. I, § 2, art. 2. Civ. cass., 24 août 1808, Sir., IX, 1, 332. Voy. aussi Civ. rej., 10 août 1813, Sir., XIV, 1, 3.

11 *

jurisconsultes et confirmée par la jurisprudence. Cependant, comme elle ouvre un vaste champ à l'arbitraire, qu'elle est plus conforme aux idées du moyen âge qu'à celles de l'époque actuelle, on devrait peut-être donner la préférence à la première opinion, en faveur de laquelle on peut encore invoquer l'esprit qui a présidé à la rédaction de la loi du 14 juillet 1819.

§ 77.

Des droits civils expressément accordés aux Français à l'exclusion des étrangers, et des dispositions exceptionnelles qui régissent ces derniers.

1° Un étranger ne peut succéder *ab intestat* aux biens que son parent français ou étranger, décédé soit en France, soit en pays étranger, a délaissés dans le territoire du royaume. Ces biens sont exclusivement dévolus aux héritiers et successeurs français; à leur défaut, ils passent à l'État. Art. 726.

2° Un étranger est incapable de profiter des dispositions entre-vifs ou testamentaires faites en sa faveur, soit par un Français, soit par un étranger.

Ces deux exclusions présentent différens points de rapprochement avec l'ancien droit d'aubaine [1]. Cette expression désignait: 1° dans sa signification la plus étendue le droit spécial des aubains (*jus alibi natorum*); 2° dans un sens moins large, l'ensemble des incapacités légales dont les étrangers se trouvaient frappés par rapport au droit de recueillir une succession *ab intestat*, et à celui

---

[1] Cpr. Préface du tome XV des ordonnances du Louvre; les auteurs cités par Runde (*Grundsætze des gemeinen deutschen Privatrechts* § 320) et Martens (*Einleitung in das Europæische Völkerrecht*, § 90).

de disposer ou de recevoir par acte de dernière volonté ; 3° enfin dans son acception la plus restreinte et la plus commune, le droit [2] en vertu duquel le roi recueillait les biens délaissés en France par l'étranger qui mourait *testat* ou *intestat*, sans enfans légitimes et régnicoles [3].

Le droit d'aubaine, considéré sous ce troisième et dernier rapport, a été aboli par les lois des 6-18 août 1790, 13-17 avril 1791, et n'a jamais été rétabli. Si, dans l'intervalle qui s'est écoulé depuis la promulgation du Code civil, jusqu'à celle de la loi du 14 juillet 1819, l'État a pu être appelé à recueillir les successions délaissées en France par des étrangers décédés sans héritiers ou successeurs français, ce n'a pas été par l'effet du droit d'aubaine, mais en vertu du droit de déshérence, combiné avec l'exclusion prononcée contre les étrangers. Art. 768, cbn. art. 726.

Envisagé sur le second point de vue, le droit d'aubaine avait été aboli par l'art. 3 de la loi du 8 - 15 avril 1791, qui déclarait tous les étrangers, même ceux établis hors du royaume, capables de succéder *ab intestat*, de disposer et de recevoir par actes de dernière volonté de la même manière que les Français. Il fut rétabli par le Code civil [4], dont les dispositions diffèrent cependant d'une manière essentielle de celles de l'ancien droit. Si, d'une part, en effet, le Code ne refusa pas explicitement à l'étranger le droit de faire un testament au profit de Français (cpr. cependant § 78); de l'autre, il déclara l'étranger incapable de recevoir même par donations entre-vifs [5]. Cpr. § 79.

---

[2] Ce droit avait été soumis à différentes restrictions, qui sont indiquées par Merlin, *Rép.*, v° Aubaine, n°⁵ 5-8.

[3] Bacquet, *Du droit d'aubaine*, part. IV, chap. 32 et chap. 27, n° 4; part. I, chap. 12, n° 3.

[4] Rapport fait au conseil d'État sur le droit d'aubaine et de détraction, par Rœderer (Locré, *Légis.*, t. II, p. 113). Cpr. aussi Civ. rej., 2 prairial an IX, Sir., I, 1, 442; Civ. rej., 28 décembre 1825, Sir., XXVI, 1, 281.

[5] D'après l'ancien droit, au contraire, l'étranger était capable

3° Les étrangers ne jouissent pas du bénéfice de cession de biens [6]. Code de procédure, art. 905. Code de commerce, art. 575. Les Français, au contraire, sont admis à l'invoquer contre des étrangers [7].

4° Tout étranger [8], demandeur au principal ou en intervention [9] devant une juridiction civile ou criminelle [10], est tenu, sur la demande [11] du défendeur français ou étranger [12], de donner caution pour le paiement des frais et dommages-intérêts auxquels il pourra être condamné. Art. 16 et Code de procédure, art. 166. Cette règle souffre exception: 1° dans les matières de commerce [13] (art 16 et Code de procédure, art. 423); 2° lorsque l'étranger poursuit l'exécution d'un titre paré [14]; 3° lorsqu'il possède en France

de recevoir par donations entre-vifs : *Peregrinus liber vivit, servus moritur.* Merlin, *Rép.*; v° Aubaine, n° 4. — La loi du 14 juillet 1819 ayant à cet égard placé les étrangers sur la même ligne que les Français, il est inutile de s'occuper des exceptions qu'avant sa promulgation on avait admises en faveur des dons manuels et des donations faites par contrat de mariage.

[6] Voy. pourtant un arrêt de la cour de Trèves du 24 février 1808, Sir., VIII, 2, 110.

[7] Civ. rej., 19 février 1806, Sir., VI, 2, 773.

[8] Cette règle s'applique même aux souverains. Merlin, *Quest.*, v° *Cautio judicatum solvi*, § 2.

[9] Il en est autrement s'il n'est que défendeur. M. Merlin, (*op. et v° cit.*, § 3, et *Rép. eod. v°*, § 1, n° 3) assimile à ce dernier le demandeur en nullité de saisie. Voy. cependant loi du 16 septembre 1807, art. 3.

[10] Civ. cass., 3 février 1814, Sir., XIV, 1, 116.

[11] Cette demande doit être présentée avant toute exception. Code de procédure civile, art. 166. Delvincourt, sur l'art. 16. Ainsi elle ne peut être proposée pour la première fois en cause d'appel. Douai, 10 avril 1833, Sir., XXXIII, 2, 242. Toulouse, 16 août 1831, Sir., XXXIV, 2, 44.

[12] Malleville et Delvincourt, sur l'art. 16. Merlin, *Rép.*, v° *Cautio judicatum solvi*, § 1, n° 7. Paris, 28 mars 1832, Sir., XXXII, 2, 388; et 30 juillet 1834, Sir., XXXIV, 2, 434. Voy. cependant en sens contraire: Orléans, 26 juin 1828, Sir., XXVIII, 2, 193.

[13] Metz, 26 mars 1821, Sir., XXIII, 1, 126.

[14] Merlin, *Rép.*, v° *Cautio judicatum solvi*, § 1, n° 3 et 12. Req.

des immeubles d'une valeur suffisante pour assurer le paiement des frais et dommages-intérêts [15]. Art. 16 et Code de procédure, art. 167. Les Français ne sont en aucun cas tenus de fournir cette caution connue sous le nom de *cautio judicatum solvi* [16].

5° Les étrangers sont contraignables par corps pour l'exécution de tout jugement prononçant, au profit d'un Français, une condamation de 150 fr. ou au-dessus. Ils peuvent même avant le jugement de condamnation, mais après l'échéance ou l'exigibilité, être provisoirement arrêtés sur l'ordonnance du président du tribunal dans l'arrondissement duquel ils se trouvent, à moins qu'ils ne fournissent une caution solvable ou qu'ils ne justifient de la possession sur le territoire français d'un établissement de commerce ou d'immeubles d'une valeur suffisante pour assurer le paiement de la dette. Loi sur la contrainte par corps du 17 avril 1832, art. 14-18. Les Français, au contraire, ne peuvent jamais en matière civile être arrêtés par mesure provisoire, et ils ne sont soumis à la contrainte par corps que dans les cas spécialement déterminés par la loi. Cpr. loi du 17 avril 1832.

6. Enfin les Français sont encore par rapport à la faculté

---

rej., 9 avril 1807, Sir., VII, 1, 308. Voy. pourtant le décret du 7 février 1809. — Ce n'est pas là, à proprement parler, une exception à la règle posée par l'art. 16 : on ne forme point une demande en justice en poursuivant l'exécution d'un titre paré, à moins, toutefois, que les poursuites ne consistent en saisies-arrêts qui doivent être validées sur la demande du saisissant.

[15] La jouissance d'un droit d'usufruit immobilier ne pourrait dispenser l'étranger de fournir caution. L. 15 D. *qui satisdare coguntur* (2, 8). Proudhon, *Traité des droits d'usufruit*, etc., I, 19. — L'étranger n'est pas obligé de constituer ses immeubles en hypothèque. Toullier, I, 212. — Du reste, il est bien entendu (voy. § 76) qu'une quatrième exception à l'obligation de fournir caution, peut résulter de traités politiques. La convention faite avec la Suisse en offre un exemple. Traité du 4 vendémiaire an XII, art. 14. Cpr. Colmar, 28 mars 1810, Sir., X, 2, 288.

[16] Pigeau, I, 153.

qu'ils ont de poursuivre leurs débiteurs étrangers devant
un tribunal français, dans une position plus favorable que
les étrangers. Cpr. art. 14, 15 et le droit civil pratique
§ 748.

§ 78.

*Des droits civils ordinairement envisagés comme tels,
non en vertu d'une disposition expresse du Code,
mais d'après son esprit.*

Les jurisconsultes qui adoptent la seconde opinion développée au § 76, rangent au nombre des plus importans
de ces droits qu'il est impossible d'énumérer :

1° Ceux qui résultent du mariage, de la paternité et de
la filiation.

2° Celui d'adopter ou d'être adopté par un Français [1].

3° Celui de disposer à titre gratuit, soit par donation
entre-vifs, soit par testament [2].

4° Celui de réclamer une hypothèque légale [3].

Du reste, on n'a jamais contesté à l'étranger le droit de
posséder en France des immeubles, et celui d'y acquérir

---

[1] Civ. cass., 5 août 1823, Sir., XXIII, 1, 253. Req. rej., 22 novembre 1825, Sir., XXVI, 1, 142. Civ. cass., 7 juin 1826, Sir.,
XXVI, 1, 330.

[2] Grenier, *Traité des donations*, I, 90. Voy. cependant Trèves,
13 août 1813, Sir., XIV, 2, 10. Cette opinion est peut-être, en ce
qui concerne les donations entre-vifs, susceptible de controverse.

[3] Voy., sur cette question fortement controversée : Grenier,
Traité des hypothèques, I, 246, 247 et 284; Dalloz, *Jurisp. gén.*,
v° Hypothèques, chap. II, sect. 4, art. 2, n° 15; Merlin, *Rép.*,
v° Remploi, § 2, n° 9; Troplong, *Des priviléges et hypothèques*, II,
429 et 513 *ter*.

une hypothèque judiciaire ou conventionnelle[4]. On lui accorde aussi généralement le droit de prescrire[5].

II. CHANGEMENS OPÉRÉS PAR LA LOI DU 14 JUILLET 1819.

§ 79.

La loi du 14 juillet 1819 a fait disparaître toute distinction entre les étrangers et les Français par rapport au droit de succéder *ab intestat* et à celui de recevoir ou de disposer à titre gratuit par actes entre-vifs ou de dernière volonté. Cpr. § 77, n°s 1 et 2; § 78, n° 1.

Cette loi est ainsi conçue:

Art. 1er. Les art. 726 et 912 du Code civil sont abrogés: en conséquence, les étrangers auront le droit de succéder, de disposer, et de recevoir de la même manière que les Français dans toute l'étendue du royaume.

2. Dans le cas de partage d'une même succession entre des cohéritiers étrangers et français, ceux-ci prélèveront sur les biens situés en France une portion égale à la valeur des biens situés en pays étranger, dont ils seraient exclus, à quelque titre que ce soit, en vertu des lois et coutumes locales[1].

Toutes les autres différences, existant entre les étrangers et les Français, d'après les principes exposés aux §§ 76, 77 et 78, subsistent encore aujourd'hui[2].

---

[4] Merlin, *Rép.*, v° Étranger, § 1, n° 8. Troplong, *Des priviléges et hypothèques*, II, 392 *bis* et 429.

[5] Merlin, *Rép.*, v° Prescription, sect. I, § 8, n° 1. Delvincourt, I, p. 5, et II, p. 639. Vazeille, *Des prescriptions*, n° 253. Troplong, *De la prescription*, I, 35. Cpr. § 210.

[1] Delvincourt, sur l'art. 11.

[2] Merlin, *Rép.*, v° Étranger, § 1, n° 7.

TROISIÈME SECTION.

DE L'INFLUENCE QU'EXERCENT SUR L'ÉTAT CIVIL LES DIFFÉRENTES QUALITÉS PHYSIQUES QUI DISTINGUENT LES HOMMES,

ET SPÉCIALEMENT

DE LA TUTELLE.

§ 80.

1. *De la conception.* — *De la naissance.*

Les hommes sont nés ou simplement conçus. Les premiers ont pu naître morts ou vivans, et dans ce dernier cas, viables ou non[1].

Les enfans nés sans vie ou sans viabilité sont, en droit civil, à considérer comme s'ils n'avaient jamais vécu. Arg. art. 314, 725 et 906. Cpr. § 55, note 1re.

Tout enfant né vivant est réputé né viable jusqu'à preuve

---

[1] Le Code civil ne s'occupe point des monstres. Les anciens jurisconsultes français, par exemple Lebrun, dans son *Traité des successions,* liv. I, chap. 4, sect. 1, avaient adopté à leur égard les principes des lois romaines (voy. L. 14 D., *de statu hominum,* 1, 5; L. 38 D. *de V., S.,* 50, 16) qui refusaient toute capacité juridique aux monstres proprement dits (*monstrum, portentum*). Il paraît conforme à l'esprit de la législation actuelle de leur accorder tous les droits des hommes régulièrement constitués, quelle que soit d'ailleurs leur difformité. Voy. cependant Duranton VI, 75, à la note; Chabot, *Traité des successions,* sur l'art. 725, n° 13.

du contraire[2]. La question de viabilité dépend de l'intervalle de temps qui s'est écoulé entre la conception et la naissance. Un enfant est viable lorsqu'il vient au monde cent quatre-vingts jours après l'époque de sa conception, et que d'ailleurs il possède les organes nécessaires à la vie. L'enfant qui naîtrait avant cette époque, serait légalement présumé non viable[3].

L'enfant simplement conçu doit être considéré comme déjà né[4], en tant que son intérêt l'exige. (*Nasciturus pro nato habetur*). Arg. art. 393, 725 et 906. Un tiers ne peut donc réclamer pour lui-même un droit qui serait fondé sur l'existence d'un enfant non encore né. Arg. art. 135, 436 et 437.

§ 81.

2. *Du sexe.*

Les personnes de l'un et de l'autre sexe[1] jouissent, en règle générale, des mêmes droits civils[2], et les femmes

---

[2] Chabot, *Traité des successions*, sur l'art., 725, n° 12. Toullier, IV, 97. Limoges, 12 janvier 1813, Sir., XIII, 2, 261. Angers, 25 mai 1822, Sir., XXIII, 2, 105. Bordeaux, 8 février 1830, Sir., XXX, 2, 164. Cpr. art. 314.

[3] Ces propositions ne sont pas textuellement énoncées dans la loi, mais elles ressortent des art. 312 et 314. Cpr. Chabot, *op. cit.*, sur l'art. 725; Toullier, IV, 97 et suiv.; Merlin, *Quest.*, v° Vie, § 1, n° 3; Grenier, *Traité des donations*, I, 100; Duranton, VI, 74 et suiv., et les arrêts cités dans la note précédente. — Cpr., en ce qui concerne les symptômes d'après lesquels la médecine détermine l'époque de la conception: Merlin, *loc. cit.*, et les ouvrages des auteurs qui ont écrit sur la médecine légale, par exemple le *Traité de Foderé*, t. II, p. 141 et suiv.

[4] L. 26, D. de statu hominum (1, 5). L. 3, C. de posthumis (6, 29).

[1] Sur les hermaphrodites: voy. Merlin, *Rép.*, v° Hermaphrodite; Brauer, I, 36.

[2] Proudhon, II, 307. Merlin, *Rép.*, v° Femme. De là les règles du droit romain: *Genus masculinum complectitur et feminimum. Si quis*

sont, comme les hommes, capables d'exercer tous les actes de la vie civile, sans avoir besoin d'aucune autorisation.

Cette règle est cependant sujette à quelques restrictions :

1° Les femmes n'étant pas appelées à jouir des droits politiques, elles se trouvent par cela même exclues des fonctions qui, quoique relatives au droit civil, sont néanmoins à considérer comme des emplois publics, ou du moins comme des offices virils. Telles sont les fonctions de tuteurs et de curateurs. Voy. art. 442.

2° La femme mariée, soumise à la puissance de son mari, ne peut sans son autorisation s'obliger valablement. Voy. § 472.

3° Dans certains cas, les lois accordent aux femmes des priviléges fondés sur les intérêts et les devoirs particuliers à leur sexe[3]. Cpr. art. 148, 151, 152, 2066 ; Code de commerce, art. 113 ; loi du 17 avril 1832, sur la contrainte par corps, art. 2, 12 et 18.

§ 82.

3. *De l'âge.*

Les hommes sont majeurs ou mineurs[1]. Le majeur est celui qui a accompli sa vingt-et-unième année. Le mineur est

---

complectitur si qua. L. 3, § 1, *D. de negot. gest.* (3, 5). L. 1, § 1, *D. de constit. pecun.* (13, 5.) Elles doivent encore être suivies en droit français.

[3] Les dispositions du Sénatus-Consulte velléien n'ont point passé dans le Code civil. Cpr. Merlin, *Rép.*, v° Sénatus-Consulte velléien.

[1] Nous ne considérons la majorité que dans ses rapports avec le droit civil. Pour connaître l'influence que l'âge exerce sur l'exercice des droits politiques, on peut consulter : Proudhon, II, p. 164 ; Toullier, I, 188. Les lois constitutionnelles relatives à cet objet n'ont point été abrogées par le Code civil. Crim. rej., 19 juin 1807, Sir., VII, 2, 126.

celui qui n'a point encore atteint cet âge[2]. Art. 388, 488.

Par la majorité, l'homme devient, sous le rapport de son âge, capable d'exercer par lui-même tous les actes de la vie civile, sauf les restrictions relatives au mariage (art. 148-153), au divorce par consentement mutuel (art. 275), et à l'adoption. Art. 348.

La majorité est donc générale ou spéciale.

Parmi les majeurs, il faut distinguer ceux auxquels, à raison d'un âge plus avancé, la loi enlève certains droits, ou accorde des priviléges spéciaux. L'art. 277, qui ne permet plus le divorce par consentement mutuel, lorsque la femme a quarante-cinq ans, nous offre un exemple de dispositions de la première espèce. Quant aux priviléges de la vieillesse, ils sont accordés tantôt à la cinquantième année (cpr. art. 343, 361), tantôt à la soixante-cinquième (cpr. art. 433), tantôt, enfin, à la soixante-et-dixième. Cpr. art. 433, 2066; Code de procédure, art. 800; loi du 17 avril 1832 sur la contrainte par corps, art. 4, 6, 12 et 18.

Les mineurs sont indistinctement soumis à une législation spéciale dont le fondement est la faiblesse de leur âge[3].

Par rapport au mariage, les mineurs sont pubères ou impubères. La puberté est l'âge auquel la loi répute acquises les qualités physiques nécessaires à la consommation du mariage. Les femmes sont pubères à quinze, les hommes à dix-huit ans révolus. Art. 144.

La loi établit encore d'autres distinctions entre les mineurs. Suivant l'âge qu'ils ont atteint, elle les appelle à jouir de certains droits qui leur sont accordés, tantôt à

---

[2] Loi du 20 septembre 1792, art. 2. Avant cette loi, la majorité était fixée, dans la plus grande partie de la France, à l'âge de vingt-cinq ans accomplis.

[3] Cpr. la matière de la tutelle et celle de la restitution en entier. Les priviléges des mineurs ont été énumérés avec un soin tout particulier par M. Proudhon, II, p. 267 et suiv.

quinze (cpr. art. 477), tantôt à seize (cpr. art. 904); tantôt à dix-huit ans. Cpr. art. 377 , 384; Code de commerce , art. 2.

La minorité est donc, de même que la majorité, générale ou spéciale.

§ 83.

4. *De l'état de santé.* — *De l'état de maladie.*

Les hommes sont en état de santé ou de maladie. L'état de maladie peut être passager ou permanent : au dernier cas, il constitue ce qu'on appelle une infirmité[1]. Les infirmités sont de corps ou d'esprit.

Les lois civiles accordent aux malades et aux infirmes différens priviléges fondés sur ce qu'à raison de leur état, ils se trouvent dans l'impossibilité soit d'accomplir certains devoirs, soit de défendre leurs droits. Cpr. art. 236, 434, 982.; Code de procédure, art. 266. Ces lois renferment également des dispositions tendant à assurer à ces personnes les soins qui peuvent leur être nécessaires; telle est la disposition de l'art. 2001, qui place parmi les créances privilégiées les frais de dernière maladie. Voy. aussi art. 385, 510. Elles contiennent enfin différentes prohibitions dont le but est d'empêcher qu'on ne profite de la maladie d'une personne pour en tirer un avantage illicite. Cpr. art. 909 et 1975.

L'infirmité corporelle restreint la liberté civile de celui qui s'en trouve affecté, lorsqu'elle le place dans l'impossibilité d'accomplir les conditions indispensables à la validité d'un acte juridique. Telle est, en certains cas, la position dans laquelle se trouvent les sourds-muets de

---

[1] *Morbus, Vitium.* L. 101 , § 2, *D. de V., S.* (50 , 16).

naissance. Cpr. art. 936, 978 et 979. L'infirmité dont ils sont affligés exerce même parfois une influence si fâcheuse sur leurs facultés intellectuelles qu'il devient indispensable de leur nommer un curateur. Cette nomination ne peut avoir lieu que pour des actes juridiques spéciaux (Voy. art. 936. *Curateur ad hoc*). Si cependant l'affaissement intellectuel du sourd-muet le mettait dans l'impossibilité de gérer ses affaires, il y aurait lieu de prononcer son interdiction ou de le pourvoir d'un conseil judiciaire [2].

On doit nommer un tuteur ou un conseil à celui qui est affligé d'une infirmité intellectuelle. Le prodigue est sous ce rapport assimilé jusqu'à un certain point à celui qui n'est pas sain d'esprit. Cpr. §§ 124 et suiv., 139, 332 et suiv.

§ 84.

5. *De la parenté.* — *De l'alliance* [1].

La parenté est le lien juridique existant entre personnes qui descendent les unes des autres, ou d'un auteur commun.

La parenté est ou légitime ou illégitime. Cependant les enfans illégitimes n'ont en général pour parens, dans l'acception juridique de ce mot, que leurs père et mère et leurs enfans. Ce n'est que sous certains rapports spécialement déterminés, que la loi civile reconnaît un lien de parenté entre eux et les autres personnes qui leur sont unies par la nature et par le sang.

Une famille est l'ensemble des personnes qui descendent les unes des autres, ou d'une souche commune.

---

[2] Locré, *Légis.*, t. IV, p. 319. Merlin, *Rép.*, v° Sourd-muet. Malleville, sur l'art. 489. Nîmes, 3 janvier 1811; Sir., XI, 2, 378.

[1] Cpr., sur ce paragraphe, Proudhon, I, p. 202.

Pour faciliter les moyens de déterminer, avec toute la précision désirable, la nature et la proximité des différentes relations de parenté, on les a indiquées au moyen d'expressions et de signes empruntés au monde physique. La parenté est censée représentée par un tableau composé de lignes[2] qui sont elles-mêmes divisées en degrés.

Un degré, dans le sens métaphorique de ce mot, c'est-à-dire en tant qu'il sert à déterminer la proximité de la parenté, est synonyme de génération[3]. Art. 735.

Une ligne est une suite de degrés ou de générations. La ligne est directe ou collatérale. Dans la ligne directe se trouvent les ascendans et les descendans[4], c'est-à-dire les personnes qui descendent les unes des autres; dans la ligne collatérale, les collatéraux, c'est-à-dire les personnes qui ne descendent que d'un auteur commun. La ligne directe se nomme descendante, lorsque, pour déterminer la parenté de deux personnes, l'on descend des ascendans aux descendans; dans le cas inverse, la ligne directe est appelée ascendante. Art. 736.

L'ancien droit français avait admis pour la computation des degrés de parenté deux règles différentes, celle du

---

[2] Cpr., sur le tableau généalogique du droit romain: *Inst. de gradibus cognationis* (3, 6); L. 9, *D. eod. tit.* (38, 10); *Cujacii obs.* VI, 40. Cpr., sur le tableau généalogique du droit canonique, qui paraît être d'origine allemande: le décret de Gratien, P. II, c. 35, quest. 5.

[3] Le mot *degré* a plusieurs significations. Dans son acception propre, il désigne une division ou partie matérielle du tableau généalogique. Au figuré, il exprime le rapport existant entre le générateur et celui qu'il a engendré. Enfin, il est quelquefois employé pour désigner l'ensemble des personnes appelées comme héritiers les plus proches à recueillir une succession. Cpr. art. 786 et 787. — C'est abusivement que l'art. 728 se sert de cette expression comme synonyme de celle de *ligne*.

[4] Le mot *enfans* comprend les descendans d'un degré plus éloigné. Merlin, *Quest.*, v° Enfans, § 1. Les sœurs sont aussi censées comprises sous la dénomination de *frères*, sauf cependant la preuve contraire. Merlin, *Quest.*, v° Sœurs, § 1.

droit romain et celle du droit canonique. Dans certaines matières, par exemple en fait de successions, on suivait la première; dans d'autres, par exemple en fait de mariage, on s'en tenait à la seconde[5]. Le droit français actuel ne reconnaît que la règle du droit romain, d'après laquelle, soit en ligne directe, soit en ligne collatérale, la proximité de parenté entre deux personnes se détermine par le nombre de degrés, c'est-à-dire de générations existant entre elles. *Quot sunt generationes, tot sunt gradus.* Ainsi, l'aïeul est parent au second degré avec son petit-fils, parce que cette parenté suppose deux générations; l'oncle est parent au troisième degré avec le fils de son frère ou de sa sœur, parce qu'il existe entre ces personnes une distance de trois générations, et ainsi de suite. Art. 737 et 738.

On appelle ligne paternelle celle qui comprend l'ensemble des personnes unies à un certain individu par son père, et ligne maternelle celle qui se compose des personnes qui lui sont parentes du côté de sa mère[6]. Une personne peut être parente d'une autre, soit uniquement par le père ou par la mère de cette dernière, soit en même temps par l'un et par l'autre. Il y a dans ce dernier cas un double lien de parenté. Cpr. art. 733.

L'affinité est le lien juridique qui existe entre l'un des conjoins et les parens de l'autre. De là, il résulte : 1° que les parens de l'un des conjoins, et les parens de l'autre ne sont point unis entre eux par les liens de l'affinité, *affines*

---

[5] Argou, *Inst. au droit français*, I, p. 519. — En droit canonique, les degrés se comptent comme en droit romain, si ce n'est que pour déterminer la proximité de parenté entre deux collatéraux, le droit romain, prenant pour point de départ l'un des collatéraux, remonte à la souche commune et redescend ensuite à l'autre; le droit canonique, au contraire, ne parcourt que la ligne la plus longue et s'arrête à l'auteur commun.

[6] Il ne faut pas confondre cette distinction avec celle que le droit romain établissait entre les agnats et les cognats, c'est-à-dire entre les parens par les mâles et les parens par les femmes. Ainsi, par exemple, le fils de la sœur de mon père est mon cousin paternel, quoiqu'il ne soit pas mon agnat.

inter se non sunt affines; 2° que les personnes alliées à l'un des époux par suite d'un précédent mariage, ne sont point les alliés de la personne à laquelle il s'est uni en secondes noces [7].

L'affinité, considérée comme lien physique, est légitime ou naturelle, suivant qu'elle repose sur un mariage, ou sur un commerce illicite.

L'affinité illégitime ou naturelle ne crée point de rapports juridiques, à moins qu'on ne veuille la regarder comme engendrant un empêchement de mariage [8].

L'affinité légitime ne s'éteint point par la dissolution du mariage quand même il n'en existerait pas d'enfans [9], du moins il en est ainsi en règle générale, et sauf les exceptions mentionnées aux art. 206 du Code civil, 283 et 378 du Code de procédure.

La proximité de l'affinité se détermine comme celle de la parenté : on est allié de l'un des conjoins dans la même

[7] On ne reconnaît donc point en droit français d'affinité *secundi vel tertii generis.* — Le Code civil ne contenant aucune règle sur cette matière, s'en est, par là même, rapporté au droit antérieur. Cpr. Merlin, *Rép.*, v⁰ˢ Affinité et Empêchement.

[8] La question de savoir si l'alliance illégitime forme un empêchement de mariage, est fortement controversée. L'opinion négative, qu'on peut fonder sur le texte des art. 161 et 162, n'en doit pas moins être rejetée par respect pour les bonnes mœurs et l'honnêteté publique. Voy. Merlin, *Rép.*, v⁰ Affinité, n⁰ 1, et v⁰ Empêchement de mariage, § 4, art. 3, n⁰ 3; Vazeille, *Traité du mariage*, I, 106; Duranton, II, 157 et suiv.; Crim. cass., 6 avril 1809, Sir., IX, 1, 136; Nîmes, 3 décembre 1812, Sir., XII, 2, 438. Cpr., Crim. cass., 6 avril 1809, Sir., IX, 1, 136. Voy. cependant, en ce qui concerne la preuve de l'alliance illégitime, les développemens donnés sur l'art. 340, au § 569.

[9] Ce principe, qui dans l'origine avait été controversé, est aujourd'hui reconnu par une jurisprudence constante. Bruxelles, 11 juin 1812, Sir., XIII, 2, 220. Req. rej., 24 février 1825, Sir., XXV, 2, 273. Dijon, 6 janvier 1827, Sir., XXVII, 2, 85. Nîmes, 28 janvier 1831, Sir., XXXI, 2, 292. Civ. cass., 16 juin 1834, Sir., XXXIV, 1, 729. Cpr. en sens divers : Carré, *Lois de la procédure*, I, p. 173; Carnot, *De l'instruction criminelle sur l'art.* 156, n⁰ 23, I, p. 467; Delvincourt, I, p. 275; Vazeille, *op. cit.*, I, 111; Duranton, III, 458.

ligne et au même degré que l'on est parent avec l'autre [10].
Ainsi, par exemple, une femme est alliée au second degré,
dans la ligne collatérale, du frère de son mari.

Les effets que la loi attache à la parenté et à l'alliance
seront exposés plus tard, lorsque nous traiterons des matières auxquelles ils se rapportent, et notamment du mariage, de la puissance paternelle et des successions.

§ 85.

6. *De la vie. — Du décès.*

Celui qui réclame au nom d'un tiers un droit attaché au
fait de l'existence de ce dernier à une époque déterminée,
doit prouver ce fait. Art. 135[1]. Celui qui réclame la succession d'un tiers, ou la jouissance de tout autre droit subordonné à la condition du décès de ce tiers, est, en règle
générale (voy. cep. art. 123 et 129), tenu de prouver cet
événement. Arg. art. 130.

On peut prouver, non-seulement par écrit, mais au
moyen de toute espèce de preuves[2], qu'un individu vit
actuellement, ou qu'il vivait encore à une époque déterminée. On doit, en général, prouver au moyen des registres
de l'état civil et par un acte de décès, qu'un individu est
décédé ou qu'il est venu mort au monde. Cpr. §§ 62 et 161.

La loi contient des préceptes spéciaux applicables à l'hypothèse où plusieurs personnes, respectivement appelées
à la succession l'une de l'autre, ont péri ensemble, soit
dans un même événement, par exemple dans un naufrage
ou dans un incendie, soit de toute autre manière[3], mais

---

[10] *Gradus adfinitatis nulli sunt*, dit, à la vérité, la loi 4, § 5, *D.
de gradibus cognat.* (38, 10), mais les degrés de parenté peuvent
servir à déterminer la proximité de l'alliance.

[1] Merlin, *Quest.*, v° Vie, § 2. Cpr. § 41.

[2] Req. rej., 5 février 1819, Sir., IX, 1, 221.

[3] Ces préceptes, par exemple, sont applicables *ex mente legis.*

12 *

immédiatement l'une après l'autre, sans qu'on puisse re-connaître laquelle est décédée la première[4].

Pour résoudre la question de survie, il faut avant tout recourir aux présomptions de fait qui découlent des circonstances particulières de l'événement[5]. A défaut de présomptions de cette nature, on observe les règles suivantes.

En général, il est à présumer que le plus fort a survécu au plus faible. Le degré de force se détermine soit d'après l'âge, soit, dans certains cas, d'après le sexe. Art. 720.

La présomption de survie est sans considération de sexe: 1° en faveur des plus âgés, lorsque les personnes qui ont péri ensemble n'avaient point encore atteint quinze ans; 2° en faveur des plus jeunes, soit que ces personnes eussent les unes moins de quinze ans et les autres plus de soixante, soit qu'elles eussent toutes dépassé la soixantième année. Art. 721.

Si les personnes décédées étaient âgées de plus de quinze ans, et de moins de soixante, la plus jeune est présumée avoir survécu à la plus âgée, suivant le cours ordinaire de la nature, à moins qu'elles ne fussent de sexe différent et que la différence d'âge n'excédât pas une année, cas auquel la présomption de survie est en faveur du mâle qui est regardé comme le plus fort. Art. 722[6].

au cas où deux personnes sont décédées de mort naturelle dans un même appartement, hors de la présence de tout témoin.

[4] Quoique les préceptes contenus aux art. 720 et suiv. soient placés au titre des successions *ab intestat*, M. Toullier pense (IV, 78 et suiv.) que d'après l'esprit de la loi, ils doivent être considérés comme des règles générales, applicables notamment à l'hypothèse où le testateur et le légataire ont péri dans le même événement. Nous ne saurions partager cette opinion que rejettent également MM. Delvincourt (II, p. 20), Chabot (*Des successions*, sur l'art. 720, n° 7), et Duranton (VI, 48).

[5] Par exemple, si le feu a pris au second étage d'une maison, il est à présumer que la personne qui habitait cet étage a péri la première. Cpr. Chabot, sur l'art. 725, n° 1; Toullier, IV, 78.

[6] En ce qui concerne les cas analogues, qui ne sont point explicitement décidés par le Code, voy. Chabot, sur l'art. 722. — Sur les jumeaux, voy. L. 5, D. *de Statu hominum* (1, 5).

DE LA TUTELLE, DE LA CURATELLE ET DU CONSEIL.

SOURCES. — *Code civil*, art. 388-515. — Loi du 16-24 août 1790, tit. III, art. 11. — *Le droit romain et sous certains rapports le droit coutumier*. — BIBLIOGRAPHIE DE L'AN- CIEN DROIT. — *Traité des minorités, tutelles et curatelles, etc.*, par J. Meslé. — *Traité des tutelles*, par J. A. Fer- rière. — *Traité de la tutelle et curatelle*, par Vermeil. — BIBLIOGRAPHIE DU NOUVEAU DROIT. — *Analyse des prin- cipales questions qui peuvent s'élever sur le titre du Code Napoléon ; de la minorité, de la tutelle, et de l'émancipa- tion, comparées au droit romain*, par P. J. Blœchel ; Stras- bourg, 1808. Cette dissertation est faite avec le plus grand soin. — *Études du Code Napoléon considéré particuliè- rement en ce qui intéresse les tutelles et curatelles*, par Delahaye ; Paris, 1810, in-8°. — *Traité de la mino- rité de la tutelle et de l'émancipation*, par Desquiron ; Pa- ris, 1810, 1 vol. in-8°. — *Des conseils de famille, des avis de parens, des tutelles et curatelles*, par Bousquet ; 1813, 2 vol. in-8°. — *Traité des minorités, tutelles et cu- ratelles*, par Magnin ; Paris, 1835, 2 vol. in-8°.

§ 86.

Introduction.

Les personnes qui sont physiquement ou légalement in- capables d'administrer seules ou par elles-mêmes leurs affaires, sont pourvues d'un tuteur, d'un curateur ou d'un conseil.

Les tuteurs, curateurs et conseils remplissent tous des fonctions publiques, mais ils diffèrent les uns des autres sous le double rapport du fondement et de l'étendue des pouvoirs dont ils sont investis.

Le tuteur est chargé de représenter, dans tous les actes de la vie civile, le mineur ou l'interdit auquel il a été nommé. *Tutor personæ datur*. Cpr. § 110 et suiv.

Le curateur peut être appelé, soit à assister[1] un mineur émancipé dans tous les actes juridiques pour lesquels la loi n'a point, par une disposition spéciale, accordé à ce dernier de capacité suffisante (cpr. § 131 - 133), soit à représenter un individu qui ne peut agir par lui-même. (cpr. § 125), soit à gérer certaines espèces de biens. Cpr. § 136.

Le conseil est chargé d'assister, dans des actes juridiques spécialement déterminés, la personne dans l'intérêt de laquelle il a été nommé. Cpr. § 138 et 140.

Les lois prescrivent encore, en certains cas, la nomination de tuteurs et curateurs spéciaux ou *ad hoc* (*scilicet negotium*). Alors elles emploient quelquefois ces expressions dans un sens différent de celui que nous venons de leur attribuer. Voy., par exemple, art. 2208.

PREMIÈRE SUBDIVISION.
DE LA TUTELLE.

CHAPITRE PREMIER.
DE LA TUTELLE DES MINEURS.

INTRODUCTION.
§ 87.

Des personnes qui sont, à raison de leur âge, soumises à la tutelle.

Tous ceux qui n'ont point encore atteint l'âge de vingt et un ans accomplis, sont en tutelle, à moins qu'ils n'aient

[1] Le Code civil se sert du mot *assistance* pour désigner le *Consensus curatoris* du droit romain.

été émancipés (cpr. §§ 119 et 129-134), ou que le mariage qui unit leurs père et mère ne soit pas encore dissous. Art. 389; cpr. § 99.

Le droit français ne fait pas, comme le droit romain[1], de différence, sous le rapport de la tutelle, entre les impubères et les pubères.

§ 88.

Des différentes espèces de tuteurs.

Les tuteurs se divisent en tuteurs proprement dits ou gérans[1], et en subrogés tuteurs. Les premiers sont exclusivement chargés de l'administration de la tutelle; les seconds ne sont appelés à représenter le mineur que lorsque ses intérêts se trouvent en opposition avec ceux du tuteur. Art. 420.

Les tuteurs proprement dits ou gérans, sont eux-mêmes ou généraux ou spéciaux. Les premiers représentent le mineur dans toutes les relations de la vie civile; les seconds, au contraire, ne le représentent que sous des points de vue spéciaux; soit en ce qui concerne certains droits ou actes juridiques (*tuteurs ad hoc*, cpr. art. 155, 318, 838, 1055), soit par rapport aux biens qu'un mineur domicilié en France possède aux colonies, ou qu'un mineur domicilié aux colonies possède en France (*protuteurs*)[2]. Art. 417.

---

[1] La distinction établie par le droit romain, entre la tutelle des impubères et la curatelle des mineurs pubères, avait été admise dans les pays de droit écrit. Malleville, dans l'*Introduction* au liv. I, tit. 10, chap. 2 du Code civil.

[1] Le mot *tuteur*, employé soit dans le Code soit dans le présent ouvrage, sans autre qualification, désigne le tuteur général chargé de l'administration.

[2] Le droit français attribue à cette expression un tout autre sens que le droit romain d'après lequel le protuteur est celui qui ad-

Nous parlerons plus amplemeut des tuteurs *ad hoc* au fur et à mesure que l'occasion s'en présentera.

Le protuteur, indépendant du tuteur établi dans le lieu où le mineur a son domicile, doit, en ce qui concerne les biens confiés à son administration, être entièrement assimilé à un tuteur ordinaire. Art. 417 [3].

§ 89.

Droit concernant la tutelle. — Droit général. — Droit spécial.

Les préceptes généraux qui régissent la tutelle sont, en certains cas, modifiés par des dispositions spéciales. C'est ce qui a lieu dans les tutelles : 1° des enfans d'un absent (art. 141 - 143., cpr. § 160) ; 2° des enfans admis dans les hospices (cpr. loi du 25 pluviôse an XIII et décret du 19 janvier 1810) ; 3° des mineurs titulaires de majorats. Cpr. avis du conseil d'État du 30 janvier 1811 et § 25.

§ 90.

Principes de la matière.

1° La tutelle est une charge publique.

2° Elle a pour objet l'intérêt du mineur. Aussi les lois relatives à la tutelle sont-elles en grande partie des lois de police destinées à protéger le mineur. C'est d'après cet

---

ministre la tutelle sans être tuteur. Cpr. au D. les titres de *Eo qui protut.* (27, 5), et *Quòd fals. tut.* (27, 6). Un pareil protuteur doit, en droit français, être envisagé comme un *negotiorum gestor.* Cpr. Req. rej., 14 octobre 1806, Sir., XVI, 1, 416 ; Duranton, III, 479. La cour de Riom (24 avril 1827, Sir., XXIX, 2, 203) est allée plus loin en l'assimilant à un vrai tuteur, et en lui appliquant les dispositions de l'art. 472.

[3] Cpr., sur cet article : Locré, *Légis.*, t. VII, p. 107 ; Toullier, II, 1123.

esprit qu'il faut les interpréter et compléter les lacunes qu'elles présentent. Ainsi, par exemple, la question de savoir si un tuteur peut être nommé d'une manière conditionnelle ou pour un certain temps, doit, en règle générale[1], être résolue négativement.

3° La loi n'appelle à la tutelle légale qu'un seul individu (*interest pupilli ne tutela per plures spargatur*). On doit en conclure que le père, la mère, et le conseil de famille ne peuvent également nommer qu'un seul tuteur[2]. Art. 403, 404, et arg. de ces articles. Il est cependant loisible au père et à la mère de nommer un tuteur pour l'éducation du mineur, et un autre pour l'administration de ses biens[3]. Le Code prévoit aussi un cas où d'après la loi, un cotuteur doit être adjoint au tuteur ordinaire. Art. 396.

4° Le tuteur, quoique placé sous la surveillance du subrogé tuteur, et soumis au contrôle du conseil de famille qu'il est obligé de consulter en certains cas, administre cependant seul et d'une manière exclusive toutes les affaires de la tutelle[4]. Ses fonctions ne se bornent point à valider, par son autorisation (*auctoritate suâ*), les actes juridiques du mineur; il est chargé de représenter ce dernier dans tous les actes de la vie civile. Art. 450.

§ 91.

Du contrôle de la tutelle.

Les législations des différens peuples civilisés ont tou-

---

[1] *En règle générale.* Par exception à cette règle, la nomination d'un tuteur, faite sous condition par le père ou la mère du mineur, doit être maintenue. Cpr. Malleville, sur l'art. 401; Blœchel, § 14; Toullier, II, 1105; Duranton, III, 439 et suiv.

[2] Toullier, II, 1123. Mais rien n'empêche qu'une même personne n'administre plusieurs tutelles. Blœchel, § 9.

[3] Blœchel, § 13. Delvincourt, sur l'art. 398. Trib. civ. et d'appel de Paris, 24 pluviôse et 15 messidor an XII, Sir., IV, 2, 119 et 171. M. Duranton (III, 444) va plus loin : il accorde au père et à la mère le droit absolu de nommer plusieurs tuteurs à leurs enfans.

[4] Riom, 13 avril 1809, Sir., XII, 2, 288.

jours cherché à garantir les intérêts des mineurs. Dans ce but, elles ne se sont pas contentées de leur donner les moyens de se soustraire aux conséquences du dol et de l'incurie de leurs tuteurs, ou d'obtenir la réparation du dommage qui en aurait été la suite; elles ont en outre soumis ces derniers au contrôle d'une autorité publique. Quoique marchant vers un même but, ces législations diffèrent dans les moyens d'y parvenir: la surveillance qu'elles ont établie est plus ou moins rigoureuse ; et ne se trouve pas confiée partout à des autorités de même ordre.

D'après le droit romain, plus remarquable par ses lois civiles que par ses lois de police, le contrôle dont nous venons de parler ne se manifestait, pour ainsi dire; que par l'intervention du magistrat dans l'aliénation des biens du mineur[1], par la nécessité de la confirmation de certains tuteurs, et par l'admission de l'action populaire en destitution.

D'après le droit allemand, la surveillance est plus étendue : le tuteur ne peut jamais entrer en fonctions qu'après avoir été établi ou confirmé, soit par la justice, soit par une autorité spéciale appelée collège des pupilles ; il ne doit agir dans les affaires importantes que d'après le consentement de cette autorité, à laquelle il est également tenu de rendre de temps en temps compte de sa gestion.

Le droit français a pris, en ce qui concerne l'étendue de la surveillance à laquelle le tuteur est soumis, un moyen terme entre les deux législations précédentes. Le tuteur en France est moins indépendant qu'à Rome, il l'est plus qu'en Allemagne.

Le droit français s'écarte encore davantage et du droit romain et du droit allemand, relativement à l'autorité à laquelle il a principalement confié le contrôle de la tutelle

---

[1] Cpr. au D. le titre : *De rebus eorum qui sub tutela vel cura sunt sine decreto magistratus non alienandis vel supponendis* (27, 9); et au C. le titre : *De prediis et aliis rebus minorum sine decreto non alienandis vel obligandis* (5, 71).

Cette autorité est un conseil de famille[2] composé de parens du mineur, pris par moitié dans la ligne paternelle et dans la ligne maternelle. Tout tuteur est, dans les cas prévus par la loi, obligé de se conformer aux résolutions de ce conseil, qui doivent, dans certaines circonstances, être sanctionnées ou homologuées par la justice.

Outre ces précautions, les lois françaises ont encore confié la garde des intérêts du mineur à un subrogé tuteur chargé de surveiller l'administration du tuteur gérant, et au procureur du roi qui doit prendre communication de toute affaire qui les concerne. Code de procédure, art. 83, 885 et 886.

C'est à l'expérience à décider si l'institution des conseils de famille est ou non avantageuse aux intérêts du mineur; toutefois, on peut remarquer que les recueils de jurisprudence présentent peu de décisions judiciaires auxquelles aient donné lieu des actes faits par les tuteurs contrairement aux devoirs de leur charge.

§ 92.

Généralités sur la nature des pouvoirs accordés au conseil de famille[1].

Le conseil de famille est principalement chargé de nommer et de destituer le tuteur dans les cas prévus par les

---

[2] L'institution des conseils de famille est une création du droit coutumier. Argou, *Institution au droit français*, I, p. 48. Elle n'était cependant point inconnue aux pays de droit écrit, dans lesquels on convoquait aussi parfois un conseil de famille, par exemple à l'effet de désigner au magistrat les personnes aptes à gérer la tutelle.

[1] Les principaux articles (408-416) dans lesquels le Code s'occupe du conseil de famille, sont placés sous la section qui traite de la tutelle dative. Les préceptes que ces articles contiennent sont cependant, en règle générale, applicables à tous les cas où il y a lieu à convocation du conseil de famille.

lois, de surveiller et de vérifier sa gestion, de l'autoriser à faire certains actes juridiques, et de donner son avis sur diverses affaires de la tutelle.

Le conseil de famille, dépourvu de tout pouvoir judiciaire[2] ou administratif, n'est qu'une assemblée délibérante, chargée de prendre des résolutions à l'occasion des fonctions de police judiciaire qui lui sont attribuées. Il ne constitue point un corps permanent, et doit être recomposé de la manière prescrite par la loi, toutes les fois qu'il devient nécessaire de le convoquer[3].

§ 93.

De la composition du conseil de famille.

Le conseil de famille se compose :

1° Du juge de paix qui en est membre né et président (art. 407, 416), d'où il suit : a) qu'une délibération du conseil de famille est nulle, lorsque l'acte qui doit en être dressé, constate que le juge de paix s'est borné à présider le conseil de famille, sans prendre part à la délibération, et sans voter[1]; b) que le juge de paix reste membre et président du conseil de famille, quoique, après l'annulation de l'une de ses résolutions, le même objet soit de nouveau soumis à sa délibération[2]; c) que le tribunal de première instance n'est point autorisé à déléguer un de ses membres

---

[2] Ainsi, lorsqu'une résolution du conseil de famille est attaquée devant le tribunal compétent, ce dernier en connaît non comme juge d'appel, mais comme juge de première instance. Code de procédure, art. 889. Blœchel, § 27.

[3] Le conseil de famille ne doit donc pas être composé des mêmes membres lorsque, dans l'intervalle d'une assemblée à l'autre, il se trouve sur les lieux des parens ou alliés plus proches. Voy. cependant Locré, sur l'art. 439.

[1] Bordeaux, 21 juillet 1808, Sir., VIII, 2, 268.

[2] Paris, 6 octobre 1814, Sir., XV, 2, 215.

pour présider le conseil de famille au lieu et place du juge de paix[3].

2° De six[4] autres personnes choisies par le juge de paix, parmi les parens ou alliés du mineur, résidant même passagèrement[5] dans la commune où le conseil de famille doit se tenir, ou dans une distance de deux myriamètres. Elles doivent être prises moitié dans la ligne paternelle, moitié dans la ligne maternelle, et de manière que le parent ou allié le plus proche soit préféré au plus éloigné[6], qu'à égalité de degré, le parent l'emporte sur l'allié[7], et que toutes autres choses égales, le plus âgé exclut le plus jeune. Art. 407. Le juge de paix peut ranger, à son choix, dans l'une ou l'autre ligne, les parens qui appartiennent en même temps à toutes les deux[8]; mais il ne peut jamais compléter le nombre de parens que l'une des lignes doit fournir, au moyen de personnes prises dans l'autre[9].

[3] Bordeaux, 6 messidor an XII, *Jurisprudence du Code civil*, II, 310.

[4] Ni plus ni moins (Amiens, 11 fructidor an XIII, Sir., VII, 2, 863), sauf les exceptions détaillées au présent paragraphe. Cpr. Turin, 20 février 1807, Sir., VII, 2, 652.

[5] Locré et Delvincourt, sur l'art. 407.

[6] *Proximior excludit remotiorem.* La violation de cette règle rend nulle la délibération du conseil de famille. Lyon, 15 février 1812, Sir., XIII, 2, 289. Colmar, 27 avril 1813, Sir., XIV, 2, 48. Angers, 29 mars 1821, Sir., XXI, 2, 260. Rouen, 7 avril 1827, Sir., XXVII, 2, 196. Toulouse, 5 juin 1829, Sir., XXIX, 2, 313. Voy. cependant, en sens contraire: Turin, 10 avril 1811, Sir., XII, 2, 281. Cpr. aussi Bruxelles, 15 mars 1806, Sir., VII, 2, 866, et les arrêts cités à la note 2 du § 96.

[7] Un avis du conseil de famille est nul, lorsque l'allié a été préféré au parent contrairement aux dispositions de la loi. Voy. Civ. rej., 22 juillet 1807, Sir., VII, 1, 319. — L'alliance sous ce rapport ne s'éteint pas non plus par la dissolution du mariage. Req. rej., 16 juillet 1810, Sir., X, 1, 355. Bruxelles, 11 juin 1812, Sir., XIII, 2, 220. Cpr. § 84 note 9.

[8] Le conseil de famille peut donc être exclusivement composé de frères germains du mineur. Req. rej., 16 juillet 1810, Sir., X, 1, 355. Req. rej., 10 août 1815, Sir., XV, 1, 411.

[9] Blœchel, § 24. *Jurisprudence du Code civil*, XVI, 186.

Outre ces règles générales, le Code contient encore, sur la composition du conseil de famille, les préceptes spéciaux ou exceptionnels suivans :

1. Les frères germains et les maris de sœurs germaines sont tous membres du conseil de famille, quoique leur nombre excède celui de six. Art. 408.

2. Les ascendans valablement excusés de la tutelle légale, et les ascendantes veuves [10] doivent être appelés au conseil de famille [11], mais plutôt par déférence que comme membres nécessaires. Ils sont libres d'y assister ou non; le conseil sera donc, malgré leur présence, composé d'après les règles ci-dessus indiquées, et pourra, malgré leur absence, valablement délibérer. Art. 408 [12].

3. Lorsque le mineur n'a point sur les lieux, ni dans la distance déterminée par l'art. 107, des parens ou alliés en nombre suffisant pour composer le conseil de famille [13], le juge de paix doit le compléter en y appelant à son choix [14], soit des parens ou alliés domiciliés à de plus grandes distances, soit des personnes de la commune connues pour avoir eu des relations habituelles d'amitié [15] avec le père ou la mère du mineur [16]. Art. 409.

---

[10] Par *veuves ascendantes*, il faut entendre celles dont le mineur descend. On ne doit pas comprendre sous cette expression les veuves qui étaient unies à des ascendans alliés ou parens du mineur par un mariage autre que celui dont ce dernier descend. Arg. art. 442. Durantón, III, 459.

[11] Pourvu qu'ils se trouvent sur les lieux, ou à la distance de deux myriamètres. Arg. art. 407, cbn. art. 408.

[12] Voy., pour la solution des difficultés que cet article présente: Duranton, III, 460; Toullier, II, 111; Colmar, 27 avril 1813, Sir., XIV, 2, 48.

[13] Les amis ne peuvent être appelés que sous cette condition. Angers, 29 mars 1821, Sir., XXI, 2, 260.

[14] Blœchel, § 20. Besançon, 9 avril 1808, Sir., IX, 2, 158. Voy. cependant Besançon, 26 août 1808, Sir., VII, 2, 865.

[15] L. 223, § 1, D. de V., S., (50, 17).

[16] Ou avec l'intéressé lui-même, lorsque le conseil de famille est convoqué en matière d'interdiction.

4. Quand même il y aurait sur les lieux, ou dans le rayon de deux myriamètres, un nombre suffisant de parens ou d'alliés, le juge de paix peut appeler au conseil de famille des parens ou alliés du même degré, ou d'un degré plus rapproché, à quelque distance qu'ils soient domiciliés[17]. Art. 410[18].

5. L'enfant naturel n'ayant, en cette qualité, d'autres parens que ses père et mère (cpr. § 84), le conseil de famille doit, dans le cas où ces derniers ne pourraient en faire partie, être exclusivement composé d'amis[19], conformément à la disposition de l'art. 409.

La loi n'admet point au conseil de famille :

1° Les mineurs, à l'exception du père et de la mère.

2° Les interdits.

3° Les femmes, autres que les ascendantes.

4° Tous ceux qui ont, ou dont les père et mère ont avec le mineur un procès dans lequel l'état de mineur, sa fortune, ou une partie notable de ses biens sont compromis. Art. 442[20].

5° Tous ceux qui ont été exclus ou destitués d'une tutelle. Art. 445[21].

6° Les morts civilement. Art. 25, alin. 4.

7° Ceux qui ont été condamnés à la peine des travaux

---

[17] *Licet non opportet.* La chose est abandonnée au choix du juge de paix. Rouen, 29 novembre 1816, Sir., XVII, 2. 76.

[18] Cet article doit être interprété dans un sens restrictif. Duranton, III, 462.

[19] Cpr. Req. rej., 3 septembre 1806, Sir., VI, 1, 474; Req. rej., 7 juin 1820, Sir., XX, 1, 366.

[20] Sur les causes qui dispensent ou qui excluent de la tutelle : Cpr. § 104-109.

[21] La mère tutrice, qui perd la tutelle pour s'être remariée sans avoir accompli l'obligation qui lui est imposée par l'art. 395, ne peut, par ce motif, être exclue du conseil de famille. Bruxelles, 30 mai 1810, Sir., X, 1, 397. Voy., en sens contraire, Delvincourt, sur l'art. 445. — On ne peut pas davantage en exclure la mère, à laquelle le conseil de famille n'aurait point conservé la tutelle. Duranton, III, 511.

forcés à temps, de la détention, de la réclusion, du banissement ou de la dégradation civique. Code pénal, art. 28 et 34.

8° Ceux qui ont été privés par un tribunal jugeant correctionnellement du droit de vote et suffrage dans les assemblées de famille. Code pénal, art. 42.

9° Enfin, il ne paraît pas qu'on doive admettre au conseil de famille les individus personnellement intéressés à la décision de la question soumise à sa délibération. Arg. art. 426 et 495 [22].

Les personnes d'une inconduite notoire ne sont pas pour cela seul exclues du conseil de famille [23]. Arg. art. 445, cbn. art. 444. Les membres qui composaient le conseil de famille dont une délibération a été annulée, peuvent être appelés pour délibérer de nouveau sur la matière qui en faisait l'objet [24].

§ 94.

De la convocation du conseil de famille, et de la manière dont il doit délibérer.

C'est au juge de paix à convoquer le conseil de famille [1]. C'est également à ce magistrat qu'il appartient de dresser la liste de ceux qui doivent en faire partie [2], sauf à prendre soit auprès du requérant, soit auprès de toute autre personne, les renseignemens nécessaires.

Le juge de paix compétent est celui du canton dans lequel le mineur a son domicile, au moment où s'ouvre la

[22] Lassaulx, II, 435. Blœchel, § 25.
[23] Blœchel, § 48. Civ. cass., 13 octobre 1807, Sir., VII, 1, 473.
[24] Paris, 7 floréal an XIII, Sir., V, 2, 603. Civ. cass., 13 octobre 1807, Sir., VII, 1, 473. Paris, 27 juin 1820, Sir., XX, 2, 293.
[1] Et non à celui qui requiert la convocation. Besançon, 9 avril 1808, Sir., IX, 2, 158.
[2] Duranton, III, 456.

tutelle. Art. 406. Malgré le changement de domicile du tuteur, ce juge de paix reste exclusivement chargé de convoquer tous les conseils de famille dont la tenue pourrait être nécessaire, non-seulement pendant la durée de la première tutelle, mais encore pour la délation et les affaires d'une seconde ou d'une troisième tutelle[3]. Cette règle est cependant susceptible de recevoir exception, lorsque le mineur se trouve placé sous la tutelle légale du père, de la mère, ou d'un autre ascendant, et la compétence du juge de paix semble, en pareil cas, devoir se déterminer d'après le domicile du tuteur[4].

Le conseil de famille est convoqué, soit sur la réquisition et la diligence des parens du mineur, de ses créanciers, ou autres personnes intéressées, soit même d'office[5] et à la poursuite du juge de paix, dans le cas, par exemple, où il s'agit de donner un tuteur à un mineur qui en est dépourvu. Art. 406.

La convocation se fait au moyen d'une citation qui doit être notifiée de manière que les délais déterminés par l'art. 411 soient observés[6]. Rien n'empêche cependant que la convocation n'ait lieu à l'amiable, soit verbalement, soit par lettre[7].

Les personnes appelées sont tenues de comparaître au jour indiqué, soit en personne, soit par un fondé de pouvoir spécial[8] qui ne peut représenter plus d'un seul indi-

[3] Blœchel, § 19. Req. rej., 29 novembre 1809, Sir., IX, 1, 62. Civ. cass., 23 mars 1819, Sir., XIX, 1, 325.

[4] Cette exception est fondée, ainsi que la règle elle-même, sur l'intérêt du mineur. Cpr. Duranton, III, 453; Req. rej., 10 août 1825, Sir., XXVI, 1, 139.

[5] Le ministère public ne peut requérir d'office la convocation d'un conseil de famille. Civ. cass., 11 août 1818, Sir., XIX, 1. 17.

[6] Pigeau, II, p. 370.

[7] Mais alors le non-comparant n'encourt point l'amende édictée par l'art. 413 (Lassaulx, II, 319. *Jurisprudence du Code civil*, VIII, 29), et la délibération prise en son absence n'est pas valable. Rouen, 7 avril 1827, Sir., XXVII, 2, 196.

[8] C'est-à-dire par un mandataire qui a reçu pouvoir de délibérer,

vidu. Art. 412. Ceux que la loi exclut du conseil de famille à raison d'une incapacité personnelle (cpr. § 93), ne peuvent s'y présenter en qualité de fondés de pouvoir[9]. Toute personne dûment convoquée qui, sans excuse légitime[10], ne comparaît pas, soit en personne, soit par mandataire, peut être condamnée, sans appel[11], par le juge de paix, à une amende dont le maximum est de 50 fr. Art. 413. Dans ce cas, ou dans tout autre semblable, il est permis au juge de paix de remettre la tenue de l'assemblée à jour fixe ou indéterminé[12]. Art. 414.

Le conseil de famille se tient, de plein droit[13], chez le juge de paix, à moins qu'il n'ait désigné lui-même un autre local[14]. Art. 415. Les séances ne sont point publiques[15].

Le conseil de famille ne peut délibérer qu'autant que les trois quarts au moins des membres convoqués[16] sont pré-

soit sur un objet spécialement indiqué, soit sur les différentes affaires qui se traiteront dans une assemblée nominativement désignée. Mais la loi n'exige pas que la procuration exprime la manière dont le mandataire devra voter. Bien plus, la régularité d'une procuration ainsi rédigée pourrait être mise en question. Proudhon, II, p. 182, Duranton, III, 456. Blœchel, § 22. Metz, 24 brumaire an XIII, Sir., VI, 2, 5. M. Lassaulx (II, 333) est d'une opinion contraire.

9 Paillet, sur l'art. 412.

10 La question de la validité de l'excuse est abandonnée à la conscience du juge de paix.

11 La voie de l'opposition est-elle en ce cas admissible? C'est avec raison que M. Lassaulx (II, 332) résout affirmativement cette question.

12 Tel est le véritable sens des expressions *ajourner, proroger,* dont se sert l'art. 414. Duranton, III, 457.

13 Il n'est donc pas nécessaire que la citation indique le lieu où l'assemblée doit se tenir.

14 Voy. cependant, quant au lieu où peut s'assembler le conseil de famille qui doit donner son avis sur l'état de la personne à interdire: Paris, 15 mai 1813, Sir., XIV, 2, 23.

15 Duranton, III, 454.

16 *Convoqués.* Par conséquent non compris le juge de paix. — *Les trois quarts au moins.* Le nombre des membres nécessaires à la validité des délibérations est donc, dans les cas ordinaires, de cinq

sens[17]. Art. 415. Les résolutions se prennent à la majorité relative[18] des votes des membres présens en personne, ou dûment représentés. Le juge de paix a voix délibérative et prépondérante en cas de partage[19]. Art. 416.

Lorsque la résolution n'est pas prise à l'unanimité, l'avis de chacun des membres doit être mentionné au procès-verbal. Code de procédure, art. 883. Mais il n'est pas nécessaire, en règle générale, que les actes du conseil de famille soient motivés[20]. Arg. *a contrario* art. 447.

Quoique ce conseil n'ait aucune juridiction, il a cependant le droit de prendre toutes les mesures, et de recourir à toutes les informations nécessaires pour délibérer en connaissance de cause.

§ 95.

Des actes du conseil de famille.

Les actes du conseil de famille se divisent en avis et en délibérations.

au moins, non compris le juge de paix. *Observations du tribunat.* (Locré, *Légis.,* t. V1, p. 219.)

[17] *Présens.* Le membre comparant, qui s'est retiré après l'admission d'une excuse par lui proposée, ne doit pas être compté parmi les présens. Agen, 26 mars 1810, Sir., XI, 2, 87. Il en est autrement de celui qui assiste à la délibération sans vouloir y prendre part. Bruxelles, 15 mars 1806, Sir., VII, 2, 866.

[18] Arg. art. 416. Locré et Paillet, sur l'art. 415. M. Duranton (III, 466) est d'une opinion contraire. Il exige, en général, la majorité absolue, c'est-à-dire la moitié plus un des votes, à moins qu'ils ne soient partagés en nombre égal, seul cas auquel il accorde voix prépondérante au juge de paix. Voy. aussi Delvincourt, sur l'art. 415. Le sentiment que nous avons adopté repose principalement sur ce qu'en thèse générale la majorité relative suffit, à moins que la loi n'exige la majorité absolue.

[19] Si le conseil de famille est composé de sept membres, non compris le juge de paix, l'opinion des trois membres auxquels le juge de paix se réunit, l'emportera sur celle des quatre autres. MM. Delvincourt et Duranton (*op. et loc. cit.*) sont d'un autre avis.

[20] Civ. cass., 17 novembre 1813, Sir., XIV, 1, 74.

13 *

Les avis [1] (cpr. art. 494; Code de procédure, art. 892 et 893) sont des actes dans lesquels le conseil de famille se borne à donner à la justice son sentiment sur des questions que cette dernière lui a soumises.

On appelle délibérations (cpr. art. 447, 458) les actes au moyen desquels le conseil de famille prend ou ordonne directement une mesure quelconque. Telles sont les résolutions qui contiennent quelques nominations, qui autorisent le tuteur ou habilitent le mineur (voy. par exemple, art. 160) à faire certains actes.

La loi détermine les cas [2] dans lesquels le conseil de famille est appelé à prendre une délibération ou à donner un avis. Le tuteur peut aussi le faire convoquer en toute autre circonstance [3], pour le consulter sur l'administration de la tutelle; mais il ne sera pas pour cela déchargé de sa responsablilité personnelle, qui devra seulement être appréciée, dans ce cas, avec moins de rigueur.

Les délibérations du conseil de famille sont exécutoires, ou par elles-mêmes, ou après avoir été homologuées, c'est-à-dire confirmées par le tribunal de première instance compétent. En règle générale, et sauf les exceptions spécialement déterminées par la loi (voy. art. 457, 458, 467, 511; Code de procédure, art. 732, 984), elles sont exécutoires sans homologation [4]. Le Code de procédure

[1] La loi prend quelquefois le terme *avis* dans le sens général que nous attribuons au mot *acte*. Cpr., par exemple, l'intitulé du tit. X, liv. I, part. II du Code de procédure.

[2] Ils seront exposés au fur et à mesure que l'ordre des matières en fournira l'occasion. Cpr. Proudhon, II, p. 186; Toullier, II, 1120; Duranton, III, 470.

[3] Blœchel, § 57. Cependant, en pareil cas, le conseil de famille n'est pas plus obligé de délibérer que le tuteur n'est astreint à suivre sa décision. — Les tribunaux peuvent aussi, pour s'entourer de plus de lumières dans une affaire qui concerne la tutelle, provoquer la convocation d'un conseil de famille. Cpr. Paillet, sur l'art. 885 du Code de procédure.

[4] Duranton, III, 474, 577.

(art. 885 - 889) détermine la marche à suivre pour obtenir cette homologation [5].

§ 96.

Du droit d'attaquer les délibérations du conseil de famille [1].

1° Ces délibérations peuvent être attaquées à raison de
l'inobservation des dispositions relatives, soit à la composition ou à la convocation du conseil de famille, soit au
mode d'après lequel il doit délibérer. Cependant la question de savoir quelles sont, parmi ces dispositions, celles
qui sont prescrites à peine de nullité, est abandonnée à la
conscience du juge. Pour la décider, il appréciera, suivant
les règles générales exposées au § 37, l'importance plus
ou moins grande des préceptes violés dans leur rapport
avec le but qui les a fait établir, c'est-à-dire avec l'intérêt
du mineur. Mais comme cet intérêt ne peut être déterminé d'une manière complète à l'aide de principes purement théoriques (in thesi), il devra rechercher, d'après
les circonstances particulières à la cause (in hypothesi),
si le mineur a éprouvé ou non quelque préjudice par suite
de l'inobservation de la loi [2].

Le droit d'attaquer une délibération du conseil de famille pour le motif qui vient d'être indiqué, appartient au
tuteur, au subrogé tuteur, au curateur dans les cas où
il s'agit de curatelle, enfin à tous les membres du conseil

[5] Cpr. Pigeau, II, p. 372; Carré, *Lois de la procédure*, III, p. 258
et 259.

[1] Les matières traitées dans ce paragraphe présentent plusieurs
difficultés, qui proviennent principalement de ce que l'art. 883 du
Code de procédure n'a pas été rédigé avec toute la précision désirable. Cpr. Delvincourt, I, p. 270, et Duranton, III, 475.

[2] Riom, 25 novembre 1828, Sir., XXIX, 2, 118. Req. rej., 30 avril
1834, Sir., XXXIV, 1, 444. Cpr. les auteurs et les arrêts cités dans
les notes des §§ 93 et 94.

de famille, tant à ceux qui n'ont point assisté à l'assemblée, parce que, à tort ils n'y auraient point été appelés, ou qu'ils n'auraient point jugé convenable de s'y rendre[3], qu'à ceux qui, ayant concouru à la délibération, y auraient tacitement ou expressément acquiescé[4]. Code de procédure, art. 883.

2° Les délibérations du conseil de famille, quoique régulières en la forme, peuvent être attaquées quant au fond, lorsqu'elles sont contraires aux intérêts du mineur[5], peu importe, même dans ce cas, qu'elles aient été prises à l'unanimité ou à la simple majorité[6]. Voy. pourtant art. 160.

Le droit d'attaquer la délibération appartient encore, dans ce cas, aux personnes que nous avons déjà désignées[7]. Code de procédure, art. 883.

3° Enfin, les délibérations du conseil de famille peuvent être attaquées par les personnes dont elles lèsent les intérêts, par exemple par le tuteur exclu ou destitué de la tutelle. Art. 448.

Dans les trois cas, la demande en annulation doit être portée devant le tribunal de première instance dans le ressort duquel a été tenue l'assemblée de famille[8]. L'action

---

[3] Lyon, 15 février 1812, Sir., XIII, 2, 289. Colmar, 27 avril 1813, Sir., XIV, 2, 48. Angers, 29 mars 1821, Sir., XXI, 2, 260.

[4] Delvincourt, op. et loc. cit. — L'action en nullité ne compète pas à tout parent du mineur. Elle ne peut pas non plus appartenir à ce dernier que personne ne serait apte à représenter. — Cette observation s'applique également au second cas de nullité dont il est question dans le texte.

[5] Jurisprudenc du Code civil, XVII, 415. La cour de Paris a, par arrêt du 6 octobre 1814 (Sir., XV, 2, 215), soustrait à l'application de cette règle les délibérations contenant nomination de tuteurs. Cet arrêt, dénué de motifs solides, ne nous paraît pas devoir faire jurisprudence.

[6] Delvincourt, op. et loc. cit. L'art. 883 du Code de procédure civile ne parle, que dans son premier alinéa, des délibérations qui n'ont pas été prises à l'unanimité.

[7] La raison est la même dans ce second cas que dans le premier.

[8] Les délibérations du conseil de famille peuvent aussi être atta-

ne doit être formée, dans le second et le troisième cas, que contre les membres qui ont voté pour l'opinion adoptée par la délibération. Dans le premier, elle doit l'être, en règle générale, contre tous les membres du conseil de famille. Lorsque l'action en nullité est formée par un tuteur qui se plaint d'avoir été injustement exclu ou destitué de la tutelle, elle doit être dirigée contre le subrogé tuteur[9]. Art. 448. La procédure est toujours sommaire[10] (Code de procédure, art. 884, 889), et le juge de paix ne peut jamais être appelé en cause[11].

Les lois n'ont pas soumis à une prescription spéciale l'action en nullité dont nous venons de parler. Si cependant un acte juridique avait été conclu en vertu d'une délibération du conseil de famille, cette délibération ne pourrait être critiquée que pendant le temps accordé pour demander la nullité de l'acte qui en a été la suite. Cpr. art. 1304 et 1305. Voy. aussi art. 160.

§ 97.

De la responsabilité des membres du conseil de famille.

Le Code civil ne soumet les membres du conseil de famille, à raison des délibérations auxquelles ils ont con-

quées incidemment, lorsqu'elles sont soumises à l'homologation de la justice. Code de procédure, art. 888.

[9] La disposition de l'art. 448, constituant une loi spéciale fondée sur un motif spécial, n'a point été abrogée par l'art. 883 du Code de procédure. Duranton, III, 476 et 514. Carr., *Lois de la procédure civile*, III, p. 255. Berriat Saint-Prix, II, p. 679. Liége, 7 mars 1831, Sir., XXXIV, 2, 118. Voy., en sens contraire, Toullier, II, 1178.

[10] Cpr., sur la marche de cette procédure: Pigeau, II, p. 374 et suiv.; Delvincourt, I, p. 281.

[11] Req. annul., 29 juillet 1812, Sir., XIII, 1, 32.

couru, à aucune responsabilité spéciale [1]. Quoique assujétis, en thèse générale, à la responsabilité commune établie par les art. 1382 et 1383, on ne conçoit cependant pas qu'ils puissent être utilement poursuivis en vertu de ces articles, si ce n'est dans l'hypothèse où ils se seraient rendus coupables de dol [2].

I. DES DIFFÉRENTES MANIÈRES DONT LA TUTELLE PEUT ÊTRE DÉFÉRÉE.

A. DÉLATION DE LA TUTELLE PROPREMENT DITE.

§ 98.

Généralités.

La tutelle est déférée soit par la loi, soit par le choix du père ou de la mère, soit par une délibération du conseil de famille. *Tutela est vel legitima, vel testamentaria, vel dativa.*

La tutelle légale l'emporte sur les deux autres, lorsqu'elle est déférée au père ou à la mère; elle ne prime que la dative dans le cas où elle doit revenir à d'autres ascendans.

Tout tuteur, quelle que soit la manière dont la tutelle a été déférée, entre en fonctions, sans avoir besoin d'une confirmation émanant de la justice ou de toute autre autorité, et sans être obligé de fournir caution ou de donner quelque autre sûreté [2]. Mais les lois accordent au mineur,

[1] L'action subsidiaire *adversùs magistratum* du droit romain est totalement inconnue en droit français. Locré, t. V, p. 66.
[2] Cpr. Proudhon, II, p. 194; Duranton, III, 473.
[1] On ne connaît pas en droit français de tutelle conventionnelle (*tutela pactitia*). Arg., art. 398 et 1388.
[2] Blœchel, § 53. Turin, 5 mai 1810, Sir., XI, 2, 37. Caen, 23 novembre 1812, Sir., XIII, 2, 71. Voy. cependant, Lassaulx, 2, 419.

pour la garantie de ses intérêts, une hypothèque légale sur les biens du tuteur.

§ 99.

De la tutelle des pères et mères.

Tant qu'un mariage n'est pas encore dissous[1], soit par la mort naturelle ou civile de l'un des époux, soit par le divorce[2], les enfans qui en sont issus[3] ne sont soumis qu'à la puissance paternelle et non à l'autorité tutélaire. Art. 389[4].

Pendant la durée du mariage, le père est, en cette qualité, chargé de faire pour l'utilité et au nom de ses enfans, tout ce qu'un tuteur doit faire pour les intérêts et au nom des mineurs, dont la garde lui est confiée. L'enfant légitime, représenté et défendu par son père[5], n'a donc pas, en règle générale, besoin de tuteur; mais s'il s'élève une contestation entre le père et l'enfant, ou s'ils ont des intérêts contraires, par exemple dans une succession, la nomination d'un tuteur *ad hoc* devient indispensable[6].

Quoique le père puisse, en ce qui concerne l'exercice et

---

[1] Cpr. art. 227. Voy. pourtant art. 141-143, et § 160.

[2] Cpr. sur les effets que le divorce produisait par rapport à la tutelle : Grolmann, III, 390 et suiv.; Toullier, II, 1094 et suiv.

[3] C'est-à-dire les enfans légitimes. Cpr. sur la tutelle des enfans naturels: §§ 565 et suiv.

[4] Cet article fut ajouté sur la proposition du tribunat, et c'est dans les observations que ce corps a présentées, qu'il faut rechercher les moyens de l'interpréter (Locré, *Légis.*, t. VII, p. 215). Cpr. Locré, sur l'art. 389; Lassaulx, II, 197; Merlin, *Rép.*, v° Puissance paternelle, sect. IV, n°s 11 et 14.

[5] Crim. rej., 2 juin 1821, Sir., XXI, 1, 253. Toulouse, 26 août 1818, Sir., XXII, 2, 8. Voy. pourtant, au § 549, les principes relatifs à l'usufruit légal.

[6] Proudhon, II, p. 170. Duranton, III, 415. Turin, 9 janvier 1811, Sir., XI, 2, 184. *Jurisprudence du Code civil*, XVI, 193, et XVII, 161.

la défense des droits de son enfant légitime, être assimilé
à un tuteur véritable, la loi ne prend cependant pas envers lui les mêmes mesures de précautions qu'à l'égard de
ce dernier. Ainsi, par exemple, on n'adjoint pas au père de
subrogé tuteur, et le conseil de famille n'est pas autorisé à
exercer sur lui le contrôle qu'il exerce sur le tuteur. Cpr.
art. 454. Le droit, en vertu duquel le père administre les
biens de son enfant et le représente dans tous les actes de
la vie civile, n'est même, en règle générale [7], soumis à aucune restriction. Au surplus, le père doit, après la majorité ou l'émancipation [8] de l'enfant, lui rendre compte de
l'administration [9] de ses biens, et les lui restituer, avec les
revenus en provenant, sous la déduction toutefois, en ce
qui concerne ces derniers, de la portion à laquelle il a
droit en vertu de la puissance paternelle [10].

L'administration du père cesse de plein droit par suite
des causes qui entraînent cessation de la puissance paternelle. Cpr. § 553. Le père peut aussi être privé de cette
administration par le conseil de famille, pour cause d'inconduite notoire, d'infidélité ou d'incapacité [11] (arg. art. 444).

[7] L'art. 457 contient-il une exception à cette règle générale?
Si l'exception ne résulte pas de la lettre de cet article, elle paraît du moins ressortir de son esprit. Voy. les auteurs cités à la
note 4.

[8] Duranton, III, 417.

[9] Proudhon, De l'usufruit, I, 232 et suiv.

[10] En ce qui concerne la question de savoir si l'enfant jouit d'une
hypothèque légale sur les biens du père administrateur, voy. § 264.

[11] Paris, 29 août 1825, Sir., XXVI, 2, 44. Civ. rej., 16 décembre
1829, Sir., XXX, 1, 156. — Le père peut-il être privé par le donateur ou le testateur de l'administration légale des biens donnés ou
légués à son enfant. La solution de cette question paraît abandonnée au pouvoir discrétionnaire des tribunaux qui doivent
prendre en considération l'intérêt du mineur. Voy. en ce sens:
Duranton, III, 375, à la note; Proudhon, De l'usufruit, I, 240 et
suiv. Cpr. Req. rej., 11 novembre 1828, Sir., XXX, 1, 78. Voy.
cependant, en sens contraire: Besançon, 25 novembre 1807, Sir.,
VIII, 2, 97; et Caen, 11 août 1825, Sir., XXVI, 2, 233.

Mais il n'en est pas déchu, par le fait seul de la cessation de l'usufruit légal qui lui est attribué sur les biens de ses enfans[12].

Lorsque le mariage vient à être dissous par la mort naturelle ou civile de l'un des époux[13], le survivant, fût-il mineur[14] (art. 442), devient de plein droit le tuteur des enfans qui en sont issus (art. 390), avec cette différence, que le père est obligé de gérer la tutelle, tandis que la mère peut, lorsqu'elle n'a accepté la tutelle[15] ni expressément ni tacitement, se soustraire à cette obligation, en faisant convoquer un conseil de famille, et procéder à la nomination d'un tuteur[16]. Jusqu'à cette nomination, la mère est tenue de remplir les fonctions de tutrice. Art. 394.

---

[12] Locré, sur l'art. 389. Vazeille, *Traité du mariage*, II, 457.

[13] La tutelle ne s'ouvre donc ni par l'interdiction de l'un des époux, ni en vertu de sa condamnation par contumace à une peine emportant mort civile, tant que cette dernière n'est pas encourue par l'expiration du délai de grâce. Duranton, III, 418.

[14] Cependant le père ou la mère en état de minorité ne pouvant avoir pour la gestion de la tutelle, une capacité plus étendue que celle dont ils jouissent, en qualité de mineurs émancipés, pour la conduite de leurs propres affaires, l'assistance de leur curateur deviendra indispensable toutes les fois que les actes de la tutelle dépasseront les bornes d'une simple administration. Locré, sur l'art. 442. Quelques auteurs exigent, en ce cas, l'intervention du subrogé tuteur. Telle est l'opinion de MM. Delvincourt (I, p. 289) et Duranton (III, 502). M. Blœchel (§ 2) pense que le mineur doit, en pareille circonstance, être pourvu d'un tuteur *ad hoc*.

[15] Locré, sur l'art. 394. Blœchel, § 7. Duranton, III, 423 et suiv. L'article dit seulement: «La mère n'est point tenue *d'accepter* la «tutelle.» Ce qui donne à penser qu'elle ne peut la répudier après l'avoir acceptée. La mère devrait cependant, même après l'acceptation de la tutelle, être favorablement écoutée, si par des motifs plausibles, elle demandait à être déchargée de la gestion qu'elle a entreprise. Cpr. *Bibliothèque du barreau*, 1808, II, 194; Lassaulx, II, § 125.

[16] La tutelle légale des ascendans n'a pas lieu dans ce cas. Duranton, III, 422.

§ 100.

De la tutelle déférée par le père ou la mère.

Le père ou la mère sont autorisés[1] à choisir un tuteur à leurs enfans légitimes. Aucun d'eux ne peut restreindre ou limiter, au préjudice de l'autre, l'exercice de ce droit[2], qui n'appartient qu'au survivant, ou plutôt au dernier mourant des époux[3]. La mort civile de l'un des conjoins y donne, aussi bien que sa mort naturelle, ouverture au profit de l'autre[4]. Art. 397.

Ce droit cesse dans les circonstances suivantes : 1° Quand l'époux survivant a été exclu ou destitué de la tutelle[5] (arg. art. 399, 445); 2° quand il a refusé de l'accepter (art. 394) ou s'est fait excuser[6]; 3° quand il a perdu

---

[1] Ce droit n'appartient à aucune autre personne.

[2] La mère jouit donc de ce droit, quoique le père lui ait nommé un conseil spécial pour l'administration de la tutelle. Blœchel, §5.

[3] Appartient-il à l'époux sain d'esprit après l'interdiction de l'autre? M. Delvincourt (sur l'art. 396) résout affirmativement cette question. M. Duranton (III, 434), dont nous partageons l'opinion, est d'un sentiment contraire.

[4] Ce droit n'appartient à la mère que pour le cas de son décès, et non dans l'hypothèse où il s'agit de pourvoir à la nomination du tuteur qui doit la remplacer de son vivant dans la tutelle qu'elle a refusée. Art. 394. — La question semble, au premier abord, souffrir plus de difficultés, par rapport au père valablement excusé. Mais quelles que soient les raisons qui militent en sa faveur, la solution doit être la même que dans l'hypothèse précédente, car toutes les dispositions de la loi (cpr. surtout art. 397) supposent que la tutelle dont nous nous occupons, ne s'ouvre jamais qu'après la mort de celui qui l'a déférée. Delvincourt, sur l'art. 397. Voy. cependant Toullier, II, 1102.

[5] Lassaulx, II, 310. Delvincourt, sur l'art. 398.

[6] Le Code civil, en effet, ne range pas au nombre des causes qui mettent fin à la tutelle, et notamment à la gestion du tuteur nommé à la place du père valablement excusé, ou de la mère refusante, le choix que le survivant ferait d'un tuteur dont les fonctions commenceraient après sa mort. Voy. Delvincourt, sur l'art. 397.

la puissance paternelle par une raison quelconque, par exemple, par suite de mort civile[7]; 4° quand la mère survivante a passé à de secondes noces, sans avoir été au préalable maintenue dans la tutelle par le conseil de famille[8]. Art. 399. Lorsqu'elle y a été maintenue, le choix qu'elle fait n'est valable qu'autant qu'il est confirmé par le conseil de famille[9]. Art. 400. Du reste, l'état de minorité, dans lequel se trouve l'époux survivant, n'apporte aucun obstacle à l'exercice du droit dont il s'agit[10].

Le choix du tuteur peut être fait, soit au moyen de l'un des modes de tester admis par la loi[11], soit par une déclaration faite devant le juge de paix du domicile du survivant[12], soit par un acte notarié. Art. 398, cbn. art. 392.

Le tuteur choisi par le père ou la mère n'est obligé d'ac-

MM. Malleville (sur l'art. 397), Lassaulx (II, 311), Blœchel (§ 16), Duranton (III, 438), Paillet (sur l'art. 397), sont d'une autre opinion; et nous sommes portés à convenir avec eux que les tribunaux pourraient résoudre cette question difficile d'une manière contraire à celle que nous avons indiquée, si l'intérêt du mineur le demandait.

[7] Duranton, III, 436.

[8] Ce droit appartient-il à la mère qui a perdu de plein droit la tutelle légale en vertu des dispositions du deuxième alinéa de l'art. 395, et à laquelle le conseil de famille a conféré la tutelle dative? Nous le pensons : il ne s'élève contre elle aucun motif de suspicion, et sons ce rapport, elle ne peut être assimilée à la mère qui n'a pas été maintenue dans la tutelle légale.

[9] Le conseil de famille a, dans ce cas, un pouvoir discrétionnaire et ne doit aucun compte des motifs de sa décision. Duranton, III, 347.

[10] Blœchel, § 15.

[11] Ainsi, par exemple, le choix consigné par le survivant dans un acte écrit, signé et daté de sa main, serait valable, quoique cet acte ne contînt aucune autre disposition. Art. 970. M. Lassaulx (II, 309) est d'une opinion contraire.

[12] Cette déclaration ne peut être faite devant un juge de paix quelconque. L'art. 392 dit, en effet, *devant le juge de paix* et non *devant un juge de paix*, ainsi que le tribunat l'avait proposé. *Observations du tribunat* (Locré, *Légis.*, t. VII, p. 216, n° 4). Cpr. Lassaulx, II, 309. M. Blœchel (§ 17) est d'un avis contraire.

cepter la tutelle, qu'autant qu'il se trouve au nombre des personnes tenues de s'en charger lorsqu'elles sont nommées par le conseil de famille. Art. 401, cbn. art 432.

Le choix fait par le survivant est, à l'instar de toute disposition testamentaire, susceptible de révocation [13].

§ 101.

De la tutelle légale des ascendans.

Lorsque le survivant des époux est décédé [1], sans avoir choisi de tuteur à ses enfans mineurs, la tutelle appartient de droit à l'aïeul paternel; s'il est décédé, à l'aïeul maternel; à défaut de celui-ci, aux ascendans plus éloignés, de manière que l'ascendant paternel soit toujours préféré à l'ascendant maternel du même degré. Lorsqu'à défaut d'aïeul paternel et d'aïeul maternel, la concurrence s'établit entre deux bisaïeux paternels du mineur, la tutelle passe à celui des deux qui se trouve être l'aïeul paternel du père du mineur. Si la même concurrence s'établit entre deux bisaïeux maternels, le choix sera fait par le conseil de famille. Cette règle s'applique par analogie à la concurrence qui pourrait s'établir entre deux ascendans de degrés plus éloignés. Art. 402-404.

Lorsque l'ascendant auquel est dévolue la tutelle, est incapable de la gérer, ou se trouve valablement excusé, la tutelle ne passe pas de plein droit à l'ascendant qui y aurait été appelé en cas de décès du premier. Le tuteur

---

[13] Locré, t. V, p. 53. Lassaulx, II, 314.

[1] Il y a lieu à tutelle dative dans le cas où la tutelle légale des père et mère cesse par tout autre motif que par leur décès, ainsi que dans celui où le tuteur choisi par le survivant des époux est incapable ou excusé. Lassaulx, II, 316. Duranton, III, 446. Req. rej., 26 février 1807, Sir., VII, 1, 156. Toulouse, 18 mai 1832, Sir., XXXII, 2, 470. MM. Blœchel (§ 18), Delvincourt (sur l'art. 402) et Brauer (sur l'art. 405), sont d'une opinion contraire.

doit, dans cette hypothèse, être nommé par le conseil de famille [2].

Les ascendantes ne sont point appelées à la tutelle légale [3].

§ 102.

De la tutelle déférée par le conseil de famille.

Lorsqu'un mineur reste sans tuteur légal, et qu'il ne lui en a pas été choisi par le dernier mourant de ses père et mère, ou bien lorsque le tuteur désigné, soit par la loi, soit par le choix des parens, se trouve exclu ou valablement excusé [1], c'est au conseil de famille [2] qu'appartient la nomination du tuteur. Art. 405. Ce conseil doit, à cet effet, être convoqué, soit sur la réquisition et la diligence des parens du mineur [3], de ses créanciers, de ses débiteurs ou autres parties intéressées, soit, même d'office, par le juge de paix, auquel toute personne est autorisée à dénoncer le fait qui rend nécessaire la nomination d'un tuteur [4]. Art. 406.

[2] *Non est locus edicto successorio.* Cpr. §7, *Inst. de leg. adgn. succ.* (3, 2). L'art. 403 dit seulement *à défaut*, expression qui ne s'entend ici que du cas de mort, et non de celui d'excuse ou d'exclusion. Cpr. d'ailleurs art. 405. Duranton, III, 447.

[3] L'art. 442, qui déclare les ascendantes aptes à gérer la tutelle, ne parle que de la tutelle testamentaire et de la dative. Malleville et Delvincourt, sur l'art. 402.

[1] Cpr. § 101, note 1, et Duranton, III, 440 et suiv.

[2] Et non aux tribunaux, dans le cas même où ils auraient annulé la nomination du conseil de famille. Civ. cass., 27 novembre 1816, Sir., XVII, 1, 33.

[3] C'est à dessein que le législateur n'a soumis à aucune responsabilité les parens qui ne feraient pas de diligence à cet effet. Cpr. *Discussion au conseil d'État*, sur l'art. 406 (Locré, *Légis.*, t. VII, p. 178 et 199).

[4] C'est seulement en ce sens que le ministère public peut provoquer la nomination d'un tuteur. Merlin, *Rép.*, v° Ministère public, § 7, n° 2.

Cette nomination, non sujette à homologation, doit avoir lieu dans les formes prescrites pour les délibérations des conseils de famille[5]. Si elle n'a pas été faite en présence du tuteur, elle doit lui être notifiée dans les délais déterminés par l'art. 882 du Code de procédure civile.

B. DÉLATION DE LA SUBROGÉE TUTELLE.

§ 103.

Dans toute tutelle, un subrogé tuteur[1] doit être adjoint au tuteur. Cette règle s'applique même à la tutelle du père qui n'est plus simple administrateur des biens de ses enfans[2], ainsi qu'à celle de la mère à laquelle le père décédé aurait déjà nommé un conseil spécial[3].

Le subrogé tuteur est nommé par le conseil de famille[4]. Art. 420.

Lorsque la tutelle est déférée par la loi ou par le choix des parens (§§ 99, 100, 101), la personne qui en est chargée doit, avant d'entrer en fonctions, faire convoquer un conseil de famille pour la nomination d'un subrogé tuteur. Le tuteur qui ne remplit pas ce devoir, est res-

---

[5] Cpr. Paris, 6 octobre 1814, Sir., XV, 2, 215.

[1] Le Code a puisé dans le droit coutumier l'institution des subrogés tuteurs. Dans les pays de droit écrit, on nommait un curateur *ad hoc* au mineur, lorsque les intérêts se trouvaient opposés à ceux du tuteur. Malleville, sur l'art. 420.

[2] Cpr. § 99.

[3] Un subrogé tuteur doit être également adjoint au protuteur et au tuteur officieux (Delvincourt, sur l'art. 420), mais non au tuteur *ad hoc*. Duranton, III, 517.

[4] La subrogée tutelle est nécessairement dative; elle n'est jamais légitime; elle ne devient pas même testamentaire dans le cas où le conseil de famille, prenant en considération le choix du père ou de la mère, confère la subrogée tutelle à la personne qu'ils ont désignée. Lassaulx, II, 34.

ponsable de tous les dommages que cette omission peut occasioner au mineur; mais la validité des actes juridiques auxquels il s'est livré, n'en souffre aucune atteinte [5]. S'il y a eu dol de la part du tuteur, le conseil de famille convoqué, comme dans le cas prévu au paragraphe précédent, soit à la diligence et sur la réquisition des parens ou autres personnes intéressées à la nomination du subrogé tuteur, soit d'office par le juge de paix, peut lui retirer la tutelle. Art. 421.

Lorsque le tuteur est nommé par le conseil de famille, la nomination du subrogé tuteur a lieu immédiatement après celle du tuteur. Art. 422.

Les règles exposées au § 93 sur la composition du conseil de famille, s'appliquent également au cas où ce conseil doit nommer un subrogé tuteur. Cependant le tuteur ne peut jamais voter pour la nomination de ce dernier [6]. Art. 423.

II. DU DROIT DE GÉRER LA TUTELLE.

§ 104.

1. *De la tutelle proprement dite.*

Tous ceux que les lois n'ont pas expressément [1] déclarés

---

[5] Un débiteur du mineur poursuivi par le tuteur ne peut donc se prévaloir de ce que le subrogé tuteur, n'est point encore nommé. Riom, 1er mars 1817, Sir., XVIII, 2, 99.

[6] Locré, sur l'art. 423. Blœchel, § 27.

[1] Les incapacités et les exclusions sont de droit étroit. Caen, 15 janvier 1811, Sir., XII, 2, 206. Bruxelles, 20 juillet 1812, Sir., XIII, 2, 67. Ainsi, par exemple, la qualité de religieux n'est pas une cause d'incapacité ou d'exclusion. *Jurisprudence du Code civil,* II, 289. Ainsi encore, rien n'empêche la mère de choisir son second mari pour tuteur de ses enfans du premier lit. Malleville, sur l'art. 397. Proudhon, II, 174. Voy. cependant Toullier, II, 1167, 1171, et les notes 3 et 5 de ce paragraphe.

incapables, ou exclus[2], comme indignes de la gestion de la tutelle, peuvent être tuteurs. Les causes d'incapacité sont improprement appelées *excuses nécessaires* par quelques jurisconsultes.

Sont incapables d'administrer la tutelle :

1° Les mineurs, excepté le père et la mère.

2° Les interdits, et par argument du second alinéa de l'art. 442, les personnes auxquelles il a été nommé un conseil judiciaire en vertu de l'art. 499 [3].

3° Les femmes autres que la mère et les ascendantes[4].

4° Tous ceux qui ont, ou dont les père et mère, les enfans ou l'époux[5] ont avec le mineur un procès[6], dans lequel son état, sa fortune, ou une partie notable de ses biens[7] sont engagés. Art. 442.

5° Les morts civilement. Art. 25.

Sont exclus de la tutelle :

1° Les personnes condamnées à la peine de travaux forcés à temps, de la détention, de la réclusion, du bannissement ou de la dégradation civique. Art. 443. Code pénal,

---

[2] La distinction consacrée par le Code entre les causes d'incapacité et d'exclusion repose sur la nature des choses. Les conseils de famille doivent, dans leurs délibérations, ne pas s'écarter du sens que le langage juridique a attribué à chacune de ces expressions. Cpr. Locré, sur l'art. 445; Duranton, III, 500. — Il ne faut pas non plus confondre l'exclusion et la destitution. L'exclusion suppose un tuteur désigné par la loi, ou par le choix des père et mère, et qui ne soit point encore entré en fonctions. La destitution, au contraire, s'applique au cas où un tuteur quel qu'il soit a déjà géré la tutelle.

[3] Duranton, III, 503. C'est évidemment par oubli que le législateur n'a pas fait mention de ces personnes dans l'art. 442.

[4] Voy. § 100, note 4; Duranton, III, 442.

[5] L'article ne parle, à la vérité, que des père et mère; mais il doit être étendu aux enfans et à l'époux. Malleville et Delvincourt, sur l'art. 442. Blœchel, § 43. Duranton, III, 505.

[6] Encore pendant lors de la délation de la tutelle. Lassaulx, II, 367.

[7] La loi a, sur ce point, beaucoup laissé à l'arbitrage du juge. Cpr. Paris, 6 octobre 1809, Sir., XII, 2, 347.

art. 7, 28 et 34[8]. L'exclusion est, à l'égard de ces per-sonnes, la conséquence nécessaire de la condamnation dont elles sont frappées.

2° Ceux auxquels un jugement de police correctionnelle a expressément interdit l'exercice des droits de tutelle et de curatelle. Cpr. Code pénal, art. 42 et 43, cbn. art. 335 et 401 du même Code.

3° Les gens d'une inconduite notoire[9]. Art. 444. L'ex-clusion pour cause d'inconduite notoire doit être pronon-cée par une délibération du conseil de famille, à laquelle s'appliquent en tous points les principes qui régissent les délibérations prononçant une destitution de tutelle. Cpr. art. 446-449 et § 120.

Les actes juridiques qu'une personne incapable ou exclue de la tutelle a faits en qualité de tuteur, ne sont pas va-lables comme tels[10].

§ 105.

2. De la subrogée tutelle.

Les incapacités et les exclusions établies en fait de tu-telle, s'appliquent également à la subrogée tutelle. Art. 426.

Il existe en outre, pour cette dernière, un motif spécial

---

[8] Voy. cependant l'exception introduite par cet article en fa-veur des père et mère. Cpr. Delvincourt, I, p. 290.

[9] Locré, sur l'art. 444. Blœchel, §§ 45, 46. Toullier, II, 1164. Ju-risprudence du Code civil, II, 317. Les parens eux-mêmes peuvent pour cette raison être exclus de la tutelle. — L'inconduite doit être notoire; il est donc interdit au conseil de famille de procéder à une enquête pour s'en assurer. Locré, op. et loc. cit. Cpr. ce-pendant Aix, 24 août 1809, Sir., XIII, 2, 290; Req. rej., 12 mai 1830, Sir., XXX, 1, 326.

[10] Il en est de ces actes comme de ceux faits par une personne qui agit en qualité de mandataire, quoique dépourvue de mandat. Le même principe s'applique aux actes faits par un tuteur après sa destitution. Cpr. Locré, sur l'art. 445; Lassaulx, II, 363. — Ces

14 *

d'incapacité résultant de ce que le subrogé tuteur ne peut être pris dans la ligne à laquelle appartient le tuteur, si ce n'est lorsqu'il existe deux ou plusieurs frères germains du mineur en état de gérer la tutelle, cas auquel l'un des frères peut être tuteur et l'autre subrogé tuteur. Art. 423. Il suit de là : 1° que si le mineur n'a de parens que dans la ligne à laquelle le tuteur appartient, la subrogée tutelle doit être confiée à un étranger [1], qui ne peut, dans ce cas, se prévaloir de l'excuse portée en l'art. 432 [2]; 2° que si le tuteur primitivement nommé est remplacé par un parent pris dans la ligne du subrogé tuteur, il devient nécessaire de pourvoir au remplacement de ce dernier [3].

III. DE L'OBLIGATION D'ACCEPTER LA TUTELLE.

§ 106.

Généralités.

L'obligation d'accepter la tutelle ou la subrogée tutelle [1] est imposée à tout Français, qu'il soit ou ne soit pas pa-

---

actes, quoique non valables comme actes de tutelle, peuvent cependant être maintenus par un autre motif, par exemple, s'ils ont été profitables au mineur. Colmar, 25 juillet 1817, Sir., XVIII, 2, 250.

[1] Lorsque le mineur a des parens dans l'une et l'autre ligne, est-il absolument indispensable de nommer pour subrogé tuteur un parent de la ligne à laquelle le tuteur n'appartient pas? ou bien est-il permis de confier la subrogée tutelle à un étranger? La première opinion a été consacrée par la cour royale de Bordeaux le 20 août 1811 (Sir., XI, 2, 479); la seconde est défendue par M. Blœchel (§ 28). Il nous semble qu'aucune de ces opinions ne peut être adoptée d'une manière absolue.

[2] Locré et Delvincourt, sur l'art. 432. Lassaulx, II, 343.

[3] Toullier, II, 1132. Nanci, 14 mars 1826, Sir., XXVI, 2, 188.

[1] Il n'existe en cette matière aucune différence entre la tutelle et la subrogée tutelle. Art. 426. Voy. cependant § 107 *in fine.*

rent ou allié du mineur. *Tutela est munus publicum.* Cette règle est cependant sujette aux modifications suivantes :

1° Il existe entre les parens ou alliés et les étrangers une différence importante : la charge de la tutelle pèse sur les premiers d'une manière plus illimitée et plus absolue [2] que, sur les seconds. Ainsi les parens ou alliés ne peuvent se soustraire à cette charge en se prévalant, par exemple, de la distance plus ou moins grande qui sépare leur domicile de celui du mineur [3]. Ainsi encore, un allié ne serait point admis à invoquer pour excuse l'existence de parens en état de gérer la tutelle, ni un parent ou allié plus éloigné, à se prévaloir de l'existence de parens ou alliés plus proches [4]. Les étrangers, au contraire, ne peuvent être forcés d'accepter la tutelle qui leur est déférée, soit par les père et mère, soit par le conseil de famille, que dans le cas où il n'existerait pas, dans un rayon de quatre myriamètres à partir du domicile du mineur, des parens ou alliés en état de gérer la tutelle. Art. 401 et 432.

2° Les lois ont établi différens motifs d'excuse. Toute personne qui est appelée à la tutelle, soit par la loi, soit par le choix des père et mère, soit par la désignation du conseil de famille, et qui serait obligée de la gérer, s'il n'existait en sa faveur un privilége spécial, peut, en invoquant ce privilége, se soustraire à cette obligation. Il n'existe d'autres motifs d'excuse que ceux qui sont expressément admis par la loi [5].

---

[2] Voy. cependant art. 394. Cpr. § 98. — M. Duranton, par argument *a fortiori* de l'art. 394, accorde à toutes les ascendantes le droit de refuser la tutelle.

[3] Blœchel, § 34. Delvincourt, sur l'art. 432.

[4] Locré, sur l'art. 442. Duranton, III, 488. Cpr. Req. rej., 1er février 1825, Sir., XXV, 1, 385. — Les tribunaux devront cependant prendre en considération les circonstances particulières de la cause. Lyon, 16 mai 1811, Sir., XII, 2, 56.

[5] La pauvreté, l'ignorance ne sont donc pas des motifs d'excuse. Blœchel, § 40. Cpr. Req. rej., 7 juin 1820, Sir., XX, 1, 366.

§ 107.

Des motifs d'excuse en particulier.

Sont dispensés de la tutelle :

1° Certains fonctionnaires publics indiqués par les lois[1]. Art. 427.

2° Les fonctionnaires publics en général, et les ecclésiastiques obligés à residence[2], lorsqu'ils exercent leurs fonctions, ou leur ministère dans un département autre que celui où la tutelle s'établit[3]. Art. 427.

3° Les militaires en activité de service[4]. Art. 428.

4° Les personnes qui remplissent, hors du territoire continental[5] du royaume, une mission du roi[6]. Art. 426.

Dans ces quatre hypothèses, l'excuse doit, à peine de déchéance, être proposée avant l'acceptation de la tutelle, à moins que la personne en droit de l'invoquer, n'ait eu connaissance de la cause sur laquelle elle est fondée, que postérieurement à cette acceptation[7], cas auquel elle doit, dans le mois, faire convoquer un conseil de famille pour procé-

---

[1] Cpr. sur les divers fonctionnaires publics auxquels ce privilége avait été accordé par le Code civil, et sur ceux qui en jouissent actuellement : Locré, sur l'art. 427 ; Lassaulx, II, 348 ; Delvincourt, sur l'art. 427 ; Duranton, III, 484.

[2] Avis du conseil d'État du 4-20 novembre 1806.

[3] Les père et mère ne peuvent donc jamais se prévaloir de cette excuse.

[4] Et non par conséquent ceux qui sont retraités ou réformés. Locré, sur l'art. 428. Voy. cependant Lassaulx, II, 35.

[5] Delvincourt, sur l'art. 428.

[6] La loi ne détermine pas quelle doit être la durée de la mission; il semble cependant qu'une mission de courte durée pourrait ne pas être admise comme motif d'excuse. Locré et Malleville, sur l'art. 428. Blœchel, § 32. — Sur la manière de justifier la mission dont on se prévaut comme motif d'excuse, voy. art. 429.

[7] Malleville, sur l'art. 430. Blœchel, § 33.

der à son remplacement. L'excuse est temporaire, et n'a d'effet que pendant la durée des fonctions, services ou missions [8]. Art. 430 et 431.

5° Les individus âgés de soixante-cinq ans accomplis [9]. Celui qui a été nommé tuteur avant cet âge [10], peut, à soixante-dix ans [11], se faire décharger de la tutelle. Art. 433.

6° Les individus atteints d'une infirmité grave et dûment justifiée [12]; ils peuvent même se prévaloir de l'infirmité survenue postérieurement à l'acceptation de la tutelle [13]. Art. 434.

7° Les personnes administrant déjà deux tutelles [14]. La qualité d'époux ou de père équivaut sous ce rapport à une tutelle. Celui qui réunit à l'une de ces qualités, la charge d'une tutelle, ne peut être tenu d'en accepter une seconde,

---

[8] Si, à l'expiration de ces fonctions, services ou missions, le nouveau tuteur demande sa décharge, ou que l'ancien redemande la tutelle, elle peut lui être rendue par le conseil de famille.

[9] A quelle époque? Cpr. Blœchel, § 35.

[10] *Avant cet âge.* Et non par conséquent celui qui, ayant été nommé postérieurement à cet âge, n'aurait pas fait usage de l'excuse qu'il eût pu invoquer. Delvincourt, sur l'art. 433. M. Duranton (III, 489) est d'une opinion contraire. — *Nommé.* D'après la lettre de la loi, cette excuse ne peut donc être invoquée par les tuteurs légitimes; cependant, dans ce cas et autres semblables, il faut prendre en considération les circonstances particulières du fait.

[11] Il faut, par argument *a contrario*, appliquer à ce cas la maxime, *annus cœptus habetur pro completo.* Locré et Delvincourt, sur l'art. 433. M. Duranton (III, 489) est d'une opinion contraire. Cpr. note 10, *in fine.*

[12] L. 40, D, *De excus. tut.* (27, 1). Lassaulx, II, 353. Duranton, III, 490. Cpr. § 83.

[13] Il en serait de même, suivant les circonstances, de ceux qui auraient accepté la tutelle malgré l'infirmité dont ils se trouvaient déjà atteints. Delvincourt, sur l'art. 434.

[14] C'est à tort que M. Duranton (III, 492) accorde à celui qui est déjà chargé de deux tutelles, la faculté de refuser celle de ses propres enfans. Le premier alinéa de l'art. 435 ne s'applique évidemment qu'à l'hypothèse où celui qui veut se faire exempter de la tutelle, n'est ni époux ni père.

si ce n'est celle de ses enfans [15]. Art. 435. On doit, en général, ne considérer que comme une seule tutelle, celle de plusieurs frères et sœurs [16].

8° Ceux qui ont cinq enfans légitimes sont dispensés de toute tutelle autre que celle desdits enfans. Les enfans décédés ne peuvent entrer en ligne de compte qu'autant qu'ils sont morts en activité de service dans les armées du roi [17], ou qu'ils ont eux-mêmes laissé des enfans légitimes actuellement existans. Les petits-fils ne sont, en ce dernier cas, comptés, quel que soit leur nombre, que comme remplaçant le fils dont ils sont issus, c'est-à-dire pour une seule personne [18]. Art. 436. La survenance d'enfans après l'acceptation de la tutelle n'est point une cause qui autorise à s'en faire décharger. Art. 437.

La question de savoir si celui auquel ont été déférées les fonctions de subrogé tuteur, peut, pour les refuser, faire usage des motifs d'excuse indiqués sous les n° 7 et 8, est très-controversée [19].

---

[15] Locré et Malleville, sur l'art. 435. Les enfans émancipés doivent entrer en ligne de compte (Delvincourt, sur l'art. 435), mais non les enfans à naître, ni les enfans naturels ou adoptifs. Locré, *op. et loc. cit.* Blœchel, §§ 37 et 39. Ces réflexions s'appliquent également à l'excuse suivante.

[16] Quoique le Code civil n'ait pas reproduit en termes exprès la maxime, *tria onera sic sunt accipienda, ut non non numerus pupillorum plures tutelas faciat, sed patrimoniorum separatio* (L. 3, D. de excus. tut., 27, 1), elle paraît cependant en harmonie avec l'esprit de la loi et la rédaction des art. 435 et 436; elle doit donc être encore observée aujourd'hui, sauf aux tribunaux à en tempérer la rigueur suivant les circonstances. Cpr. Duranton, III, 490.

[17] On doit leur assimiler les employés militaires qui ont péri pendant une campagne. Malleville, sur l'art. 436. — Le genre de mort est indifférent, pourvu que l'enfant n'ait pas succombé dans un duel, et qu'il n'ait pas été exécuté. Delvincourt, sur l'art. 436.

[18] Ce principe découle évidemment du texte de l'article. Locré et Malleville, sur l'art. 436. Voy. cependant Paillet, sur le même article.

[19] La lettre de l'art. 426 milite en faveur du subrogé tuteur; mais on peut lui opposer le motif sur lequel sont fondées les dispositions des art. 435 et 436.

§ 108.

De l'époque à laquelle les excuses doivent être pro-
posées. — De l'autorité compétente pour y statuer.
— Des contestations relatives à leur validité.

En général, le tuteur et le subrogé tuteur doivent proposer, aussitôt que possible, l'excuse en vertu de laquelle
ils entendent refuser l'acceptation ou la continuation des
fonctions qui leur ont été déférées. Un silence plus ou
moins long pourrait être considéré comme une renonciation au privilége établi en leur faveur, et élever une fin
de non-recevoir contre toute réclamation ultérieure. Arg.
art. 438, 439 [1].

En appliquant cette règle au tuteur nommé par le conseil de famille, la loi fait la distinction suivante : si le tuteur est présent en personne [2] à la délibération qui lui dé-
fère la tutelle, il doit, à peine de déchéance, proposer ses
excuses sur-le-champ (art. 438); s'il n'y est pas présent, il
doit, sous la même peine, faire convoquer le conseil de
famille et lui proposer ses excuses dans le délai de trois
jours [3] à partir de la notification officielle de sa nomination. Art. 439. Code de procédure, art. 882.

Cette distinction est toujours applicable au subrogé tuteur, qui est nécessairement nommé par le conseil de
famille.

Ce conseil doit, dans tous les cas, statuer sur les excuses
proposées, sauf à celui dont les moyens auraient été re-

---

[1] Locré et Delvincourt, sur l'art. 439. Lassaulx, II, 341.
[2] Malleville, sur l'art. 438.
[3] Ce délai doit être augmenté d'un jour, par trois myriamètres
de distance entre le domicile du tuteur et le lieu de l'ouverture de
la tutelle. Art. 439.

jetés, à s'adresser au tribunal de première instance pour les faire admettre [4]. Art. 440. Le tribunal prononce sommairement et à charge d'appel. Code de procédure, art. 884, 889. Il peut [5], en exemptant le tuteur, condamner aux frais de l'instance les membres du conseil de famille qui auraient rejeté ses excuses. Si le tuteur succombe, il doit y être condamné personnellement. Art. 441. Provisoirement, et jusqu'à la fin du litige, le tuteur est tenu de gérer la tutelle. Art. 440.

IV. DES OBLIGATIONS ET DES DROITS DU TUTEUR ET DU SUBROGÉ TUTEUR.

A. DU TUTEUR.

§ 109.

De l'époque à laquelle commence la responsabilité du tuteur.

La responsabilité du tuteur, et toutes les conséquences qui en dérivent, telle que l'hypothèque légale dont ses biens sont frappés [1], datent du moment où il obtient connaissance de la délation de la tutelle. Il en est ainsi, même dans le cas où le tuteur aurait à faire valoir une excuse, qu'il serait dans l'impossibilité de proposer sur-le-champ,

---

[4] L'exercice de cette action, à laquelle on ne peut étendre la disposition de l'art. 439, alin. 2, n'est soumise à aucun délai fatal: *ipsius tutoris negotium agitur.* Delvincourt, sur l'art. 440. MM. Blœchel (§ 42) et Lassaulx (II, 430) sont d'une opinion contraire. Du reste, les principes exposés au § 96 sont également applicables au cas qui nous occupe.

[5] Locré, sur l'art. 441.

[1] Art. 2135, 2194. Cpr. Persil, *Régime hypothécaire,* sur l'art. 2135, nos 2 et 3, et sur l'art. 2121, n° 12.

ou qu'il ne parviendrait à faire accueillir que plus tard. Cpr. art. 394, 418, 419, 440.

C'est d'après ce principe que les lois ont expressément fait remonter la responsabilité du tuteur nommé par le conseil de famille, à la date de la délibération, quand il s'y trouvait présent, et dans le cas contraire, au jour de la notification légale qui lui est faite de sa nomination. Art. 418, 438, 439, 440. Cpr. Code de procédure, art. 882.

On doit, par analogie, conclure de ces dispositions :

1° Que la responsabilité du tuteur légal commence le jour même du décès qui donne ouverture à la tutelle, quand le tuteur se trouve présent sur les lieux; et dans le cas contraire, au moment où il a acquis d'une manière quelconque connaissance [2] de ce décès.

2° Que la responsabilité du tuteur choisi par le père ou la mère, date de l'ouverture du testament lorsque le tuteur est présent; sinon, du jour où le choix qui l'appelle à la tutelle, lui a été légalement notifié [3].

§ 110.

Généralités sur les obligations et les droits du tuteur.

Le tuteur doit donner des soins paternels à la personne du mineur, et administrer ses biens en bon père de famille. Il est responsable de tout dommage qui résulterait du défaut d'accomplissement de l'une ou de l'autre de ces obligations [1]. C'est pour être mieux à même de les remplir

---

[2] M. Lassaulx (II, 437) exige aussi, dans ce cas, une notification légale.

[3] Cpr., sur ce paragraphe en général : Lassaulx, *op. et loc. cit.*; Merlin, *Rép.*, v° Inscription hypothécaire, § 3, n° 6.

[1] Le tuteur répond de la faute légère. Cpr. Duranton, III, 605 et suiv.

qu'il représente le mineur dans tous les actes de la vie civile [2]. Art. 450. Cpr. § 89. Ces règles, qui renferment les principes généraux de la matière, serviront à interpréter et à compléter toutes les dispositions spéciales relatives à la manière dont le tuteur doit remplir les devoirs qui lui sont imposés, et exercer les droits qui lui compètent [3].

§ 111.

1. *Des devoirs du tuteur lors de son entrée en fonctions.*

Si le tuteur, en entrant en exercice, continue la gestion d'une tutelle antérieure, il n'a ordinairement qu'à recevoir le compte [1] du tuteur auquel il succède, et à prendre possession des biens de son pupille.

Dans le cas contraire, c'est-à-dire si le mineur est pour la première fois soumis à la tutelle, le tuteur a plusieurs obligations à remplir lors de son entrée en fonctions.

1° Dans les dix jours qui suivent celui à compter duquel commence sa responsabilité [2] (cpr. § 109), il est tenu de requérir la levée des scellés qui auraient été apposés [3] sur

[2] C'est en ce sens que l'on doit entendre la maxime : *Tutor et pupillus habentur pro una persona.*

[3] En posant le principe que le tuteur doit administrer en bon père de famille, le Code civil n'a fait que rappeler les dispositions du droit romain, qui peut être consulté avec fruit pour l'intelligence et l'explication du droit actuel sur cette matière. Cpr. Locré, sur l'art. 450; Thibaut, *System des Pandektenrechts,* §§ 517 et 518.

[1] Ce compte doit lui être rendu en présence du subrogé tuteur. Toullier, II, 1246.

[2] Cpr. § 108. L'art. 451, en disant seulement : «Dans les dix jours «qui suivront celui de la *nomination*» ne parle, à la vérité, que du cas où la tutelle est dative; mais, d'après les observations du tribunat (Locré, *Légis.,* t. VII, p. 225, n° 26), sa disposition s'étend à toute espèce de tutelle.

[3] Cpr. Code de procédure, art. 907 et suiv.

les objets dépendant de la succession dévolue au mineur, par suite du décès qui a donné ouverture à la tutelle. Art. 451.

2° Il doit, immédiatement après, faire procéder, en présence du subrogé tuteur [4], à l'inventaire [5] des biens composant le patrimoine du mineur. Art. 451. Code de procédure, art. 941 et suiv. Lorsque le tuteur a négligé l'accomplissement de cette obligation, la consistance de la succession peut être établie contre lui par commune renommée [6], et même, suivant les circonstances, par serment in litem à déférer au mineur [7]. Arg. art. 1415, 1442. Le tuteur [8], auquel il est dû quelque chose par le mineur, doit le déclarer dans l'inventaire, à peine de déchéance, et ce, sur la réquisition [9] que l'officier rédacteur de l'inventaire est tenu de lui faire et de consigner au procès-verbal. Art. 451.

3° Dans le mois qui suit la clôture de l'inventaire, le tuteur doit faire vendre, en présence du subrogé tuteur, aux

---

[4] Ou en présence de son fondé de pouvoir spécial. Voy. pourtant Proudhon, De l'usufruit, I, 165.

[5] Un testateur peut cependant dispenser le tuteur de faire inventaire de la succession par lui délaissée à un mineur qui n'est point son héritier à réserve. Malleville, sur les art. 451 et 600. Lassaulx, II, 420. Delvincourt, sur l'art. 451. Toullier, II, 1198. Duranton, III, 538. Cpr. L. ult. C. arbit. tutel (5, 51). — Cette dispense ne mettrait pas le tuteur à l'abri du recours des créanciers de la succession dans le cas où le mineur demanderait sa restitution contre l'acceptation pure et simple résultant du défaut d'inventaire. Cpr. art. 461, 776, 794, et § 46. — Si le défunt n'a rien délaissé, le tuteur fait dresser un procès-verbal de carence.

[6] Cpr. Sur ce genre de preuve : Bellot des Minières, Traité du contrat de mariage, II, p. 80 et suiv.

[7] Toullier, II, 1197.

[8] Cette disposition ne peut être étendue au subrogé tuteur. Paris, 14 février 1817, Sir., XVIII, 2, 59.

[9] Ce n'est donc que par l'accomplissement de cette condition que le tuteur encoure la déchéance prononcée par l'art. 451. Locré, sur l'art. 451. Blœchel, § 54.

enchères[10] reçues par un officier public[11], les meubles[12] du mineur, sous peine de répondre de leur dépréciation et de tout autre dommage[13]. Art. 452. Cette règle n'est cependant pas sans exception : Ainsi, 1) le conseil de famille peut autoriser le tuteur à conserver en nature, soit une partie, soit la totalité des meubles (art. 452); 2) les père et mère sont, en tant qu'ils ont la jouissance légale des biens du mineur, dispensés de faire vendre les meubles; ils peuvent les garder en nature[14], à charge de les faire estimer[15], à leurs frais, et à juste valeur[16], par un expert nommé par le subrogé tuteur et assermenté devant le juge de paix, et de rendre, à la fin de l'usufruit, la valeur estimative de ceux qu'ils ne pourraient représenter[17]

[10] Cpr. Sur la forme de ces enchères : Proudhon, II, 216 et suiv.; Toullier, II, 1200.

[11] C'est au tuteur qu'il appartient de le choisir. Turin, 10 mai 1809, Sir., XII, 2, 372.

[12] Le mot *meubles* n'est point ici employé dans le sens général que lui attribue l'art. 533. Il ne désigne que les meubles corporels et ne s'applique pas aux créances sur l'État ou sur particuliers. Locré, sur l'art. 452. Vazeille, *Traité du mariage*, II, 418. Loi du 24 mars 1806. Voy. cependant Lassaulx, II, 421, 427.

[13] Delvincourt, sur l'art. 452.

[14] Sauf cependant les droits des créanciers du mineur. Locré, sur l'art. 453. — Les créanciers des parens ne seraient point autorisés à provoquer la vente de ces meubles. Code de procédure, art. 608.

[15] Cpr., sur le cas où l'usufruit légal porte sur un fonds de commerce: Civ. cass., 9 messidor an XI, Sir., IV, 1, 29; Req. rej., 10 avril 1814, Sir., XIV, 1, 238; Rouen, 5 juillet 1824, Sir., XXV, 2, 132.

[16] *A juste valeur.* Ces expressions, que l'on rencontre assez souvent dans le Code, ont pour but d'abolir un ancien usage, d'après lequel on estimait les choses au-dessous de leur valeur, sauf à augmenter le montant de la prisée d'une partie aliquote appelée *crue ou plus value.* Merlin, *Rép.,* v° Crue.

[17] Les père et mère sont-ils responsables de la perte survenue par cas fortuit? Le sont-ils des détériorations résultant de l'usage ou de la vétusté? Cpr. art. 589 et § 227; Proudhon, *De l'usufruit*, V, 2636 et suiv.; Duranton, III, 543.

(art. 453[18]); 3) enfin, il n'y a pas lieu de vendre les meubles, dans le cas où le défunt aurait ordonné leur conservation en nature. La validité d'une pareille disposition se juge d'après les principes généraux qui régissent les dispositions à cause de mort.

4° Le tuteur est tenu de se conformer aux instructions que le conseil de famille est appelé à lui donner lors de son entrée en fonctions.

Ces instructions, que le conseil de famille peut changer suivant les circonstances, doivent avoir pour objet: 1) le règlement par aperçu, et selon l'importance du patrimoine du mineur[19], de la somme à laquelle pourront s'élever annuellement sa dépense personnelle et les frais de l'administration de ses biens[20] (art. 454), 2) la décision de la question de savoir si le tuteur sera ou non autorisé à s'aider, dans sa gestion, d'un ou de plusieurs administrateurs particuliers, gérant sous sa responsabilité (art. 454); 3) la fixation de la somme à laquelle commencera pour le tuteur l'obligation d'employer l'excédant des revenus sur la dépense[21]. Cette somme une fois réunie[22], le tuteur est tenu d'en faire emploi dans les six mois, sinon il en doit personnellement les intérêts, à moins d'excuse valable[23].

Art. 455. Lorsque le tuteur n'a pas fait déterminer, par le conseil de famille, la somme à laquelle commencera l'em-

---

[18] Les dispositions des art. 452 et 453 sont également applicables au cas où une succession mobilière vient à échoir au mineur pendant la durée de la tutelle. Locré, sur l'art. 452.

[19] Delvincourt, sur l'art. 454. Duranton, III, 560.

[20] *Quid juris*, dans le cas où le tuteur a dépensé au-delà de la somme déterminée par le conseil de famille? Voy. L. 2, § 1, L. 3, § 1, D. *ubi pupil. educ.* (27, 2); Blœchel, § 55.

[21] Le tuteur est maître de placer, comme il le juge convenable, l'argent du mineur; mais, dans les cas douteux, il fera bien de consulter le conseil de famille. Duranton, III, 568. — Sur les mesures de précaution à prendre dans le placement des sommes appartenant au mineur, voy. Pigeau, II, p. 484 et suiv.

[22] Bousquet, sur l'art. 455, n° 2.

[23] Cpr. Malleville, sur l'art. 455; Blœchel, § 56.

ploi, il doit personnellement les intérêts de toutes sommes, même les plus modiques, qu'il n'aurait pas utilement placées dans les six mois, à compter du jour de leur rentrée [24]. Art. 456. Les dispositions des art. 455 et 456 sont également applicables aux capitaux remboursés entre les mains du tuteur, ainsi qu'à ceux dont il est lui-même débiteur [25].

, Ces instructions peuvent aussi tracer le mode de l'éducation du mineur, et prescrire au besoin des règles générales sur l'administration de ses biens. Arg. art. 454 [26].

Le conseil de famille n'est point autorisé à donner les différentes instructions dont nous venons de parler [27], au père ou à la mère (art. 454), si ce n'est dans le cas où il conserverait la tutelle à la mère convolant à de secondes noces [28]. Arg. art. 395 et 396. Ces instructions ne peuvent pas non plus porter atteinte aux dispositions faites par un testateur concernant l'administration des biens dont il aurait gratifié le mineur [29].

§ 112.

2. *Des devoirs du tuteur dans l'administration de la tutelle.* — a) *En ce qui concerne la personne du mineur.*

1° Le tuteur est tenu de donner à l'éducation et à l'en-

[24] Cpr., sur l'obligation où le tuteur peut se trouver de payer des intérêts des intérêts : Blœchel, § 58; Delvincourt, sur les art. 455 et 456; Toullier, II, 1217 et suiv.; Paillet, sur l'art. 456.
[25] Malleville, Locré et Delvincourt, sur les art. 455 et 456. *Tutor a semet ipso exigere debuit.*
[26] Cpr. Duranton, III, 528 et 529; Toullier, II, 1205; Req. rej., 8 août 1815, Sir., XV, 1, 321; Toulouse, 2 juillet 1821, Sir., XXII, 2, 10.
[27] Toulouse, 2 juillet 1821, Sir., XXII, 2, 10.
[28] Rouen, 8 août 1827, Sir., XXX, 2, 84. Agen, 14 décembre 1830, Sir., XXXI, 2, 291. Voy. cependant, en sens contraire : Toulouse, 28 juillet 1832, Sir., XXXIII, 2, 76.
[29] Bruxelles, 15 décembre 1807, Sir., 2, 711.

tretien du mineur tous les soins d'un père[1]; mais il n'est obligé ni de payer de ses propres deniers les frais de cette éducation et de cet entretien[2], ni d'élever lui-même le mineur[3]. Art. 450.

Quoique le tuteur jouisse, en général, du droit de diriger l'éducation du mineur, son autorité sous ce rapport est quelquefois circonscrite par les droits de la puissance paternelle, auxquels la tutelle ne peut jamais porter atteinte. Ainsi, par exemple, la mère conserve l'éducation de ses enfans, même après avoir refusé la tutelle ou après l'avoir perdue dans le cas prévu par l'art. 395[4].

2° Le tuteur doit veiller à l'établissement du mineur. Il prendra les mesures nécessaires pour lui donner un état en rapport avec sa condition et sa fortune, soit en le plaçant en apprentissage chez un artisan, ou dans une maison de commerce, soit en lui faisant faire des études plus relevées. Art. 450.

3° Lorsque le mineur donne par sa conduite de graves sujets de mécontentement, le tuteur peut en porter plainte au conseil de famille, et, s'il y est autorisé par ce conseil, demander au président du tribunal de première instance la détention du mineur, suivant la marche tracée[5] à cet égard par les art. 377 et 378. Art. 468.

4° Enfin, le tuteur est autorisé à provoquer l'émancipation du mineur. Art. 478 et 479. Cpr. § 119.

---

[1] Le Code civil ne contient pas de règles spéciales qui expliquent la manière dont le tuteur doit remplir les devoirs qui lui sont imposés sur ce point, et notamment en ce qui concerne l'éducation religieuse à donner au mineur. Cpr., à cet égard, *Jurisprudence du Code civil*, II, 289, IV, 23; Lassaulx, III, 405. — Les dispositions du droit romain sur l'éducation du mineur sont exposées par M. Thibaut, *System des Pandektenrechts*, § 520.

[2] Malleville, sur l'art. 454.

[3] Req. rej., 8 août 1815, Sir., XV, 1, 321.

[4] Vazeille, *Traité du mariage*, II, 469. Merlin, *Rép.*, v° Éducation, § 1, n° 4.

[5] Locré, sur l'art. 468. Cpr. § 549.

§ 113.

b) *En ce qui concerne le patrimoine du mineur.*

Le tuteur a le droit et le devoir d'administrer le patrimoine du mineur, c'est-à-dire de prendre toutes les mesures nécessaires pour le conserver, l'augmenter, et en
retirer un revenu proportionné à son importance. A cet
égard, la loi ne lui prescrit, en général, d'autre règle de
conduite que celle d'administrer en honnête homme et en
bon père de famille. Art. 450. Cpr. § 109.

En vertu de ce principe, le tuteur peut et doit, par
exemple, donner ses soins à la conservation des meubles
(cpr. § 110), poursuivre, en temps opportun, la rentrée
des créances actives [1], éteindre les dettes passives et les
charges, interrompre les prescriptions, entretenir les bâtimens en bon état de réparation, affermer ou cultiver les
fonds de terre et les améliorer [2], percevoir les revenus et
en donner quittance [3].

Par exception à ce principe :

1° Le tuteur ne peut aliéner les inscriptions de rentes
sur l'État et les actions de la banque de France au-dessus
de 50 francs, qu'avec l'autorisation du conseil de famille.
Loi du 24 mars 1806. Décret du 25 septembre 1813.
Quoique le tuteur puisse aliéner les rentes dues par des
particuliers sans autorisation du conseil de famille, il fera
bien toutefois de se munir de cette autorisation, afin de
pouvoir l'opposer, le cas échéant, comme moyen de justi-

[1] Duranton, III, 550 et suiv. — Le tuteur peut aussi céder ces
créances sans autorisation du conseil de famille. Paris, 18 février
1826, Sir., XXVIII, 2, 21.

[2] On doit cependant conseiller au tuteur de ne faire aucune
construction ou amélioration importante sans autorisation du conseil de famille. Paris, 12 ventôse an XI, Sir., III, 2, 287.

[3] Paris, 6 floréal an XI, Sir., III, 2, 283. Civ. cass., 20 juin 1807,
Sir., VIII, 1, 275.

fication ou d'excuse au reproche de mauvaise gestion[4].

2° Le pouvoir du tuteur relativement à la durée des baux[5] des immeubles appartenant au mineur, est soumis aux mêmes restrictions[6] que celui du mari en ce qui concerne la durée des baux des immeubles de sa femme. Art. 1718 cbn. art. 1429 et 1430.

3° Quoique le droit d'administrer comprenne nécessairement celui de vendre les meubles, le tuteur doit cependant, en procédant à des ventes mobilières, se conformer aux règles exposées au § 111.

4° Enfin, les lois placent aussi en dehors des actes d'administration, certains actes juridiques qui sembleraient devoir y rentrer comme ne tendant, en règle générale, et par eux-mêmes, qu'à l'augmentation du patrimoine du mineur. Cpr. art. 461, 462, 463.

Le Code civil ne contient pas de règle générale qui détermine d'une manière explicite jusqu'à quel point le tuteur peut disposer des biens du mineur. Il ne renferme à cet égard que des dispositions spéciales, qui cependant reposent toutes sur le principe suivant : Le tuteur ne peut, ni aliéner les immeubles du mineur, ni contracter des obligations qui excéderaient les bornes d'une simple administration, ou qui seraient de nature à engager la totalité du patrimoine du mineur, que dans les circonstances prévues par la loi, et moyennant l'observation de certaines formalités.

[4] Proudhon, II, p. 222. Voy. cependant : Duranton, III, 555. Cpr. Code de procédure, art. 636.

[5] Ce droit n'est sujet à aucune autre restriction. Ainsi, par exemple, le tuteur n'est pas obligé d'affermer les biens par enchère publique. Proudhon, II, p. 214.

[6] Toullier, II, 1206. M. Duranton (III, 545 et suiv.) observe cependant avec raison que le tuteur ne peut passer des baux dont l'exécution ne devrait commencer qu'après la majorité du mineur. On ne trouve plus ici le motif sur lequel est fondé l'art. 1430, parce que l'époque à laquelle la tutelle doit prendre fin, par la majorité du mineur, est nécessairement certaine.

15 *

En vertu de ce principe :

1° Le tuteur ne peut ni emprunter [7], ni aliéner [8] ou hypothéquer les immeubles du mineur, sans une autorisation du conseil de famille. Cette autorisation ne doit être accordée qu'à raison d'un avantage évident ou d'une nécessité absolue. La nécessité se constate par un compte sommaire justifiant que les deniers, effets mobiliers et revenus du mineur sont insuffisans pour satisfaire aux besoins auxquels il s'agit de faire face, par exemple, pour éteindre les dettes. Dans tous les cas, le conseil de famille indiquera l'immeuble ou les immeubles qui devront être vendus de préférence, et déterminera les conditions de la vente. Art. 457. Toute délibération du conseil de famille, autorisant un emprunt, une aliénation d'immeubles, ou une constitution d'hypothèque [9], n'est exécutoire qu'après avoir été homologuée par justice [10]. Art. 458, 2126. La

---

[7] On devrait peut-être assimiler au cas d'emprunt celui où le tuteur voudrait entamer les capitaux du mineur. Lassaulx, II, 428.

[8] Le tuteur ne peut donc pas, sans autorisation du conseil de famille, proroger le délai fixé pour l'exercice d'un réméré. Cette prorogation équivaudrait à une aliénation. Civ. cass., 18 mai 1813, Sir., XIII, 1, 306. Il en serait de même d'une concession de servitude. On a aussi assimilé à une aliénation, la translation d'une hypothèque spéciale existant au profit du mineur. Metz, 18 juin 1824, Sir., XXV, 2, 329. — Cpr., sur la question de savoir si le tuteur peut à lui seul consentir la radiation des inscriptions hypothécaires prises au profit du mineur : Grenier, *Traité des hypothèques*, II, 521.

[9] La nécessité d'une homologation de justice n'existe donc pas uniquement pour le cas où il s'agit de l'aliénation d'un immeuble. Pigeau, II, p. 483. Lassaulx, II, 444, 450. Merlin, *Rép.*, v° Hypothèques, sect. II, § 3, art. 6, n° 2, et *Quest., eod.* v°, § 4. M. Locré exprime une opinion contraire; et pour la soutenir, on peut tirer un argument assez spécieux du texte de l'art. 458. Toutefois l'avis que nous avons émis, nous paraît le plus sûr. — M. Toullier (II, 1223) pense que l'homologation de justice ne serait pas nécessaire si l'emprunt était destiné à éteindre une ancienne dette liquide. Dans ce cas, l'absence d'homologation est sans danger pour le mineur qui, profitant de l'emprunt, doit être non recevable à le critiquer : *deest causa restitutionis in integrum.*

[10] Ce n'est point au juge de la situation des biens, mais à celui

vente doit se faire aux enchères publiques [11], et en présence du subrogé tuteur, dans les formes spécialement déterminées par le Code de procédure [12]. Art. 459. Les dispositions des art. 457 et 458 ne s'appliquent point au cas où un jugement aurait, sur la provocation d'un propriétaire par indivis [13], ordonné la licitation d'un immeuble dont le mineur est co-propriétaire. Art. 460 cbn. art. 827. Elles ne s'appliquent pas davantage au cas où les immeubles sont vendus à la requête des créanciers par suite d'expropriation forcée [14]. Art. 2206, 2207. Mais, dans l'un et l'autre cas, l'intérêt du mineur se trouve suffisamment garanti, puisque la vente doit se faire suivant certaines formalités déterminées par les lois. Cpr. art. 460, 809, 1687; Code de procédure, art. 954 et suiv. art. 673 et suiv.

2° Le tuteur ne peut accepter, ni répudier une succession échue au mineur, sans une autorisation préalable du conseil de famille. L'acceptation ne doit avoir lieu que sous bénéfice d'inventaire [15]. Art. 461 et 462. Ces dispositions s'étendent au cas où le mineur a été institué légataire universel, ou à titre universel [16].

---

du domicile du mineur, qu'il appartient de donner cette homologation. Bousquet, sur l'art. 458.

[11] Le conseil de famille n'a donc pas le droit d'autoriser l'échange d'un immeuble; et les tribunaux ne peuvent, sous aucun prétexte, dispenser le tuteur de l'observation des formalités prescrites pour l'aliénation des biens du mineur. Voy. Civ. cass., 26 août 1807, Sir., VII, 1, 437.

[12] Code de procédure, art. 954 et suiv. Cpr. Pigeau, II, p. 476 et suiv.; Delvincourt et Paillet, sur l'art. 459.

[13] Il en serait autrement dans le cas où le tuteur voudrait introduire une demande en licitation. Blœchel, § 59. Malleville, sur l'art. 460. Cpr. § 197, note 17.

[14] Jurisprudence du Code civil, II, 409.

[15] Quid juris, dans le cas où le tuteur a accepté la succession purement et simplement? Le mineur pourra se faire restituer contre son acceptation, et le tuteur devra, selon les circonstances, être condamné aux dommages-intérêts des créanciers. Cpr. Jurisprudence du Code civil, IV, 357.

[16] Duranton, III, 584. Proudhon, De l'usufruit, I, 138.

3° Le tuteur ne peut accepter une donation faite au mineur, qu'avec l'autorisation du conseil de famille. La donation qu'il aurait acceptée sans l'accomplissement de cette condition, ne serait pas même obligatoire pour le donateur [17]. Art. 463. Par exception à cette règle, la donation est valablement acceptée par le tuteur seul, indépendamment de toute autorisation, lorsque la tutelle est administrée par un ascendant [18]. Art. 935. Du reste, on devrait peut-être appliquer aux legs particuliers, la disposition de l'art. 463 sur les donations [19].

4° Tout partage mobilier [20] ou immobilier dans lequel le mineur est partie, soit comme demandeur, soit comme défendeur [21], doit avoir lieu en justice, d'après les formes déterminées par l'art. 466 (cpr. art. 822 et suiv.; Code de procédure, art. 966) [22], c'est-à-dire par voie de tirage au sort, après expertise préalable et formation de lots, à moins qu'il n'y soit procédé par forme de transaction, et d'après les dispositions de l'art. 467 [23]. Lorsque ces formalités n'ont pas été observées, le partage ne doit être considéré que comme provisionnel, et toutes les parties mineures ou majeures [24] peuvent en provoquer un nouveau. Art. 466, alin. 3. et 840.

5° Le tuteur ne peut transiger [25] sur les intérêts du

---

[17] Merlin, *Rép.*, v° Mineur, § 7, n°ˢ 1 et 2. Cpr. §§ 655 et 656.

[18] Req. rej., 25 juin 1812, Sir., XII, 1, 400.

[19] Duranton, III, 582.

[20] Locré, sur l'art. 465. Chabot, *Traité des successions*, sur l'art. 817, n° 2. *Jurisprudence du Code civil*, I, 285.

[21] Duranton, III, 573.

[22] Cpr. § 624, note 4, relativement à l'antinomie qui paraît exister entre les art. 466 et 824.

[23] Le partage peut avoir lieu par voie de transaction. Civ. rej., 30 août 1815, Sir., XV, 1, 404.

[24] Bousquet et Delvincourt, sur l'art. 840. Limoges, 27 janvier 1824, Sir., XXVI, 2, 187. Voy. cependant, en sens contraire: Lyon, 4 avril 1810, Sir., XIII, 2, 290; Colmar, 28 novembre 1816, Sir., XVII, 2, 145; Agen, 12 novembre 1823, Sir., XXV, 2, 71.

[25] Le tuteur a-t-il le droit de déférer à la partie adverse un ser-

mineur [26], qu'après en avoir obtenu l'autorisation du conseil de famille, et de l'avis de trois jurisconsultes désignés par le procureur du roi du tribunal de première instance [27]. La transaction elle-même n'est valable qu'autant qu'elle a été homologuée par le tribunal de première instance, sur les conclusions du procureur du roi [28]. Art. 467, 2045.

Enfin, il est certains actes juridiques que le tuteur n'est, en aucun cas, autorisé à faire. Ainsi :

1° Il ne peut disposer, à titre gratuit, des biens du mineur [29] (arg. art. 457), à moins qu'il ne s'agisse de présens d'usage ou de légers dons rémunératoires [30].

2° Il ne peut contracter au nom de son pupille un engagement par suite duquel ce dernier serait personnellement tenu d'accomplir un certain fait, à moins qu'un pareil engagement ne soit nécessaire pour l'éducation ou l'établissement du mineur. Arg. art. 450.

3° Enfin, il ne peut compromettre sur les affaires du mineur [31] (arg. art. 1004 du Code de procédure, cbn. art. 83 du même Code); ce qui toutefois ne l'empêche pas de s'en remettre, dans le cours d'une instance, et d'accord avec la partie adverse, à l'avis de jurisconsultes ou de personnes de l'art, dont la décision ne deviendra obli-

---

ment litis-décisoire? **M.** Delvincourt (sur l'art. 467) ne le lui accorde qu'à charge d'obtenir l'autorisation du conseil de famille.

[26] Même sur une action mobilière. Delvincourt, sur l'art. 467.

[27] *Traité des transactions,* par Marbeau, n° 54-56.

[28] Cpr., sur les conséquences juridiques de l'inobservation de ces formalités : Merlin, *Rép.,* v° Transaction, § 1, n° 3; *Traité des transactions,* par Marbeau, n°s 58 et 59; Civ. cass., 26 août 1807, Sir., VII, 1, 437; Turin, 29 juillet 1809, Sir., X, 2, 225; Montpellier, 26 août 1815, Sir., XVIII, 2, 113. Les principes relatifs à la restitution en entier nous paraissent applicables dans cette circonstance. Cpr. § 332 et suiv.

[29] Locré, sur l'art. 457. Civ. rej., 22 juin 1818, Sir., XIX, 1, 111.

[30] L. 12, § 3. L. 22, *D. de adminis. et peric. tut.* (26, 7).

[31] Duranton, III, 597.

gatoire qu'après avoir été convertie en jugement, sur les conclusions du ministère public[32].

§ 114.

Du droit et du devoir du tuteur de représenter le mineur en justice.

Le tuteur représente le mineur en justice, comme il le représente dans les actes extrajudiciaires. Ce n'est donc pas le mineur assisté du tuteur, mais le tuteur, en cette qualité, qui doit figurer dans les actes de la procédure. Cpr. § 90 *in fine.*

En règle générale, le tuteur peut poursuivre ou défendre en justice les droits du mineur, sans autorisation du conseil de famille.

Par exception à ce principe, cette autorisation lui est nécessaire : 1° pour introduire[1] une action immobilière[2] ou une action relative à l'état du mineur (arg. art. 464); 2° pour acquiescer[3] directement ou indirectement à des demandes du même genre. (art. 464); 3° pour provoquer un partage. Art. 465. Cpr. § 113, note 12 et 20.

Sauf ces cas exceptionnels, le tuteur n'a pas besoin de l'autorisation du conseil de famille; il peut donc, de sa propre autorité, introduire une action mobilière[4], défendre soit

---

[32] Toullier, II, 1242. De pareils jugemens sont appelés jugemens convenus, passés d'accord, ou par expédient.

[1] Le tuteur n'a donc pas besoin de l'autorisation du conseil de famille pour continuer ou reprendre une action immobilière et pour interjeter appel d'un jugement de première instance. Lassaulx, II, 440. Duranton, III, 583. Metz, 26 prairial an XIII, Sir., VII, 2, 1242. Civ. cass., 17 novembre 1813, Sir., XIV, 1, 101. Nîmes, 2 juillet 1829, Sir., XXX, 2, 31.

[2] Cpr. art. 526; § 171; Orléans, 19 juin 1829, Sir., XXIX, 2, 447.

[3] Delvincourt, sur l'art. 464. Duranton, III, 584. Bruxelles, 23 novembre 1806, Sir., VII, 2, 1242. Douai, 17 janvier 1820, Sir., XXI, 2, 117.

[4] *Jurisprudence du Code civil,* 1808, II, 485. — Le tuteur peut-il, sans autorisation du conseil de famille, intenter une action pos-

à une action immobilière, soit à une action en partage ou en licitation [5] (arg. art. 464 et 465), et même poursuivre l'expropriation forcée des immeubles appartenant aux débiteurs du mineur [6]. Arg. art. 464, 465.

Toutes les fois que l'autorisation du conseil de famille est nécessaire au tuteur pour ester en justice, la partie adverse peut demander, par exception dilatoire, qu'avant tout le tuteur soit tenu de la rapporter [7]. Mais après la décision de l'affaire, il n'appartient qu'au mineur de se prévaloir du défaut d'autorisation [8]. Arg. art. 1125.

Le Code de procédure contient encore plusieurs autres dispositions relatives aux contestations qui intéressent des mineurs. Voy. par exemple art. 49, 83, 481, 484.

§ 115.

Des conséquences juridiques de l'administration du tuteur, par rapport aux tiers.

Les droits acquis par le tuteur et les obligations qu'il a contractées en sa qualité, ne profitent qu'au pupille et n'obligent que lui seul. Art. 1998. *Mandans et mandatarius habentur pro una persona* [1]. Le tuteur ne peut donc

---

sessoire ? M. Duranton (III, 571) rangeant les actions possessoires au nombre des actes conservatoires et d'administration, résout affirmativement cette question par argument de l'art. 1428. M. Delvincourt (sur l'art. 464) pense qu'il faut distinguer entre les actions possessoires ayant pour objet des immeubles et celles qui concernent des universalités de meubles.

[5] Blœchel, § 62. Paris, 19 prairial an XII, Sir., V, 2, 230.

[6] Bruxelles, 12 novembre 1806, Sir., VII, 2, 1242.

[7] L'autorisation obtenue pendant l'instance couvre la nullité de ce qui s'est fait antérieurement; il n'est pas nécessaire de recommencer la procédure. Bruxelles, 4 juillet 1811, Sir., XII, 2, 274. Req. rej., 24 août 1813, Sir., XIV, 1, 5. Bourges, 25 janvier 1832, Sir., XXXII, 2, 556.

[8] Req. rej., 11 décembre 1810, Sir., XI, 1, 52. Req. rej., 4 juin 1818. Sir., XIX, 1, 240. Bordeaux, 20 août 1833, Sir., XXXIV, 2, 204.

[1] La règle *factum tutoris factum pupilli*, est une conséquence de

être poursuivi personnellement, mais seulement en sa qualité de tuteur, pour l'exécution des engagemens qu'il a pris. Il en résulte entre autres, que les frais de procès auxquels le tuteur, comme tel, a été condamné, sont à la charge du pupille et ne grèvent en aucune manière le patrimoine du tuteur.

Cependant, le tuteur qui ne donne pas une connaissance suffisante de la qualité en laquelle il agit, peut se trouver personnellement engagé vis-à-vis des tiers. Cpr. art. 1997.

Il en serait de même dans le cas où le tuteur, agissant en cette qualité, se serait rendu coupable d'un délit ou d'un quasi-délit [2]. C'est ainsi qu'il pourrait être condamné personnellement aux dépens des procès qu'il n'aurait entamés que par malveillance, ou qui seraient la suite d'un fait illicite de sa part [3].

Les principes exposés dans les paragraphes précédens sur les droits et les devoirs du tuteur, ne reçoivent application dans la tutelle des père et mère [4], que sous les modifications résultant de l'usufruit légal qui leur appartient sur les biens de leurs enfans.

§ 116.

Des rapports juridiques existant entre le tuteur et le pupille, abstraction faite des droits et des devoirs qui résultent de la tutelle.

Ces rapports sont, en général, les mêmes que ceux qui

---

ce principe. Cpr. Bordeaux, 8 décembre 1831, Sir., XXXII, 2, 565.

[2] Cpr. Delvincourt, I, p. 292.

[3] D'un autre côté, le tuteur qui, par des procès légèrement introduits, aurait compromis la fortune du mineur, pourrait, dans l'intérêt de ce dernier, être condamné personnellement aux dépens et même à des dommages-intérêts. Code de procédure, art. 132. Nîmes, 2 juillet 1829, Sir., XXX, 2, 31.

[4] Voy., par exemple, *Journal du palais*, XXX, 208.

existent entre deux personnes étrangères l'une à l'autre. En d'autres termes, la règle, *tutor et pupillus habentur pro una persona*, cesse de recevoir son application dans toutes les affaires étrangères à la tutelle. Cpr. § 117. Ainsi le tuteur peut, soit pendant la durée de ses fonctions, soit après leur expiration, acquérir sur la personne et sur les biens du pupille, les mêmes droits qu'un étranger *et vice versa*[1].

Ce principe est cependant soumis à plusieurs exceptions qu'on peut ranger en deux catégories, suivant qu'elles concernent des actes à passer pendant le cours de la tutelle, ou après son expiration.

1° Pendant le cours de la tutelle: 1) Le tuteur ne peut acheter, même aux enchères publiques, les biens meubles ou immeubles du mineur[2]. Art. 450 et 1596. 2) Il ne peut les prendre à loyer ou à ferme, à moins que le conseil de famille n'ait autorisé le subrogé tuteur à lui en passer bail. Art. 450. 3) Il ne peut se rendre cessionnaire de droits ou de créances contre son pupille[3]. Art. 450. 4) Le mineur est incapable de disposer, même par testament, au

[1] Brauer, sur l'art. 472.

[2] C'est à tort que M. Delvincourt (sur l'art. 1596) applique cette incapacité au subrogé tuteur et au curateur d'un mineur émancipé; mais elle s'étend au protuteur, et, dans certains cas, au tuteur *ad hoc*. Quelques auteurs, en se fondant sur la loi 5, *C. de empt. vend.* (4, 38), exceptent de la prohibition le cas où les biens du mineur sont vendus à la requête de ses créanciers. Voy., en ce sens: Toulouse, 4 février 1825, Sir., XXV, 2, 147; en sens contraire: Paillet, sur l'art. 1596.

[3] Cette prohibition ne forme pas obstacle à la subrogation légale qui s'opérerait en faveur du tuteur, comme au profit d'un étranger, dans les différens cas mentionnés par l'art. 1251. Elle n'empêche pas davantage l'exercice de l'action *negotiorum gestorum* de la part du tuteur qui aurait acquitté de ses deniers la dette du pupille. Cpr. Toullier, II, 1232 et suiv.; Duranton, III, 604 et suiv. — La cession faite contrairement aux dispositions de l'art. 450 est nulle; mais le cédant ne perd pas ses droits de créance. M. Delvincourt (sur l'art. 450) émet l'opinion contraire qu'il fonde sur la novelle 72, chap. 5.

profit du tuteur qui ne serait pas son ascendant[4]. Art. 907, alin. 1 et 3. Une pareille disposition, nulle dans le principe, resterait sans effet, quoique le mineur décédât en majorité, sans l'avoir révoquée[5]. On doit, sous ce rapport, placer sur la même ligne que le tuteur, le protuteur, le tuteur *ad hoc* qui, ayant géré les biens du mineur, serait obligé de rendre un compte de gestion[6], ainsi que le mari de la mère qui a perdu la tutelle dans le cas prévu par l'art. 395[7]. Mais on ne peut assimiler au tuteur ni le subrogé tuteur[8], ni le curateur d'un mineur émancipé[9].

2° Après l'expiration de la tutelle: 1) Le ci-devant pupille ne peut, tant que le compte définitif de tutelle n'a pas été rendu et apuré[10], disposer, soit par donation entre-vifs, soit par testament, au profit de celui qui a été son tuteur et qui ne serait pas un de ses ascendans. Art. 907, alin. 2. Cette prohibition produit les mêmes effets que celle mentionnée dans la première catégorie, et existe à l'égard des mêmes personnes. Du reste, il est à remarquer que le mineur n'est jamais incapable de disposer, après la mort du tuteur, au profit des héritiers de ce dernier, quand même ils n'auraient point encore rendu le compte tuté-

---

[4] Le mari, cotuteur des enfans mineurs de sa femme (*le parâtre*, art. 396), n'est point compris au nombre des ascendans en faveur desquels existe l'exception. Metz. 18 janvier 1821, Sir., XXII, 2, 362.

[5] Cela est fondé sur ce que la capacité du testateur doit exister, non-seulement à l'époque de l'ouverture de la succession, mais encore à celle de la confection du testament. Duranton, VIII, 198. Cpr. Ferrière, *Corps et compilation de tous les commentateurs,* III, p. 1288 et suiv.; Grenier, *Des donations,* 1, 307.

[6] Ferrière, *op. cit.,* III, p. 1287.

[7] Limoges, 4 mars 1822, Sir., XXII, 2, 265. Cpr. l'arrêt cité en la note 4. Voy. cependant, en sens contraire, Nîmes, 16 août 1833, Sir., XXXIV, 2, 117.

[8] Grenier, *Des donations,* I, 308. Delaporte, sur l'art. 907. Cpr. cependant Grenoble, 26 juillet 1828, Sir., XXIX, 2, 28.

[9] Il n'a pas de compte à rendre. Delvincourt, sur l'art. 907.

[10] Il n'est pas nécessaire que le paiement du reliquat ait été effectué. Grenier, *op. cit.,* I, 304. Paillet, sur l'art. 907.

laire [11]. 2) Toute convention conclue, entre le ci-devant pupille [12] et son ancien tuteur [13], dans le but de décharger ce dernier de l'obligation de rendre compte [14], est nulle à l'égard du pupille [15], s'il ne résulte d'un récépissé par lui délivré dix jours au moins avant cette convention, que le tuteur lui a rendu un compte détaillé et lui en a remis toutes les pièces justificatives [16]. Art. 472 [17]. L'exécution volontaire d'une pareille convention, avant l'accomplissement des formalités exigées par l'art. 472, ne couvrirait pas la nullité résultant de leur omission [18].

[11] Grenier, *op. cit.*, I, 308.

[12] Qu'il soit majeur ou émancipé, peu importe; la raison est la même dans l'un et l'autre cas. Voy. cependant, en sens contraire, Marbeau, *Traité des transactions*, n° 67. — L'art. 472 ne s'applique pas au traité passé avec l'héritier du pupille. Bourges, 7 avril 1830, Sir., XXX, 2, 146.

[13] Tout ce que nous avons dit sur les personnes auxquelles s'étend la disposition de l'art. 907, doit recevoir ici son application.

[14] Tel est le véritable sens du mot *traité*, dont se sert l'art. 472. Cpr. *Traité des transactions*, n° 64. Cette expression, comprenant toute convention conclue dans le but de soustraire le tuteur à l'obligation de rendre compte, s'applique même à la convention qui serait contenue dans un contrat de mariage. Paris, 14 août 1812, Sir., XII, 2, 434. Delvincourt, sur l'art. 472. Par contre, les conventions qui n'ont point été faites dans ce but ne sont point comprises dans la disposition de l'art. 472. Arg. art. 2045. Duranton, III, 638. Civ. cass., 7 août 1810, Sir., X, 1, 380. Civ. rej., 22 mai 1822, Sir., XXII, 1, 284. Req. rej., 16 mai 1831, Sir., XXXI, 1, 201. Cpr. cependant: Merlin, *Quest.*, v° Tuteur, § 3; Nîmes, 2 juin 1830, Sir., XXXI, 2, 68.

[15] La nullité n'est que relative. Cpr. art. 1125 et § 37; Duranton, III, 639; Montpellier, 20 janvier 1830, Sir., XXX, 2, 121.

[16] Le récépissé ne peut donc se trouver dans le traité. Paillet, sur l'art. 472. Voy. cependant, en sens contraire, Paris, 3 janvier 1812, Sir., XII, 2, 48.

[17] Cet article, toutefois, ne reçoit application, que lorsqu'il y a lieu de rendre un compte, et non, par conséquent, dans le cas où le mineur n'a pas de biens. Paris, 16 mars 1814, Sir., XV, 2, 33.

[18] Cette confirmation tacite (cpr. art. 1338, alin. 2) serait entachée du même vice que la convention elle-même. Lyon, 31 décembre 1832, Sir., XXXIII, 2, 173.

B. DU SUBROGÉ TUTEUR.

§ 117.

1° Le subrogé tuteur doit surveiller avec vigilance l'administration du tuteur, et prendre ou provoquer, le cas échéant, les mesures nécessaires pour mettre à couvert les intérêts du mineur[1]. C'est pour faciliter cette surveillance, que le conseil de famille peut obliger tout tuteur, autre que le père ou la mère[2], à remettre au subrogé tuteur, soit annuellement, soit à des époques plus éloignées, des états de situation de sa gestion. Cpr. art. 470. Cependant, le subrogé tuteur qui n'exercerait pas d'une manière exacte la surveillance dont nous venons de parler, ne deviendrait pas par cela seul responsable des pertes que l'administration du tuteur ferait éprouver au mineur[3].

2° Le subrogé tuteur est chargé de représenter le mineur et d'agir pour ses intérêts toutes les fois qu'ils sont en opposition avec ceux du tuteur (art. 420, alin. 2)[4], c'est-à-dire toutes les fois que le tuteur et le mineur sont, à l'égard l'un de l'autre, dans la position de parties litigeantes ou contractantes. C'est ce qui arrive, par exemple, lorsque le tuteur est en procès avec le mineur (voy. art. 2143), ou qu'il veut lui faire une donation[5].

Le subrogé tuteur appelé à représenter le mineur, jouit des mêmes droits et se trouve soumis aux mêmes devoirs et à la même responsabilité que le tuteur. Il ne peut toutefois passer, au profit du tuteur, bail des biens du mineur;

[1] Locré, sur l'art. 420.
[2] Cpr. cependant § 111, note 28.
[3] Cpr., sur la responsabilité du subrogé tuteur en général: Blœchel, § 26; Toullier, II, 1132 et suiv.
[4] Voy. cependant art. 1055 et 1056.
[5] Lassaulx, II, 439.

qu'en vertu d'une autorisation du conseil de famille[6]. Art. 450. Cpr. art. 1718, 1429 et 1430.

3° Enfin, les lois imposent au subrogé tuteur plusieurs obligations spéciales qu'il serait trop long d'énumérer ici. Il suffit de renvoyer à cet égard aux art. 424, 446, 448, 451 cbn. 1442, 452 cbn. 459, 453, et 2137. Voy. aussi Code de procédure, art. 444. Le défaut d'accomplissement de l'une ou de l'autre de ces obligations n'entraîne point, en thèse générale, de responsabilité pour le subrogé tuteur qui n'est passible de dommages-intérêts, soit envers le mineur, soit envers les tiers, que dans le cas où la loi l'y soumet d'une manière expresse (cpr. art. 424, 1442 et 2137[7]), et dans celui où il se serait rendu coupable de dol[8]. Arg. art. 424, 1442 et 2137.

V. DE LA FIN DE LA TUTELLE.

A. DE LA TUTELLE PROPREMENT DITE.

§ 118.

Généralités.

La tutelle prend fin dans la personne du mineur ou dans celle du tuteur.

Dans le premier cas, la tutelle cesse, en règle générale, pour toujours. Voy. cependant art. 486.

---

[6] Dans le cas où le fils du tuteur voudrait se rendre fermier des biens du mineur, on fera bien, pour plus de sûreté, de se conformer à cette règle, quoique les dispositions de l'art. 911, sur l'interposition de personnes, ne puissent être étendues à cette hypothèse. Voy. cependant Duranton, III, 587 et suiv.

[7] Voy. cependant encore : Code de procédure, art. 444; Montpellier, 19 janvier 1832, Sir., XXXII, 2, 38.

[8] Lassaulx, II, 464. Duranton, III, 552.

Dans le second cas, le conseil de famille nomme un autre tuteur au lieu et place de l'ancien, qui n'est remplacé de droit ni par un tuteur légal, ni par le subrogé tuteur[1]. Art. 419, 424. Cpr. §§ 101 et 102. La nomination de ce nouveau tuteur doit être provoquée par le subrogé tuteur, à peine de tous dommages-intérêts. Art. 424. Voy. cependant art. 406.

Lorsqu'il y a lieu de procéder au remplacement d'un tuteur décédé, les héritiers majeurs de ce dernier sont tenus, sans distinction de sexe[2], de continuer la gestion de la tutelle jusqu'à la nomination d'un nouveau tuteur[3]. Art. 419.

§ 119.

Des manières dont la tutelle prend fin dans la personne du mineur.

La tutelle cesse: 1° par la mort naturelle ou physique du mineur; 2° par sa majorité; 3° par son émancipation.

L'émancipation[1] est un acte juridique au moyen duquel le mineur est affranchi soit, tout à la fois de la puissance paternelle et de l'autorité tutélaire sous lesquelles il se trouvait simultanément placé, soit de l'un ou de l'autre de ces pouvoirs, quand il n'était soumis qu'à l'un d'eux.

---

[1] Le subrogé tuteur ne peut pas même remplacer le tuteur dans le cas où ce dernier est momentanément empêché. Blœchel, § 29.

[2] Pau, 3 mars 1818, Sir., XVIII, 2, 269.

[3] Cette obligation ne pèse pas sur les héritiers en leur nom personnel, mais comme représentans du défunt. Ils peuvent donc s'en décharger en renonçant sans fraude à la succession.

[1] Voy. en ce qui concerne l'ancien droit: *Jurisprudence du Code civil*, I, 225; Argou, *Institution*, I, p. 27; Merlin, *Rép.*, v° Émancipation. — Le Code civil a principalement suivi en cette matière les dispositions du droit coutumier. Il n'a adopté ni l'émancipation par acte du prince (*venia œtatis*; cpr. *C. de his qui veniam œtatis.*, 2, 45), ni l'émancipation spéciale (*ad certum actum*).

Cpr. art. 389, 397 et 402. Ainsi l'émancipation doit être envisagée sous un double point de vue. Nous ne traiterons ici que de ses rapports avec la tutelle, en nous réservant de parler de ses rapports avec la puissance paternelle, lorsque nous exposerons les principes relatifs à cette dernière. Cpr. § 342 et suiv. Du reste, les conditions et les formes de l'émancipation sont absolument les mêmes dans l'un et l'autre cas.

L'émancipation est tacite ou expresse.

L'émancipation tacite résulte du mariage du mineur[2], quel que soit l'âge de ce dernier à l'époque de la célébration[3]. Elle a lieu de plein droit, c'est-à-dire sans autre condition, et sans qu'il soit permis de détruire ou de modifier, au moyen d'une convention contraire, les effets que le mariage produit à cet égard. Art. 476. Le mineur étant émancipé par le mariage, d'une manière irrévocable, ne rentre ni en tutelle, ni dans les liens de la puissance paternelle, lorsque le mariage vient à être dissous avant sa majorité[4]. Il en est autrement lorsque le mariage est annulé[5].

L'émancipation expresse résulte de la déclaration faite à cet effet par les personnes auxquelles la loi accorde le pouvoir d'émanciper le mineur.

1° Ce pouvoir appartient aux père et mère; ils en jouissent comme d'un droit inhérent à la puissance paternelle,

---

[2] L'émancipation tacite est d'origine allemande. Cpr. *Runde's Grundsætze des gemeinen deutschen Privatrechts*, § 620.

[3] Le mariage produit donc cet effet, quoiqu'en vertu de dispenses, il ait été célébré avant que le mineur n'eût atteint l'âge de quinze ans révolus. Civ. cass., 21 février 1821, Sir., XXI, 1, 188. Cpr. art. 144, 145, 477 et 478.

[4] Blœchel, § 67. Grenier, *Traité des hypothèques*, I, 611. Cpr. aussi l'arrêt ci-dessus cité.

[5] Mais pendant l'instance sur la validité du mariage, le mineur doit être provisoirement considéré comme émancipé. Merlin, *Rép.*, v° Mariage, sect. VI, § 1, question 3, sur l'art. 180. Turin, 14 juillet 1807, Sir., VIII, 2, 43.

et par conséquent ils le conservent, quoiqu'ils ne gèrent
pas la tutelle. Tel est, par exemple, le cas où celle-ci n'est
pas conservée à la mère remariée [6]. Le père jouit seul, durant sa vie, et tant qu'il se trouve en état d'exercer la
puissance paternelle, du droit d'émanciper qui retombe
à la mère, lorsque le père est décédé ou se trouve dans
l'impossibilité de l'exercer [7]. Les père et mère peuvent
émanciper le mineur dès qu'il a atteint l'âge de quinze ans
révolus. Il leur suffit à cet effet de déclarer, devant le juge
de paix assisté de son greffier, qu'ils entendent émanciper
le mineur [8]. Il est dressé acte de cette déclaration, et aucune autre condition n'est requise pour la validité de
l'émancipation [9].

2° Lorsque les père et mère sont décédés ou dans l'impossibilité de manifester leur volonté [10], le mineur peut,
mais seulement à l'âge de dix-huit ans accomplis [11], être

[6] Locré, sur l'art. 477. Proudhon, II, p. 252. Lassaulx, II, 302.
Bruxelles, 6 mai 1808, Sir., IX, 2, 56. Colmar, 17 juin 1807, Sir.,
XV, 2, 164. Voy. cependant Blœchel, § 71, et Delvincourt, sur
l'art. 477. Ce dernier auteur refuse le droit d'émanciper aux père
et mère exclus ou destitués de la tutelle, et à la mère remariée
qui n'y a pas été maintenue. En rejetant cette opinion, nous croyons
cependant que les tribunaux pourraient, par des motifs particuliers et dans l'intérêt du mineur, ne pas admettre la validité de
l'émancipation faite par le père ou la mère qui se trouvaient dans
l'une de ces positions. Cpr. les motifs d'un arrêt rendu par la cour
royale de Paris le 1er mai 1813, Sir., XIII, 2, 230.
[7] Si, par exemple, le père est interdit ou absent. Cpr. Code de
commerce, art. 2. Voy. cependant, sur l'usufruit légal du père,
Duranton, III, 655.
[8] L'émancipation ne peut avoir lieu par testament. M. Blœchel,
(§ 69) est d'une opinion contraire.
[9] Les créanciers des père et mère ont cependant le droit d'attaquer l'émancipation qui aurait été faite en fraude de leurs droits.
Art. 384 cbn. 1167. Merlin, Quest., v° Usufruit paternel, § 1.
M. Toullier (III, 368) est d'une autre opinion.
[10] Voy. la note 7.
[11] Le mineur âgé de dix-huit ans, à la mort de ses père et mère,
peut même être émancipé directement, sans qu'il soit nécessaire
de lui nommer un tuteur. Locré, sur l'art. 479.

émancipé en vertu d'une déclaration du conseil de famille. Le juge de paix est tenu de convoquer ce conseil pour cet objet, toutes les fois qu'il en est requis par le tuteur, ou à son défaut, soit par un ou plusieurs parens ou alliés du mineur, jusqu'au degré de cousin-germain inclusivement, soit par le mineur lui-même [12]. Si le conseil de famille juge le mineur capable d'être émancipé [13], l'émancipation s'opère au moyen de la déclaration faite par le juge de paix, en sa qualité de président du conseil de famille, et consignée au procès-verbal de la délibération [14], que le mineur est émancipé [15]. Art. 478 et 479.

Nous exposerons plus tard, en traitant de la curatelle et de la puissance paternelle, les conséquences qui résultent de l'émancipation.

Il existe des dispositions spéciales: 1° sur l'émancipation des enfans qui ont été recueillis et élevés dans des établissemens de charité (voy. à cet égard la loi du 5 pluviôse an XIII); 2° sur les mineurs émancipés qui veulent se livrer au commerce ou en exercer certains actes. Voy. Code de commerce, art. 2 et 3.

§ 120.

Des manières dont la tutelle prend fin dans la personne du tuteur.

La tutelle cesse :

1° Par la mort naturelle ou civile du tuteur. Art. 419 et 25.

2° Lorsque le tuteur se trouve dans l'impossibilité de

---

[12] Proudhon, II, p. 253. Toullier, II, 1290. M. Delvincourt (sur l'art. 479) est d'une opinion opposée.

[13] Voy. sur les causes d'incapacité ou d'indignité : Paris, 6 thermidor an IX, Sir., I, 2, 618.

[14] C'est au moyen de cet acte que doit se faire la preuve de l'émancipation. Voy. cependant, art. 46 et § 65; Req. rej., 27 janvier 1810, Sir., XIX, 1, 436.

[15] La loi n'exige pas, à la vérité, pour la validité de l'émancipa-

16 *

continuer sa gestion, à raison de la survenance d'une infirmité d'esprit[1], ou que son incapacité est établie par la
manière dont il administre la tutelle. Art. 442, n° 2, et
444, n° 2. Les dispositions des articles 446 et suivans sur
la procédure à suivre pour la destitution du tuteur, sont
également applicables à l'hypothèse actuelle, quoiqu'il s'a-
gisse ici non de destituer le tuteur pour cause d'indignité,
mais de lui retirer, pour cause d'incapacité, une tutelle
qu'il ne peut administrer[2].

3° Lorsque la tutelle est abandonnée par suite de l'absence du tuteur[3]. Art. 424. Cpr. art. 141-143.

4° Lorsque le tuteur est, pour cause d'indignité, destitué de la tutelle. La destitution a lieu, soit de plein droit
lorsque le tuteur est condamné à une peine afflictive ou
infamante (art. 443), soit en vertu d'une décision judiciaire qui, par forme de peine, interdit au tuteur l'exercice du droit de gérer une tutelle quelconque (cpr. § 104
et 167), soit en vertu d'une délibération du conseil de
famille motivée sur l'inconduite notoire du tuteur, sur
son incapacité, ou sur l'infidélité de sa gestion[4]. Art. 444.
Voy. aussi art. 421. Quand il existe contre le tuteur des
griefs de nature à motiver sa destitution, le juge de paix
peut convoquer d'office le conseil de famille pour le faire
délibérer sur cet objet. Il doit nécessairement procéder à
cette convocation, s'il en est requis, soit par le subrogé
tuteur, soit par un ou plusieurs parens ou alliés du mi-

tion, le consentement du mineur; mais les tribunaux n'en devraient pas moins l'écouter dans ses moyens d'opposition. Lassaulx, II, 469.

[1] Le tuteur nommé à un interdit ne devient pas de plein droit
tuteur de celui qui se trouvait soumis à la tutelle de l'interdit.
Brauer, sur l'art. 510.

[2] Locré, sur l'art. 446.

[3] De Moly, *Traité des absens*, n° 196 et suiv.

[4] Le père peut, comme tout autre tuteur, être destitué de la tutelle. Toulouse, 18 mai 1830, Sir., XXXII, 2, 470. — Il en est même
ainsi du père administrateur légal. Cpr. § 99, note 11.

neur, jusqu'au degré de cousin-germain inclusivement. Art. 446 [5]. Le subrogé tuteur peut, lorsqu'il est membre du conseil de famille, voter dans l'assemblée convoquée, sur ses diligences, pour délibérer sur la destitution du tuteur [6]. Il doit, en tout cas, être invité à y assister [7]. Le conseil de famille ne peut prononcer la destitution du tuteur qu'après l'avoir entendu ou l'avoir dûment appelé [8]. Toute délibération prononçant destitution doit être motivée [9]. Art. 447. Si le tuteur adhère à la délibération [10], il en est fait mention au procès-verbal [11], et le nouveau tuteur entre aussitôt en fonctions. Dans l'hypothèse contraire, le subrogé tuteur, ou, en cas de négligence de sa part, un des membres du conseil de famille poursuit, devant le tribunal de première instance, l'homologation de la délibération [12]. C'est également devant ce tribunal que

---

[5] Cpr. sur l'interprétation de cet article : Lassaulx, II, 263. — Les parens ou alliés du mineur ont à cet égard un droit égal à celui du subrogé tuteur. Ce droit est ouvert en leur faveur, quoiqu'on ne puisse reprocher aucune négligence à ce dernier. Voy. cependant, *Jurisprudence du Code civil*, IV, 361.

[6] Delvincourt, sur l'art. 446. Rouen, 17 novembre 1810, Sir., XI, 2, 86. Rennes, 14 février 1810, Sir., XII, 2, 424.

[7] *Jurisprudence du Code civil*, XVII, 490.

[8] C'est suivant les circonstances, soit à la diligence du juge de paix, soit à celle de la personne qui poursuit la destitution du tuteur, que ce dernier doit être appelé. Locré, sur l'art. 447.

[9] Cette règle ne s'applique cependant pas aux délibérations qui refuseraient de maintenir dans la tutelle la mère qui veut se remarier. Art. 395. Civ. cass., 17 novembre 1813, Sir., XIV, 1, 74. Voy. aussi *Jurisprudence du Code civil*, XXII, 161.

[10] Le silence du tuteur présent à la délibération pourrait-il être regardé comme une adhésion? Nous le pensons contrairement à l'avis de l'auteur, qui invoque la maxime : *Silentium non est consensus ni lex loqui jubeat*. Notre opinion, que nous fondons sur les art. 438 et 448, ainsi que sur l'intérêt du mineur, a été consacrée par un arrêt de Bruxelles du 18 juillet 1810, Sir., X, 2, 433.
(*Note des traducteurs.*)

[11] Il est bon, pour plus de sûreté, de faire signer le procès-verbal par le tuteur destitué. Locré, sur l'art. 448.

[12] Arg. art. 887 du Code de procédure. Cpr. Orléans, prairial an XII, Sir., VII, 2, 1243.

le tuteur doit proposer, soit par voie d'intervention[13], soit par action principale dirigée contre le subrogé tuteur[14], les moyens tendant à se faire maintenir dans la tutelle. Art. 448 et 449. La question des dépens doit être résolue, par analogie, d'après la règle posée en l'art. 441[15]. Cpr. § 108. Durant le litige, et jusqu'au jugement d'homologation, l'ancien tuteur conserve la tutelle, à moins que le tribunal n'ait pris à cet égard des mesures provisoires[16].

5° La tutelle cesse enfin, lorsque le tuteur résigne ses fonctions en se prévalant d'un motif d'excuse survenu depuis son entrée en charge. Cpr. art. 427 et 428 cbn. 431, 433, 434, et § 107. Le tuteur qui veut se démettre de la tutelle, doit faire convoquer le conseil de famille, pour lui soumettre les motifs d'excuse qu'il entend invoquer. Voy. aussi art. 440 et 441. Les diligences aux fins de cette convocation doivent, lorsqu'il s'agit de l'un des motifs d'excuse prévus par les art. 427 et 428, être faites, à peine de déchéance, dans le délai d'un mois, à dater du jour où le tuteur a obtenu connaissance de ce motif. Art. 431[17]. Les autres excuses peuvent être proposées en tout temps, la présentation n'en est pas soumise à un délai fatal.

Le tuteur qui, à raison de fonctions, services ou missions qui lui ont été confiées pendant la durée de la tutelle, en a obtenu la décharge, peut y être rappelé à l'expiration de ces fonctions, services ou missions, mais

---

[13] Cpr., sur la marche de cette procédure : Toullier, II, 1178. — Lorsque l'homologation est poursuivie par le subrogé tuteur, c'est contre lui que l'intervention doit être dirigée, et non contre les membres du conseil de famille qui ont été de l'avis de la destitution. Art. 448, n° 3. Code de procédure, art. 883. Duranton III, 476. Cependant M. Toullier (*loc. cit.*) est d'une opinion contraire.

[14] Cpr. § 96, note 9.

[15] Duranton, III, 515.

[16] Delvincourt, sur l'art. 448. Cpr. Code de procédure, art. 135.

[17] Blœchel, § 33. Locré, sur l'art. 431.

seulement sur sa demande, ou sur celle du tuteur qui l'a remplacé[18]. Art. 431.

§ 121.

Continuation. — De certains cas spéciaux dans lesquels il y a lieu à remplacement du tuteur.

1° La mère[1] tutrice qui veut se remarier doit, avant de passer à de secondes noces, faire convoquer le conseil de famille pour faire décider si la tutelle lui sera conservée.

Dans le cas où elle omet l'accomplissement de cette formalité, elle perd la tutelle de plein droit. Si, malgré cette déchéance, elle continue de fait la gestion de la tutelle, les actes qu'elle fera en qualité de tutrice, n'auront, comme tels[2], aucune force ni valeur, et son nouveau mari sera solidairement responsable de toutes les suites de la tutelle qu'elle aura indûment conservée[3]. Le mineur ne jouit cependant pas, à raison de cette obligation solidaire, d'une hypothèque légale sur les immeubles du se-

---

[18] Malleville, sur l'art. 431. Blœchel, § 34. — Cette disposition doit-elle être appliquée, par voie d'analogie, au cas où la cause de la destitution vient à cesser après que cette dernière a été prononcée? Voy. Blœchel, § 50; *Jurisprudence du Code civil*, VIII, 91.

[1] Le père convolant à de secondes noces, conserve de plein droit la tutelle de ses enfans. Cpr. *Discussion de l'art.* 395 *au conseil d'État* (Locré, *Légis.*, t. VII, p. 171 et suiv., n°s 13-16).

[2] Cependant ces actes sont valables toutes les fois qu'ils ont eu pour objet de conserver les droits du mineur. Tel serait un commandement interruptif de prescription. Limoges, 17 juillet 1822, Sir., XXII, 2, 295. Civ. rej., 28 mai 1823, Sir., XXIV, 1, 7. Voy. aussi Turin, 25 juin 1810, Sir., XII, 2, 417.

[3] La responsabilité du nouvel époux s'étend aussi au défaut de gestion, de même qu'à la gestion antérieure au mariage. Cpr. art. 396; *Observations du tribunat et Discours de M. Leroy, orateur du tribunat au corps législatif* (Locré, *Légis.*, t. VII, p. 101, n° 5, p. 217, n° 7, et p. 275, n° 7); Blœchel, § 11; Delvincourt, sur l'art. 395; Grenier, *Des hypothèques*, I, 280; Duranton, III, 426.

cond mari[4]; mais il conserve, pour la gestion postérieure au mariage, celle dont il jouissait sur les immeubles de sa mère[5].

Lorsque le conseil de famille conserve la tutelle à la mère, il doit nécessairement lui donner pour cotuteur le second mari, qui devient solidairement responsable avec sa femme de toute la gestion postérieure au mariage[6].

Du reste, rien n'empêche le conseil de famille de conférer la tutelle dative à la mère remariée qui a perdu la tutelle légale, à raison du défaut d'accomplissement des obligations qui lui étaient imposées pour la conserver[7]. Art. 395 et 396.

2° La tutelle officieuse fait cesser la tutelle ordinaire: l'administration de la personne et des biens du mineur passe au tuteur officieux, qui remplace de plein droit le tuteur ordinaire. Art. 365.

§ 122.

Des droits et des devoirs du tuteur après la cessation de la tutelle.

Après la cessation de ses fonctions[1], le tuteur, ses héritiers ou successeurs sont tenus de rendre compte de l'administration de la tutelle, soit au ci-devant pupille, à ses

---

[4] Delvincourt, sur l'art. 395. Duranton, III, 426. MM. Persil (*Régime hypothécaire*, sur l'art. 2235, n° 2) et Grenier (*Traité des hypothèques*, I, 280) émettent une opinion contraire.

[5] Grenier, *Traité des hypothèques*, I, 280.

[6] Si, par conséquent, il y avait lieu à destitution de ce cotuteur, la mère ne pourrait conserver la tutelle. Delvincourt, sur l'art. 396. Bruxelles, 18 juillet 1810, Sir., XI, 2, 433. — Cpr. en ce qui concerne l'influence de l'autorité maritale sur l'administration de la tutelle commune: Angers, 13 frimaire an XIV, Sir., VII, 2, 1243.

[7] Lassaulx, II, 303. Duranton, III, 427. Pau, 30 juillet 1807, Sir., XII, 2, 378. Metz, 20 avril 1820, Sir., XXI, 2, 339. M. Blœchel (§ 9) est d'une opinion contraire.

[1] Le tuteur ne doit, en général, compte de sa gestion que lorsqu'elle finit. Art. 469. Voy. cependant art. 470.

héritiers ou successeurs, soit au nouveau tuteur, et, dans ce dernier cas, en présence du tuteur subrogé[2]. Art. 469. Le tuteur ne peut être déchargé de cette obligation que pour les biens qu'il peut être dispensé d'inventorier[3]. Les personnes qui n'auraient que temporairement administré la tutelle, sont également soumises à l'obligation de rendre compte. Cpr. art. 394, 395, 419, 440.

Le compte tutélaire peut, même dans le cas où l'oyant est encore mineur, être rendu, soit judiciairement, soit à l'amiable[4]. Les frais doivent en être supportés par le mineur (art. 471); mais il ne faut comprendre parmi ces frais, ni ceux qui auraient été faits pour contraindre le tuteur à rendre compte, ni ceux que pourraient entraîner les contestations relatives aux débats dudit compte. Ces derniers frais restent, sauf compensation, s'il y a lieu, à la charge de la partie qui succombe. Code de procédure, art. 130 et 131[5].

Il est facile, en se reportant aux explications données dans les paragraphes précédens sur les devoirs du tuteur, de déterminer ce qui doit et ce qui peut entrer dans le compte de tutelle[6]. Ainsi, par exemple, le tuteur est autorisé à y porter en dépense toutes les sommes qu'il peut

[2] Cpr. Locré, sur l'art. 469.

[3] Malleville, sur l'art. 469. Cpr. § 111.

[4] Merlin, *Rép.*, v° Compte, § 1, n° 2. Lassaulx, II, 459. Proudhon, II, p. 241. Duranton, III, 615. MM. Malleville (sur l'art. 473) et Toullier (II, 1250) estiment, au contraire, que, si l'oyant est encore mineur, le compte ne peut être rendu qu'en justice. En adoptant l'opinion émise dans le texte, et en considérant par conséquent l'ancien tuteur comme valablement déchargé en vertu d'un compte rendu à l'amiable, les traducteurs pensent toutefois que le nouveau tuteur qui se contenterait d'un compte de cette espèce, s'exposerait à voir critiquer les élémens de ce compte et à rester ainsi responsable de la première gestion. Cpr. Bourges, 15 mars 1826, Sir., XXVI, 2, 301; Bordeaux, 1er février 1828, Sir., XXVIII, 2, 128.

[5] Toullier, II, 1251. *Jurisprudence du Code civil*, VII, 46.

[6] Cpr., sur les énonciations que doit renfermer le compte, et sur la procédure à suivre quand il est rendu en justice: art. 473, Code de procédure, art. 527 et suiv.; Merlin, *Rép.*, v° Compte.

justifier, d'une manière suffisante [7], avoir déboursées, soit pour les besoins, soit pour l'utilité du mineur [8]. Art. 471. Par contre, le tuteur ne peut réclamer ni honoraires ni dédommagemens pour ses soins, et pour les peines que lui a causées la gestion de la tutelle [9], à moins qu'il ne lui en ait été accordé par testament. Arg. art. 471.

L'obligation de rendre un compte comprend implicitement celle d'en payer le reliquat, et de restituer tous les objets appartenant au mineur. Le reliquat du compte tutélaire porte de plein droit intérêt en faveur du mineur, à dater du jour de la clôture du compte (art. 474, voy. cependant Code de procédure, art. 542), et cela sans préjudice aux intérêts qui auraient couru antérieurement, par suite d'une demande judiciaire en reddition de compte [10]. Art. 1153. Au contraire, les intérêts des sommes dues au tuteur par le mineur, en vertu du compte tutélaire, ne courent que du jour de la sommation de payer, signifiée après la clôture du compte. Art. 474.

Toute action qui compète au mineur, à ses héritiers ou représentans contre le tuteur [11], à raison de la gestion de la tutelle, se prescrit par dix ans, à compter de la majo-

Pigeau, II, p. 405; Garnier, Deschênes, *Traité du notariat*, n° 731; Proudhon, II, p. 236; Toullier, II, 1252 et suiv.; Duranton, III, 610 et suiv.; Bruxelles, 25 août 1810, Sir., XI, 2, 122.

[7] La loi n'exige pas une justification rigoureuse. Malleville et Locré, sur l'art. 474.

[8] Duranton, III, 629. Cpr. L. 3, § 7, *D. de cont. tut. act.* (24, 7) et art. 454. — Il en serait ainsi quand même des dépenses excédant les revenus du mineur, auraient été faites sans autorisation du conseil de famille. Paris, 19 avril 1823, Sir., XXVIII, 2, 93.

[9] La tutelle est une charge publique. Paillet, sur l'art. 471.

[10] Delvincourt, sur l'art. 474. Pau, 3 mars 1818, Sir., XVIII, 2, 269.

[11] Les actions du tuteur contre le mineur, qu'elles tirent ou non leur origine de la gestion tutélaire, sont soumises aux prescriptions de droit commun. Duranton, III, 647. Cependant MM. Delvincourt (sur l'art. 475), Toullier (II, 1279), Vazeille (*Traité des prescriptions*, n° 536) sont d'une opinion contraire, en ce qui con-

rité[12] du pupille. Art. 475. Cette règle s'applique même à la demande en nullité d'un traité conclu contrairement aux dispositions de l'art. 472[13]. Mais la prescription dont s'agit ne peut être invoquée en ce qui concerne :

1° Les actions intentées contre des curateurs, ou conseils judiciaires;

2° Les actions que le mineur peut avoir à exercer contre le tuteur, abstraction faite de la tutelle[14];

3° Les actions relatives à des créances qui, quoique ayant pris leur origine dans la gestion du tuteur, ont été reconnues par ce dernier (art. 2274), postérieurement à la cessation de la tutelle, ou qui, par suite de novation, ont été converties en engagemens nouveaux[15];

4° Enfin, plusieurs auteurs regardent, mais peut-être sans raison solide, l'action tendant à la rectification des erreurs et irrégularités commises dans le compte tuté-laire (cpr. Code de procédure, art. 541), comme n'étant pas soumise à la prescription établie par l'art. 475[16].

---

cerne les actions relatives à la gestion de la tutelle, qu'ils estiment devoir se prescrire par dix ans.

[12] Ou de sa mort. *Ubi eadem ratio ibi jus idem esse debet.* Duranton, III, 644.

[13] Malleville, sur l'art. 475. Blœchel, § 75. Lassaulx, II, 463. Civ. rej., 26 juillet 1819, Sir., XX, 1, 43. Req. rej., 14 novembre 1820, Sir., XXI, 1, 370. — MM. Toullier (II, 1278), Vazeille (*Traité des prescriptions*, n° 539) pensent, au contraire, que, conformément à l'art. 1304, les dix années ne courent que du jour où le traité a été conclu, et non de celui de la majorité. En rejetant l'opinion de ces auteurs, nous ferons cependant remarquer que la prescription ne commencerait à courir qu'à dater des époques indiquées par le second alinéa de l'art. 1304, dans le cas où, indépendamment de la nullité fondée sur l'inobservation des dispositions de l'art. 472, le traité serait attaqué pour cause de dol, de violence ou d'erreur substantielle. Civ. cass., 10 février 1830, Sir., XXX, 1, 97. Cpr. Req. rej., 14 novembre, 1820, Sir., XXI, 1, 370; Req. rej., 10 janvier 1821, Sir., XXII, 1, 143.

[14] Duranton, III, 645.

[15] Toullier, II, 1276. Duranton, III, 643. Delvincourt, sur l'art. 475.

[16] Toullier, II, 1277. Metz, 10 juillet 1821, Sir., XXIV, 2, 162.

B. DE LA CESSATION DES FONCTIONS DU SUBROGÉ TUTEUR.

§ 123.

La subrogée tutelle cesse en même temps que la tutelle, lorsque cette dernière prend fin d'une manière absolue. Art. 425. Si, au contraire, un nouveau tuteur est appelé à remplacer l'ancien, le subrogé tuteur conserve ses fonctions. Voy. cep. § 105.

Le droit et l'obligation d'exercer les fonctions de subrogé tuteur, s'éteignent de la même manière que le droit et l'obligation de gérer la tutelle. Cpr. §§ 119 et 120.

Le tuteur est obligé de faire les diligences nécessaires pour le remplacement du subrogé tuteur, décédé, démissionnaire où destitué (arg. art. 421), mais il n'est point autorisé à provoquer sa destitution, et ne peut, en aucun cas, voter dans le conseil de famille convoqué pour délibérer sur cet objet. Art. 426 [1].

CHAPITRE DEUXIÈME.

DE LA TUTELLE DES INTERDITS.

§ 124.

De l'interdiction en général.

L'interdiction est légale ou judiciaire.

L'interdiction légale existe de plein droit par le seul

---

[1] Il n'y a pas, en général, d'incompatibilité entre les fonctions de tuteur et celles de membre du conseil de famille. Le tuteur doit être appelé à ce conseil comme tout autre parent ou allié, à moins que ses intérêts personnels ne se trouvent engagés dans l'objet de la délibération. L'art. 426 offre un exemple de cette exception.

effet de la condamnation aux peines afflictives et infamantes, indiquées en l'article 29 du Code pénal. Il en sera question au § 167.

L'interdiction judiciaire est prononcée par les tribunaux civils.

Les majeurs doivent être interdits lorsque, malgré quelques intervalles lucides, ils sont dans un état habituel d'imbécillité, de démence ou de fureur; en d'autres termes, lorsque leurs facultés intellectuelles sont affaiblies ou troublées au point de les mettre dans l'impossibilité de soigner par eux-mêmes leurs affaires[1]. Art. 489.

Les mineurs peuvent être interdits de même que les majeurs. Cpr. art. 174 et 175. Toutefois, comme le tuteur d'un mineur fou ou imbécille est astreint, à raison de l'état de son pupille, à tous les devoirs et les soins spéciaux qui sont exigés du tuteur d'un interdit (cpr. art. 510), et qu'ainsi l'interdiction du mineur est, en général, sans objet pendant la minorité, elle ne doit être prononcée qu'à une époque rapprochée de la majorité, et pour empêcher qu'en sortant de tutelle le mineur ne soit exposé à faire des actes nuisibles à ses intérêts. Du reste, cette restriction ne concerne pas l'interdiction qui serait poursuivie, pour cause de fureur, à la requête du ministère public[2].

On ne peut être interdit que pour les causes ci-dessus exprimées[3], et nul ne peut s'assimiler par convention à un interdit[4], ni poursuivre lui-même son interdiction[5]. Ce

[1] Cpr. Angers, 10 prairial an XIII, Sir., VI, 2, 396; Req. rej., 6 décembre 1831, Sir., XXXII, 1, 210.
[2] Locré et Delvincourt, sur l'art. 489. Proudhon, II, p. 313. Toullier, II, 1314. Metz, 30 août 1823, Sir., XXV, 2, 315. Dijon, 24 août 1830, Sir., XXX, 2, 218. Voy. cependant Lassaulx, II, 280.
[3] Colmar, 2 prairial an XIII, Sir., V, 2, 94. Paris, 30 août 1817, Sir., XVII, 2, 369.
[4] Req. annul., 7 septembre 1808, Sir., VIII, 1, 468.
[5] Merlin, Rép., v° Interdiction, § 3, n° 3. Voy. aussi l'arrêt cité en la note 4.

principe s'applique également à la nomination d'un conseil judiciaire.

§ 125.

De l'interdiction judiciaire [1].

L'interdiction ne peut être prononcée que sur la demande des personnes auxquelles la loi donne le pouvoir de la provoquer. Ces personnes sont :

1° Tous les parens [2], sans distinction de ligne ou de degré [3], de l'individu à interdire.

2° Son époux [4]. Art. 490.

3° Le procureur du roi, qui cependant n'a d'action à cet effet que dans les deux circonstances suivantes [5] : lorsque l'interdiction d'un furieux n'est demandée ni par ses parens ni par son époux; lorsqu'un fou ou un imbécille se trouve sans époux ni parens connus qui puissent poursuivre cette interdiction. Dans le premier de ces cas, le procureur du roi n'est pas seulement autorisé, mais encore obligé à provoquer l'interdiction [6]. Art. 491.

La demande en interdiction est portée devant le tribunal de première instance, dans le ressort duquel est do-

---

[1] Sur l'interdiction des membres de la famille impériale, voy. le statut du 30 mars 1805, tit. V, art. 23.

[2] Mais non les alliés. Voy. cependant Delvincourt, sur l'art. 490.

[3] Les enfans peuvent donc provoquer l'interdiction de leur père. Toullier, II, 1315. — Un tuteur peut, en cette qualité, poursuivre, au nom de son pupille, une interdiction que ce dernier aurait le droit de provoquer s'il était majeur. Bruxelles, 15 mai 1807 et 3 août 1808, Sir., VII, 2, 706, et XIII, 2, 319. Voy. aussi Delvincourt, sur l'art. 490.

[4] Tant que le mariage subsiste, mais non après sa dissolution. Req. rej., 24 vendémiaire an XII, Sir., IV, 1, 65.

[5] Locré, sur l'art. 491. Nîmes, 17 janvier 1808, Sir., VIII, 2, 338. Besançon, 25 août 1810, Sir., XI, 2, 336.

[6] Les parens et l'époux du furieux sont autorisés, mais non obligés, à poursuivre son interdiction. *Jurisprudence du Code civil,* VII, 316.

miciliée la personne à interdire. Art. 492. La procédure est dirigée contre cette personne même [7]. Le poursuivant doit articuler par écrit, et ce, dans la requête à présenter au président du tribunal, les faits d'imbécillité, de démence ou de fureur sur lesquels il se fonde. Il doit joindre à cette requête, les pièces justificatives de ces faits, et indiquer le nom des témoins qui peuvent en déposer. Art. 493; Code de procédure, art. 890. Le conseil de famille est ensuite appelé à donner son avis, et le défendeur en interdiction est interrogé une ou plusieurs fois, soit par le tribunal, en chambre du conseil, soit en sa demeure, par l'un des juges commis à cet effet.

Après le premier interrogatoire, le tribunal commet, s'il y a lieu, un administrateur provisoire, pour prendre soin de la personne et des biens du défendeur [8].

La procédure terminée, le tribunal peut ou rejeter la demande, ou déclarer l'interdiction, ou enfin se borner à nommer au défendeur un conseil judiciaire. Cpr. § 139. Art. 493 à 509 [9].

Le jugement qui prononce l'interdiction ou contient la nomination d'un conseil, doit, dans les dix jours de sa date, être signifié à l'interdit, et porté à la connaissance du public, au moyen d'affiches apposées dans les formes indiquées par l'art. 501 [10]. Cependant, l'inobservation de ces

---

[7] Cpr. Delvincourt, sur l'art. 492.

[8] Cpr. sur l'étendue des pouvoirs de cet administrateur provisoire: *Jurisprudence du Code civil,* VIII, 155; Bruxelles, 30 août 1806, Sir., XIII, 2, 319. — Le défendeur en interdiction n'a ni hypothèque légale, ni hypothèque judiciaire sur les immeubles de cet administrateur provisoire. Cp. §§ 264 et 265.

[9] Nous n'indiquons ici que d'une manière sommaire la marche à suivre sur les demandes en interdiction. L'explication détaillée de cette matière appartient à la procédure. Cpr. art. 515; Code de procédure, art. 890 et suiv.; Proudhon, II, p. 316; Pigeau, II, p. 452; Toullier, II, 1319; Duranton, III, 726.

[10] Cpr. Locré et Delvincourt, sur l'art. 501; Lassaulx, II, 410; loi du 25 ventôse an XI, art. 18; décret du 16 février 1807, art. 92 et 175.

formalités ne suspend ni ne détruit l'efficacité de ce jugement[11], qui produit de plein droit tous ses effets à dater du jour de sa prononciation[12]. Art. 502.

§ 126.

De la tutelle des interdits.

L'interdit est, sous le rapport de sa personne et de ses biens, assimilé au mineur. Art. 509[1]. Il doit donc être pourvu d'un tuteur. La nomination de ce tuteur peut et doit avoir lieu dès que le jugement qui prononce l'interdiction, a été signifié à partie, et qu'il s'est écoulé huitaine depuis sa prononciation. Cependant, en cas d'appel, elle ne peut être faite qu'après la signification de l'arrêt confirmatif[2]. Art. 505.

[11] L'art. 501 ne contient qu'une disposition réglementaire. L'accomplissement des formalités qu'il prescrit n'est point exigé comme condition *sine qua non*, de l'efficacité de l'interdiction. Merlin, *Quest.*, v° Tableau des interdits, § 1. Lassaulx, II, 410, III, 407. Delvincourt, sur l'art. 511. Toullier, II, 1384. Duranton, III, 770. Turin, 4 janvier 1812, Sir., XIII, 2, 322. Voy. cependant, en sens contraire: Malleville, sur l'art. 501; Civ. rej., 16 juin 1810, Sir., XI, 1, 5; Turin, 20 janvier 1810, Sir., XI, 2, 3. — C'est par la même raison que les effets de l'interdiction ne sont pas restreints au ressort du tribunal dans lequel elle a été prononcée et publiée. Civ. cass., 22 juin 1817, Sir., XX, 1, 8.

[12] Les effets d'une interdiction prononcée en première instance et confirmée en appel, remontent donc au jour auquel a été rendu le jugement de première instance. Duranton, III, 770.

[1] M. Proudhon (II, p. 322) indique en détail les conséquences qui résultent de ce principe. Voy. aussi Civ. cass., 11 août 1818, Sir., XIX, 1, 17.

[2] La nomination du tuteur doit être considérée comme un acte d'exécution du jugement qui prononce l'interdiction. L'art. 505, qui règle l'époque à laquelle cette nomination doit avoir lieu, n'est qu'une application des principes généraux sur l'exécution des jugemens. Code de procédure, art. 449 et 450. Cpr. Merlin, *Rép.*, v° Interdiction, § 5, n° 3; Civ. cass., 13 octobre 1807, Sir., VII, 1, 473; Proudhon, II, p. 332; Toullier, II, 1335; Duranton, III, 749.

La tutelle des interdits est régie par les mêmes principes que celle des mineurs (art. 509), sauf les modifications suivantes concernant la délation, l'administration et la cessation de la tutelle.

1° On ne peut être appelé à la tutelle d'un interdit que par la loi ou le conseil de famille. Les père et mère ne jouissent pas du droit de nommer par testament un tuteur à leurs enfans majeurs, qui se trouvent en état d'imbécillité, de démence, ou de fureur [3].

Lorsque l'interdiction est prononcée contre une femme mariée, la loi appelle le mari à la tutelle [4]. Art. 506. Dans tous les autres cas, et lors même que l'interdit aurait encore soit ses père et mère ou d'autres ascendans [5], soit son épouse [6], le tuteur doit être nommé par le conseil de famille. Art. 506 et 507.

Les règles exposées au chapitre précédent, sur la nomination du tuteur [7], sur les motifs d'excuse, sur les causes d'incapacité et d'exclusion, reçoivent ici leur application. Toutefois, le conseil de famille peut nommer pour tuteur,

[3] Civ. cass., 11 mars 1812, Sir., XII, 1, 217. Paris, 1er mai 1813, Sir., XIII, 2, 193. Poitiers, 23 février 1825, Sir., XXV, 2, 325. Voy. en sens contraire: Lassaulx, II, 389; et une dissertation insérée dans Sir., XII, 2, 111.

[4] Pourvu que le mariage n'ait pas été dissous par le divorce, ou que les liens n'en aient pas été relâchés par la séparation de corps. Voy. § 125, note 4.

[5] En matière d'interdiction, il n'existe d'autre tutelle légitime que celle du mari. Poitiers, 23 février 1825, Sir., XXV, 2, 325. Les observations du tribunat, tendant à établir un système contraire, n'ont pas été admises (Locré, Légis., t. VII, p. 346, n° 7). Locré, sur l'art. 505. Voy. cependant la dissertation mentionnée dans la note 3.

[6] Civ. cass., 27 novembre 1816, Sir., XVII, 1, 33. Orléans, 9 août 1817, Sir., XVII, 2, 422.

[7] Telles sont les règles relatives à la composition du conseil de famille. Ainsi, par exemple, la personne qui a poursuivi l'interdiction peut être membre du conseil appelé à nommer un tuteur à l'interdit; elle n'est plus alors partie comme dans le cas prévu par l'art. 495. Jurisprudence du Code civil, III, 374, V, 264.

la femme de l'interdit[8], et, dans ce cas, il doit régler la forme et les conditions de son administration, sauf recours aux tribunaux de la part de la femme qui se croirait lésée par la décision de ce conseil. Art. 507.

2° Le tuteur est chargé de recevoir le compte de l'administrateur provisoire qui a pu être nommé pendant l'instance en interdiction. Art. 505.

Les revenus de l'interdit doivent être essentiellement employés à adoucir son sort et à hâter sa guérison. Le conseil de famille est chargé de déterminer le mode d'entretien le plus convenable, d'après la fortune de l'interdit et le caractère de sa maladie. Art. 510.

Lorsqu'un enfant[9] de l'interdit veut contracter mariage, le conseil de famille de l'interdit peut lui accorder une dot ou un avancement d'hoirie sur les biens de ce dernier[10]. Dans ce cas[11], il appartient à ce conseil de régler les autres conventions matrimoniales du futur époux, soit majeur, soit mineur[12]. Sa délibération ne devient cependant exécutoire qu'après homologation de justice. Art. 511. Le conseil de famille peut aussi, sauf approbation de justice, accorder un secours extraordinaire à l'enfant de l'interdit qui voudrait former quelque autre établissement[13].

---

[8] La femme tutrice prend alors en cette qualité l'administration de la communauté, qui ne lui compète pas de plein droit en vertu de l'interdiction du mari. Cpr. Proudhon, II, p. 333; Delvincourt, sur l'art. 507; Toullier, II, 1340; Civ. cass., 11 août 1818, Sir., XIX, 1, 17.

[9] Ou un petit-fils, après la mort du fils. Voy. pourtant Duranton, III, 766.

[10] Mais non à titre de préciput. Duranton, III, 763.

[11] L'enfant qui n'apporte en mariage que des biens personnels ou des biens provenant d'un tiers, reste maître de régler seul, s'il est majeur, et avec l'assistance de son propre conseil de famille, s'il est mineur, les clauses et conditions de son contrat de mariage. Cpr. note 12.

[12] En cas de minorité, l'enfant a en outre besoin de l'assistance de son propre conseil de famille. Art. 1398.

[13] Amiens, 6 août 1824. Sir., XXVI, 2, 173.

3° L'interdiction, et par conséquent la tutelle qui en est une suite, cessent avec les causes qui l'ont déterminée [14]. Toutefois, la main-levée de l'interdiction ne peut résulter que d'une décision judiciaire rendue après l'observation des formes prescrites pour parvenir à l'interdiction. Art. 512; Code de procédure, art. 896 [15]. La demande en main-levée peut être formée par l'interdit lui-même [16].

Nul, à l'exception de l'époux, des ascendans et descendans, n'est tenu de conserver la tutelle d'un interdit au-delà de dix années. Art. 508.

§ 127.

Des actes juridiques de l'interdit.

Tous les actes juridiques faits ou passés [1] par l'interdit, à une époque postérieure [2] au jugement d'interdiction [3],

---

[14] Cpr., en ce qui concerne l'hypothèse où un jugement d'interdiction vient à être cassé: *Journal du palais*, XVII, 193.

[15] Voy. sur la procédure à suivre: Duranton, III, 790; Merlin, *Rép.*, v° Interdiction, § 7; Civ. cass., 12 février 1816, Sir., XVI, 1, 217.

[16] Bordeaux, 8 mars 1822, Sir., XXII, 2, 205. Riom, 2 décembre 1830, Sir., XXXIII, 2, 493. Cpr. Civ. cass., 12 février 1816, Sir., XVI, 1, 217.

[1] Le testament d'un interdit est-il nul de droit? Cette question est résolue affirmativement par MM. Toullier (V, 57) et Grenier (*Traité des donations*, I, 104), et négativement par M. Merlin (*Rép.*, v° Interdiction, § 6, n° 1, et v° Testament, sect. I, § 1, art. 1, n° 6). Les argumens présentés par cet auteur en faveur de l'opinion négative, nous paraissent d'un grand poids.

[2] C'est à celui qui se prévaut de l'acte fait par l'interdit, à prouver qu'il a été passé antérieurement à l'interdiction. Delvincourt, sur l'art 502. Duranton, III, 772. Paris, 10 mai 1810, Sir., XIV, 2, 266. Req. rej., 9 juillet 1816, Sir., XVII, 1, 150. Rouen, 22 juillet 1828, Sir., XXIX, 2, 208. Cpr. cependant, Bourges, 4 janvier 1831, Sir., XXXI, 2, 288. — Ce principe ne s'applique pas aux tiers porteurs de bonne foi d'effets de commerce. Paris, 20 avril 1831, Sir., XXXI, 2, 288.

[3] Voy. § 125, note 12.

17 *

sont nuls de droit, mais seulement d'une manière relative (art. 1125), c'est-à-dire par rapport à l'interdit et à ses héritiers ou représentans. Art. 502.

Les actes d'une date antérieure à celle du jugement d'interdiction, peuvent être argués de nullité par l'interdit, ses héritiers ou représentans, à charge, par le demandeur, de prouver[4] que la cause de l'interdiction était connue du défendeur, ou du moins qu'elle existait notoirement, à l'époque où ces actes ont été faits[5]. Art. 503.

Une personne dont l'interdiction n'a point été provoquée, parce qu'elle a recouvré sa raison, peut également, en faisant les justifications ci-dessus, attaquer les actes qu'elle aurait passés en état de démence[6]. Arg. art. 504 et 1108.

Après la mort d'un individu, les actes par lui faits ne peuvent être attaqués pour cause de démence[7], à moins que l'interdiction n'ait été prononcée ou provoquée[8] avant

---

[4] Sur les moyens de preuve, voy. Toullier, II, 1359. — On ne peut se servir de l'enquête faite lors de la procédure en interdiction pour établir, vis-à-vis des tiers contre lesquels est formée la demande en nullité, que la démence était notoire à l'époque où l'acte a été passé. Nîmes, 10 mars 1819, Sir., XX, 2, 82. Duranton, III, 780.

[5] Si le demandeur prouve que la cause de l'interdiction existait notoirement à la date de l'acte attaqué, on ne doit pas admettre le défendeur à établir qu'il n'en avait aucune connaissance. *Exposé des motifs de l'art.* 503, par M. Emmery (Locré, *Légis.*, t. VII, p. 357, n° 12). Duranton, III, 775-778.

[6] Duranton, III, 782. Lyon, 24 août 1831, Sir., XXXII, 2, 84.

[7] *Pour cause de démence.* Cette disposition s'applique, à plus forte raison, au cas où l'interdiction a été prononcée pour cause de fureur, et paraît également devoir être étendue au cas d'imbécillité. Voy. pourtant Duranton, *loc. cit.*

[8] Pourvu que la demande en interdiction formée avant le décès n'ait été ni rejetée ni déclarée périmée. Code de procédure, art. 399. Toullier, II, 1363. Duranton, III, 786. — *Quid juris*, si la poursuite a été abandonnée, sans que cependant il y ait eu déclaration de péremption? Les circonstances de fait devront exercer une grande influence sur la décision de cette question. Cpr. Paris, 13 juillet 1808, Sir., IX, 2, 221.

son décès, ou que la preuve de la démence ne résulte du contenu même de l'acte attaqué. Art. 504. Les dispositions limitatives de l'art. 504 ne s'appliquent pas aux actes à titre gratuit [9]. Art. 901.

DEUXIÈME SUBDIVISION.

DE LA CURATELLE.

§ 128.

Généralités.

Les curateurs sont nommés, suivant les circonstances, tantôt par les conseils de famille, tantôt par les tribunaux. La loi n'admet ni curatelle testamentaire, ni curatelle légitime. Voy. cependant § 129. Voy, aussi § 136, n° 3, et art. 1055.

Il n'est jamais nommé de subrogé curateur. Lorsqu'il s'élève une contestation entre le curateur et l'individu soumis à la curatelle, ou qu'il s'agit de conclure entre eux un acte juridique auquel cet individu ne puisse se livrer seul et sans assistance, on procède à la nomination d'un autre curateur, ou d'un curateur *ad hoc* [1].

---

[9] Cpr. Locré, *Légis.*, t. II, p. 8, sur l'art. 901, et les différentes autorités qu'il cite; D'Aguessau, plaidoyer 39; Toullier, II, 1363; Grenier, *Des donations*, I, 284; Duranton, III, 787; Merlin, *Rép.*, v° Testament, sect. I, § 1, art. 1, n°s 2, 4 et 5; Poitiers, 27 mai 1809, Sir., X, 2, 23; Liége, 16 juin 1810, Sir., XI, 2, 70; Colmar, 17 juin 1812, Sir., XIII, 2, 43; Req. rej., 17 mars 1813, Sir., XIII, 1, 393; Req. rej., 26 mars 1822, Sir., XXII, 1, 349. Voy. cependant Malleville et Delvincourt, sur l'art. 901.

[1] Lassaulx, II, 469.

Les personnes incapables ou indignes d'administrer la tutelle, ne peuvent pas non plus être nommées curateurs. Arg. art. 28, 34, 42 du Code pénal.

La curatelle est, comme la tutelle, une charge publique. Cependant, les motifs en vertu desquels il est permis de refuser l'acceptation ou la continuation d'une curatelle, sont abandonnés à l'arbitrage de ceux qui sont chargés de nommer le curateur [2].

Lorsque les droits et les devoirs d'un curateur ne se trouvent réglés par la loi, ni explicitement, ni implicitement, il faut les déterminer d'après l'objet et le but particulier de la curatelle dont il est chargé.

Le curateur est, dans l'exercice de ses fonctions, soumis à la responsabilité générale qu'encourt tout mandataire qui ne remplit pas son mandat [3]. Cpr. art. 1992.

La curatelle cesse par la cessation du motif qui a fait nommer le curateur. Elle cesse encore par les mêmes causes que la tutelle, à moins, toutefois, qu'à raison des différences caractéristiques qui existent entre la tutelle et la curatelle, les causes en vertu desquelles la première prend fin, ne puissent être étendues à la seconde.

1. DES CURATEURS DES MINEURS ÉMANCIPÉS.

§ 129.

De la délation de la curatelle.

Le curateur à l'émancipation est nommé par le conseil

---

[2] Les motifs qui dispensent de la tutelle ne produisent pas de plein droit le même effet par rapport à la curatelle. On ne peut les faire valoir que comme des moyens de considération dont l'appréciation est abandonnée aux personnes chargées de la nomination du curateur.

[3] Cpr. Duranton, III, 680.

de famille[1]. Arg. art. 480. Les père et mère n'ont le droit de donner un curateur à leurs enfans[2], ni par testament, ni dans l'acte d'émancipation. Les lois elles-mêmes ne défèrent la curatelle à personne. Cependant, il a été admis : 1° que le mari est de droit curateur de sa femme mineure[3] (arg. art. 2208); 2° que la curatelle des enfans émancipés appartient de droit aux père et mère, ou tout au moins au père[4].

Le Code n'impose à personne l'obligation de faire convoquer le conseil de famille à l'effet de nommer le curateur, puisque le mineur (art. 480) ou d'autres personnes ont toujours intérêt à provoquer cette nomination.

§ 130.

Des actes juridiques faits par le mineur émancipé. — Généralités.

Le mineur soumis à la puissance paternelle ou au pouvoir tutélaire, est, en général (voy. pourtant § 114), représenté par son père ou son tuteur; et si les lois ne lui interdisent pas d'une manière absolue la faculté de s'engager, elles lui accordent cependant, en règle générale, la

---

[1] Ce principe n'est pas formellement posé par la loi. L'art. 480, qui parle du curateur nommé pour la réception du compte de tutelle, n'en est qu'une application spéciale. Delvincourt, I, p. 307.

[2] Locré, sur l'art. 480. Caen, 27 juin 1812, Sir., XIV, 2, 394. Limoges, 2 janvier 1821, Sir., XXI, 2, 322.

[3] Cette opinion est généralement adoptée. Voy. Pigeau, I, p. 86, II, p. 472. Duranton, II, 505, III, 678. Vazeille, Traité de mariage, II, 349. Pau, 11 mars 1811, Sir., XIII, 2, 1.

[4] Blœchel, § 72. Lassaulx, II, 400. Duranton, III, 678. Delvincourt, I, p. 314. Ce dernier auteur admet même que toutes les personnes appelées par la loi à la tutelle des mineurs non émancipés, sont également appelées de plein droit à la curatelle des mineurs émancipés. Cpr. Observations du tribunat sur l'art. 480 (Locré, Légis., t. VII, p. 227 et 228, n° 34).

restitution en entier contre tous les actes juridiques auxquels il s'est livré.

Le mineur émancipé n'est pas frappé d'une incapacité générale[1]. Il est des actes juridiques qu'il peut faire seul; il en est d'autres auxquels il ne peut se livrer sans l'assistance de son curateur, et, dans certains cas, sans l'autorisation du conseil de famille et de la justice; il en est enfin à l'égard desquels sa capacité est réglée par des dispositions toutes spéciales. Dans cette dernière catégorie, il faut ranger les dispositions à titre gratuit (art. 903, 904, cpr. art. 1309, 1398), le mariage (voy. § 467), et les actes de commerce. Code de commerce, art. 2, 3; 632, 633[2].

Dans les cas mêmes où le mineur émancipé n'est pas le maître absolu de ses actions, le curateur n'est cependant pas son représentant; c'est le mineur qui agit en personne, sous la seule assistance de son curateur. De là résulte, par exemple, que dans les procès dirigés contre un mineur émancipé, il ne suffit pas d'assigner le curateur seul[3].

§ 131.

Des actes juridiques que le mineur émancipé peut faire seul.

1° Le mineur émancipé a le droit de disposer de sa personne. Il peut, par exemple, louer ses services en qualité de domestique, contracter un engagement volontaire ou une soumission de remplacement pour le service militaire. Arg. art. 374[1].

---

[1] Cpr., sur cette matière: Toullier, II, 1296 et suiv.; Duranton, III, 665 et suiv.

[2] Toullier, II, 1299. Duranton, III, 699.

[3] Civ. rej., 24 juin 1809, Sir., X, 1, 40.

[1] Voy. cependant art. 19 et 32 de la loi du 21 mars 1832, sur le recrutement de l'armée. On ne peut remplacer avant vingt ou dix-huit ans, ni s'engager avant seize ans.

2° Il a capacité pleine et entière pour tous les actes qui se rapportent à l'administration de son patrimoine. Il peut donc percevoir ses revenus et en donner quittance, aliéner son mobilier[2], passer les baux dont la durée n'excède pas neuf années[3], et faire des acquisitions mobilières ou immobilières[4]. Art. 481 et 484 al. 1. Il peut même transiger et compromettre sur toutes affaires de ce genre[5], les acquisitions d'immeubles exceptées. Arg. art. 1003 du Code de procédure.

3° Il peut ester en justice, soit en demandant, soit en défendant, sur toutes actions mobilières, à l'exception de celles concernant les capitaux qui lui sont dus[6]. Arg. art. 482.

4° Il peut même consentir hypothèque sur ses immeubles, pourvu que la dette ait sa cause dans un acte de la nature de ceux qu'il lui est permis de passer[7].

Malgré la capacité que la loi reconnaît au mineur émancipé pour tous les actes d'administration, les tribunaux sont cependant autorisés à réduire ou à annuler[8] les engagemens excessifs qui seraient le résultat d'une mauvaise gestion, en prenant, à cet égard, en considération la fortune du mineur, la bonne ou la mauvaise foi des personnes

---

[2] Duranton, *Traité des contrats*, I, 201.

[3] La passation des baux dont la durée excède neuf années, est, en général, exclue des actes de pure administration. — L'art. 1430 doit également recevoir ici son application. Arg. art. 1718. Nimes, 12 juin 1821, Sir., XXII, 2, 138.

[4] Colmar, 31 janvier 1826, Sir., XXVI, 2, 212. Req. rej., 15 décembre 1832, Sir., XXXIII, 1, 687.

[5] Duranton, III, 668. M. Toullier (II, 1298) est d'une opinion contraire en ce qui concerne le droit de compromettre.

[6] Blœchel, § 74. Duranton, III, 669. Delvincourt, sur l'art. 482. Voy. cependant Malleville, sur l'art. 484.

[7] *Accessorium sequitur principale.* Locré, sur l'art. 484. Toullier, II, 1298. Duranton, III, 673. MM. Lassaulx (II, 471) et Proudhon (II, p. 259) sont d'une opinion contraire.

[8] *Discussion de l'art. 484 au conseil d'État* (Locré, *Légis.*, t. VII, p. 195, nos 9 et 10).

qui ont contracté avec lui, ainsi que l'utilité ou l'inutilité des dépenses. Art. 484.

§ 132.

Des actes juridiques que le mineur émancipé ne peut faire qu'avec l'assistance de son curateur.

L'assistance du curateur est tout à la fois nécessaire et suffisante pour la validité des actes suivans :

1° La réception du compte de tutelle. Art. 480 [1].

2° La passation des baux qui excèdent neuf années. Arg. art. 481 [2].

3° L'exercice des actions immobilières ou de celles qui intéressent l'état du mineur [3], ainsi que la défense à des actions de même nature [4]. Art. 482 et arg. de cet article.

4° La recette ou la cession [5] d'un capital mobilier [6]. Art. 482.

[1] Ce compte peut être rendu soit en justice soit à l'amiable. Arg. art. 482. Duranton, III, 610. Voy. cependant Toullier, II, 1250, et Agen, 19 février 1824, Sir., XXV, 2, 93. Cpr. § 122 note 4.

[2] Toullier, II, 1296.

[3] Par argument *a minori ad majus*. Turin, 14 juillet 1807, Sir., VIII, 2, 43. Voy. cependant, pour ce qui est relatif à la demande en séparation de corps : Vazeille, *Traité du mariage*, II, 350.

[4] Le mineur émancipé, assigné seul et sans que le curateur ait été mis en cause, ne peut être condamné par défaut. Merlin, *Rép.*, v° Curateur, § 1, n° 8; v° Appel, sect. I, § 5, n° 9.

[5] L'art. 529, qui déclare meubles toutes les rentes de quelque nature qu'elles soient, n'avait pas encore été décrété lors de la rédaction de l'art. 482. De là, l'expression *capital mobilier*. Voy. cependant Duranton, III, 685. — D'un autre côté, il faut remarquer qu'il est encore aujourd'hui permis d'immobiliser certains capitaux, telles que les rentes sur l'État et les actions de la banque de France. Cpr. § 169. L'aliénation de ces capitaux immobilisés est soumise à la règle posée par l'art. 484. — L'art. 482 s'applique même aux capitaux provenant des épargnes du mineur. Proudhon, II, p. 258. M. Locré (sur l'art. 481) est d'une opinion contraire. — Le curateur est tenu de surveiller l'emploi du capital reçu, Cpr. Malleville, sur l'art. 482; Toullier, II, 1297.

[6] Duranton, *Traité des contrats*, I, 199.

5° L'aliénation des inscriptions de rente sur l'État de 50 fr. et au-dessous[7]. Loi du 24 mars 1806. Art. 2.

6° L'acceptation d'une donation. Art. 935 ; cpr. art. 463.

7° L'introduction d'une action en partage et d'une demande en séparation de biens[8]. Art. 840 et arg. de cet article.

§ 133.

Des actes juridiques pour lesquels le mineur émancipé a besoin non-seulement de l'assistance de son curateur, mais encore de l'autorisation du conseil de famille.

Parmi ces actes il faut ranger :

1° Les emprunts. Art. 483[1] ; cpr. art. 457.

2° Les aliénations d'immeubles, lors même qu'ils auraient été acquis des économies du mineur[2]. Art. 484 ; cpr. art. 457 et 458.

3° Les acceptations ou répudiations de successions. Arg. art. 484 cbn. 461.

4° Les transactions[3]. Arg. art. 484 cbn. 467.

---

[7] Cette disposition s'applique également aux rentes sur particuliers. Duranton, III, 688. — Cpr. quant aux actions de la banque de France : Décret du 25 septembre 1813.

[8] Duranton, III, 691. Vazeille, *Traité du mariage*, II, 350.

[1] L'art. 483 n'exige pas, comme l'art. 457, que l'autorisation du conseil de famille repose sur une nécessité absolue ou sur un avantage évident. Le conseil de famille peut donc, en pareil cas, prendre en considération les chances de succès de l'entreprise en vue de laquelle l'emprunt est demandé. Arg. art. 483 et 484 cbn. 457. Toullier, II, 1298.

[2] Toullier, II, 1296. Cpr. § 132, n° 4.

[3] Le mineur émancipé ne peut, même avec l'autorisation du conseil de famille, compromettre hors des cas indiqués au § 131. Code de procédure, art. 1004 cbn. art. 83.

5° L'acquiescement, soit exprès, soit tacite, aux actions immobilières ou à celles qui intéressent l'état du mineur[4]. Arg. art. 484 cbn. 464.

6° Les aliénations des inscriptions de rente sur l'État, au-dessus de 50 fr. Loi du 24 mars 1806, art. 3.

Le mineur émancipé qui veut faire un de ces actes, doit non-seulement se pourvoir de l'autorisation du conseil de famille, mais encore remplir toutes les formalités et conditions prescrites, en pareil cas, au tuteur d'un mineur non émancipé. Il est notamment tenu de faire homologuer par justice la délibération du conseil de famille, toutes les fois que cette homologation est nécessaire au tuteur[5]. Art. 484. D'un autre côté, le mineur émancipé est dispensé de l'accomplissement de toutes les formalités qui ne sont pas imposées au tuteur. Cpr. §§ 332 et suivans, sur la restitution en entier.

§ 134.

De la cessation de la curatelle.

La curatelle du mineur émancipé cesse :

1° Par sa mort; 2° par sa majorité; 3° par la révocation de l'émancipation.

Le mineur émancipé dont les engagemens ont été soit réduits, soit annulés, conformément aux dispositions de l'art. 484 (cpr. § 131), ou dont la gestion, en général, est mauvaise[1], peut être privé du bénéfice de l'émanci-

---

[4] Duranton, III, 690.

[5] Locré, sur l'art. 484. — Lorsque la loi laisse dans le doute si tel ou tel acte rentre dans la catégorie de ceux dont il a été question au § 132, ou dans la classe de ceux dont nous avons parlé au § 133, la prudence conseille de remplir toutes les formalités requises pour des actes de la dernière classe.

[1] Delvincourt, sur l'art. 485.

pation, dans les formes qu'il serait nécessaire de suivre, s'il était question de la lui conférer. Art. 485[2].

Le mineur dont l'émancipation est ainsi révoquée, rentre, du jour de cette révocation, sous la puissance du tuteur légal, ou à son défaut, de celui que lui nommera le conseil de famille[3], et doit rester en tutelle jusqu'à sa majorité accomplie. Art. 486.

La révocation de l'émancipation ne peut avoir lieu lorsqu'il s'agit d'un mineur tacitement émancipé par le mariage[4]. Arg. art. 485.

II. DES CURATEURS APPELÉS A REPRÉSENTER UN CERTAIN INDIVIDU.

§ 135.

1° Un absent peut, en certaines circonstances, être représenté par un curateur que les tribunaux sont autorisés à lui nommer. Cpr. § 149; cpr. aussi Code d'instruction criminelle, art. 471 et § 167.

2° Le mort civilement ne peut ester en justice, soit en

---

[2] C'est par un vice de rédaction que l'art. 485 dit : « en suivant «les *mêmes* formes que celles qui *auront eu lieu* pour la lui con-«férer; » mais comme l'article n'ajoute pas *et par les mêmes personnes*, on peut, à la rigueur, expliquer ces expressions en les appliquant d'une manière distributive. Il en résulte que l'enfant émancipé par son père ou sa mère peut, après leur mort, être privé du bénéfice de l'émancipation par le conseil de famille. Duranton, III, 675.

[3] Lassaulx, II, 474. Toullier, II, 1303. Duranton, III, 676. Cependant M. Blœchel (§ 75) est d'une autre opinion. — L'usufruit légal éteint par l'émancipation, revit-il par la révocation? Voy. Blœchel, § 76; Delvincourt, sur l'art. 486; Proudhon, II, p. 267. Toullier, II, 1303. L'opinion affirmative nous paraît devoir l'emporter.

[4] Locré, sur l'art. 485. Lassaulx, II, 474. Duranton, III, 675. Vazeille, *Traité du mariage*, II, 465. M. Delvincourt (sur l'art. 485) est d'un avis contraire.

demandant, soit en défendant[1], que sous le nom et par le ministère d'un curateur qui lui est nommé par le tribunal où l'action est portée. Art. 25; cpr. § 162 — 166.

3° Si, lors du décès du mari, la femme se déclare[2] enceinte, le conseil de famille doit nommer à l'enfant qu'elle porte dans son sein, un curateur qu'on appelle curateur au ventre. Art. 393. Les fonctions de ce curateur sont les mêmes que celles du tuteur, en ce qui concerne l'hérédité ouverte au profit de l'enfant à naître. Il doit cependant les exercer de manière à maintenir, autant que possible, le *statu quo* jusqu'à la délivrance de la mère. Le curateur est également tenu de veiller, dans l'intérêt des héritiers du mari, à ce qu'il n'y ait pas supposition de part[3]. Si l'enfant naît vivant, la mère en devient tutrice (voy. pourtant art. 394), et le curateur en est de plein droit le subrogé tuteur[4]. Art. 393.

III. DES CURATEURS APPELÉS A GÉRER CERTAINES ESPÈCES DE BIENS.

§ 136.

Au nombre de ces curateurs, dont il sera traité au fur et à mesure que l'ordre des matières en fournira l'occasion, il faut ranger:

1° Le curateur d'une succession vacante. Art. 811 et suiv.

[1] Civ. rej., 23 novembre 1808, Sir., IX, 1, 43.
[2] Il suffit que la femme allègue sa grossesse; elle n'a plus besoin de la justifier. Nos mœurs répugnent à l'emploi des mesures que prescrivait la loi 1, § 1, *D. de vent. in poss. mitt* (37, 9). Blœchel, § 6. Delvincourt, sur l'art. 393. *Jurisprudence du Code civil*, VIII, 423.
[3] Voy., sur cette matière : Locré et Delvincourt, sur l'art. 493; Toullier, II, 1100; Duranton, III, 428-430; *D. de vent. in poss. mitt. et curat vent* (37, 9).
[4] A moins qu'il n'existe d'autres enfans mineurs; car, dans ce cas, leur subrogé tuteur devient aussi celui du posthume. Delvincourt, sur l'art. 393.

2° Le curateur au bénéfice d'inventaire. Code de procédure, art. 996.

3° Le curateur au fidéicommis [1]. Art. 1048 et suiv.

4° Le curateur à l'immeuble délaissé par hypothèque. Art. 2174.

TROISIÈME SUBDIVISION.

DU CONSEIL.

§ 137.

Généralités.

Le conseil peut être assimilé au curateur d'un mineur émancipé, quoique ses attributions soient, en général, plus restreintes que celles de ce dernier.

Les principes généraux exposés au § 128 s'appliquent également aux différentes espèces de conseil. Ainsi, par exemple, lorsqu'il s'élève une contestation entre un prodigue et son conseil (cpr. § 139), les tribunaux doivent procéder au remplacement de ce dernier, ou nommer un conseil *ad hoc* chargé d'assister provisoirement le prodigue [1].

---

[1] Le Code s'écarte de la terminologie qu'il a généralement suivie, en appelant *tuteur* et non *curateur* la personne chargée de l'exécution des dispositions fidéicommissaires. Cpr. art. 1055 et 1056.

[1] Turin, 12 avril 1808, Sir., IX, 2, 243. — Lorsqu'un conseil refuse son assistance, la personne à laquelle il a été nommé, peut-elle s'adresser aux tribunaux, pour être autorisée à agir seule? Voy. Lassaulx, II, 476.

Cependant, le conseil que le mari est autorisé à nommer à sa femme survivante et tutrice (cpr. § 138), remplit plutôt un devoir d'amitié qu'une charge publique. Il est plus le conseiller de la femme que son conseil, dans le sens propre de ce mot[2]. Il n'est donc pas tenu d'accepter les fonctions qui lui sont confiées[3], et l'on doit attacher moins d'importance à l'absence de son avis, qu'au défaut d'assistance d'un conseil proprement dit, à moins cependant que le mari n'ait expressément obligé sa femme à recourir, pour tels ou tels actes, l'assistance du conseil qu'il lui a nommé[4].

I. DU CONSEIL QUE LE MARI EST AUTORISÉ A NOMMER A SA FEMME.

§ 138.

Le mari est autorisé à nommer un conseil de tutelle à sa femme qui devient, par sa mort, tutrice des enfans issus de leur mariage.

En accordant au père cette faculté, et en lui refusant celle d'enlever la tutelle à la mère, le législateur a voulu concilier, autant que possible, les droits de cette dernière avec les intérêts des enfans[1].

La nomination de ce conseil peut être faite, soit par acte de dernière volonté, soit au moyen d'une déclaration reçue par le juge de paix. Cpr. § 100.

La femme à laquelle un conseil a été nommé, ne peut, sans son avis, faire aucun acte relatif à la tutelle[2], à moins

[2] L'art. 391 ne se sert dans son premier alinéa que du mot *avis.*
[3] Blœchel, § 3. Lassaulx, II, 345.
[4] Delvincourt, sur l'art. 391. Le second alinéa de l'art. 391 se sert en effet de l'expression *assistance.* Cpr. Lassaulx, II, 306.
[1] Cpr. *Discussion au conseil d'État de l'art.* 391. (Locré, *Légis.,* t. VII, p. 149-155, nos 5-10, et p. 167-170, nos 5-9).
[2] Ce conseil peut être assimilé au *tutor honorarius notitiæ causa datus* du droit romain. L. 32, § 1. *D. de testam. tut.* (26, 2). L. 14, § 6, *D. de solut.* (46, 3).

que le mari n'ait spécifié les actes à raison desquels elle aurait besoin de l'assistance du conseil, cas auquel elle est autorisée à traiter seule toutes les autres affaires tutélaires.

Le droit dont jouit le mari, de déterminer les pouvoirs du conseil nommé à sa femme, ne l'autorise pas à lui retirer l'administration de la tutelle[3], ou à la gêner, en quoi que ce soit, dans l'exercice de la puissance paternelle[4].

Le conseil nommé à la femme est, dans la limite des attributions qui lui ont été conférées soit expressément, soit tacitement, soumis à la responsabilité du droit commun[5].

La nomination de ce conseil spécial n'empêche, en aucune manière, l'application des principes ci-dessus exposés, concernant les attributions du subrogé tuteur et du conseil de famille[6].

Le conseil de famille et les tribunaux ne sont pas autorisés à donner un remplaçant au conseil qui ne peut ou ne veut accepter les fonctions qui lui ont été conférées[7]. Voy. art. 391 et 392.

Les pouvoirs du conseil de tutelle cessent lorsque la mère refuse la tutelle, s'en démet, ou la perd[8].

II. DES CONSEILS NOMMÉS PAR LES TRIBUNAUX AUX PERSONNES AFFECTÉES DE FAIBLESSE OU D'INFIRMITÉ D'ESPRIT; ET AUX PRODIGUES.

§ 139.

1° Lorsqu'un individu, sans être en démence ou dans

---

[3] Bruxelles, 21 mai 1806, Sir., VI, 2, 301.
[4] Locré et Delvincourt, sur l'art. 391. Toullier, II, 1197.
[5] Cpr. § 128, au texte et à la note 3; Brauer, sur l'art. 391. Voy. cependant Blœchel, § 3.
[6] Blœchel, § 3. Douai 17 janvier 1820, Sir., XXI, 2, 117.
[7] Duranton, loc. cit. M. Bousquet (sur l'art. 391) est d'une opinion contraire.
[8] Duranton, III, 421.

TOME I. 18

un état d'imbécillité complète, est néanmoins d'une raison trop faible[1] pour conduire seul ses affaires, il y a lieu de lui nommer un conseil judiciaire.

Cette nomination peut être faite d'office par les tribunaux de première instance ou d'appel, lorsqu'ils rejettent une demande en interdiction dont ils sont saisis[2]. Art. 499.

Elle peut également avoir lieu sur la demande formée à cet effet par les personnes auxquelles la loi accorde le droit de provoquer l'interdiction. Cpr. art. 490 et 491. Ces personnes peuvent, même dans le cas où l'imbécillité est complète, borner leur demande à la nomination d'un conseil judiciaire[3].

2° Le prodigue, c'est-à-dire celui qui dissipe habituellement son patrimoine en dépenses folles et inutiles[4], peut être pourvu d'un conseil judiciaire. Le droit de provoquer cette nomination appartient[5], à l'exception du procureur du roi[6], à toutes les personnes auxquelles l'art. 490 ac-

[1] La faiblesse d'esprit, résultant d'un âge très-avancé, autorise la nomination d'un conseil judiciaire. Req. rej., 21 fructidor an X, Sir., II, 1, 1. Riom, 4 mai 1825, Sir., XXVI, 2, 118.

[2] Si l'incapacité n'était pas pleinement justifiée, les tribunaux ne pourraient, à raison du défaut de preuve, se borner à nommer un conseil judiciaire. Journal du palais, 1814, t. II, p. 514.

[3] Merlin, Rép., v° Testament, sect. I, § 1, art. 1, n° 3. M. Delvincourt (sur l'art. 499) est d'une opinion contraire.

[4] Toullier, II, 1370 et 1371. — Ce ne fut qu'après une longue discussion que le conseil d'État admit, en restreignant toutefois ses effets, la curatelle des prodigues reçue dans l'ancien droit français. On l'avait attaquée comme contraire à la liberté civile. Cpr. Merlin, Rép., v° Prodigue; Discussion au conseil d'État sur l'art. 513 (Locré, Légis., t. VII, p. 325-334, n°s 4-7).

[5] L'ancienne jurisprudence reconnaissait au prodigue le droit de provoquer lui-même la nomination d'un conseil judiciaire. M. Toullier (II, 1373) pense qu'il en aurait encore le droit aujourd'hui; mais nous ne pouvons admettre cette opinion que rejette également M. Duranton (III, 803).

[6] Observations du tribunat (Locré, Légis., t. VII, p. 347, n° 12). Toullier, II, 1372. Duranton, III, 803. M. Delvincourt (sur l'art. 514) est d'un autre avis.

corde la faculté de poursuivre l'interdiction. Art. 513 et 514.

La demande en nomination de conseil judiciaire, soit pour cause de faiblesse d'esprit, soit pour cause de prodigalité, est poursuivie devant les mêmes tribunaux et dans les mêmes formes que celle en interdiction (art. 514). Le conseil, qui peut être indifféremment choisi parmi les parens ou des étrangers[7], est toujours nommé par le tribunal.

Les jugemens portant nomination de conseil judiciaire, ne peuvent être rendus que sur les conclusions du procureur du roi. Art. 515; Code de procédure, art. 83 et 892. Ils doivent être publiés en la forme indiquée pour la publication des jugemens d'interdiction. Art. 507 et 515. Cpr. § 125.

La personne à laquelle un conseil judiciaire a été nommé, ne peut être rétablie dans l'exercice plein et entier de ses droits civils, qu'avec l'observation de toutes les formalités prescrites pour la nomination du conseil[8]. Art. 512 et 514.

§ 140.

Des actes juridiques pour la validité desquels l'assistance du conseil judiciaire devient nécessaire.

Celui auquel a été nommé un conseil judiciaire, peut, en règle générale, faire seul et sans l'assistance de son conseil, tous les actes de la vie civile. Il peut, par exemple, administrer son patrimoine, et par conséquent aussi aliéner ses meubles[1]. Il est capable de contracter par voie

[7] *Jurisprudence du Code civil*, V, 206 et 209. — C'est avec raison que les tribunaux ont l'habitude de nommer des jurisconsultes pour conseils judiciaires. Toullier, II, 1377.

[8] La demande peut également être formée par celui auquel le conseil a été nommé. Bruxelles, 31 mars 1808, Sir., VIII, 2, 203.

[1] Duranton, *Des contrats*, I, 225. Delvincourt, sur l'art. 513.

18 *

d'achat, ou à tout autre titre[2], et de faire des dispositions de dernière volonté[3].

Ce n'est que par exception et dans les cas spécialement déterminés par la loi[4], que l'assistance de son conseil lui devient nécessaire, à savoir : 1° pour ester en justice soit en demandant, soit en défendant[5]; 2° pour transiger; 3° pour emprunter; 4° pour recevoir un capital mobilier et en donner décharge; 5° pour aliéner ses immeubles et les grever d'hypothèques[6]; 6° pour faire une donation entre-vifs[7]. Art. 499 et 513.

Dans les actes judiciaires, l'assistance du conseil consiste à procéder conjointement avec l'individu auquel il a été nommé; à l'égard des actes extra-judiciaires, elle consiste dans la présence du conseil et son consentement instantané[8].

Les actes ci-dessus désignés passés sans l'assistance du conseil, sont nuls[9] (art. 502 et arg. des art. 499, 513 et 514), mais seulement d'une manière relative. Art. 1125. Les actes antérieurs à la nomination du conseil, ne peu-

---

[2] A moins qu'un acte de la nature de ceux que la personne pourvue d'un conseil judiciaire ne peut faire sans son assistance, n'ait été déguisé dans le contrat.

[3] Duranton, III, 801. Sauf cependant l'application de l'art. 901. Cpr. Merlin, *Rép.*, v° Testament, sect. I, § 1, art. 1, n° 3. Req.-rej., 6 juin 1821, Sir., XXIII, 1, 41.

[4] Les tribunaux ne peuvent, en nommant un conseil judiciaire, prescrire son assistance pour d'autres actes. Lassaulx, II, 476. Toullier, II, 1374. Duranton, III, 799.

[5] Locré, sur l'art. 499.

[6] Cela n'empêche pas que des hypothèques légales et judiciaires ne puissent être acquises sur ces immeubles.

[7] *Ex ratione legis.* Delvincourt, sur l'art. 513. Duranton, III, 800. Merlin, *Rép.*, v° Testament, sect. I, § 1, art. 1, n° 3. — Toutefois, la personne pourvue d'un conseil judiciaire n'en conserve pas moins la faculté de doter convenablement ses enfans, sans l'assistance de son conseil. L'art. 511 n'est point ici applicable. Pau, 25 juin 1806, Sir., XII, 2, 387.

[8] Une ratification postérieure ne serait pas suffisante. Delvincourt, sur l'art. 513. Duranton, III, 807.

[9] Ce principe, que l'art. 502 énonce d'une manière formelle, en

vent être attaqués, sous prétexte que la cause qui a motivé
cette nomination, existait déjà à l'époque où ils ont été
passés [10]. Cpr. art. 503 cbn. art. 502.

QUATRIÈME SECTION.

DE L'INFLUENCE QU'EXERCENT SUR L'ÉTAT CIVIL LES RAPPORTS DE LOCALITÉS.

CHAPITRE PREMIER.

DU DOMICILE.

SOURCES : Code civil, art. 102-111. — *Ordonnance de*
1667, tit. II. — BIBLIOGRAPHIE : Argou, *Institution au*
droit français, I, p. 90-96. — *Jurisprudence du Code*
civil, I, 371. — *Traité du domicile et de l'absence*, par
A. T. Desquiron; Paris, 1812, in-8°. — Merlin, *Rép.* et
Quest., v[ls] Domicile et Domicile élu. — Dalloz, *Jurispru-*
dence générale, v° Domicile.

§ 141.

Notions préliminaires.

La résidence ou l'habitation est le lieu où une personne
se trouve ordinairement, quoiqu'elle n'ait pas l'intention

---

parlant de celui qui est pourvu d'un conseil judiciaire pour cause
de faiblesse ou d'infirmité d'esprit, doit, par parité de raison, être
étendu au prodigue. Merlin, *Quest.*, v° Tableau des interdits, § 1.
Voy. cependant : Paris, 26 avril 1833, Sir., XXXIII, 2, 286.
[10] Cpr. *Discours de M. Tarrible, orateur du tribunat* (Locré,
Légis., t. VII, p. 393, n° 11). Voy. aussi Toullier, II, 1383.

d'y demeurer toujours[1]. Lorsque le domicile d'une personne est inconnu, sa résidence en tient lieu. Art. 115. Code de procédure, art. 2 et 69, n° 8.

Le domicile est le lieu où une personne est, sous le rapport de ses droits et de ses obligations, réputée toujours présente, quoique de fait elle n'y réside pas.

Il y a plusieurs espèces de domicile, car la loi peut considérer, et en effet elle considère quelquefois la même personne comme présente, tout à la fois, dans tel endroit, relativement à certains droits et à certaines obligations, et dans tel autre, relativement à des droits et à des obligations d'un ordre différent. C'est ainsi que l'on distingue le domicile politique[2], le domicile relatif au paiement des impôts[3], et le domicile civil[4]. Il ne sera question ici que du dernier.

§ 142.

Des différentes espèces de domicile civil.

Le domicile civil, c'est-à-dire le lieu où une personne est censée toujours présente par rapport à ses droits et à ses devoirs civils, est ou général ou spécial. Le premier

[1] Les étudians n'ont, comme tels, qu'une simple résidence au lieu où ils font leurs études. Merlin, *Rép.*, v° Domicile, § 4. Il en est de même des militaires en garnison. Voy. Mourre, *OEuvres judiciaires;* Paris, 1812, in-4°, p. 416.

[2] Le domicile politique est de droit lié au domicile civil; mais il peut en être séparé. Décret du 17 janvier 1806, art. 3. Loi du 5 février 1817, art. 3. Loi du 19 avril 1831, art. 10. Loi du 22 juin 1833, art. 29 et 30.

[3] Merlin, *Rép.*, v° Domicile, § 10. Lois des 21 ventôse an IX et 1er brumaire an VII.

[4] Les lois politiques rendues depuis 1814 se servent des expressions *domicile réel* pour désigner le domicile civil. Voy., outre les lois ci-dessus citées à la note 2: Lois du 21 mars 1831, art. 4, et du 22 mars 1831, art. 9. — Quelques auteurs (cpr. Duranton, I, 352) opposent le domicile réel au domicile d'élection. Il nous paraît plus exact d'opposer le domicile réel au domicile de droit.

s'applique à la généralité des droits et des devoirs civils; le second ne concerne que des relations juridiques spécialement déterminées. Personne ne peut avoir plus d'un domicile général [1].

Le domicile général est déterminé, soit par une disposition de la loi qui fixe d'une manière absolue, c'est-à-dire sans admettre la preuve du contraire [2], le lieu où certaines personnes sont réputées toujours présentes, soit par la circonstance de fait, qu'une personne s'est établie dans un lieu avec l'intention de continuer à y résider. Au premier cas, le domicile est appelé domicile de droit; au second, il est appelé domicile réel.

Le domicile spécial repose ou sur la loi qui, pour des fins spéciales (cpr. art. 74 et 167 [3]), assimile quelquefois une simple résidence à un véritable domicile, ou sur le choix d'une personne (domicile élu [4]). Ce choix peut être ou volontaire, ou obligé en vertu de quelque disposition légale [5]. Nous ne traiterons, dans ce chapitre, que du domicile spécial fondé sur une élection volontaire : les principes sur l'élection obligée de domicile, rentrent dans le droit de procédure. Nous ferons cependant remarquer que les effets du domicile élu sont en général les mêmes, que l'élection ait été volontaire ou forcée.

Celui qui a fait élection de domicile pour l'exécution d'un acte juridique, conserve néanmoins, et même par rapport à cet acte, son domicile général. Ainsi, le créancier peut, à son choix, porter sa demande au for du domi-

---

[1] Merlin, *Rép.*, v° Déclinatoire, § 1. Vazeille, *Traité des prescriptions*, n° 508.

[2] C'est une présomption *juris* et *de jure*. Merlin, *Rép.*, v° Receveur de contributions directes, n° 4, et Domicile, § 5.

[3] Merlin, *Rép.*, v° Domicile, § 9.

[4] Cpr. L. 29, *C. de pactis* (2, 3).

[5] Voy., par exemple: art. 176, 2148; Code de procédure, art. 61, 422, 435, 559, 584, 609, 634, 637, 673, 780, 783, 789, 927. Ces dispositions ont pour objet d'abréger ou de faciliter la poursuite ou la réalisation d'un droit.

cile général du débiteur, ou à celui du domicile élu[6] (art. 111; Code de procédure, art. 59), à moins cependant que l'élection de domicile n'ait été faite dans l'intérêt du débiteur[7].

I. DU DOMICILE GÉNÉRAL.

§ 143.

Des personnes auxquelles la loi attribue un domicile de droit.

Ces personnes sont :

1° Les fonctionnaires inamovibles[1] : ils sont censés avoir leur domicile au lieu où ils doivent remplir leurs fonctions, et cela à partir du jour auquel ils entrent en charge, c'est-à-dire auquel ils prêtent leur serment[2]. Art. 106, 107.

2° Les femmes mariées : elles ont leur domicile chez leurs maris, quoiqu'elles résident dans un autre lieu[3], et le conservent malgré leur séparation de corps et d'habitation[4]. Art. 103.

[6] Dans ce cas, le for ne sera définitivement fixé que lorsque l'un des juges aura été saisi de la demande. Merlin, *Quest.* v° Domicile élu, § 2. Lassaulx, I, 158. Req. rej., 23 ventôse an X, Sir., II, 1, 408, et req. rej., 22 juillet 1822, Sir., XXII, 1, 413.

[7] Duranton, 1, 382.

[1] C'est-à-dire nommés à vie et non révocables au gré du gouvernement; tels sont les juges nommés par le roi. Charte, art. 49. Voy. cependant art. 52. Des fonctions publiques, conférées à vie mais révocables, ne sont point attributives d'un domicile de droit. Voy. Merlin, *Rép.*, v° Receveur de contributions directes n° 4; Req. rej., 11 mars 1812, Sir., XIII, 1, 418. Paris, 17 août 1810, Sir., XIV, 2, 148.

[2] Duranton, I, 361.

[3] Merlin, *Rép.*, v° Domicile, n° 5.

[4] Merlin, *loc. cit.* Locré, sur l'art. 108. Colmar, 12 juillet 1806, Sir., VII, 2, 1151. Cependant MM. Delaporte, Delvincourt, Toullier et Duranton sont d'un avis contraire. — Il est bien entendu que ce domicile cesse à la mort du mari, ou lorsque le mariage vient à être annulé. Toutefois, la femme conserve pendant l'ins-

3° Les mineurs non émancipés : ils ont pour domicile celui de leur père, à défaut de père, celui de leur mère [5], ou enfin celui de leur tuteur, s'ils ont un tuteur gérant autre que leur père ou leur mère [6]. Art. 108.

4° Les interdits : ils ont leur domicile chez leur tuteur [7].

5° Les condamnés à des peines afflictives et infamantes que la loi place, pendant la durée de leur peine, en état d'interdiction légale : ils ont leur domicile chez leur tuteur [8].

6° Ceux qui servent ou travaillent habituellement chez autrui : ils ont leur domicile chez leur maître, lorsqu'ils demeurent avec lui dans la même maison [9], et qu'ils n'ont pas d'autre domicile de droit [10]. Art. 109.

Tout domicile de droit cesse au moment où disparaît le fait qui y servait de fondement. Il est aussitôt remplacé par un domicile réel qui se détermine d'après les règles à développer au paragraphe suivant [11].

§ 144.

De la manière dont s'établit le domicile réel. — Du changement de ce domicile.

Les personnes qui n'ont pas de domicile de droit (cpr.

tance en nullité du mariage le domicile de son mari. Grolmann, I, 390. Merlin, *Quest.*, v° Mariage, § 6.

[5] Voy., sur le domicile des enfans naturels : Duranton, I, 368.

[6] Le domicile du tuteur l'emporte, dans ce cas, sur celui des père et mère. Arg. art. 450. Delaporte, sur l'art. 108.

[7] Lorsque la femme est nommée tutrice de son mari interdit, le mari prend le domicile de la femme. Duranton, I, 366.

[8] Duranton, I, 372.

[9] *Quid*, si ces personnes ne demeurent pas dans la même maison que leur maître, mais dans une maison qui lui appartient ? Cpr. Locré, sur l'art. 109. Duranton, I, 374. *Multum arbitrio judicis permissum esse videtur.*

[10] Ainsi ce principe ne s'applique, ni aux mineurs non émancipés, ni aux femmes mariées. Delvincourt, I, p. 374.

[11] Lassaulx, I, 161. Merlin, *Rép.*, v° Domicile, § 11.

§ 143), ont leur domicile réel au lieu où elles résident[1]
avec l'intention d'y continuer leur résidence. Arg. art. 102
et 103[2]. Lorsqu'une personne habite alternativement plusieurs endroits, son domicile se trouve au siége de son
principal établissement[3]. Art. 102.

Il est loisible à chacun de transférer, quand bon lui
semble, son domicile réel d'un lieu dans un autre. Nul ne
peut cependant, par l'exercice de cette faculté, changer le
for d'une contestation déjà liée[4], ni se soustraire aux poursuites de ses créanciers[5].

Le changement de domicile s'opère par le fait d'une habitation réelle dans un autre lieu, joint à l'intention de s'y
fixer ou d'y former son principal établissement. Art. 103.
La simple translation de résidence n'emporte pas changement de domicile[6] : le domicile une fois acquis se conserve, malgré le changement de résidence, par la seule
intention de retourner au lieu où il se trouve, et cette intention est présumée[7], tant qu'il n'y a pas manifestation

[1] Il n'est pas nécessaire que la résidence ait duré un certain
temps. Limoges, 1er septembre 1813, Sir., XIII, 2, 353.
[2] Le Code civil ne s'occupe que du changement et non de l'établissement du domicile. Le projet de ce Code, tel qu'il avait été
présenté par la section de législation, contenait un article ainsi
conçu : « Le domicile se formera par l'intention jointe au fait d'une
« habitation réelle, etc.» Mais le conseil d'État retrancha cet article par le motif, erroné selon nous, que toute personne a un
domicile d'origine. La question de l'établissement du domicile peut
se présenter, par exemple, pour les enfans d'un Français résidant
en pays étranger, lorsqu'ils viennent demeurer en France. Voy.
Locré et Malleville, sur l'art. 102.
[3] Quid, s'il y a doute sur ce lieu? Voy. Merlin, v° Domicile, § 8;
Duranton, I, 354. Cpr., sur le domicile des étrangers, § 748.
[4] Praticien français, I, 286.
[5] Malleville, sur l'art. 105. Grolmann, 1, 408.
[6] Req. regl., 1er mars 1826, Sir., XXVI, 1, 460. Req. rej., 14 février 1832, Sir., XXXIII, 1, 70. — L'article du projet dont il a
été question à la note 2, ajoutait : «Le domicile se conserve par
« la seule intention.»
[7] Paris, 30 juillet 1811 et 3 août 1812, Sir., XII, 2, 5 et 446.

de volonté contraire[8]. L'intention seule de changer de domicile, quelque explicite qu'elle soit, ne suffit pas non plus pour consommer ce changement : il faut en outre une habitation réelle dans le lieu où l'on entend transférer son domicile[9].

La volonté de changer de domicile se constate au moyen d'une déclaration faite, tant à la municipalité du lieu que l'on quitte, qu'à celle du lieu où l'on s'établit[10]. Art. 104. À défaut de déclaration expresse, la preuve de cette volonté peut résulter des circonstances dans lesquelles on a choisi un nouveau lieu d'habitation, et de celles qui ont accompagné ou suivi la translation de résidence[11]. Art. 105.

En aucun cas, une partie ne pourrait récuser le domicile qu'elle se serait elle-même attribué dans un acte[12].

§ 145.

Des droits et des obligations dont l'exercice ou l'accomplissement est lié au domicile général.

Le domicile général d'une personne a pour effet de fixer

[8] On doit admettre, par voie de conséquence, que le dernier domicile connu tient lieu du nouveau domicile inconnu. Paris, 25 janvier 1808, Sir., VIII, 2, 70. Cpr. Merlin, *Rép.*, v° Domicile, § 2.

[9] Bordeaux, 10 août 1811, Sir., XII, 2, 72. Limoges, 1er septembre 1813, Sir., XIII, 2, 353. Req. rej., 23 janvier 1817, Sir., XVII, 1, 107. Civ. rej., 6 novembre 1832, Sir., XXXII, 1, 822.

[10] L'acte par lequel l'autorité municipale d'une commune aurait rangé une personne au nombre des habitans ou citoyens de cette commune, n'empêcherait pas les tribunaux de lui reconnaître un autre domicile. Voy. *Rép.*, v° Domicile, § 2.

[11] Locré et Malleville, sur l'art. 104. Toullier, I, 377. Paris, 13 mai 1809, Sir., X, 2, 55. Req. rej., 19 mars 1812, Sir., XIII, 1, 22. — Un fonctionnaire public peut, malgré sa qualité, être considéré, à raison des circonstances qui ont accompagné ou suivi son changement de résidence, comme ayant eu l'intention de changer de domicile, Req. rej., 11 juillet 1831, Sir., XXXI, 1, 362. Req. rej., 20 juin 1832, Sir., XXXII, 1, 694.

[12] Lassaulx, I, 157.

la compétence des autorités publiques et des officiers ministériels auxquels elle est obligée de recourir pour les actes juridiques qu'elle est dans l'intention de faire, et auxquels les tiers sont tenus de s'adresser pour obtenir contre elle l'exécution forcée de ses engagemens. C'est ainsi que le domicile général d'une personne détermine le tribunal où elle doit être assignée en matière personnelle (*forum domicilii ;* Code de procédure, art. 2, 59 et 68), celui qui devra connaître des contestations relatives à sa succession (*forum hereditatis jacentis ;* art. 110, 822; Code de procédure, art. 59), et celui qui devra, le cas échéant, prononcer son interdiction ou déclarer son absence. Art. 115 et 492.

II. DU DOMICILE SPÉCIAL. — DU DOMICILE ÉLU.

§ 146.

La loi permet aux contractans[1] de choisir, pour l'exécution de leur convention, un domicile différent de leur domicile général. Art. 111.

Cette élection peut être faite par les deux parties, ou par l'une d'elles seulement. Elle doit, dans tous les cas, être expresse[2], et se trouver consignée, soit dans l'acte instrumentaire qui sert à constater la convention, soit dans un acte postérieur[3].

En élisant domicile dans un lieu quelconque, les parties doivent indiquer le nom et la demeure d'une personne qui

---

[1] Un étranger peut élire domicile en France pour l'exécution d'un acte. Merlin, *Rép.,* vº Domicile élu, § 2, nº 3. Paris, 23 thermidor an XII, Sir., VII, 2, 853.

[2] Ainsi l'indication du lieu où le paiement doit être fait, n'emporte pas élection de domicile. Civ. cass., 29 octobre 1810, Sir., X, 1, 378. Voy. cependant Code de procédure, art. 420. Cpr. note 7 ci-après.

[3] Delvincourt, sur l'art. 111. Merlin, vº *cit.,* § 2, nº 6. Grolmann, I, 372. M. Locré (sur l'art. 111) est d'un avis contraire.

réside dans ce lieu, et qui soit autorisée à recevoir les significations et sommations qu'elles auront à se faire. Cette
indication, toutefois, n'est pas nécessaire quand une personne élit domicile dans sa propre demeure, ou dans son
domicile général [4].

L'élection de domicile renferme une convention par laquelle l'une des parties se soumet, en faveur de l'autre, à la
juridiction des tribunaux du domicile élu, pour tout ce qui
concerne l'exécution forcée de l'acte en vue duquel elle est
faite. Les droits et les engagemens qui en naissent, restent
étrangers aux tiers [5] (art. 1165), mais ils passent, de
même que les droits et les engagemens conventionnels en
général, aux héritiers et aux successeurs des parties [6].
Art. 1122. Cette convention ne regarde pas l'exécution
volontaire [7]. Elle doit même, en ce qui concerne l'exécution forcée, être interprétée d'une manière restrictive,
comme établissant une exception à la règle du for général [8].

L'élection de domicile confère en outre mandat à la personne résidant au lieu du domicile élu, de recevoir, au
nom des parties, les significations et sommations qui de-

---

[4] Cette élection de domicile peut être avantageuse en matière
réelle immobilière, lorsque l'immeuble formant l'objet de la convention est situé dans un ressort différent de celui où le domicile
a été élu. En matière personnelle, son utilité se fait sentir, lorsque
la partie qui a fait élection de domicile en sa demeure, transfère
son domicile général ou sa résidence en un autre lieu : la résidence
ou le domicile abandonné reste toujours, en pareil cas, domicile
d'élection. Merlin, v° cit., § 2, n° 7. Colmar, 5 août 1809, Sir.,
XII, 2, 369. Req. rej., 24 janvier 1816, Sir., XVI, 1, 198. Cpr. aussi
Bordeaux, 21 juillet 1834, Sir., XXXIV, 2, 550.

[5] Merlin, loc. cit.

[6] Toullier, 1, 368. Duranton, I, 381. Merlin, v° cit., § 2, n° 8.
Grolmann, I, 380.

[7] Ainsi, elle ne détermine pas le lieu où doit se faire le paiement.
Duranton, I, 377. Cpr. note 2 ci-dessus.

[8] Colmar, 20 mars 1810, Sir., X, 2, 237. Civ. cass., 29 août 1815,
Sir., XV, 1, 430.

vraient leur être faites à personne ou au domicile général[9]. Sous ce point de vue encore, l'élection de domicile doit être interprétée restrictivement. Arg. art. 1988 et 1989.

Il résulte des explications précédentes que la partie qui a fait une élection de domicile, ne peut la révoquer unilatéralement[10], à moins que cette élection n'ait eu lieu exclusivement dans son intérêt[11]. Mais elle est libre d'indiquer une autre personne du même lieu, en remplacement de celle chez qui elle avait d'abord élu domicile[12]: cette indication ne constitue pas une révocation du domicile élu, mais seulement une substitution d'un nouveau mandataire à l'ancien. Voy. art. 2003.

Lorsque la personne chez qui on a fait élection de domicile refuse le mandat qui lui est conféré, qu'elle y renonce, qu'elle vient à décéder[13], ou lorsque ce mandat finit de quelque autre manière, on est obligé d'élire domicile chez une autre personne du même lieu. L'accomplissement forcé de cette obligation se poursuit au for du domicile général.

CHAPITRE DEUXIÈME.

DE L'ABSENCE.

SOURCES: Art. 112-143. — Les rédacteurs du Code civil ont établi sur cette matière un système de législation complet et nouveau dans presque toutes ses parties. — BIBLIOGRAPHIE: *Traité des absens*, par de Moly; Paris, 1822.

[9] Merlin, v° cit., § 2, n° 11.
[10] *Journal du palais*, 1812, III, 107, 1813, III, 64.
[11] Ce qui ne se présume point. Cpr. *Praticien français*, I, 291.
[12] L'autre partie serait sans intérêt à s'y opposer: Merlin, loc. cit. Grolmann, I, 381. Civ. cass., 19 janvier 1814, Sir., XIV, 1, 68.
[13] Cpr. sur la question de savoir si ce mandat finit par la mort du mandataire: *Praticien français*, I, 292; Grolmann, I, 381. L'art. 2156 contient une exception à ces principes; mais, *exceptio firmat regulam*.

1 vol. in-8°. — *Traité de l'absence et de ses effets*, par Biret; Paris, 1824, 1 vol. in-8°. — *Nouveau traité des absens*, par Talandier; Limoges, 1831, 1 vol. in-8°. — Merlin, *Rép.*, v° Absent. On y trouvera un commentaire, article par article, du tit. IV, liv. 1 du Code civil. — Dalloz, *Jurisprudence générale*, v° Absent.

§ 147.

Notions préliminaires.

Un absent, dans l'acception étendue et vulgaire de ce mot, est celui qui ne se trouve pas réellement présent en un lieu déterminé. Ainsi entendue, l'absence comprend tout à la fois la non-présence d'une personne en un lieu où un certain droit doit être exercé par elle ou contre elle, et son éloignement du lieu de son domicile ou de sa résidence habituelle [1].

L'absence de la première espèce [2] produit, dans différentes hypothèses, des effets juridiques plus ou moins importans, par exemple :

1° Dans le cas où un individu n'est présent, ni en personne, ni par fondé de pouvoir, au lieu où s'ouvre une succession dans laquelle il est intéressé. Cpr. art. 819 et 840; Code de procédure, art. 928, 942 et 943.

2° Dans le cas où, au grand criminel, l'accusé se soustrait aux poursuites dirigées contre lui [3]. Code d'instruction criminelle, art. 465 et suiv.

[1] Dans les art. 2265 et 2266 le mot *absence* a une signification toute spéciale : il n'y désigne plus la non-présence d'une personne à son domicile ou à tel autre lieu donné; il y indique que cette personne n'a pas son domicile dans le ressort de telle cour royale. Cpr. § 217, note 2.—Voy. sur les différens sens du mot absent: Merlin, *Rép.*, v° Absent; de Moly, n° 10.

[2] C'est-à-dire la non-présence, dans le sens propre de cette expression. Cpr. art. 840.

[3] L'accusé est alors contumax.

L'absence de la seconde espèce peut, quoique momentanée, entraîner certaines conséquences juridiques (cpr. par exemple, Code de procédure, art. 68); surtout lorsque l'absent est un militaire[4]. Ces conséquences deviennent plus importantes quand l'absence, en se prolongeant, fait planer plus ou moins d'incertitude sur la vie de l'absent ou sur le lieu de sa résidence actuelle.

L'absent, dans le sens le plus restreint de cette expression, est celui qui a disparu de son domicile ou de sa résidence habituelle, sans qu'on sache s'il est encore en vie. C'est des absens ainsi considérés, que nous avons à nous occuper dans ce chapitre[5]. Toutefois, nous devons faire remarquer que les mesures à prendre dans l'intérêt des présumés absens, sont également applicables aux personnes dont l'existence est certaine et dont on ignore seulement la résidence actuelle[6].

§ 148.

Principes qui servent de base aux dispositions du Code civil, sur les absens.

Les principes sur lesquels sont fondées ces dispositions,

---

[4] Voy., sur les militaires absens pour cause de service en temps de guerre : 1° Lois des 11 ventôse et 16 fructidor an II. Ces lois ont-elles été abrogées, soit par le Code civil, soit par l'expiration d'un certain délai à partir de la promulgation de la paix générale, soit par les lois des 21 décembre 1815 et 13 janvier 1817? Cpr. Dalloz, *Jurisprudence générale*, v° Absent, sect. IX; Merlin, *Rép.*, v° Absent, note 5 sur l'art. 136; Duranton, I, 429 et suiv. 2° La loi du 6 brumaire an V, prorogée par celle du 21 décembre 1814. Cette loi a cessé d'être en vigueur depuis le 14 mars 1816. Cpr. § 211, note 2; Dalloz, op. et *loc. cit.* 3° Lettre du grand juge du 16 décembre 1806 (Sir., 1808, 2, 30), et loi du 13 janvier 1817.

[5] Les mots *absent* et *absence* sont toujours pris, dans ce chapitre, et dans le reste de cet ouvrage, dans leur sens le plus restreint.

[6] Proudhon, I, p. 133. Voy. aussi § 150.

et à l'aide desquels elles doivent être interprétées, sont les suivans [1] :

1° La loi doit, autant que possible, concilier les intérêts des absens et ceux des personnes présentes.

2° La loi ne considère l'absent, ni comme mort, ni comme vivant; elle voit en lui un homme dont l'existence et le décès sont également incertains. Il faut donc bien se garder de croire que les lois nouvelles, à l'exemple de l'ancienne jurisprudence et des législations allemandes, regardent, à une époque quelconque, l'absent comme décédé.

3° Les conséquences juridiques de l'absence varient, suivant que la présomption de vie l'emporte sur celle de mort, ou la présomption de mort sur celle de vie. A mesure que la mort de l'absent devient de plus en plus vraisemblable, les lois accordent plus de faveur aux intérêts des personnes présentes. C'est d'après ce point de vue qu'elles distinguent trois époques dans l'absence.

1) Dans les premières années, après la disparition de l'absent ou la réception de ses dernières nouvelles, il est réputé plutôt vivant que mort, et les mesures prescrites par la loi pendant cette première époque, qu'on appelle la présomption d'absence, ont toutes pour but la conservation de son patrimoine.

2) Après l'écoulement d'un certain nombre d'années, qui varie suivant que l'absent a laissé ou non une procuration, la présomption de vie cesse de l'emporter sur celle de mort; les personnes intéressées peuvent faire déclarer l'absence, et, par suite de cette déclaration, à partir de laquelle commence une seconde époque, se faire envoyer en possession provisoire des biens de l'absent [2].

---

[1] Cpr. *Discussion au conseil d'État* (Locré, *Légis.*, t. IV, p. 1-183).

[2] Il existe en allemand deux expressions différentes pour désigner les personnes dont l'absence n'est que présumée (*vermisst*), et celles dont l'absence a été déclarée (*verschollen*). La langue

3) Enfin, lorsque cet état de choses a duré un certain temps, l'absent est réputé plutôt mort que vivant. Les intéressés peuvent alors faire convertir l'envoi provisoire en un envoi définitif, qui leur confère la propriété des biens de l'absent. Cette propriété est toutefois révocable : l'absent ou ses héritiers ont le droit de reprendre, mais dans l'état où ils les trouvent, les biens qui sont encore entre les mains des envoyés en possession au moment où la réclamation est formée.

I. DE L'ABSENCE RELATIVEMENT AU PATRIMOINE DÉLAISSÉ PAR L'ABSENT.

A. DES PRÉSUMÉS ABSENS.

§ 149.

Des mesures à prendre dans l'intérêt des présumés absens.

Lorsqu'une personne est présumée absente, c'est-à-dire qu'elle a disparu de son domicile ou de sa résidence, sans qu'on ait de ses nouvelles, on doit, en ce qui concerne l'administration de son patrimoine, distinguer si elle a laissé ou non un mandataire général.

Dans la première hypothèse, le mandataire conserve l'administration du patrimoine délaissé par l'absent, à

---

française n'est pas aussi riche : elle n'a que le terme générique *absent* pour qualifier les personnes qui se trouvent dans l'une ou l'autre de ces positions. Cette pénurie de langage a donné lieu à quelques difficultés. On s'est demandé si dans telle ou telle circonstance (cpr. art. 136), le législateur avait entendu parler des absens en général, ou seulement de ceux dont l'absence a déjà été déclarée. — M. de Moly (nos 23 et 24) distingue les absens en absens présumés, en absens déclarés, et en absens définitifs. Les deux premières expressions paraissent assez justes (cpr. art. 112), mais la dernière manque évidemment d'exactitude.

moins qu'il ne remplisse pas convenablement ses fonctions, cas auquel on applique les dispositions relatives à l'hypothèse où l'absent n'a pas laissé de procuration générale [1].

Dans cette seconde hypothèse, comme aussi dans le cas où le mandat confié par l'absent vient à cesser, par quelque cause que ce soit, avant la déclaration d'absence [2] (art. 122), la justice est appelée à déterminer les mesures à prendre pour l'administration du patrimoine de l'absent. Art. 112. Le tribunal compétent pour statuer sur cet objet, est le tribunal de première instance du dernier domicile, ou, à défaut de domicile, de la dernière résidence de l'absent. Si cependant il y a urgence, ou qu'il ne s'agisse que de l'exécution des dispositions ordonnées par le tribunal ci-dessus indiqué, on peut aussi s'adresser au tribunal du lieu où se trouve l'objet à l'occasion duquel il y a lieu de prendre des mesures d'administration [3].

Le droit de provoquer des mesures de cette nature, qui ne peuvent être ordonnées d'office, appartient : 1° à toutes personnes ayant un intérêt légal, soit actuel, soit éventuel. Ainsi, par exemple, il compète non-seulement aux créanciers de l'absent, mais encore à ses héritiers présomptifs [4]; 2° au procureur du roi, qui peut et qui doit spécialement veiller aux intérêts des présumés absens. Il est, en vertu de ce droit et de ce devoir, appelé, non-seulement à donner ses conclusions dans toutes les affaires qui les concernent,

[1] Locré, sur l'art. 112. De Moly, n°s 99 et 100.
[2] Locré, sur l'art. 122.
[3] Discussion au conseil d'État sur l'art. 112 (Locré, Lég., t. IV, p. 84 et suiv., n°s 3 et 4). Locré, sur l'art. 112. Proudhon, I, p. 133. De Moly, n°s 148, 149 et 181.
[4] L'art. 112 accorde ce droit aux parties intéressées en général, et n'exige pas un intérêt né et actuel. Malleville et Delvincourt, sur l'art. 112. De Moly, n°s 102 et suiv. Quelques auteurs ne reconnaissent ce droit qu'aux personnes ayant un intérêt né et actuel. Voy., par exemple: Locré, sur l'art. 112; Toullier, I, 394 et suiv.; Duranton, I, 401 et suiv. — Les héritiers présomptifs peuvent, en tout cas, s'adresser au procureur du roi. Toullier, loc. cit.

mais encore à introduire, par voie d'action, les demandes nécessaires à la conservation de leurs intérêts [5]. Art. 114; Code de procédure, art. 83.

La question d'opportunité et le choix des mesures à prendre sont entièrement abandonnés à l'arbitrage des tribunaux, qui doivent chercher à concilier l'intérêt de l'absent et celui des tiers, par exemple, des créanciers [6], de manière à n'ordonner, qu'en cas de nécessité absolue, des dispositions qui pourraient avoir pour résultat d'imposer de nouvelles obligations à l'absent, ou qui changeraient d'une manière essentielle l'assiette et l'économie de sa fortune [7]. Ainsi, quoique les tribunaux soient autorisés à nommer un curateur à l'absent, ils feront bien de n'user qu'avec réserve de cette faculté, parce que les engagemens de ce curateur, qui peut être considéré comme un tuteur au patrimoine, seraient obligatoires pour l'absent [8].

[5] Locré, sur l'art. 114. Proudhon, I, p. 131, 132, 183 et suiv. Toullier, I, 308. Paillet, sur l'art. 114. Duranton, I, 398. Merlin, *Rép.*, v° Absent, note sur l'art. 114, et v° Testament, sect. V, § 2. Metz, 15 mars 1823, Sir., XXIII, 2, 307. M. de Moly (n° 121 et suiv.) n'accorde au procureur du roi que le droit de conclure dans les affaires concernant les absens, et lui refuse, en se fondant sur l'art. 46 de la loi du 20 avril 1810, le droit de veiller à leurs intérêts par voie d'action, si ce n'est exceptionnellement dans les cas spécialement indiqués par la loi (cpr. art. 116 et 819; Code de procédure, art. 911 et 930). Ce système, qui paraît contraire au texte de l'art. 114, laisserait en souffrance les intérêts de l'absent. Les articles ci-dessus cités du Code civil et du Code de procédure, ne sont pas d'ailleurs des exceptions au prétendu principe invoqué par M. de Moly, mais des applications du principe posé dans le texte.
[6] Toullier, I, 389.
[7] Cpr. *Discussion et motifs* (Locré, *Légis.*, t. IV, p. 57 et suiv., n° 18-22; p. 129-130, n° 8-10; p. 167, n° 5); Locré, sur l'art. 112; Duranton, I, 392 et suiv.
[8] Cpr., sur la curatelle de l'absent: Ordonnance de 1667, tit. VIII, art. 2; Lassaulx, II, 391, III, 407; Duranton, I, 400; Merlin, *Rép.*, v° Absent, notes 2, 3 et 4 sur l'art. 112; Civ. cass., 25 août 1813, Sir., XV, 1, 131.

La procédure à suivre sur les demandes relatives à l'administration des biens de l'absent, est réglée par l'art. 859 du Code de procédure [9].

Lorsqu'un présumé absent, qui n'a pas laissé de mandataire [10], est spécialement intéressé comme héritier, par exemple [11], dans un inventaire, une reddition de compte, une liquidation ou un partage, le tribunal ci-dessus indiqué nomme, à la requête de la partie la plus diligente [12], un notaire chargé de le représenter, mais dans le but unique de veiller à la conservation de ses droits [13]. Art. 113.

§ 150.

Du retour de l'absent présumé. — De la preuve de son décès.

Lorsque l'absent se représente avant la déclaration d'absence, il reprend l'administration de son patrimoine à charge de respecter les actes légalement faits en vertu des dispositions prises par la justice [1]. Il en est de même dans

---

[9] Cpr. Pigeau, II, p. 334-337; *Praticien français,* V, 118; de Moly, n° 161.

[10] Un mandataire général, ou spécial pour l'opération dans laquelle il s'agit de faire représenter l'absent. De Moly, n° 99. Voy. cependant, Metz, 15 mars 1823, Sir., XXIII, 2, 307.

[11] De Moly, n° 96. Cpr., § 150.

[12] Toute personne intéressée et le procureur du roi ont le droit de provoquer cette nomination. De Moly, n° 180.

[13] Ainsi, ce notaire, qui du reste n'assiste pas à ces opérations en cette qualité, mais seulement comme représentant de l'absent, n'a pas le droit de demander un partage ni de conclure définitivement au nom de l'absent celui qui aurait été provoqué par une autre personne. Cpr. Locré, sur l'art. 113; Proudhon, I, p. 188 et suiv. Merlin, *Rép.,* v° Absent, note 4 sur l'art. 113; Bruxelles, 8 avril 1813, Sir., XIV, 2, 16. — Ce notaire ne doit pas être confondu avec celui qui, d'après les art. 931 et 942 du Code de procédure, est chargé de représenter les non-présens à la levée des scellés et à l'inventaire. De Moly, n° 168 et suiv.

[1] Cpr. les autorités citées à la note 8 du § 149. — L'absent ne jouit pas, en cette qualité, du bénéfice de la restitution en entier.

le cas où l'absent donne de ses nouvelles, à moins que les circonstances ne nécessitent la continuation provisoire des mesures ordonnées pour l'administration de ses biens, ce qui a lieu, par exemple, quand les nouvelles de l'absent n'indiquent pas le lieu de sa résidence actuelle. Art. 131.

Lorsque le décès de l'absent vient à être prouvé avant la déclaration d'absence, sa succession s'ouvre au profit de ses héritiers les plus proches ou de ses successeurs au jour de son décès. Arg. art. 130.

B. DES ABSENS DÉCLARÉS.

1. DE LA DÉCLARATION D'ABSENCE ET DE L'ENVOI EN POSSESSION PROVISOIRE DES BIENS DE L'ABSENT.

§ 151.

De la déclaration d'absence [1].

Après l'écoulement d'un certain nombre d'années, l'absence, jusqu'alors simplement présumée, peut être déclarée par les tribunaux compétens [2], à la requête des parties intéressées. Cpr. art. 115, 119, 121.

L'époque à laquelle il est permis de provoquer la déclaration d'absence, varie suivant que l'absent a laissé ou non un mandataire général [3]. Dans le premier cas, la de-

---

[1] La loi du 13 janvier 1817 contient des dispositions spéciales sur la manière de constater l'absence des militaires et marins ayant disparu dans les guerres qui ont eu lieu depuis le 21 avril 1792 jusqu'au traité de paix du 20 novembre 1815. Cpr. Circulaire du ministre de la justice du 16 décembre 1806.

[2] Cpr. de Moly, n° 284. Voy. aussi § 149.

[3] Delvincourt et Grolmann, sur l'art. 121. D'après M. de Moly (n°s 100 et 225), il suffit qu'il existe une procuration spéciale, pour retarder pendant dix années le droit de provoquer la déclaration d'absence. En rejetant cette opinion, nous reconnaissons cependant aux tribunaux, et ce par argument de l'art. 117, la faculté d'ajourner, pendant un temps plus ou moins long, le jugement de dé-

mande ne peut être formée qu'après dix années, et dans le second, qu'après quatre années, à compter de la disparition de l'absent ou de la réception de ses dernières nouvelles[4]. Le délai de dix années ne reçoit pas de prolongation, lorsque la procuration laissée par l'absent a été donnée pour un laps de temps plus long[5]. Il n'est pas non plus susceptible d'abréviation, lorsque la procuration donnée, soit pour un délai indéterminé, soit pour dix ans au plus, vient à cesser avant ce laps de temps. Art. 122.

Le droit de provoquer la déclaration d'absence appartient à toutes personnes légalement intéressées[6]. Il compète donc à tout héritier, quel que soit son degré[7]. Ce

claration d'absence, lorsque l'individu contre lequel il est provoqué, a laissé une ou plusieurs procurations spéciales. Cpr. Duranton, I, 412.

[4] Ce n'est pas la date des dernières nouvelles, mais la date de leur arrivée, qui doit, en pareil cas, être prise en considération. C'est ce qui résulte évidemment de la rédaction de l'art. 115. Delvincourt et Brauer, sur l'art. 115. De Moly, n° 47. Grolmann, I, 422. Voy. aussi Req. rej., 24 novembre 1811, Sir., XII, 1, 83.

[5] Malleville, sur l'art. 121. Locré, sur l'art. 122. De Moly, n° 225. Duranton, I, 413. — Quid juris, dans le cas où la procuration a été donnée pour moins de dix ans? En consultant l'esprit de la loi, il semble que la demande en déclaration d'absence puisse être admise quatre ans après l'expiration de la procuration.

[6] Quelles sont, en ce cas (cpr. § 149, note 4), les personnes intéressées? Trois opinions se sont formées sur cette question. D'après la première, les parties intéressées, dont parle l'art. 115, seraient exclusivement les héritiers présomptifs de l'absent et son époux. Locré, sur l'art. 115. D'après la seconde, les expressions ci-dessus rappelées devraient être entendues dans le sens le plus général, et s'appliqueraient même aux créanciers de l'absent. De Moly, n° 262 à 284. D'après une troisième opinion intermédiaire, à laquelle nous nous rangeons, les parties intéressées sont : 1° les héritiers présomptifs de l'absent; 2° son époux; 3° tous ceux qui, aux termes de l'art. 123, ont à exercer sur son patrimoine des droits subordonnés à la condition de son décès. Delvincourt, sur l'art. 115. Proudhon, I, p. 143. Merlin, Rép., v° Absent, note 2 sur l'art. 115. Duranton, I, 415. Cpr. Toullier, I, 399.

[7] Ainsi la demande formée par un parent de l'absent ne pourrait être écartée par le motif qu'il ne serait pas son héritier le plus

droit ne dégénère jamais en obligation. Ainsi, l'un des héritiers ne peut contraindre les autres à concourir avec lui à la demande en déclaration d'absence[8]. Le procureur du roi n'a ni le devoir, ni le droit de provoquer d'office la déclaration d'absence. Arg. art. 115.

La demande se forme par une requête, à laquelle doivent être jointes les pièces destinées à la justifier. Code de procédure, art. 860[9]. Sur le rapport fait par un juge à ce commis au bas de la requête, et sur les conclusions du ministère public, le tribunal ordonne, à moins que la demande ne lui paraisse dès l'abord dénuée de fondement, qu'une enquête[10] soit faite contradictoirement avec le procureur du roi, partie adverse du demandeur en déclaration d'absence[11], tant dans l'arrondissement du domicile, que dans celui de la résidence de l'absent, lorsqu'ils sont distincts l'un de l'autre. Art. 116. Le but de cette enquête est de constater l'absence et d'en découvrir les causes[12]. S'il résulte des pièces produites et des dépositions des témoins entendus, qu'on n'a pas reçu de nouvelles de l'absent et qu'on ne peut espérer d'en recevoir (art. 117), le tribunal est autorisé à déclarer l'absence; toutefois, il ne peut le faire qu'un an après le jugement qui a ordonné l'enquête. Art. 119. Le procureur du roi est tenu d'envoyer, aussitôt après leur prononciation, les

---

proche. Cette solution s'appliquerait même au cas où un héritier plus proche, sans demander lui-même la déclaration d'absence, interviendrait pour contester le droit de la provoquer. Locré, sur l'art. 115,

   8 *Jurisprudence du Code civil*, I, 220.

   9 Pigeau, II, p. 339. De Moly, n° 293 et suiv.

   10 L'enquête doit être ordonnée même dans le cas où les faits à prouver paraîtraient déjà suffisamment établis par les pièces produites. — Les parens, les héritiers et les serviteurs de l'absent peuvent être entendus comme témoins. *Non obstat* Code de procédure, art. 283. Locré et Delvincourt, sur l'art. 115. De Moly, n° 314.

   11 De Moly, n° 333.

   12 Delvincourt, sur l'art. 116. Toullier, I, 403. Duranton, I, 423.

jugemens tant préparatoires que définitifs, au ministre de la justice, qui est chargé de les rendre publics, ce qui se fait ordinairement [13] au moyen de leur insertion par extrait au *Moniteur*. Art. 118.

§ 152.

De l'envoi en possession provisoire du patrimoine de l'absent.

Les héritiers ou successeurs (cpr. art. 140, cbn. 756, 767 et 768) présomptifs [1] de l'absent, au jour de sa disparition ou de ses dernières nouvelles [2], sont autorisés à se faire envoyer par les tribunaux, en possession provisoire de son patrimoine. Les héritiers ou successeurs décédés sont, en ce qui concerne l'exercice de cette faculté, représentés par leurs propres héritiers ou successeurs [3].

La demande à fins d'envoi en possession provisoire,

---

[13] *Ordinairement* mais non pas *nécessairement*. Le mode de publication est abandonné à la sagesse du ministre. *Discussion au conseil d'État* (Locré, *Légis.*, t. IV, p. 63, n° 23.)

[1] L'héritier qui demande l'envoi en possession provisoire n'est pas obligé de prouver qu'il est l'héritier le plus proche, à moins qu'il n'y ait un débat entre deux ou plusieurs héritiers, dont les uns prétendent exclure les autres, à raison de la proximité de leur degré. Locré, sur les art. 120 et 126. De Moly, n° 413. Cpr. § 151, note 7. Voy. aussi § 609.

[2] Ce n'est plus, comme ci-dessus (§ 151, note 4), la date de l'arrivée des dernières nouvelles, mais celle de ces nouvelles elles-mêmes, qui doit être prise en considération. Arg. art. 135. Aussi les art. 120 et 121 sont-ils autrement rédigés que l'art. 115: ils parlent du jour des dernières nouvelles. Cpr. Locré, sur l'art. 120. Voy. aussi Req. rej., 24 novembre 1811, Sir., XII, 1, 83.

[3] Proudhon, I, p. 154. Duranton, I, 439. Merlin, *Rép.*, v° Absent, note 2 sur l'art. 120. Turin, 3 mai 1810, Sir., XI, 2, 95. Paris, 10 février 1813, Sir., XIII, 2, 139. — Le patrimoine de l'absent doit être assimilé à une hérédité ouverte au profit des personnes qui sont, au jour de sa disparition ou de ses dernières nouvelles, ses héritiers ou successeurs présomptifs. Cpr. § 154.

peut être formée cumulativement avec celle en déclaration d'absence [4], ou séparément et en vertu du jugement qui a déclaré l'absence [5]. Elle ne peut être accueillie qu'à charge, par les envoyés en possession, de donner caution pour sûreté de leur administration [6]. Art. 120, 121. Cpr. art. 2040-2043; Code de procédure, art. 517 et suiv.

Le jugement qui prononce l'envoi en possession provisoire, n'emporte ni préférence au profit de ceux qui l'ont obtenu, ni exclusion au préjudice de ceux qui n'y ont point été parties. Ainsi, les personnes qui, dans la supposition du décès de l'absent au jour de sa disparition ou de ses dernières nouvelles, auraient été appelées à sa succession, soit à l'exclusion des envoyés en possession, soit concurremment avec eux, peuvent, malgré ce jugement et tant que la prescription de trente ans n'est pas acquise contre elles [7], demander, *veluti per hereditatis petitionem utilem* [8], l'envoi en possession provisoire, à l'exclusion de ceux qui l'ont obtenu, ou conjointement avec eux. Cpr. § 154.

Lorsque les héritiers ou les successeurs de l'absent ont

[4] Duranton I, 441. De Moly n° 242. Merlin, *Rép.*, v° Absent, note 7 sur l'art. 120. Cette opinion est consacrée par la cour de cassation (Req. rej., 17 novembre 1808, Sir., IX, 1, 104) et par la pratique journalière des tribunaux. M. Locré (sur l'art. 120) est d'un avis contraire.

[5] Cpr., sur la procédure à suivre en ce cas: Code de procédure, art. 860; de Moly, n°s 401 et suiv.

[6] Tout héritier est tenu de fournir cette caution; les descendans de l'absent n'en sont pas dispensés. Agen, 16 avril 1822, Sir., XXIII, 2, 65. — *Quid juris*, si les héritiers ne peuvent pas trouver de caution? M. Merlin (*Rép.*, v° Absent, note 5 sur l'art. 120) pense que dans ce cas le jugement doit rester sans effet. Nous ne pouvons partager cette opinion, et nous croyons qu'on doit, par analogie, appliquer à cette hypothèse les dispositions des art. 602 et 603. Cpr. *Discussion au conseil d'État* (Locré, *Légis.*, t. II, p. 185, n° 8.

[7] Locré et Delaporte sur l'art. 119. Grolmann, I, 518. Merlin *Rép.*, v° Absent, note 4 sur l'art. 120.

[8] La demande doit être dirigée contre les envoyés en possession. Req. rej., 24 novembre 1811, Sir., XII, 1, 83.

obtenu l'envoi en possession provisoire, toutes les personnes auxquelles compètent sur le patrimoine de l'absent des droits subordonnés à la condition de son décès, tels que les légataires (cpr. art. 1002), les donataires de biens à venir (cpr. art. 1082, 1083, 1084 et 1093), les donateurs sous condition de retour (cpr. art. 951 et 952), peuvent en poursuivre l'exercice provisoire[9] contre les envoyés en possession[10], à charge de donner caution. C'est pour cette raison qu'après l'envoi en possession provisoire[11], le testament de l'absent, s'il en existe un, doit être ouvert à la requête des parties intéressées ou du procureur du roi. Art. 123. Si les héritiers ou successeurs de l'absent ne demandent pas l'envoi en possession, les personnes dénommées en l'art. 123 peuvent s'adresser directement, et par requête, aux tribunaux, pour demander à exercer provisoirement les droits qui leur appartiennent[12]. Cpr. § 154.

§ 153.

Du droit qui compète à l'époux présent d'empêcher l'envoi en possession provisoire.

Lorsque l'absent est marié sous le régime de la commu-

[9] Dans le sens le plus général, l'expression *possession provisoire* (art. 125, 128, 131) comprend : 1° la possession provisoire des héritiers et successeurs (art. 120 et 121); 2° l'exercice provisoire des droits subordonnés à la condition du décès de l'absent (art. 123); 3° l'administration légale du conjoint présent (art. 124). Cependant la loi oppose quelquefois (cpr. art. 127) l'administration légale à l'envoi provisoire qui désigne alors les objets indiqués sous les deux premiers numéros.
[10] Aix, 8 juillet 1807; Sir., VIII, 2, 50.
[11] Dans des cas extraordinaires, si, par exemple, l'absent n'a pas laissé d'héritiers connus, l'ouverture du testament peut aussi avoir lieu avant l'envoi en possession provisoire.
[12] *Observations du tribunat* (Locré, *Légis.*, t. IV, p. 113, n° 2).

nauté[1], son conjoint[2] peut, en optant pour la continuation de la communauté, empêcher l'envoi en possession provisoire et l'exercice provisoire des droits subordonnés au décès de l'absent[3]. L'époux présent conserve ou prend, dans cette hypothèse, l'administration du patrimoine de l'absent, d'après les distinctions suivantes :

Le mari continue à exercer sur la communauté tous les droits que lui attribue sa qualité de chef de la communauté. Mais en ce qui concerne le patrimoine personnel de la femme, ses droits ne sont pas plus étendus que ceux d'un envoyé en possession provisoire, et il est à cet égard soumis aux obligations imposées à ce dernier. Cpr. § 154. C'est ainsi, par exemple, qu'il est tenu de faire inventorier les titres et le mobilier de la femme. Art. 126, alin. 1.

La femme ne peut exercer que les droits d'un envoyé en possession provisoire, non-seulement par rapport au patrimoine personnel du mari, mais encore relativement à la communauté, dont ce dernier reste toujours le chef[4]. Soumise aux obligations imposées à l'envoyé en possession provisoire, la femme est en outre tenue de recourir à l'au-

---

Pigeau, II, p. 340 et suiv. Delvincourt, sur l'art. 123. Proudhon, I, p. 162 et suiv. De Moly, n° 356 et suiv. Merlin, *Rép.*, v° Abnotessent, 1 et 2 sur l'art. 123. — M. Grolmann (I, 447) pense que la procédure à suivre en ce cas est la même que celle à observer dans l'hypothèse où un héritier ne s'explique pas sur l'acceptation d'une hérédité ouverte à son profit.

[1] Légale ou conventionnelle. Ce principe s'appliquerait même au cas où, en se mariant sous le régime dotal, les époux auraient stipulé une société ou communauté d'acquets. Art. 1581 cbn. 1498 et 1499. Toullier, I, 467. Duranton, I, 450. Bellot des Minières, II, p. 23 et suiv.

[2] La femme aussi bien que le mari. De là, les expressions *prendre* ou *conserver* dont se sert l'art. 124. Locré, sur cet article.

[3] L'époux présent n'est donc pas obligé, pour exercer cette option, d'attendre que les héritiers aient été envoyés en possession provisoire. Merlin, *Rép.*, v° Absent, note 2 sur l'art. 124.

[4] Sans préjudice des droits dont la femme jouit lors même que le mari n'est pas absent.

torisation de la justice, pour la passation de tous les actes qui excèdent les bornes d'une simple administration [5].

Cependant, à la différence de l'envoyé en possession provisoire, le mari et la femme ne sont pas tenus de fournir caution pour sûreté de leur administration [6]. Cpr. art. 120 et 123.

La communauté continuée, se dissout définitivement par la mort naturelle ou civile de l'époux présent, par le décès de l'absent, quand il vient à être prouvé, et par l'envoi en possession définitif [7]. Elle peut aussi se dissoudre provisoirement, lorsque le conjoint présent, rétractant son option primitive, ainsi qu'il en a la faculté [8], renonce à la continuation de la communauté. La femme qui a opté pour cette continuation, conserve toujours la faculté de renoncer à la communauté, lors de sa dissolution. La même faculté appartient à ses héritiers et successeurs. Cpr. art. 1453 et 1466.

Lorsque le conjoint présent opte pour la dissolution provisoire de la communauté, ou lorsque les époux ne sont pas mariés sous le régime de la communauté, on applique les dispositions légales expliquées aux §§ 152 et 154 [9]. — Art. 124 [10].

[5] Delvincourt, sur l'art. 124.

[6] Toullier, I, 466. Duranton, I, 465. Bellot des Minières, II, p. 8 et suiv. Voy. cependant, en sens contraire: Paris, 9 janvier 1826, Sir., XXVI, 2, 279.

[7] Malleville, sur l'art. 120. Bellot des Minières, II, p. 37 et suiv.

[8] *Quilibet juri in favorem suum introducto renunciare potest.* Duranton, I, 462.

[9] Ainsi, par exemple, lorsque les époux sont mariés sous le régime dotal et que la femme vient à disparaître, ses héritiers peuvent immédiatement demander la restitution de la dot. Duranton, I, 451.

[10] Outre les auteurs ci-dessus cités, cpr., sur cet article si incomplet: Proudhon, I, p. 171-176; de Moly, n° 545 et suiv.; Grolmann, I, 461.

§ 154.

Des droits et des obligations des envoyés en possession provisoire.

Pour présenter avec clarté les principes relatifs à cette matière, il convient d'examiner successivement la position des envoyés en possession provisoire, à l'égard de l'absent, leurs rapports réciproques, et leurs relations avec les tiers.

1. *Position des envoyés en possession, à l'égard de l'absent.*

Le patrimoine de l'absent ne se trouve entre les mains des envoyés en possession provisoire, qu'à titre de dépôt. A l'instar des tuteurs [1], ils sont tenus de l'administrer en bons pères de famille, et de rendre compte de leur administration, lorsque l'absent reparaît ou qu'on obtient de ses nouvelles. Art. 125.

Outre ce devoir général, les envoyés en possession provisoire ont encore à observer différens préceptes spéciaux qui découlent de la nature même des choses, ou qui sont établis par des dispositions expresses de la loi.

1° Les envoyés en possession provisoire doivent recevoir le compte de la personne qui a administré jusqu'alors le patrimoine de l'absent [2].

2° Ils sont tenus de faire procéder à l'inventaire du mobilier et des titres de l'absent, en présence du procureur du roi du tribunal de première instance, ou d'un juge de paix commis par lui [3]. Art. 126, alin. 1.

---

[1] Toullier, I, 431. Duranton, I, 478. *Præstant culpam levem.* Cpr. art. 450, al. 2. Leur responsabilité doit cependant être jugée avec indulgence. Cpr. aussi L. 8, *D. De neg. gest.* (3, 5).

[2] Locré, sur l'art. 120. De Moly, n° 259.

[3] Cet inventaire doit être fait d'après les règles relatives aux inventaires après décès. Cpr. Code de procédure, art. 941 et suiv.; de Moly, n° 439. Voy. aussi Toullier, I, 464.

3° Après la clôture de l'inventaire, ils ont à faire décider par le tribunal s'il y a lieu de vendre le mobilier [4] de l'absent. Faute de provoquer cette décision, ils s'exposent, soit qu'ils conservent ou qu'ils aliènent tout ou partie de ce mobilier, à voir critiquer leur gestion par l'absent ou ses ayant-droits [5]. Il doit être fait emploi du prix des meubles vendus. Art. 126, alin. 2.

4° Ils sont autorisés à faire légalement constater (cpr. art. 126, alin. 3) l'état des immeubles. S'ils ne prennent pas cette précaution, ils sont censés les avoir reçus en bon état [6]. Cpr. art. 600 et 1731.

5° Ils ne peuvent ni aliéner ni hypothéquer les immeubles sans l'autorisation de justice [7]. Art. 128. Les hypothèques légales ou judiciaires qui grèvent leurs propres immeubles ne s'étendent pas sur ceux de l'absent, mais les jugemens rendus contre eux, en leur qualité d'envoyés en possession, confèrent hypothèque judiciaire sur les immeubles de l'absent [8]. Art. 2126.

---

[4] L'indication du mode, suivant lequel il doit être procédé à la vente, a été abandonnée, à dessein, au pouvoir discrétionnaire des tribunaux. Locré, sur l'art. 126.

[5] Les ventes des meubles corporels (cpr., sur les cessions de créances, note 9), passées par les envoyés en possession provisoire, sont-elles valables? Cette question est du moins en général oiseuse à l'égard des tiers (cpr. art. 2279). Entre l'absent et les envoyés en possession, elle se réduit à savoir si ces derniers ont fait un acte de bonne ou de mauvaise gestion; et l'art. 126, alin. 2, paraît avoir pour objet de prévenir de pareilles discussions, en mettant entièrement à couvert la responsabilité des envoyés en possession qui se sont conformés à ses dispositions. Cette manière d'entendre l'art. 126 n'est point indiquée par les interprètes du Code civil, qui se bornent à examiner *in thesi* la question de validité des ventes mobilières et des cessions consenties par les envoyés en possession. Cpr. les auteurs cités à la note 9.

[6] Proudhon, I, p. 157. Toullier, I, 430.

[7] De Moly, n° 477 et suiv. — L'absent serait seul admis à critiquer une aliénation faite contrairement à cette prohibition. Locré, sur l'art. 128.

[8] Grenier, *Traité des hypothèques*. I, 40.

6° Ils ont le droit de poursuivre la rentrée des capitaux, de les recevoir et d'en donner décharge, comme aussi de les transporter par voie de cession [9]. Ils sont tenus de replacer les capitaux remboursés. Arg. art. 126, alin. 2.

7° Ils ont, tout à la fois, le droit et le devoir d'exercer les actions qui compètent à l'absent, et de le défendre sur celles qui sont dirigées contre lui [10]. Art. 134 et 817, alin. 2.

Sauf les restrictions précédentes, on doit accorder la plus grande latitude à l'administration des envoyés en possession, en leur reconnaissant, par exemple, le droit de passer des baux pour une durée excédant neuf années [11].

2. Rapports réciproques des envoyés en possession entre eux.

Lorsqu'il existe plusieurs héritiers ou successeurs envoyés en possession, ils sont autorisés à partager provisoirement le patrimoine de l'absent d'après les règles relatives au partage d'une hérédité [12]. Ils peuvent donc liciter les objets faisant partie de ce patrimoine, mais les étrangers ne sauraient être admis à cette licitation qui n'est que provisoire. Cpr. art. 128.

3. Relations des envoyés en possession avec les tiers.

Les envoyés en possession doivent être assimilés à des

[9] Bellot des Minières, II, p. 32 et 33. Merlin, *Rép.*, v° Absent, sur l'art. 126. Paris, 27 avril 1814, Sir., XIV, 2, 355. M. Duranton (I, 485) est d'une opinion contraire.

[10] Voy. cependant de Moly, n° 492 et suiv. — C'est pour cette raison que les envoyés en possession ne pourraient opposer à l'absent une prescription qui n'aurait point été acquise avant l'envoi en possession. Toullier, I, 429. C'est également par ce motif qu'un jugement rendu contre les envoyés en possession provisoire a force de chose jugée contre l'absent. Art. 1351. Proudhon, *De l'usufruit*, I, 55.

[11] Proudhon, *op. cit.*, I, 52 et suiv.

[12] Duranton, I, 503.

héritiers ou successeurs, au profit desquels se serait ouverte une succession qu'ils n'auraient acceptée que sous bénéfice d'inventaire[13].

De ce principe découlent les conséquences suivantes :

1° Toutes les réclamations que les tiers ont à former contre l'absent, peuvent et doivent être dirigées contre les envoyés en possession[14]. Art. 134. Mais ces derniers ne sont pas tenus personnellement, et sur leur propre patrimoine, des dettes et charges qui grèvent celui de l'absent[15].

2° Les envoyés en possession provisoire prescrivent contre les tiers[16], et les tiers prescrivent contre eux, de la même manière et par le même laps de temps que s'ils étaient effectivement les héritiers de l'absent[17].

3° Ils sont tenus de faire, dans les six mois du jour de l'envoi en possession, la déclaration à laquelle ils auraient été soumis, s'ils avaient été appelés à recueillir, par suite de décès, l'hérédité de l'absent, et d'acquitter les droits de mutation sur la valeur entière des biens qui leur reviennent. L. du 28 avril 1816, art. 40.

4° Lorsque des héritiers ou des successeurs de l'absent,

---

[13] Merlin, *Rép.*, v° Absent, note 4 sur l'art. 120.

[14] Malleville, sur l'art. 134. Proudhon, I, p. 158, 159 et 199. Toullier, I, 434.—L'art. 877 est également applicable aux envoyés en possession provisoire.

[15] Delvincourt, sur l'art. 134. Duranton, I, 492.

[16] Notamment contre les héritiers et successeurs de l'absent qui n'auraient pas été envoyés en possession. Merlin, *Rép.*, v° Absent, note 4 sur l'art. 120. Voy. cependant § 157, note 6.

[17] Ainsi, par exemple, lorsque l'envoyé en possession est mineur, il peut invoquer la suspension de prescription résultant de sa minorité (cpr. art. 2252), quoique l'absent soit majeur. M. Duranton (I, 495) est d'un avis contraire. Tout en rejetant son opinion à cet égard, nous pensons, avec lui, que si l'absent reparaît, le temps requis pour la prescription doit être calculé comme si elle avait toujours couru contre lui, et que, par conséquent, le débiteur condamné à payer, est autorisé à demander acte de la réserve de former, le cas échéant, une demande en répétition.

TOME I.   20

non envoyés en possession provisoire, dirigent contre ceux qui y ont été envoyés, une action tendant à obtenir, à leur exclusion, ou conjointement avec eux, l'envoi en possession; ou bien encore, lorsque des personnes qui ont à exercer sur le patrimoine de l'absent des droits subordonnés à la condition de son décès, actionnent à cet effet les envoyés en possession (cpr. § 152), les obligations de ces derniers, en ce qui concerne la restitution des fruits, sont réglées, non par les dispositions de l'article 127, mais d'après les principes du droit commun, tout comme si les envoyés en possession avaient succédé à l'absent [18].

Les principes posés dans ce paragraphe sont également applicables aux personnes qui ont obtenu l'exercice provisoire d'un droit subordonné à la condition du décès de l'absent [19] (§ 152), sauf toutefois les modifications qui résultent de la nature et du fondement de cet exercice provisoire. Art. 125 et 134.

Tous les frais occasionés par la déclaration d'absence, par l'envoi en possession provisoire des héritiers et successeurs, et par l'administration des biens de l'absent, tombent à sa charge, dans le cas où il reparaît [20]. Art. 126 in fine, et arg. a fort. de cet art. Voy. cependant art. 127 et § 155.

§ 155.

Du retour de l'absent. — De la preuve de son décès.

Lorsque l'absent reparaît, ou qu'on obtient de ses nou-

---

[18] *Discussion au conseil d'État* (Locré, *Légis.*, t. IV, p. 93, n° 28). Delvincourt, sur l'art. 127. De Moly, n° 485. Civ. cass., 30 août 1820, Sir., XX, 1, 442. Agen, 16 avril 1822, Sir., XXIII, 2, 65.

[19] L'art. 125 comprend également ces personnes dans la généralité de sa disposition. De Moly, n° 421.

[20] Ces frais sont à considérer comme faits dans l'intérêt de l'absent et à l'occasion du mandat légal conféré aux envoyés en possession. Les interprètes ne sont pas d'accord sur la question déci-

velles avant l'envoi en possession définitif, les personnes
qui ont été envoyées en possession de ses biens, et celles
qui ont été admises à exercer les droits subordonnés à la
condition de son décès, sont tenues de rendre compte de
leur administration, soit à l'absent, soit à son fondé de
pouvoir[1], comme aussi de restituer les biens et les droits
dont elles n'avaient que provisoirement la possession et
l'exercice. Art. 131. Cependant ces personnes[2] conservent,
soit la totalité des fruits perçus pendant l'envoi en possession provisoire[3], lorsque l'absent ne se représente que
trente ans après sa disparition ou ses dernières nouvelles[4],
soit les quatre cinquièmes ou les neuf dixièmes de ces mêmes
fruits, lorsque l'absent se représente avant ou après quinze
ans à dater de la même époque. Art. 127. Par contre, elles
doivent contribuer proportionnellement aux dépenses qui
sont une charge des fruits[5]. Arg. art. 548 et 608.

Lorsqu'on acquiert pendant l'envoi en possession provisoire la preuve du décès de l'absent, les personnes qui

dée dans le texte. Cpr. Delvincourt, sur les art. 126 et 128. Duranton, I, 475 et suiv. De Moly, n° 430 et suiv. Merlin, *Rép.*, v° Absent,
sur les art. 128-131. Colmar, 4 mars 1815, Sir., XVI, 2, 38. —Voy.,
en ce qui concerne les droits de mutation, Duranton, I, 435 et 482.

[1] Ou à la personne chargée d'administrer ses biens. Cpr. art. 131.
[2] Quelle est, à cet égard, la condition de l'époux commun en
biens qui a opté pour la continuation de la communauté? Cpr.
art. 124. Il gagne, mais pour le compte de la communauté, et ce
suivant les distinctions établies par l'art. 127, tout ou partie des
fruits provenant des propres de l'absent dont la jouissance aurait
été exclue de la communauté. Quant aux biens dont la jouissance
appartenait à la communauté, celle-ci en reste usufruitière. Cpr.
art. 1401, 1498 et 1581. Delaporte et Delvincourt, sur l'art. 427.
Bellot des Minières, II, p. 34 et suiv. Grolmann, I, 497.
[3] L'art. 127 ne s'applique pas aux fruits perçus avant l'envoi en
possession: *Augent patrimonium absentis.* Duranton, I, 496. —
Cpr. sur les fruits de la dernière année, Duranton, I, 498.
[4] Grolmann, I, 493. De Moly, n° 487. Toullier, I, 432. D'autres
auteurs (cpr. Delvincourt, sur l'art. 127; Duranton, I, 427) cal-
culent les délais fixés par l'art. 127, à partir seulement du jour de
la déclaration d'absence.
[5] Delaporte, sur l'art. 427. Cpr. §228.

20 *

se trouvent, au jour de son décès, ses héritiers ou ses successeurs les plus proches, sont appelées à lui succéder et à exercer contre les envoyés en possession les droits qu'il aurait eu à exercer lui-même, s'il s'était représenté. Art. 130.

2. DE L'ENVOI EN POSSESSION DÉFINITIF.

§ 156.

De l'époque à laquelle, et de la manière dont cet envoi a lieu.

Lorsqu'il s'est passé trente années depuis l'envoi en possession provisoire, ou depuis l'époque à laquelle a commencé l'administration légale du conjoint présent, sans que l'absent ait reparu ou qu'on ait obtenu de ses nouvelles, ou bien encore, lorsqu'il s'est écoulé cent années depuis la naissance de l'absent[1], toutes les personnes auxquelles la loi accorde la faculté de se faire envoyer en possession provisoire de son patrimoine, ou d'exercer provisoirement les droits subordonnés à la condition de son décès, peuvent[2], lors même qu'elles n'auraient pas fait usage de cette faculté[3], demander à être envoyées en possession définitive de ce patrimoine, ou à exercer définitivement les droits qui leur compètent. Art. 129.

---

[1] Peu importe que, dans cette dernière hypothèse, il n'ait point été prononcé d'envoi en possession provisoire. Locré, sur l'art. 129.

[2] Pour déterminer quels sont les ayant-droit dont parle l'art. 129, il faut, comme en matière d'envoi en possession provisoire (cpr. § 152), se reporter uniquement à l'époque de la disparition ou des dernières nouvelles. De Moly, n° 708 et suiv. — Cette règle s'applique aussi à l'hypothèse où il s'est écoulé cent ans depuis la naissance de l'absent. Req. rej., 22 décembre 1813, Sir., XIV, 1, 90.

[3] Pourvu que dans ce cas leur action ne soit pas prescrite, c'est-à-dire qu'il ne se soit pas écoulé trente ans depuis que l'envoi en possession provisoire a été prononcé au profit d'autres personnes. Cpr. § 154, note 16.

Le tribunal, devant lequel la demande[4] est portée, doit, pour constater la continuation de l'absence, ordonner une nouvelle enquête, d'après le résultat de laquelle il adjugera ou rejetera la demande. Art. 116 et 117.

§ 157.

Des conséquences de l'envoi en possession définitif.

L'effet de l'envoi en possession définitif, est de mettre, au profit des envoyés en possession, les choses dans l'état où les placerait le décès prouvé de l'absent. Ainsi, par exemple, les héritiers envoyés en possession ont le droit de partager entre eux, d'une manière définitive et à l'instar d'une hérédité, le patrimoine délaissé par l'absent. Ils peuvent disposer à leur gré des meubles et des immeubles qui en dépendent. Les cautions qu'ils avaient données, sont de plein droit déchargées, et la communauté continuée, en vertu de l'option du conjoint présent (cpr. § 153), est de plein droit dissoute[1]. Art. 129 et 2126.

La propriété compétant aux envoyés en possession définitive est sujette à révocation dans les hypothèses suivantes :

1° Lorsque l'absent reparait ou qu'on obtient de ses nouvelles. Quel que soit le laps de temps écoulé depuis l'envoi en possession définitif, l'absent recouvre son patrimoine[2], mais à la charge de le reprendre dans l'état où il

---

[4] Cpr., sur la procédure à suivre : Locré, sur l'art. 129; Pigeau, II, p. 344. Toullier, I, 443; de Moly, n° 718.

[1] Certains auteurs (de Moly, n° 656; Duranton, I, 501) admettent que les cautions sont déchargées de plein droit, après le laps de trente ans (cpr. § 156), avant même l'envoi en possession définitif. — Cpr. sur la dissolution de la communauté légale, Bellot des minières, II, p. 37.

[2] L'absent peut-il, en outre, attaquer, par la voie de la tierce-opposition, le jugement qui a déclaré l'absence? Nous ne le pensons pas; il a été représenté par le procureur du roi. Cpr. Code de procédure, art. 474; Colmar, 4 mars 1815, Sir., XVI, 2, 38.

se trouve, par conséquent de respecter les servitudes, les hypothèques et les aliénations consenties par les envoyés en possession, de se contenter du prix des objets vendus et des biens acquis en remploi. Art. 132[3].

2° Lorsqu'il se présente des enfans ou descendans directs de l'absent[4]. Tant que leur action n'est pas éteinte par la prescription de trente ans[5], qui court à partir de l'envoi en possession définitif[6], ces personnes ont le droit de réclamer le patrimoine de l'absent, sans être obligées de prouver son décès[7], mais à la charge de prendre ce patrimoine dans l'état où il se trouve.

Plusieurs auteurs[8] admettent que la propriété des envoyés en possession est également sujette à révocation, lorsque le décès de l'absent vient à être prouvé, et qu'ainsi

---

[3] Voy., pour l'interprétation de cet article : Delvincourt, sur l'art. 132; Duranton, I, 502 et suiv.; de Moly, n° 891 et suiv.; Grolmann, I, 540; Req. rej., 3 avril 1821, Sir., XXI, 1, 325. Nous pensons que l'article doit être interprété dans le sens le plus favorable aux envoyés en possession, auxquels on ne pourrait en opposer les dispositions, par exemple, pour repousser la demande qu'ils formeraient aux fins de restitution des impenses utiles par eux faites. Voy. cependant l'arrêt ci-dessus cité, qui applique à cette hypothèse la règle *impensæ compensantur cum fructibus*.

[4] Légitimes ou naturels, peu importe, la loi ne distingue pas, Delvincourt, sur l'art. 133. Toullier, I, 451.

[5] Malleville, sur l'art. 133. Toullier, I, 453. De Moly, n° 690. Merlin, *Rép.*, v° Absent, sur les art. 132 et 133. D'autres auteurs (Proudhon, I, p. 182; Delvincourt, sur l'art. 133; Duranton, I, 513) considèrent ce laps de trente ans comme un délai, et non comme le terme d'une prescription. Cpr. § 209, note 2. La solution de cette question est importante pour décider si l'art. 2252 s'applique ou non à cette hypothèse.

[6] Tant que l'envoi en possession définitif n'a pas été prononcé, l'action des descendans de l'absent est imprescriptible. C'est là une exception au principe établi sous le n° 3 du § 154. Toullier, I, 452.

[7] Locré, sur l'art. 133. De Moly, n° 683. Duranton, I, 512.

[8] Notamment MM. Toullier (I, 455), Duranton (I, 350), de Moly (n° 690) et Grolmann (I, 545). Telle est aussi l'opinion des traducteurs. Voy. note 13.

une action en pétition d'hérédité peut être intentée par les personnes qui se trouvent, au jour de ce décès, les héritiers ou successeurs de l'absent. Quoique cette manière de voir, à l'appui de laquelle on invoque l'art. 130, soit en harmonie avec le second principe posé au § 148, l'opinion contraire paraît devoir l'emporter. En effet, l'art. 130 ne peut, d'après sa rédaction[9], et d'après la place qu'il occupe[10], s'appliquer qu'au cas où l'envoi en possession n'est encore que provisoire; d'autant plus qu'en étendant les dispositions de cet article à l'hypothèse d'un envoi en possession définitif, la position des enfans et descendans de l'absent, qui sont obligés[11] de reprendre son patrimoine dans l'état où il se trouve, serait moins favorable que celle de ses autres héritiers, dont la pétition d'hérédité n'est point soumise à la même restriction. Enfin, si l'on joint à toutes ces raisons la considération tirée de la protection et de la faveur que mérite toute propriété régulièrement acquise, il semble que, sauf les exceptions résultant des art. 132 et 133, l'absent doive être considéré comme décédé du jour de sa disparition ou de ses dernières nouvelles[12], et que, par conséquent, les envoyés en

---

[9] Dans le projet du Code, l'art. 130 était rédigé de manière à ne s'appliquer qu'à l'envoi en possession provisoire; il portait : « Dans le cas du décès prouvé de l'absent pendant l'envoi en possession provisoire, la succession sera ouverte, etc. » La discussion au conseil d'État n'indique pas la cause de la suppression des expressions qui ne se trouvent plus dans la rédaction actuelle.

[10] Surtout à raison du contenu des articles qui suivent immédiatement l'art. 130.

[11] De quel droit, sans cela, l'envoi en possession définitif pourrait-il être opposé aux personnes qui, quoique se trouvant les héritiers les plus proches de l'absent au jour de sa disparition ou de ses dernières nouvelles, ne se seraient cependant pas antérieurement présentées? Voy. à la note 13, la réponse des traducteurs à cette objection.

[12] Telle est l'opinion de M. Malleville sur l'art. 130. MM. Locré (sur l'art. 130) et Proudhon (1, p. 181) paraissent aussi être partis de cette supposition.

possession doivent être regardés comme ses héritiers ou successeurs les plus proches[13].

[13] Les traducteurs ne peuvent partager l'opinion de l'auteur. L'action en pétition d'hérédité est ouverte pendant trente ans, à dater du décès. Art. 789. En admettant pour un instant qu'il n'existe, au titre de l'absence, aucun article qui applique ce principe à l'hérédité d'un absent, revendiquée après l'envoi en possession définitif, le silence de la loi n'équivaudrait pas à une exception que l'on ne pourrait d'ailleurs faire résulter par argument *a contrario* des dispositions de l'art. 130, quand même on voudrait l'entendre dans le sens de l'auteur. — Mais est-il vrai que l'art. 130 ne s'applique qu'au cas où la preuve du décès de l'absent a été faite avant l'envoi en possession définitif? La suppression indiquée en la note 9, fournit la preuve du contraire. On invoque en vain la place qu'occupe l'art. 130. Si l'art. 131 s'applique au cas où l'absent reparaît pendant l'envoi en possession provisoire, d'un autre côté, l'art. 129 détermine l'époque à laquelle l'envoi en possession définitif peut-être prononcé. L'art. 130, placé entre ces deux articles, s'applique donc tout aussi bien à l'envoi en possession définif qu'à l'envoi en possession provisoire. Quel argument du reste peut-on tirer de la place qu'occupe un texte de loi? — Il ne faut pas confondre l'action en pétition d'hérédité fondée sur la preuve du décès de l'absent, avec l'action utile en pétition d'hérédité qui n'exige pas cette preuve. L'art. 133, en n'accordant cette dernière qu'aux descendans directs de l'absent, ne refuse pas pour cela la première à ses autres héritiers; et comme ceux-ci doivent, de même que l'absent qu'ils représentent, reprendre les biens dans l'état où ils les trouvent (art. 132), ils ne sont pas plus favorisés que les descendans directs de l'absent. Cpr. art. 133. — Enfin, les envoyés en possession provisoire ou définitif peuvent bien repousser, par la prescription de trente ans, les personnes qui, sans justifier du décès de l'absent, voudraient obtenir à leur exclusion ou partager avec eux le bénéfice de cet envoi (cpr. § 152, note 7, et la note 11 du présent paragraphe), parce que le décès de l'absent est censé, tant que le contraire n'est pas établi, remonter au jour de la disparition ou des dernières nouvelles, et que la prescription a, dans cette hypothèse, commencé à courir à dater de cette époque. Mais la fiction s'évanouit devant la réalité : lorsque le décès vient à être prouvé, ce n'est qu'à partir du moment où il a eu lieu que l'action en pétition d'hérédité, qui compéte aux héritiers les plus proches lors du décès, commence à se prescrire.

(*Note des traducteurs.*)

II. DES DROITS QUI S'OUVRENT AU PROFIT DE L'ABSENT DEPUIS SA DISPARITION OU SES DERNIÈRES NOUVELLES.

§ 158.

Le principe d'après lequel, à celui qui réclame un droit attaché à la condition de l'existence d'un individu, est obligé de prouver ce fait (art. 135, cpr. § 85), s'applique spécialement au cas où cet individu est présumé ou a été déclaré absent[1]. Ainsi, par exemple, lorsqu'il s'ouvre une hérédité à laquelle soit appelé un absent, la dévolution en a lieu de la même manière que si l'absent était décédé[2]. Elle revient, soit aux cohéritiers de l'absent et à ceux qui, par l'effet de la représentation, entrent dans sa place[3], soit aux héritiers du degré et de l'ordre subséquent, sans que ces personnes soient tenues de fournir caution pour la restitution de cette hérédité[4], et sans qu'elles puissent être en aucune manière gênées dans la libre disposition des

[1] Locré, sur l'art. 135. Toullier, I, 477 et suiv. De Moly, n° 62. Merlin, *Rép.*, v° Absent, note sur l'art. 145, notes 1, 2 et 3, sur l'art. 136. Grolmann, I, 579. Req. rej., 16 décembre 1807, Sir., VIII, 1, 253. Turin, 15 juin 1808, Sir., X, 2, 538. Agen, 4 janvier 1808, Sir., XIII, 2, 299. C'est évidemment à tort que M. Malleville (sur l'art. 135) n'applique ce principe qu'aux absens déclarés tels.

[2] Toullier, I, 425. Merlin, *loc. cit.*—L'art. 135 s'applique-t-il aux militaires absens pour cause de service en temps de guerre? Cpr. Merlin, *Rép.*, v° Absent, note 5 sur l'art. 136; et les auteurs cités à la note 4 du § 147.

[3] La question de savoir si l'on peut être admis à succéder, par droit de représentation, aux lieu et place d'un absent, est très-controversée. Voy., pour l'affirmative : Delvincourt, I, p. 106; Duranton, I, 546 et suiv.; de Moly, n° 640. Merlin, *Rép.*, v° Absent, note 6, sur l'art. 136; Paris, 27 janvier 1812, Sir., XII, 2, 292; *Dissertation* de Delalleau (Sir., XV, 2, 45); *Dissertation* de Sirey (Sir., XXVI, 2, 293). Voy. pour la négative, Locré, sur l'art. 135; Proudhon, I, p. 192.

[4] Rennes, 9 avril 1810, Sir., X, 2, 246.

objets qui la composent[5]. Art. 136. C'est encore en vertu du même principe que l'héritier absent ne doit pas être compté, lorsqu'il s'agit de déterminer la quotité de la réserve[6]. Voy. aussi art. 1983.

Ces effets de l'absence ne sont toutefois que provisoires à l'égard de l'absent et de ses héritiers ou ayant-cause. L'absent qui reparaît, et ses héritiers qui parviennent à établir l'époque de son décès, sont autorisés à réclamer, tant que leur action n'est pas prescrite[7], tous les droits qui se sont ouverts au profit de l'absent depuis sa diparition[8], sans pouvoir cependant demander la restitution des fruits qui, pendant le temps intermédiaire, ont été perçus de bonne foi, c'est-à-dire dans l'ignorance de l'existence

---

[5] Ainsi, l'héritier présent n'est tenu, ni de faire inventorier l'hérédité dans l'intérêt de l'absent, ni d'admettre un notaire à le représenter à l'inventaire qui en serait fait. Merlin, *Rép.*, v° Absent, notes 3 et 4 sur l'art. 136. Locré, sur l'art. 135. Toullier, I, 480. Bruxelles, 20 juillet 1808, Sir., IX, 2, 160. Turin, 15 join 1808, Sir., X, 2, 538. Bordeaux, 16 mai 1832, Sir., XXXII, 2, 432. C'est à tort que l'opinion contraire a été professée par M. de Moly n° 632 et suiv.), et par les cours de Riom et de Paris (Sir., XVIII, 2, 210, et XXVII, 2, 16) : l'art. 113 ne s'applique qu'aux hérédités ouvertes avant la disparition de l'absent (voy. cependant note 10), et il résulte évidemment des art. 135 et 136 que l'absent est réputé mort en ce qui concerne les successions qui s'ouvrent depuis sa disparition.—La cour d'Aix a jugé, avec raison, le 30 août 1811 (Sir., XII, 2, 27), que les héritiers présens avaient le droit d'exclure l'absent, quoique le défunt eût nommé un exécuteur testamentaire chargé d'administrer la part de ce dernier jusqu'à ce que son sort fût fixé.

[6] Toulouse, 1er mai 1823, Sir., XXIII, 2, 232. Bordeaux, 11 janvier 1834, Sir., XXXIV, 2, 312.

[7] La prescription n'est pas suspendue par l'absence. Cpr. § 211.

[8] Il ne faut point appliquer à une réclamation de cette espèce les dispositions de l'art. 132 qui statue sur une hypothèse toute différente. La réclamation dont il est ici question, doit être uniquement jugée d'après le droit commun, par exemple, s'il s'agit d'une action en pétition d'hérédité, d'après les principes qui la régissent. Voy. cependant Req. rej., 3 avril 1821, Sir., XXI, 1, 325.

de l'absent[9], par les personnes contre lesquelles l'action en restitution est dirigée. Art. 137 et 138.

Du reste, l'esprit du principe ci-dessus posé n'est pas d'interdire aux ayant-droit la faculté de reconnaître l'existence de l'absent et de l'admettre à recueillir, soit pour la totalité, soit pour une partie, l'hérédité à laquelle il est appelé[10]. En renonçant à contester l'existence de l'absent, ces personnes peuvent se réserver le droit de reprendre, pour le cas où il ne reparaîtrait pas, l'hérédité ou la portion de l'hérédité qu'elles lui abandonnent. Dans le doute, cette réserve doit même se présumer[11].

III. DE L'INFLUENCE DE L'ABSENCE SUR LE MARIAGE.

§ 159.

Quelque longue que soit l'absence de l'un des époux, et dût-elle se prolonger au-delà de cent ans depuis sa naissance[1], elle n'a jamais pour effet de dissoudre le mariage.

Si cependant l'époux présent a contracté un nouveau mariage[2], l'époux absent est seul admis à en demander la nullité, soit par lui-même, soit, avant son retour, par l'intermédiaire d'un mandataire autorisé, en vertu d'un pouvoir spécial, à intenter cette action[3]. Ce droit n'appartient

[9] L'art 138 contient deux dispositions : 1° On ne possède pas une hérédité de mauvaise foi, par cela seul que l'on a eu connaissance de la vocation de l'absent ; 2° *Fructus hereditatem absenti delatam non augent.* LL. 20 et 40, *D. de hered. petit.* (5, 3). L. 2, *C. de hered. petit.* (3, 31). Cpr., sur cet article : Duranton, I, 585 ; l'arrêt cité à la note précédente ; et § 201, note 9.

[10] Dans ce cas, l'art. 113 deviendrait applicable. Locré, sur l'art. 135. Merlin, *Rép.,* v° Absent, note 3 sur l'art 136.

[11] Proudhon, I, p. 155.

[1] Locré, sur les art. 116 et 139. De Moly, n° 511.

[2] Lorsque c'est l'époux absent qui contracte un nouveau mariage, on continue à suivre le droit commun, c'est-à-dire les dispositions de l'art. 184. Toullier, I, 529.

[3] C'est ainsi qu'il faut entendre les expressions de l'art. 139.

ni aux autres intéressés, ni au ministère public. Art. 139.
Cette disposition, qui contient une exception à l'art. 184,
et dont le but est d'empêcher qu'on ne trouble sans motif
le repos des familles, doit être appliquée même au cas où
le nouveau mariage a été contracté avant la déclaration
d'absence[4]. La généralité des termes, dans lesquels est
conçu l'art. 139, exclut toute espèce de distinction à cet
égard. Elle repousse également l'opinion de ceux[5] qui prétendent que, dès que l'absent reparaît ou que son existence devient certaine, ce n'est plus d'après l'art. 139,
mais d'après l'art. 184 que doit être résolue la question
de savoir à qui appartient le droit de demander la nullité
de la nouvelle union.

IV. DE L'INFLUENCE DE L'ABSENCE SUR LA PUISSANCE PATERNELLE.

§ 160.

Il convient sous ce rapport de distinguer différentes hypothèses :

1° Si le père disparaît laissant des enfans mineurs non
émancipés, ses droits, en ce qui concerne leur éducation
et l'administration de leur patrimoine[1], passent provisoirement à la mère[2].

«Par le fondé de pouvoir muni de la preuve de son existence.»
Cpr. Malleville, sur l'art. 139. Vazeille, *Du contrat de mariage*,
I, 227.

[4] Lyon, 3 février 1830, Sir., XXX, 2, 227. MM. Proudhon (I,
p. 165), Delvincourt (I, p. 301), Duranton (I, 526) et Vazeille
(*Du contrat de mariage*, I, 225), sont d'une opinion contraire.

[5] Voy. Delvincourt, *loc. cit.*; Duranton, I, 527, et II, 323; de
Moly, 513-538.

[1] Quels sont les principes qui régissent, en pareil cas, l'usufruit légal établi par l'art. 384? Voy. Duranton, I, 521.

[2] Les droits et les devoirs de la mère sont donc, en pareil cas,
réglés par l'art. 389. Duranton, I, 518. Delvincourt, sur l'art. 141.
Cependant MM. Locré et Malleville (sur l'art. 141), et de Moly
(n° 200), sont d'une opinion contraire.

2° Si, dans la même hypothèse, la mère est décédée ou vient à décéder par la suite, le conseil de famille devra déférer la tutelle[3] aux ascendans les plus proches, et à leur défaut, à un tuteur provisoire. Cependant cette délation de tutelle ne peut avoir lieu avant qu'il se soit écoulé six mois depuis la disparition du père.

3° Lorsque la mère vient à disparaître, le père conserve sur les enfans qu'elle a délaissés, tous les droits de la puissance paternelle sans aucune restriction, comme si elle était encore présente et en vie[4].

4° Si, dans la même hypothèse, le père est décédé ou vient à décéder par la suite, on suit les règles indiquées au n° 2 ci-dessus.

Ces différens préceptes doivent être également observés lorsque l'absent a laissé des enfans issus d'un mariage précédent[5]. Cpr. art. 141 à 143.

Les questions que peut encore présenter l'interprétation des art. 141 à 143, doivent être décidées d'après l'esprit qui a présidé à la rédaction de ces articles, c'est-à-dire, en prenant en considération et en conciliant, autant que possible, les différens intérêts qui peuvent se trouver en jeu[6]. Ainsi, par exemple, on doit concéder à l'époux présent le droit de nommer par testament un tuteur aux enfans issus de son mariage avec l'absent.

---

[3] L'art. 142 ne parle, il est vrai, que de la surveillance des enfans; mais, au fond, cette surveillance est une véritable tutelle. De Moly, n°⁰ˢ 192 et 199.

[4] Duranton, I, 516.

[5] Grolmann, I, 602.

[6] Outre les auteurs déjà cités, cpr., principalement sur ces articles: Proudhon, I, p. 167.

CINQUIÈME SECTION.

DE LA CESSATION ET DE LA PERTE DE L'ÉTAT CIVIL.

I. DE L'ÉTAT CIVIL SENSU LATO.

§ 161.

1. *De la mort naturelle. — Des actes de décès.*

L'état civil cesse :

1° Par la mort naturelle, en ce sens que nul ne peut acquérir des droits qui ne s'ouvrent qu'après sa mort, et que le patrimoine d'une personne qui vient à décéder, passe à ses héritiers ou successeurs. Art. 135 et 718.

Tout décès doit être constaté par un acte de l'état civil[1]. Les règles que le Code civil trace sur la rédaction des actes de décès sont générales ou particulières. Les unes et les autres se complètent à l'aide des dispositions relatives aux actes de l'état civil en général.

Règles générales. Les actes de décès sont dressés par l'officier de l'état civil sur la déclaration de deux témoins[2],

---

[1] Voy., sur les inhumations: le décret du 23 prairial an XII, qui forme la loi principale de la matière : l'art. 77 du Code civil et le décret du 4 thermidor an XIII, qui s'y rapporte; enfin les art. 358 à 360 du Code pénal; Fleurigeon, *Code administratif*, v° Communes; Merlin, *Rép.*, v° Cimetière et sépulture.

[2] L'art. 78 qualifie de *témoins* les personnes que l'art. 79 appelle *déclarans*. Il paraîtrait, d'après cela, que les mêmes personnes doivent faire office de déclarans et de témoins, et qu'ainsi elles doivent réunir les qualités requises par l'art. 37. C'est dans ce sens que M. Delvincourt entend l'art. 78. Il nous semble plus conforme à l'esprit de la loi, d'admettre à faire la déclaration d'un décès, et même de préférence à toutes autres, les personnes qui en sont le mieux instruites, quoiqu'elles n'aient pas d'ailleurs les qualités exigées par l'art. 37.

qui doivent, s'il est possible, être les plus proches parens ou voisins du défunt. Lorsqu'un individu est décédé hors de son domicile, la personne chez qui il est décédé, doit être un de ces témoins. Art. 78. Ces actes contiennent les prénoms, nom, âge, profession et domicile de la personne décédée; les prénoms et nom de l'autre époux, si la personne décédée était mariée ou veuve; les prénoms, noms, âges, professions et domiciles des témoins, et s'ils sont parens, leur dégré de parenté. Ils doivent de plus indiquer, autant qu'on pourra le savoir, les prénoms, noms, professions et domicile des père et mère du décédé, le lieu de sa naissance, ainsi que le lieu et le moment de sa mort[3]. Art. 79.

Règles particulières. Ces règles sont relatives à la constatation du décès des personnes qui périssent de mort violente (art. 81 et 82[4]), et de celles qui meurent dans les hôpitaux (art. 80[5]), en prison (art. 84 et 85), pendant un voyage de mer (art. 86 et 87), ou dans une expédition militaire. Art. 96 et 97. Cpr. aussi § 70 *in fine.*

§ 162.

2. *De la mort civile*[1]. — *Définition de la mort civile.* — *Des causes qui l'entraînent.*

L'état civil se perd:

[3] La loi ne prescrit pas formellement la mention du lieu et du moment du décès. Mais voy. Malleville, sur l'art. 79; Lassaulx, I, 216; Grolmann, I, 341; Duranton, I, 323.

[4] Il ne faut pas considérer, comme une mort violente, celle qui serait arrivée par suite d'une chute ou de quelque autre accident. Looré et Grolmann, sur l'art. 81. Voy. cependant Lassaulx, I, 224; et relativement aux décès arrivés dans les mines : décret du 3 janvier 1813, art. 18 et 19.

[5] Cpr. Loi du 3 mars 1822, sur la police sanitaire, art. 19. Aux termes de cet article, les membres des autorités sanitaires exercent les fonctions d'officiers de l'état civil dans l'enceinte et les parloirs des lazarets et autres lieux réservés.

[1] Le droit ancien, concernant la mort civile, reposait en partie,

2° Par la mort civile.

La mort civile est une fiction légale en vertu de laquelle, un individu vivant est réputé mort [2].

La mort civile ne peut, d'après l'état actuel de là législation, résulter que de la condamnation à certaines peines, qui l'entraînent de plein droit [3]. Art. 22.

Elle résultait encore autrefois :

1° D'après les lois révolutionnaires, de l'émigration. Quoique ces lois, dont la principale est celle du 28 mars 1793 [4], aient été abolies depuis, la connaissance en est encore indispensable pour l'appréciation des droits et des obligations qui ont pris naissance sous leur empire. Nous ne traiterons pas de la mort civile résultant de l'émigration, puisqu'elle repose sur des lois spéciales [5].

___

sur l'ordonnance de 1670, tit. VII, et en partie sur la jurisprudence des parlemens. Il reçut, dans le cours de la révolution, des développemens qui donnèrent à cette partie de la législation une fâcheuse importance. Le Code civil, en adoptant, sur cette matière, les principes du droit ancien, a cependant établi quelques innovations de détail. — La mort civile résultant de condamnations par contumace, a été l'objet de longues discussions au sein du conseil d'État. — Cpr. sur cette matière : *Traité de la mort civile*, par Richer, Paris, 1755, 1 vol. in-4° ; *Traité de la mort civile*, par A. T. Desquiron de Saint-Agnan, Paris, 1821, 1 vol. in-8°.

[2] On objectera peut-être contre cette définition qu'elle ne s'applique pas au cas où la mort civile résulte de l'exécution réelle d'une condamnation à mort. Nous répondrons que, dans cette hypothèse même, la mort civile précède, ne serait-ce que de quelques instans, la mort naturelle. Cpr. la note 4 du paragraphe suivant; et Locré, sur l'art. 23.

[3] Une loi (cpr. loi du 12 janvier 1816), qui, en excluant à perpétuité des Français du royaume, les priverait de tous les droits civils, sans néanmoins les déclarer morts civilement, ne les constituerait point en état de mort civile. Civ. cass., 20 février 1824, Sir., XXI, 1, 172.

[4] Cpr. *Jurisprudence du Code civil*, III, 99.

[5] Depuis la loi du 27 avril 1825, sur l'indemnité accordée aux émigrés, il a été publié différens ouvrages destinés à commenter et à expliquer la condition et les droits des émigrés. Les plus remarquables sont : *Manuel de l'émigré*, par P. L. Le Caron, Paris, 1825, in-8°; *Code des émigrés, déportés et condamnés révolutionnai-*

2° D'après le droit ancien, de la prononciation de vœux monastiques solennels. Les lois nouvelles [6] ont aboli ce genre de mort civile [7] dont il ne peut plus être question qu'à l'égard des étrangers [8].

§ 163.

Des peines qui entraînent la mort civile, et de la manière dont elle est encourue.

Les peines qui entraînent la mort civile sont : 1° La peine de mort (art. 23) ; 2° celle des travaux forcés à perpétuité ; 3° celle de la déportation. Art. 24. Code pén., art. 18, al. 1. Néanmoins le gouvernement peut accorder aux condamnés à la déportation, l'exercice des droits civils ou de quelques-uns de ces droits. Code pén., art. 18, alin. 2.

La mort civile n'est pas une peine, mais une conséquence nécessaire des peines qui viennent d'être énumérées [1]. Elle ne peut être encourue que par l'exécution réelle ou par effigie (cpr. Code d'inst. crim., art. 472) de la con-

rement, etc., par Taillandier et Montgalvy, Paris, 1825, 2 vol. in-8°; Teste-Lebeau, Paris, 1825, 2ᵉ édit. in-8°; *Recueil général des lois et arrêts concernant les émigrés et condamnés révolutionnairement.* Cpr. aussi ordonnance d'exécution du 1ᵉʳ mai 1825, et circulaires ministérielles du 28 juillet 1825, Sir., XXV, 2, 227; Merlin, *Rép.*, vⁱˢ Émigré et mort civile.

[6] Voy. Loi du 13-19 février 1790. — On ne doit pas assimiler à l'ancienne profession monastique, celle que font aujourd'hui les membres des congrégations hospitalières ou religieuses dûment autorisées. Voy. décret du 18 février 1809, et loi du 24 mai 1825. Cpr. Argou, *Institution au droit français*, I, p. 17; Merlin, *Rép.*, vⁱˢ Profession monastique, Religieux et Vœux.

[7] Gênes, 8 juillet 1809, Sir., XII, 2, 865.

[8] Cpr. Merlin, *Rép.*, v° Succession, sect. 1, § 2, art. 2; et *Quest.*, v° Mariage, § 5.

[1] Ainsi elle n'a pas besoin d'être prononcée par l'arrêt de condamnation, Delvincourt, sur l'art. 22.

damnation à l'une de ces peines[2]. Art 26 et 27. Si donc le condamné meurt avant cette exécution, il est censé être mort dans l'intégrité de ses droits[3].

La mort civile, qui ne peut être encourue que par l'exécution, n'en est pas toujours une conséquence immédiate. A cet égard, la loi distingue entre les condamnations contradictoires, et les condamnations par contumace. L'exécution, soit réelle, soit par effigie, des premières, emporte la mort civile à partir du commencement du jour où elle a lieu[4]. L'exécution par effigie des secondes ne produit cet effet qu'après l'expiration de cinq ans[5]. Art. 27. Si le contumax se représente à justice, s'il est saisi, ou qu'il vienne à décéder pendant ce délai, qui est appelé délai de grâce,

[2] Crim. cass., 6 avril 1832, Sir. XXXII, 1, 708.—La condamnation aux travaux forcés est censée exécutée du jour où le condamné a subi l'exposition. Cpr. Code pén., art. 22; non obstat, art. 23 du même Code.—La condamnation à la déportation ne peut être regardée comme exécutée qu'à partir du moment où commence le transport du condamné pour le lieu où il doit subir sa peine. Code pén., art. 17 et loi du 9 septembre 1835, art. 2. Toulouse, 25 août 1820, Sir., XX, 2, 300. Merlin, Rép., v° Mort civile, § 1, art. 5. Delvincourt, sur l'art. 26. Voy. cependant Duranton, I, 223.

[3] Il en est ainsi, lors même que le condamné a mis fin à ses jours. —Les actes d'aliénation passés par le mort civilement avant l'exécution de la peine, ne peuvent être attaqués comme faits en fraude des droits de ses héritiers. Discussion au conseil d'État (Locré, Légis., t. II, p. 192, n° 20). Toullier, I, 288. Locré et Delvincourt sur l'art. 26. Duranton, V, 233. Merlin, Rép., v° Mort civile, § 1, art. 5, n° 1. Grolmann, I, 180.

[4] L'exécution rétroagit au commencement du jour où elle a lieu. Toullier, I, 274. Merlin, Rép., v° cit., § 1, art. 5, n° 5. MM. Delvincourt (sur l'art. 26) et Duranton (I, 221) pensent au contraire que la mort civile ne commence qu'au moment même de l'exécution.

[5] Crim. rej., 18 février 1819, Sir., XIX, 1, 348. — D'après le système originairement présenté au conseil d'État, l'exécution par effigie des condamnations par contumace, devait immédiatement entraîner la mort civile, avec cette restriction toutefois que les effets n'en deviendraient irrévocables que par la continuation de la contumace pendant cinq ans; mais ce système fut rejeté. Voy. Locré, Légis., sur l'art. 27. Grolmann, I, 178.

la condamnation, prononcée contre lui, tombe de plein
droit, et il est considéré comme n'ayant pas encouru la
mort civile[6]. Art. 29, 30, 31. Cpr. Code d'inst. crim., art.
465 et suiv.

§ 164.

Des effets de la mort civile.

Le mort civilement est, dans quelque lieu qu'il réside[1],
considéré par la loi comme ayant cessé d'exister. Le patrimoine qu'il possède au moment où il est frappé de mort
civile, passe à ses héritiers, et il est incapable d'en acquérir un nouveau. Privé de toute participation à la jouissance des droits civils, il ne conserve que l'exercice des
droits indispensables au soutien et à la défense de sa vie
physique.

De ce principe[2] découlent les conséquences suivantes
(art. 25) :

1° La succession du mort civilement s'ouvre de la même
manière que s'il était mort naturellement. Art. 718. Elle
est dévolue à ses héritiers les plus proches à l'époque où

[6] Le développement ultérieur de ces articles appartient au droit
criminel, avec lequel ils se trouvent dans une liaison intime. Plusieurs de ces articles ont d'ailleurs été modifiés par l'art. 465 du
Code d'inst. crim. Cpr. Carnot, *De l'instruction criminelle*, sur
l'art. 465 ; Legraverend, *De la législation criminelle en France*, II,
p. 325 ; Proudhon, *De l'usufruit*, IV, 1994 ; Vazeille, *Du mariage*, I,
125 ; De Moly, *Des absens*, n° 783 et suiv. ; Duranton, I, 224 et suiv. ;
Merlin, *Rép.*, v° Séquestre par contumace ; Grolmann, I, 195.
Voy. aussi Avis du conseil d'État du 9 août—20 septembre 1809,
Sir., X, 2, 9.

[1] Delvincourt, sur l'art. 22. Voy. cependant, Req. rej., 26 janvier 1807, Sir., VII, 1, 123.

[2] Ce principe sert évidemment de base aux dispositions spéciales
de l'art. 25, qui ne doit pas être interprété d'une manière limitative. *Nec obstat*, art. 22. Voy. *Discussion au conseil d'État* (Locré,
Légis., t. II, p. 147 et 148, n° 7) ; Locré, Malleville et Grolmann,
sur l'art. 22 ; Toullier, I, 279.

21 *

il a encouru la mort civile. Les droits ou avantages auxquels la mort naturelle donnerait ouverture, et ceux dont elle entraînerait l'extinction en faveur de tierces personnes, s'ouvrent ou s'éteignent également par la mort civile (cpr. art. 617 et 1053), à moins que la loi ne décide le contraire (cpr. art. 1982), ou qu'il ne s'agisse d'un droit constitué au profit d'un tiers sur la tête du mort civilement. Cpr. art. 1971[3]. Le testament que ce dernier aurait fait, même antérieurement à la mort civile, est à considérer comme non avenu[4].

'2° Le mort civilement ne peut plus ni recueillir d'hérédité à titre de succession *ab intestat*, ni transmettre à ce titre les biens qu'il acquiert par la suite. Ces biens, lors de sa mort naturelle, passent à l'État, par droit de déshérence. Néanmoins le roi est autorisé à les abandonner, en tout ou en partie, à la veuve, aux enfans ou à d'autres parens du mort civilement. Art. 33.

3° Le mort civilement ne peut ni disposer de ses biens, soit par donation entre-vifs[5], soit par testament, ni recevoir à ce titre, si ce n'est pour cause d'alimens[6], ou par forme de don manuel[7].

4° Mais il peut, avec le produit de son travail ou de ses

---

[3] Merlin, *Rép.*, v° Mort civile, § 1, art. 3, n° 11.
[4] *Civiliter mortuus semper intestatus decedit*, Civ. rej., 28 germinal an XII, Sir., IV, 1, 304. Civ. cass., 20 mai 1812, Sir., XII, 1, 357. — Cette règle ne s'applique pas aux donations à cause de mort. Delvincourt, sur l'art. 25. Duranton, I, 248.
[5] Avant le Code civil, le mort civilement pouvait faire une donation entre-vifs. Req. rej., 1er août 1811 (Merlin, *loc. cit.*, n° 7). — Le mort civilement peut faire et recevoir une remise de dette. Duranton, XII, 345.
[6] Le mort civilement peut exiger des alimens de ses ascendans ou descendans. Paris, 18 août 1808, Sir., XII, 2, 208. Il ne peut en demander à ses héritiers collatéraux ou à des tiers, sous prétexte qu'ils auraient profité de la mort civile qu'il a encourue. Cpr. Proudhon, *De l'usufruit*, IV, 1984 et suiv.
[7] Locré, sur l'art. 25. Duranton, I, 263.

économies, faire des acquisitions à titre onéreux, et les consolider au moyen de l'usucapion[8].

5° Il est incapable d'exercer les fonctions de tuteur, de curateur ou de membre d'un conseil de famille. Il ne peut, ni servir de témoin instrumentaire, ni être admis à porter témoignage en justice[9].

6° Il ne peut ester en justice, soit en demandant, soit en défendant, que sous le nom et par le ministère d'un cura-teur spécial qui lui est nommé par le tribunal où l'action doit être portée[10].

7° Il est incapable de contracter un mariage qui produise aucun effet civil. Celui qu'il peut avoir précédemment con-tracté, est dissous de plein droit, quant à tous ses effets civils. Ainsi : 1) Les enfans auxquels le mort civilement donne le jour, sont nécessairement des enfans illégitimes[11]. 2) Le mariage contracté par un mort civilement, n'en-gendre d'autre affinité qu'une affinité naturelle semblable à celle qui résulte d'un commerce illicite[12]. 3) La cessa-tion de la mort civile ne validerait pas le mariage que le mort civilement aurait contracté, et ne formerait point obstacle à la célébration d'un nouveau mariage[13]. Toutefois, les principes concernant les mariages des morts civilement, sont si ouvertement en opposition avec les principes de la morale et de la religion, qu'il n'est pas étonnant que, sous

---

[8] L. 15, *D. de interd. et releg.* (48, 22). Plank, *De la prescription,* p. 15. Delvincourt, I, p. 5, et II, p. 639. Vazeille, *Des prescriptions,* n° 253. Troplong, *De la prescription,* I, 36. Cpr. § 210; *Dis-cussion au conseil d'État* (Locré, *Légis.,* t. II, p. 148, n° 7.)

[9] *Nec solemnitatis, nec probationis causa.*

[10] *Jurisprudence du Code civil,* VI, 76. Dans l'ancien droit, le mort civilement n'était pas privé de la capacité d'ester en justice. Merlin, *Quest.,* v° Mort civile, § 3.

[11] Merlin, *Quest.,* v° Légitimité, § 5, et v° Émigré, § 15. Req., rej., 8 février 1810, Sir., X, 1, 224. Douai, 22 février 1812, Sir. XIV, 2, 142.

[12] Cpr. § 84, au texte et à la note 8.

[13] Civ. cass., 16 mai 1808, Sir., VIII, 1, 297. Voy. cependant, Req. rej., 19 juin 1811, Sir., XI, 1, 220.

prétexte d'interprétation[14], plusieurs jurisconsultes aient cherché à en tempérer la rigueur[15].

§ 165.

Des manières dont le mort civilement recouvre la jouissance des droits civils.

Le mort civilement recouvre, mais pour l'avenir seulement[1], la jouissance des droits civils, lorsqu'il obtient de la grâce du prince, ou par l'effet d'une amnistie, la remise de la peine, ou sa commutation en une autre peine qui n'emporte pas la mort civile.

Celui dont la mort civile est la suite d'une condamnation par contumace, recouvre, pour l'avenir, la jouissance des droits civils par sa représentation en justice, lorsque cette représentation est suivie d'un jugement qui l'acquitte, l'absout, ou prononce contre lui une peine qui n'entraîne pas la mort civile. Art. 30.

La prescription de la peine ne fait, en aucun cas, cesser la mort civile. Art. 32. Le mort civilement, par suite d'une condamnation par contumace, n'est même pas admis, après la prescription de la peine, à se présenter pour purger la contumace[2] et faire cesser les effets de la mort civile qu'il a encourue. Code d'inst. crim., art. 641.

---

[14] Merlin, *Rép.*, vº Mariage, sect. 3, § 1.

[15] *Consultation de plusieurs anciens avocats de Rennes sur la validité des mariages contractés par les émigrés français avant leur retour,* publiée par Toullier, Paris, 1817, in-8º. Elle est également rapportée par Sirey, XIX, 2, 117. Cpr. Rossi, *Traité du droit pénal,* I, p. 57.

[1] Lassaulx, I, 149. Duranton, I, 240. Merlin, *Rép.*, vº Mort civile, § 1, art. 6, nº 5, et § 2. Crim. cass., 30 novembre 1810, et Req. rej., 19 février 1811, Sir., XI, 1, 86 et 326.

[2] Locré, sur l'art. 32.

II. DE LA PERTE DE L'ÉTAT CIVIL, *SENSU STRICTO*, C'EST-À-DIRE DE LA PERTE DE LA QUALITÉ DE FRANÇAIS.

§ 166.

Le Français perd son état civil et devient étranger :

1° Par la naturalisation parfaite[1] acquise en pays étranger. Art. 17, n° 1.

2° Par l'acceptation non-autorisée par le roi, de fonctions publiques conférées par un gouvernement étranger[2]. Art. 17, n° 2.

3° Par un établissement formé en pays étranger, sans esprit de retour. Art. 17 n° 3[3]. La renonciation à tout esprit de retour ne se présume point en général[4]. La loi établit même une présomption contraire, lorsqu'il s'agit d'un établissement de commerce[5].

4° Par l'entrée au service militaire d'une puissance étrangère, ou par l'affiliation à une corporation militaire étrangère, sans l'autorisation du roi. Art. 21.

---

[1] La qualité de Français ne se perd point par une naturalisation incomplète qui, quoique conférant la jouissance de certains droits et avantages généralement refusés aux étrangers, n'aurait cependant pas pour effet d'assimiler celui qui l'a obtenue aux naturels du pays, dans tout ce qui dépend du droit civil. Merlin, *Rép.*, v° Dénization. Civ. cass., 19 février 1819, Sir., XIX, 1, 174. *Dissertation*, Sir., XXII, 2, 233. Req. rej., 29 août 1822, Sir., XXV, 1, 131.

[2] Un décret du 7 janvier 1808 applique cette disposition aux ecclésiastiques qui acceptent un évêché *in partibus*.

[3] L'art. 17, tel qu'il avait été primitivement publié, contenait une quatrième disposition qui faisait perdre la qualité de Français par l'affiliation à toute corporation étrangère exigeant des distinctions de naissance. Cette disposition fut retranchée du Code par la loi du 3 septembre 1807 (voy. § 11); mais on laissa subsister, par inadvertance, les expressions finales de l'art. 18, qui s'y rapportaient.

[4] Delaporte, sur l'art. 17.

[5] Cpr. *Exposé des motifs*, par M. Boulay (Locré, *Législ.*, t. II, p. 228, n° 23).

5° La Française perd en outre cette qualité par son mariage avec un étranger. Art. 13.

6° Enfin, en cas de cession à une puissance étrangère d'une portion du territoire français, les habitans du pays cédé cessent de plein droit d'être Français[6]. Cpr. § 72.

Lorsque, par l'une des causes relatées sous les quatre premiers numéros, un Français devient étranger, les enfans qu'il avait procréés antérieurement restent Français[7]. Arg., art. 10, al. 2.

Les Français qui ont perdu cette qualité par l'une des trois premières causes ci-dessus indiquées, peuvent toujours la recouvrer en rentrant en France avec l'autorisation du roi, et en déclarant qu'ils veulent s'y fixer. Art. 18. Cette faculté appartient également à la Française qui a épousé un étranger, après la dissolution du mariage, soit par la mort du mari, soit par le divorce[8]. Il suffit même, lorsqu'elle réside en France, d'une simple déclaration de sa part qu'elle veut s'y fixer. Art. 19, al. 2[9]. Mais le Français qui a pris du service militaire chez l'étranger, ou qui s'est affilié à une corporation militaire étrangère, ne peut rentrer en France qu'avec la permission du roi, et ne recouvre la qualité de Français qu'en remplissant toutes les conditions imposées à l'étranger pour devenir citoyen français. Art. 21[10].

Les individus qui recouvrent la qualité de Français, ne

[6] Merlin, *Rép.*, v° Aubaine, § 10.

[7] Locré, sur les art. 10 et 20. La femme suit, même dans ce cas, la condition du mari. Arg. art. 12. M. Duranton (I, 189) est d'un avis contraire. Cpr. Malleville, sur l'art. 19; Locré, I, 269.

[8] Lassaulx, I, 132.

[9] Le décret du 26 août 1811, dont il sera question dans le texte de ce paragraphe n'est pas applicable aux femmes des Français qui ont pris du service à l'étranger. Décret du 22 mai 1812.

[10] Const. de l'an VIII, art. 3. Avis du conseil d'État, du 18-20 pluviôse, an XI.—Le Français est, dans ce cas, d'une condition pire que l'étranger d'origine. Il ne participe pas, comme ce dernier, à la jouissance des droits civils pendant la durée du stage de résidence. Cpr. art. 13; § 71, note 8; Toullier, I, 271; Duranton, I, 194 et 195.

peuvent s'en prévaloir que pour les droits ouverts depuis leur réintégration. Les droits ouverts auparavant sont irrévocablement perdus pour eux[11].

Les règles posées par le Code civil sur la perte de la qualité de Français, ont été modifiées d'une manière grave par divers décrets impériaux, notamment par ceux des 6 avril 1809 et 26 août 1811[12]. Ces décrets, dont le dernier surtout est conçu dans un esprit de rigueur qui touche à la cruauté, n'ont pas encore été formellement révoqués[13]. Mais comme ils ne sont en harmonie, ni avec nos mœurs, ni avec l'intérêt bien entendu de l'État, et qu'ils ne sont d'ailleurs que le produit d'une usurpation flagrante des pouvoirs législatifs[14], il faut espérer qu'ils seront incessamment rapportés. C'est pour ce motif que nous avons cru pouvoir nous dispenser d'entrer dans le détail des dispositions qu'ils renferment.

III. DES CAS DANS LESQUELS UN INDIVIDU PEUT, SANS PERDRE SON ÉTAT CIVIL D'UNE MANIÈRE GÉNÉRALE ET ABSOLUE, ÊTRE PRIVÉ, SOIT PENDANT UN CERTAIN TEMPS DE L'EXERCICE DE TOUS LES DROITS CIVILS, SOIT POUR TOUJOURS DE LA JOUISSANCE DE CERTAINS DROITS CIVILS.

§ 167.

1° Toute personne condamnée par contumace, que la

[11] La réintégration profite-t-elle aux enfans procréés postérieurement à la perte de la qualité de Français? Cpr. § 69, et Locré, sur l'art 20.

[12] Cpr. le décret du 22 mai 1812, qui déclare celui du 26 août 1811 inapplicable aux commerçans, artisans, voyageurs et domestiques, et les autres décrets, qui ont successivement prorogé les délais fixés par celui du 26 août 1811. Le dernier est du 13 août 1813.

[13] Cpr. § 5, note 6. Les dispositions de ces décrets sont commentées par MM. Merlin (*Rép.*, v° Français, § 1, n° 3) et Duranton (I, n° 173 et suiv.), qui les considèrent comme étant encore en vigueur. Voy., dans le même sens: Pau, 19 mars 1834, Sir., XXXIV, 2, 441.

[14] Cpr. le sénatus-consulte du 3 avril 1814, qui prononce la déchéance de Bonaparte.

peine soit ou non de nature à entraîner la mort civile, est privée, pendant les cinq ans de grâce, de l'exercice de tous ses droits civils. Art. 28. Code d'inst. crim., art. 465 et suiv.

2° Celui qui a été condamné à la peine des travaux forcés à temps, de la détention ou de la réclusion, est, pendant la durée de sa peine, en état d'interdiction légale. Par suite de cette interdiction, il est privé de l'exercice des droits civils, et devient incapable[1] de faire tout acte juridique[2], autre qu'un testament[3]. Il lui est nommé un tuteur et un subrogé tuteur pour gérer et administrer ses biens, dans les formes prescrites pour les nominations des tuteurs et subrogés tuteurs aux interdits. Cpr. § 124. Les droits et les devoirs de ce tuteur, qui n'est chargé que d'administrer les biens du condamné, sont, sous ce rapport, les mêmes que ceux du tuteur d'une personne judiciairement interdite. Après l'expiration de la peine, le condamné rentre dans la jouissance de son patrimoine, de l'administration duquel le tuteur est tenu de lui rendre compte. Code pénal, art. 29, 30, 31.

3° La perte de certains droits, au nombre desquels se trouvent aussi des droits civils (cpr. Code pén., art. 34), est attachée de plein droit à toute condamnation à la peine des travaux forcés à temps, de la détention, de la réclusion, du bannissement et de la dégradation civique. Code pén., art. 28. Le condamné peut les recouvrer au moyen de la réhabilitation. Cpr. Code d'inst. crim., art. 633.

4° Enfin, les tribunaux correctionnels sont autorisés, dans les cas déterminés par la loi, à prononcer la déchéance de certains droits civils. Code pén., art. 42, 43, 335, 374 et 401.

---

[1] L'incapacité résultant de l'interdiction légale n'est pas de même nature que celle résultant de l'interdiction judiciaire. Elle peut, comme étant fondée sur des raisons d'ordre public, être invoquée tant par les tiers qui ont contracté avec le condamné, que par ce dernier.

[2] Req. rej., 25 janvier 1825, Sir., XXV, 1, 345.

[3] Rouen, 28 décembre 1822, Sir., XXIII, 2, 279.

DROIT CIVIL
THÉORIQUE FRANÇAIS.

SECONDE PARTIE.

DES DROITS CIVILS CONSIDÉRÉS SOUS LE RAPPORT DES OBJETS AUXQUELS ILS S'APPLIQUENT.

INTRODUCTION.

I. DES OBJETS DES DROITS CIVILS EN GÉNÉRAL.

§ 168.

Les objets des droits civils sont corporels ou incorporels, selon qu'ils tombent sous les sens, ou qu'ils ne peuvent être perçus que par l'entendement [1].

Parmi ces objets, il en est qui se confondent avec l'existence de la personne qui a des droits à exercer sur eux [2]. Il en est d'autres qui existent en dehors et indépendamment de cette personne; ces derniers sont appelés objets

---

[1] Les objets incorporels dont s'occupe le droit, sont les droits, les engagemens, les actions, les productions de l'esprit, le patrimoine.

[2] Tels que le corps, la liberté, l'honneur d'une personne. Ces objets, considérés comme biens, sont appelés biens innés.

extérieurs. Les droits sur des objets de la première espèce ne se manifestent activement que dans le cas où ils ont été lésés par suite d'un délit ou d'un quasi-délit; et comme ils donnent alors ouverture à une action en dommages et intérêts, ils se résolvent en dernière analyse en droits sur des objets extérieurs [3].

Les objets extérieurs des droits civils sont des personnes ou des choses, suivant qu'ils sont ou non doués de capacité juridique. Les personnes peuvent devenir objets de droits civils, d'une double manière : ou bien elles sont soumises à la puissance d'une autre personne qui jouit, à leur égard, d'un droit de possession, ou bien elles sont simplement obligées à l'accomplissement d'un fait au profit d'une autre personne [4].

On peut considérer les objets des droits civils, soit en eux-mêmes et d'après leur nature constitutive, soit sous le rapport de l'utilité [5] qu'ils offrent à la personne qui a des droits à exercer sur eux. Envisagés sous ce dernier point de vue, et par conséquent abstraction faite de leur individualité, ces objets s'appellent *biens*.

Lorsque plusieurs personnes ont simultanément des droits sur un objet, l'utilité juridique en est répartie entre elles. Les mêmes objets peuvent donc constituer des biens à l'égard de différentes personnes.

La distinction des objets des droits civils, en corporels

---

[3] C'est par ce motif que nous ne traitons pas séparément de cette classe de droits.

[4] Dans ce cas, c'est le fait même qu'il s'agit d'accomplir (*la prestation*) qui forme l'objet immédiat du droit. La personne obligée n'en est, pour ainsi dire, que l'objet éloigné.

[5] De l'*utilité*. Ce terme est plus large que celui de *prix* ou de *valeur vénale;* il comprend tout ce qui peut contribuer au bien-être moral ou matériel de l'homme, et par conséquent, des avantages non appréciables en argent. Tels, par exemple, que les avantages ressortant des rapports personnels entre époux ou entre parens et enfans. Les personnes peuvent donc, aussi bien que les choses, constituer des biens.

et incorporels [6], en meubles et immeubles [7], n'est point à la rigueur applicable aux biens, car ce terme n'exprime qu'une abstraction [8].

L'ensemble des biens d'une personne constitue *son patrimoine*. Les élémens du patrimoine consistent donc dans les objets des droits civils considérés en leur qualité de biens; et comme ces objets ne revêtent cette qualité qu'à raison des droits auxquels ils sont soumis envers une personne, on peut aussi, en substituant en quelque sorte la cause à l'effet, définir le patrimoine, l'ensemble des droits civils d'une personne [9].

Le patrimoine est une universalité de droit, en ce sens que les biens forment, en vertu de l'unité même de la personne à laquelle ils appartiennent, un ensemble juridique. Les lois positives reconnaissent, à côté du patrimoine, plusieurs autres universalités juridiques. Tels sont : les objets soumis au droit de retour, à titre de succession, dans les

[6] La distinction des biens en corporels et incorporels, peut cependant s'expliquer par les considérations suivantes : Le droit de propriété, absorbant toute l'utilité de l'objet qui y est soumis, se confond, en quelque sorte, avec cet objet qui en est comme le représentant. Lors donc que l'objet d'un droit de propriété est une chose corporelle, l'utilité de ce droit se trouve, pour ainsi dire, matériellement représentée par la chose, et peut, par ce motif, être envisagée comme constituant un bien corporel. Il en est autrement des droits personnels et même des droits réels autres que la propriété. Ces droits, n'absorbant pas toute l'utilité de l'objet sur lequel ils portent, ne peuvent, en aucune manière, être considérés comme étant matériellement représentés par cet objet.

[7] La distinction des biens en meubles et immeubles, est entièrement de droit positif et ne peut être rationnellement expliquée. Elle se rattache à la distinction des droits, en mobiliers et immobiliers. Cpr. § 171.

[8] En effet, l'expression *biens* désigne l'utilité qu'une personne peut retirer des objets sur lesquels elle a des droits, et par conséquent une simple qualité de ces objets, ou si l'on veut, le résultat des droits dont ils sont la matière.

[9] L'ensemble des biens d'une personne n'est autre chose au fond que l'utilité collective de tous ses droits civils.

hypothèses prévues par les art. 351 , 747 et 766 ; les biens composant un majorat.

Il ne faut pas confondre avec les universalités juridiques , des collections d'objets réunis par le propriétaire, à l'effet de servir à une destination ou à un usage commun , telles qu'une bibliothèque, un troupeau, etc. Les objets qui composent de pareilles collections, appelées communément universalités de fait[10], sont à considérer comme distincts les uns des autres ; et , à moins de modifications résultant de la volonté du propriétaire ou d'une disposition spéciale de la loi , les droits ou engagemens qui s'y rapportent, sont régis par les mêmes principes que les droits ou engagemens relatifs à des objets qui ne feraient pas partie de collections de cette espèce. Cpr. art. 616 et 1800[11].

Du reste , une universalité juridique peut , dans certains cas et à certains égards , être convertie en une universalité de fait par la volonté du propriétaire ; c'est ce qui a lieu, par exemple, lorsqu'une personne lègue une portion héréditaire ou même une hérédité entière qui lui est dévolue[12].

II. DE LA DISTINCTION DES CHOSES ET DE CELLE DES BIENS[1].

SOURCES : Code civil , art. 516 - 543. Coutume de Paris.

[10] Le lien qui unit les objets dépendant d'une collection de cette espèce, ne repose pas sur les principes du droit, mais sur un acte de volonté du propriétaire, c'est-à-dire sur un fait. Il en résulte que la question de savoir quels objets font partie d'une pareille collection, est une question de fait et d'intention.

[11] Voy. aussi, sur les accessoires d'un fonds : art. 524 et suiv.; Thibaut, *System des Pandectenrechts*, § 262.

[12] Toullier, V, 510.

[1] Pour abréger, et en suivant l'exemple du Code civil, nous croyons devoir présenter en même temps la distinction des choses et celle des biens.

art. 88-95. — BIBLIOGRAPHIE : Les commentateurs de la Coutume de Paris. Pothier, *Traité de la communauté.*

§ 169.

1. *De la division des choses en meubles et en immeubles. — Généralités.*

Les choses sont meubles ou immeubles de leur nature, selon qu'elles peuvent, ou non, se transporter d'un lieu à un autre, sans changer de nature. Art. 516.

En général, toute chose est comprise dans l'une ou l'autre de ces classes, mais ne saurait appartenir à toutes les deux à la fois.

Il est cependant des cas où la loi considère la même chose, tantôt comme mobilière, tantôt comme immobilière: c'est ce qui a lieu pour les récoltes[2]. Art. 520.

D'un autre côté, on peut, par convention, par contrat de mariage par exemple, donner à un immeuble le caractère de meuble, et réciproquement attribuer à un meuble la qualité d'immeuble. Mais cet ameublissement ou cette immobilisation n'ont d'effet, au moins immédiat, qu'entre les parties contractantes[3].

Enfin, il existe certains meubles que les lois permettent, sous les conditions qu'elles déterminent, d'immobiliser d'une manière absolue, c'est-à-dire, même à l'égard des tiers[4]. Les meubles de cette espèce sont : Les rentes sur l'État, les actions de la banque de France, et celles de la compagnie des canaux d'Orléans et de Loing[5].

---

[2] Pothier, *De la communauté*, 34 et suiv. Lassaulx, III, 30.
[3] Art. 1500 à 1510.
[4] Cpr. Req. rej., 22 mars 1833, Sir., XXXIII, 1, 517.
[5] Décrets du 16 janv. 1808, art. 7; du 1er mars 1808, art. 2 et 3; du 3 mars 1810, art. 34 et 35; du 16 mars 1810, art. 13. Lassaulx, III, 43. Voy. aussi § 171.

§ 170.

Continuation. — Énumération des immeubles et des meubles.

1° *Des immeubles*[1].

Les choses sont immeubles, ou par leur nature, ou par la destination du propriétaire[2]. Art. 517.

1) A la rigueur, les fonds de terre[3] sont les seules choses qui soient immobilières de leur nature. Mais comme le droit de propriété sur un fonds de terre n'est pas restreint à la surface du sol; qu'il s'étend d'une part, à tout le terrain contenu à une profondeur indéfinie au-dessous de cette surface, ainsi qu'à tout ce qui se trouve renfermé dans ce terrain; qu'il comprend, d'autre part, toutes les choses unies par incorporation à la surface extérieure du sol (art. 552), on considère comme faisant partie d'un fonds, et par conséquent comme immeubles par nature:

a) Les mines, minières et carrières, et en général tous les minéraux renfermés dans le sein de la terre, ou existant à sa surface. Les minéraux perdent la qualité d'immeubles par leur extraction[4]. Loi du 21 avril 1810, art. 8 et 9.

---

[1] L'ancien droit français divisait les immeubles en propres et en acquêts. Voy. Merlin, *Rép.*, vᵘ Acquêts et Propres. Cette distinction relative au droit de succession n'a pas été conservée dans la législation nouvelle. Art. 732. Cependant les biens qui composent un majorat, présentent quelque analogie avec les propres de succession.

[2] L'art. 517 parle d'une troisième espèce d'immeubles; mais voy., à cet égard, le paragraphe suivant.

[3] L'art. 518 range les bâtimens au nombre des choses qui sont immobilières par leur nature. Les bâtimens peuvent, sans doute, être considérés comme tels, quand on les oppose aux immeubles par destination; mais en eux-mêmes, ils ne sont que des accessoires du fonds, d'après la règle: *Quod solo inædificatur solo cedit.* § 29, Inst. *de div. rer.* (2, 1) et art. 552.

[4] La vente de minéraux non encore extraits, mais destinés à

b) Les semences jetées en terre[5].

c) Les récoltes pendantes par branches ou par racines. Art. 520. Ces récoltes qui deviennent meubles, d'une manière absolue, dès qu'elles sont détachées, le sont, même avant leur séparation, toutes les fois qu'envisagées dans la fin pour laquelle la nature les produit, elle forment l'objet direct et principal d'une disposition de l'homme ou de la loi[6]. Ainsi, la vente de récoltes sur pied est mobilière, tant sous le rapport de la capacité du vendeur et de l'application de l'art. 1141, que sous celui des droits d'enregistrement[7]. Ainsi encore, ces récoltes peuvent être frappées de saisie mobilière[8].

d) Les plantes, arbustes[9] et arbres sur pied. Art. 521. Ces objets deviennent meubles par leur séparation du sol, sans qu'il y ait à cet égard de distinction à faire entre les arbres isolés et les arbres des forêts soumises ou non soumises à un aménagement[10]. On doit, du reste, pour l'appli-

l'être, est à considérer comme vente de meubles, Req. rej., 29 mars 1816, Sir., XVII, 1, 7.

[5] § 32, *Inst. de div. rer.* (2, 1). Pothier, *De la communauté*, n° 33.

[6] Les conséquences qui découlent de cette modification, restreignent tellement le principe posé dans le premier alinéa de l'art. 520, qu'elles en rendent l'exactitude problématique même au point de vue de la théorie. Tous les corollaires qu'on rattache ordinairement à ce principe, découlent déjà de la règle *accessorium sequitur principale.*

[7] Cpr. aussi : Civ. cass., 19 vendémiaire an XIV, Sir., VI, 1, 65; Civ. cass., 8 mars 1820, Sir., XX, 1, 277.

[8] Cpr. sur cette saisie, qu'on appelle *saisie-brandon*, Code de procédure, art. 626 et suiv.

[9] Les fleurs et arbustes plantés dans des caisses ou dans des pots sont meubles, quand même ces caisses ou ces pots seraient placés en terre. Delvincourt, sur l'art. 521. Duranton, IV, 45. — Quant aux arbres des pépinières, ils sont immeubles, tant qu'ils restent attachés au sol. Une fois arrachés, ils prennent la qualité de meubles et la conservent, encore qu'ils aient été transplantés dans une autre terre, dans le but seulement d'y rester en dépôt pendant quelque temps, et non pour s'y nourrir et s'y fortifier, Pothier, *op. cit.*, n° 34. Duranton, IV, 44.

[10] On aurait tort de conclure, par argument *à contrario*, de

cation de la règle d'après laquelle les arbres des forêts sont réputés immeubles tant qu'ils se trouvent sur pied, distinguer, d'une part, les bois exploités en taillis ou les futaies mises en coupes réglées, d'autre part, les futaies non aménagées. Les arbres qui font partie d'une forêt de la première espèce, prenant le caractère de fruits dès qu'arrive l'époque où ils doivent être coupés[11], il faut y appliquer ce qui a été dit précédemment en ce qui concerne les récoltes. Ainsi, ces arbres sont, à partir de cette époque, susceptibles d'être frappés de saisie-brandon[12]. Quant aux arbres faisant partie de futaies non aménagées, ils doivent, quoique ne revêtant à aucune époque le caractère de fruits, être considérés comme meubles, abstraction faite toutefois de la capacité des parties[13], lorsque dans un acte émané de la volonté de l'homme, ils sont envisagés comme objets distincts et séparés du fonds. Ainsi, la vente de pareils arbres destinés à être coupés au profit de l'acheteur, est mobilière, tant sous le rapport de l'application des art. 1141 et 1622[14], que sous celui des droits d'enregistrement[15].

e) Enfin, les édifices élevés au-dessus du sol, ainsi que les constructions faites au-dessous[16], et tout ce qui forme

l'art. 521, que les futaies, non mises en coupes réglées, restent immeubles même après leur abatage.

[11] Civ. rej., 26 janvier 1808, Sir., IX, 1, 65.

[12] Duranton, IV, 38.

[13] Le mineur émancipé, par exemple, peut bien faire procéder aux coupes ordinaires et vendre les bois qui en proviennent, mais il est sans capacité pour disposer des futaies non mises en coupes réglées. Duranton, IV, 37.

[14] Req. rej., 21 juin 1820, Sir., XXI, 1, 109. Req. rej., 25 février 1812 et 24 mai 1815, Sir., XV, 1, 180 et 335. Voy. aussi Req. rej., 9 août 1825, Sir., XXVI, 1, 133.

[15] Civ. rej., 8 septembre 1813, Sir., XVI, 1, 15. Civ. rej., 4 avril 1827, Sir., XXVII, 1, 440. Ces arrêts décident qu'une vente de coupes de bois est purement mobilière, en ce qui concerne les droits d'enregistrement, lors même que celui au profit duquel elle a eu lieu, deviendrait ultérieurement, et par acte séparé, acquéreur du sol de la forêt.

[16] Loi 18. D. de act. emp. vend. (19, 1). Voy. aussi la note 3 ci-dessus.

partie intégrante [17] des uns ou des autres. On doit comprendre sous cette dernière expression, les machines à moudre, des moulins à eau ou à vent, et en général tous ouvrages quelconques placés dans l'intérieur d'un bâtiment, pourvu qu'ils soient fixés ou posés [18] sur piliers [19]. Art 519. Cpr. art. 531.

2) Les immeubles par destination sont les choses mobilières de leur nature que la loi répute immeubles, à raison de l'usage auquel le propriétaire [20] d'un fonds ou d'un bâtiment les a destinées. A cette seconde classe appartiennent:

a) Les objets que le propriétaire d'un fonds y a placés pour le service et l'exploitation de ce fonds, ainsi que les choses par lui livrées dans cette vue au fermier. Art. 524,

[17] Il ne faut pas confondre, avec les objets mobiliers qui forment partie intégrante et constitutive d'un bâtiment, ceux qui, bien qu'unis à ce bâtiment, ne sont pas néanmoins indispensables à l'usage auquel il est destiné. L. 15. *D. de act. emp. vend.* (19, 1) Pothier, *op. cit.*, nos 53-61.

[18] Civ. cass., 12 mai 1834, Sir., XXXIV, 1, 489.

[19] La vente séparée d'objets de ce genre ne peut les mobiliser, à moins qu'elle n'ait pour but et pour condition expresse leur séparation du bâtiment. Civ. cass., 25 février 1824, Sir., XXIV, 1, 199.

[20] Les art. 522 et 524 sont inapplicables, toutes les fois que les objets attachés au fonds, l'ont été, non par le propriétaire lui-même, mais par d'autres personnes, telles que l'usufruitier ou le fermier. Dans ce dernier cas, ces choses ne revêtent point la qualité d'immeubles, à moins qu'en agissant ainsi, l'usufruitier ou le fermier n'aient fait que remplir une obligation que leur imposait la loi ou la convention. C'est ainsi, par exemple, que des échalats, quoique placés par un usufruitier ou par un fermier, ne laissent pas d'être réputés immeubles. Ferrière, *Corps et compilation de tous les commentateurs sur la coutume de Paris*, I, 1363. Pothier, *op. cit.*, nos 37 et 38. M. Duranton (IV, 59) ne pense pas que les art. 522 et 524 doivent être entendus d'une manière restrictive: Il enseigne que leurs dispositions s'étendent aux objets attachés au fonds par l'usufruitier et même par l'emphytéote: l'un et l'autre représentant le propriétaire, du moins dans la limite de leurs droits.

22 *

al. 1 [21]. Tels sont [22] : les animaux attachés à la culture [23] et ceux que, dans ce but, le propriétaire a livrés au fermier (art. 522) ; les ustensiles aratoires ; les semences données aux fermiers ou colons partiaires [24] ; les pigeons des colombiers [25] ; les lapins des garennes et en général tout gibier renfermé dans un parc [26] ; les ruches à miel [27] ; les poissons des étangs [28] ; les pressoirs, chaudières, alambics,

[21] Le premier alinéa de l'art. 524 renferme une innovation législative. En droit romain, et suivant la règle, *Instrumentum fundi, non est pars fundi* (L. 2, § 1, *D. de Inst. leg.*, 33, 7), les objets affectés à la culture et à l'exploitation d'un fonds, ne devenaient immeubles sous aucun rapport. L'ordonnance de 1747, tit. I, art. 6, avait, il est vrai, modifié cette règle, mais seulement en ce qui concernait la matière des substitutions. Le Code civil, ayant converti en principe général la disposition de l'ordonnance de 1747, il devenait inutile de la reproduire, d'une manière spéciale, dans l'art. 1064.

[22] L'énumération, donnée par l'art. 524, des objets réputés immeubles par destination, est purement énonciative. Il existe d'autres objets de ce genre, par exemple les échalats. Voy. note 20 ci-dessus ; Malleville, sur l'art. 524 ; Lassaulx, III, 37-40.

[23] Cette disposition ne doit pas être restreinte aux animaux employés aux travaux de culture et d'exploitation. Elle s'étend aux bestiaux dont l'engrais est nécessaire à féconder les terres. Bordeaux, 14 décembre 1829, Sir., XXX, 2, 70. Riom, 28 avril 1837, Sir., XXIX, 2, 79. — Mais les animaux achetés pour être revendus, après avoir été engraissés, n'acquièrent pas la qualité d'immeubles. Duranton, IV, 56.

[24] M. Duranton (IV, 58) applique même ce principe au cas où le propriétaire cultive par lui-même. Les motifs qu'il donne ne nous paraissent pas suffisans pour justifier cette extension.

[25] On entend par pigeons de colombiers ceux qui jouissent de leur liberté naturelle. On leur oppose les pigeons nourris dans une volière dont l'entrée est garnie d'un volet. Ces derniers ne sont point immeubles par destination. Ferrière, *op. cit.*, I, 1365.

[26] Merlin, *Rép.*, vⁿ Animaux et Garenne.

[27] Les vers à soie ne sont point immeubles par destination. *Discussion au conseil d'État* (Locré, *Légis.*, t. VIII, p. 33 et suiv., n° 14.)

[28] Les poissons des viviers, destinés à la consommation journalière, ne sont pas immeubles par destination. Ferrière, *op. cit.*, I, 1363 et 1365.

cuves et tonnes [29]; les pailles et engrais [30]. Art. 524, alin. 2.

b) Les objets mobiliers que le propriétaire d'un bâtiment y a attachés à perpétuelle demeure [31]. Art. 524, alin. 3, art. 525 [32].

c) Les effets mobiliers que le propriétaire d'un fonds ou d'un bâtiment ne possède ou ne s'est procurés qu'en sa qualité de propriétaire, lors même qu'ils ne serviraient point à l'exploitation du fonds, ou ne seraient point attachés au bâtiment à perpétuelle demeure. De ce nombre sont: les titres de propriété; les clés [33] (cpr. art. 1605); les pompes à feu et les agrès nécessaires à leur service, surtout dans les cas où la loi oblige le propriétaire à entretenir chez lui une pompe à feu.

d) Enfin, les objets mobiliers qui, en raison de la destination particulière d'un bâtiment, doivent être considérés comme accessoires du bâtiment où ils ont été placés par le propriétaire. Tels sont: les ustensiles nécessaires à l'exploitation des forges, papeteries et autres usines [34]. Art. 524, alin. 2.

---

[29] Nous supposons toujours que ces objets soient nécessaires au service et à l'exploitation du fonds. Duranton, IV, 65.

[30] Cela ne doit s'entendre que des pailles et engrais destinés à fumer les terres sur lesquelles ils se trouvent. Ainsi, les pailles et engrais formant l'objet d'un commerce, sont meubles. L. 17, § 2. *D. de act. emp. vend.* (19, 1). Pothier, *op. cit.*, nº 40. Duranton, IV, 67. Il en est de même de ceux qui se trouvent dans les maisons de ville. Duranton, *loc. cit.*

[31] L. 21. *D. de fund. instruc. et instrum. leg.* (33, 7). Lassaulx, III, 42.

[32] Cpr. sur les signes auxquels on peut reconnaître si une glace a été ou non attachée à perpétuelle demeure: Paris, 20 février 1833 et 10 avril 1834, Sir., XXXIV, 2, 80 et 223.

[33] L. 17, pr. *D. de act. emp. vend.* (19, 1). Pothier, *op. cit.*, nº 63.

[34] Bruxelles, 28 juillet 1808, Sir., IX, 2, 124. Req. rej., 27 mars 1821, Sir., XXI, 1, 327. Ce principe s'applique aux cuves, chaudières et tonneaux des brasseries et ateliers de teinture, mais non aux charettes et chevaux destinés au service extérieur de ces établissemens. Duranton, IV, 66. Bruxelles, 22 janvier

Il est à remarquer que les choses mobilières réputées immeubles, soit comme faisant partie intégrante d'un bâtiment, soit en vertu de la destination que leur a donnée le propriétaire d'un fonds, perdent la qualité d'immeubles, lorsque le motif qui leur avait fait attribuer cette qualité vient à cesser. Ainsi, la vente d'objets de ce genre, sans le fonds auquel ils sont attachés, est à considérer comme vente de meubles [35]. Ainsi encore, lors de la démolition d'un bâtiment, les matériaux en provenant reprennent leur nature de meubles. Mais si des matériaux momentanément détachés d'un bâtiment, pour cause de réparation, devaient y être replacés, ils conserveraient la qualité d'immeubles, en conservant la destination dont cette qualité n'est qu'une conséquence [36].

2° *Des meubles.*

Les choses mobilières sont de deux espèces : ou bien elles peuvent se transporter d'un lieu à un autre à l'aide d'une force qui leur est propre; ou bien elles ne peuvent changer de place que par l'effet d'une impulsion étrangère. Art. 528. Cette distinction, que la nature même établit entre les choses mobilières, est indifférente en droit, puisqu'elle n'entraîne pas de conséquences légales.

Toutes les choses qui ne rentrent pas dans l'une des

1807, Sir., VII, 2, 1052. Grenoble, 26 janvier 1808, Sir.; VII, 2, 1010. Civ. rej., 4 février 1817, Sir., XVII, 2, 359.

[35] Ferrière, *op. cit.*, I, 1363. Cpr. Req. rej., 20 juin 1832, Sir., XXXII, 1, 594; Civ. rej., 23 avril 1833, Sir., XXXIII, 1, 632.

[36] *Ea quæ ex ædificio detracta sunt, ut reponantur, ædificii sunt,* L. 17, § 10. D. de act. emp. vend. (19, 1). Cette règle, fondée sur les vrais principes de la matière, n'a pas été abrogée par l'art. 532 du Code civil qui ne s'applique qu'à l'hypothèse d'une démolition et non à celle de simples réparations. Pothier, *op. cit.*, n°s 39, 62 et 63. Malleville et Delvincourt, sur l'art. 525. Lassaulx, III, 41. Toullier, III, 19. Duranton, IV, 111. — Du reste, l'art. 532 s'applique même au cas où l'édifice n'est démoli que dans la vue d'une construction nouvelle à laquelle doivent être employés les anciens matériaux. Lyon, 23 décembre 1811, Sir., XIII, 2, 307.

classes d'immeubles ci-dessus établies, sont mobilières.

Les meubles ne perdent pas leur qualité naturelle par cela seul qu'ils sont destinés à occuper constamment la même place, comme par exemple les moulins sur bateaux, les bacs [37], les bateaux servant aux blanchissages [38], etc. Art. 531. Ils ne perdraient pas davantage cette qualité par la circonstance que le propriétaire d'un fonds aurait manifesté l'intention de les y incorporer [39], ou qu'ils se trouveraient réunis, en quantité plus ou moins considérable, pour former une universalité de choses, telle qu'un fonds de commerce [40].

La valeur des expressions, *meubles*, *meubles meublans*, *biens meubles*, *mobilier*, *effets mobiliers*, n'étant pas déterminée d'une manière bien nette, les rédacteurs du Code civil ont cru devoir, dans les art. 533 [41], 534 et 535 [42], fixer le sens et la portée de chacune de ces expressions. Dans l'art. 536, ils ont indiqué ce qu'il faut entendre par ces termes : *maison avec tout ce qui s'y trouve* [43].

[37] Toutefois on devrait considérer comme faisant partie d'un fonds, d'une ferme, par exemple, et par conséquent comme immeuble, le bateau destiné exclusivement au passage des habitans de cette ferme. Malleville, sur l'art. 531.

[38] Paris, 4 frimaire an XII, Sir., IV, 2, 738.

[39] *Quæ parata sunt ut imponantur, non sunt ædificii.* L. 17, § 10. D. de act. emp. vend. (19, 1).

[40] Civ. cass., 8 fructidor an III; Sir., I, 1, 79. Civ. cass., 9 messidor an XI, Sir., IV, 1, 29.

[41] Le Code civil n'emploie jamais le mot *meuble* dans l'acception restreinte que lui assigne l'art. 533. Cpr. art. 452, 453, 805, 825, 2101, 2119, 2279, etc. Il faut cependant, dans l'interprétation d'une convention ou d'un legs, prendre pour guide la définition donnée par cet article.

[42] Les mots *meubles* et *effets* ont une acception aussi étendue que les expressions *biens meubles*, *mobilier* ou *effets mobiliers*, dont il est question à l'art. 535. Poitiers, 21 juin 1825, Sir., XXV, 2, 429.

[43] Les définitions données par les art. 533 à 536 devraient fléchir, si, de l'ensemble d'un testament ou d'une convention, il résultait clairement que le testateur ou les parties ont voulu donner aux expressions dont ils se sont servis, un sens, ou plus large ou

§ 171.

Extension aux objets incorporels de la distinction précédente.

Les objets incorporels ne sont, de leur nature, ni meubles ni immeubles. Cette distinction ne convient, à proprement parler, qu'aux choses. C'est à ces dernières seules que le droit romain l'applique[1]. Le droit français, au contraire, l'étend aux droits et aux actions.

1° Les droits immobiliers sont (art. 526) :

1) Le droit d'usufruit sur des choses immobilières; droit auquel on peut assimiler, sous ce rapport, les droits d'usage et d'habitation, avec cette différence, toutefois, que le droit d'usufruit est seul susceptible d'hypothèque[2]. Art. 2118.

2) Les servitudes réelles ou services fonciers.

3) Les actions qui tendent à réclamer un immeuble ou un droit réel[3] immobilier, quels que soient du reste le fondement et l'origine de ces actions[4].

---

plus restreint que celui que leur assignent les articles dont il s'agit. Duranton, IV, 168 et suiv. Rouen, 27 mai 1806, Sir., VI, 2, 129. Paris, 6 janvier 1807, Sir., VII, 2, 1052.

[1] L. 7, § 4. *D. de peculio* (15, 1).

[2] La disposition de l'art. 526 du Code civil n'est pas conçue dans un sens restrictif. Elle n'exclut pas du nombre des immeubles, les droits d'usage et d'habitation. Pothier, *de la Communauté*, n° 68. Lassaulx, III, 43. Duranton, IV, 72 et 80.

[3] L'action du preneur contre le bailleur ou ses héritiers, afin de le faire jouir du fonds loué (*actio conducti ad fundum tradendum*), n'est pas immobilière, puisqu'elle ne tend pas à réclamer un droit réel.

[4] Ainsi, sont immobilières, l'action en résolution de vente, à défaut de paiement du prix, et l'action en réméré. Art. 1654 et 1659. Paris, 6 ventôse an XII, Sir., VII, 2, 1259. — Il en est de même de l'action en rescision, pour lésion de plus des 7/12e. Art. 1674. Grenier, *des Donations*, I, 325. Duranton, IV, 94 et 97.

2° Tous les autres droits sont mobiliers [5]. Dans cette classe rentrent donc :

1) Les actions qui tendent, soit à l'accomplissement d'un fait [6] (art. 1142), soit au paiement d'une somme d'argent ou de toute autre chose mobilière. Ce principe général s'applique même aux créances pour sûreté desquelles des immeubles seraient affectés par privilége ou hypothèque [7], ainsi qu'à celles dont le capital serait inexigible, c'est-à-dire aux rentes viagères ou perpétuelles dues par l'État ou par des particuliers [8].

Bourges, 25 janvier 1832, Sir., XXXII, 2, 556. C'est à tort que la Cour de cassation a jugé le contraire par deux arrêts de rejet, des 23 prairial an XII et 14 mai 1806, Sir., IV, 1, 369 et VI, 1, 331. — Si l'action avait en même temps pour objet des meubles et des immeubles, elle serait en partie mobilière et en partie immobilière. Telle serait l'action en délivrance intentée par celui qui aurait acquis une maison avec tous les meubles qui s'y trouvent. Pothier, op. cit., n° 73. — Lorsque de deux choses dues sous une alternative, l'une est mobilière et l'autre immobilière, le caractère de l'action reste en suspens jusqu'au paiement. Ce caractère se trouve alors déterminé, d'une manière rétroactive, d'après la nature de l'objet au moyen duquel le paiement est effectué. Pothier, op. cit., n° 74.

[5] Cette proposition n'est pas formellement énoncée dans le Code, mais elle résulte du rapprochement des différentes dispositions relatives à la distinction des biens. — La question de savoir à quelle espèce de biens appartiennent les actions concernant l'état civil (questions d'État), n'a guère d'importance que relativement à la détermination des personnes capables de les intenter. — Voy. §§ 114 et 132; Duroi, Dissert. qui filii sint legitimi.

[6] Toullier, III, 20.

[7] Pothier, op. cit., n° 77.

[8] Le premier alinéa de l'art. 529 est calqué sur l'art. 89 de la coutume de Paris. C'est par inadvertance que l'on y a conservé le mot exigibles, puisque, d'après le troisième alinéa, toutes les rentes sans distinction ont été déclarées mobilières. — Autrefois, on considérait comme immobilières, les rentes foncières (census reservativi, cpr. §§ 198 et 398), et même, d'après la plupart des coutumes, les rentes constituées (census constitutivi, cpr. § 399), qu'il y eût ou non assignat spécial. Pothier, op. cit., n° 81 et suiv. Les rentes foncières, et à plus forte raison, les rentes constituées avaient déjà été mobilisées par l'art. 7 de la loi du 11 brumaire

346   DROIT CIVIL THÉORIQUE FRANÇAIS.

2) Les actions ou intérêts [9] dans les compagnies de finance, de commerce ou d'industrie[10]. Il en est ainsi, quand
même il existe des immeubles dans l'actif social. Ces immeubles conservent, à la vérité, leur qualité naturelle relativement au corps moral de la compagnie, par exemple
en ce qui concerne les droits de ses créanciers; mais par
rapport aux actionnaires ou associés pris individuellement,
ils sont réputés meubles, tant que dure la société. Il en
résulte que les créanciers d'un associé ne peuvent ni acquérir hypothèque sur les immeubles de la société[11], ni

an VII. L'art. 529 n'a fait que reproduire à cet égard les dispositions de cette loi. Orléans, 5 mars 1830, Sir., XXX, 1, 339 à la
note. — Cpr. sur la saisie des rentes, art. 636 et suiv. du Code de
procédure.

[9] *Actions ou intérêts.* Par le mot *action*, on entend en général la
part d'un associé dans toute société de commerce. Employé d'une
manière plus restreinte, ce terme désigne la part d'un associé
dans une société anonyme. Il est alors opposé au mot *intérêt*, expression par laquelle on désigne le droit de l'associé en nom col-
lectif. L'action ainsi que l'intérêt ne confèrent qu'une expectative
de copropriété sur les objets composant le fonds social. Quant aux
mises des commanditaires, elles ne constituent que de simples
créances sur la société. Delvincourt, sur l'art. 529. Lassaulx, III,
46. Duranton, IV, 118. Merlin, *Rép.*, v° Action, et *Quest.*, v°
Action et Actionnaire.

[10] L'art. 529 ne parle nominativement que des actions ou intérêts dans les compagnies de finance, de commerce ou d'industrie.
M. Toullier (XII, 96) en conclut que la disposition de cet article
ne s'applique qu'aux compagnies proprement dites, et ne concerne point les simples sociétés commerciales. Nous ne saurions
partager cette opinion. Les mots *sociétés* et *compagnies* ne sont
pas, il est vrai, absolument synonymes. L'usage a réservé le nom
de compagnies aux associations dont les membres sont nombreux
et les entreprises d'une extension peu commune. Cpr. Merlin,
Rép., v° Compagnie de finances. Mais, sous le point de vue légal,
il n'existe aucune différence entre les compagnies et les simples
sociétés de commerce; elles sont régies par les mêmes principes,
et nous ne concevrions pas que des circonstances accidentelles,
telles que le nombre des associés et l'étendue des opérations, pus-
sent influer sur les effets de la société et sur la nature des droits
des associés.

[11] Duranton, IV, 120. Grenier, *des hypothèques*, I, 343.

les frapper de saisie immobilière[12]. Il en résulte encore que l'action ou l'intérêt dans une compagnie de finance ou d'industrie tombe de plein droit dans la communauté de biens entre époux. Toutefois, si la compagnie venait à être dissoute pendant le mariage, et que des immeubles échussent en partage à l'époux actionnaire, ces immeubles n'entreraient point en communauté[13].

3) Les offices[14].

§ 172.

2. *De la distinction des choses qui se consomment et de celles qui ne se consomment pas par l'usage.* — 3. *De la division des choses en fongibles et en non fongibles.*

Les choses se divisent:

1° En choses qui se consomment et en choses qui ne se

[12] Cpr. sur la manière de saisir les actions ou intérêts dans les compagnies de finances ou d'industrie, Paris, 2 mai 1811, Sir., XIV, 2, 213.

[13] Toullier, XII, 97. Nous ne pouvons partager cette opinion: l'art. 1408 est ici inapplicable; car la communauté ayant été substituée à l'époux actionnaire, en ce qui concerne le bénéfice de son action, c'est avec elle que se fait la liquidation et le partage de la société, et c'est à son profit que se réalise l'expectative de co-propriété qui était attachée à cette action. Cpr. Duranton, IV, 127, et XIV, 122.   (*Note des traducteurs.*)

[14] L'ancien droit avait consacré la vénalité des offices de judicature et de plusieurs autres charges, qui étaient même considérées comme immeubles dans les mains des titulaires. Coutume de Paris, art. 95. Cette vénalité, proscrite par les lois intermédiaires, a été rétablie, jusqu'à un certain point, pour les charges des avocats à la Cour de cassation, des notaires, des avoués, des greffiers, des huissiers, des agens de change, des courtiers et des commissaires-priseurs. Telle est du moins la conséquence qui paraît résulter de l'art. 91 de la loi des finances du 28 avril 1816, d'après lequel les officiers ministériels ci-dessus dénommés ont acquis le droit de présenter des successeurs à l'agrément du roi. Duranton, IV, 160 et 199. Toullier, XII, 112. — Quelle que soit l'opinion que l'on adopte sur la question de savoir si ces charges

consomment pas par l'usage. Les premières sont celles que l'on ne peut employer à l'usage auquel elles sont naturellement destinées, sans les détruire matériellement (*consommation naturelle*), ou sans les faire sortir du patrimoine de celui auquel elles appartiennent (*consommation civile*). Les secondes sont celles qui, quoique de nature à se détériorer au bout d'un laps de temps plus ou moins long, ne cessent pas d'exister par le premier usage qu'on en fait.

Les choses qui se consomment par l'usage, ne peuvent être l'objet d'un usufruit proprement dit; elles ne sont susceptibles que d'un quasi-usufruit. Art. 587.

2° En choses fongibles et non fongibles, selon que, d'après la volonté expresse ou présumée des parties intéressées, elles sont ou non susceptibles d'être remplacées, dans la restitution qui doit en être faite, par d'autres choses de même espèce et qualité. Cette distinction ne repose pas, comme la précédente, sur un caractère absolu résultant de propriétés naturelles et constitutives, mais sur une qualité accidentelle et relative, déterminée par l'intention des parties.

Lorsque des choses qui se consomment par l'usage, sont livrées à charge de restitution, il entre le plus souvent dans l'intention des contractans, que celui qui les reçoit puisse se libérer en restituant d'autres choses de même espèce et qualité. Il en résulte que les choses de cette nature sont ordinairement fongibles, et c'est ce qui a fait considérer les deux distinctions dont il est question au présent paragraphe, comme n'en formant qu'une seule.[1] Mais la confusion est évidente, car une chose peut être fon-

constituent ou non une véritable propriété (voy. Caen, 12 juillet 1827, Dal. 1828, 2, 197), toujours est-il, qu'on ne pourrait leur attribuer le caractère d'immeubles. Orléans, 12 mai 1829. Dal. 1829, 2, 196. Rapport fait à la chambre des députés par M. Sapey, Sir., XXX, 2, 307.

[1] Cpr. Pothier des obligations, n° 624. Toullier, VI, 143. — De là, la définition vicieuse que l'art. 1892 donne du prêt de consommation.

gible sans se consommer par l'usage [2], et réciproquement les choses qui se consomment par l'usage, ne sont pas toujours et nécessairement fongibles [3].

Les choses fongibles peuvent seules devenir l'objet d'une compensation. Art. 1291.

§ 173.

4. *Distinction des choses relativement au droit de propriété* [1]. — a) *Des choses susceptibles d'acquisition et de celles qui n'en sont pas susceptibles.*

Les choses sont ou non susceptibles d'acquisition, suivant qu'elles sont ou non susceptibles de propriété.

En droit français, toutes les choses susceptibles de propriété ont, par cela même, un propriétaire. En effet, celles qui n'appartiennent ni à un particulier, ni à une communauté, appartiennent de plein droit à l'État. Art. 539 et 713.

Les seules choses qui ne sont pas susceptibles de propriété et qui se trouvent par conséquent sans maître, sont celles que la nature a destinées à l'usage commun

---

[2] Ainsi un libraire qui, pour satisfaire une de ses pratiques, emprunte à l'un de ses confrères un livre qu'il ne possède pas actuellement dans son magasin, n'est pas tenu de rendre identiquement l'exemplaire qu'il a emprunté. La convention intervenue entre les parties est évidemment, d'après leur position respective, un prêt de consommation et non un prêt à usage.

[3] Cette hypothèse, moins fréquente que la précédente, peut cependant se rencontrer. Ainsi, celui qui emprunte, non pour les consommer, mais pour servir de jetons, vingt pièces d'or, auxquels le prêteur attache un prix d'affection, sera tenu de restituer les mêmes pièces qu'il a reçues. Cpr. Duranton, IV, 12 et 13.

[1] Nous ne considérons ici les choses que sous le rapport du droit de propriété. En traitant des autres droits réels, nous examinerons quelles sont les choses qui peuvent être l'objet de ces droits.

des hommes, et qui, d'après les lois physiques, ne peuvent devenir la propriété exclusive de personne. Telles sont, la mer, l'air, la lumière[2]. Art. 714. Encore les choses de ce genre ne sont-elles pas abandonnées d'une manière absolue à la jouissance de tous. La colonne d'air, par exemple, qui s'élève au-dessus d'un fonds, est considérée, sous certains rapports, comme appartenant au propriétaire de ce fonds. Cpr. art. 552, 672 et 678.

La distinction précédente est propre aux choses; elle ne saurait s'appliquer aux personnes. L'homme naît libre[3], et ne peut aliéner sa liberté[4], en conférant sur sa personne des droits de propriété, de servitude ou de gage[5]. Art. 686, 1780 et 2063. L'homme n'est soumis à la puissance d'autrui que dans certains cas spécialement déterminés par la loi, et jamais cette puissance n'est transmissible par la volonté seule de celui qui en est investi[6]. Cpr. art. 246 et 361.

---

[2] Lassaulx, III, 23, § 1, *Inst. de div. rer.* (2, 1). — L'art. 715 paraît ranger dans la classe des choses communes, les animaux sauvages et les poissons d'eau courante. Cette disposition présente en théorie une erreur qui, sous le rapport pratique, est de peu d'importance.

[3] Il faut en excepter les nègres. Les lois des 15 avril 1818, 23 avril 1827 et 4 mars 1831, en prohibant la traite des noirs, n'ont point aboli l'esclavage, qui subsiste encore aux colonies. Cpr. Loi du 30 floréal an X, art. 1; crim. cass., 25 mai 1827, Sir., XXVII, 1, 316. — Les nègres deviennent libres en touchant le territoire continental du royaume. Loi du 28 septembre — 6 octobre 1791, art. 1. Merlin, *Rép.*, v° Esclavage, § 2. Voy. cependant arrêté du gouvernement du 13 messidor an X.

[4] L'homme semble, à la vérité, aliéner une partie de sa liberté en se soumettant à un engagement de faire ou de ne pas faire; mais la loi n'accorde au créancier aucun moyen pour forcer le débiteur à exécuter matériellement un pareil engagement, qui se résout de plein droit en dommages-intérêts. Art. 1142.

[5] Ainsi l'acquiescement donné à un jugement qui prononce la contrainte par corps, n'empêche pas d'attaquer ce jugement. Rouen, 15 novembre 1825, Sir., XXVI, 2, 208. Bordeaux, 21 décembre 1825, Sir., XXVI, 2, 158. Rouen, 5 novembre 1827, Sir., XXVIII, 2, 160. Paris, 19 décembre 1832, Sir., XXXII, 2, 472.

[6] Toullier, VI, 162. Voy. aussi § 124.

§ 174.

Continuation. — b. *Des choses qui appartiennent à l'État, et de celles qui appartiennent à des particuliers*[1].

Les choses susceptibles de propriété appartiennent, soit à l'État, soit à des particuliers.

Les choses appartenant à l'État sont de deux espèces : les biens de l'État proprement dits, et les biens des communes ou des établissemens publics. Les premiers appartiennent réellement à l'État. Il n'en est pas de même des seconds qui ne sont censés lui appartenir que d'une manière indirecte, et parce que les communes ou établissemens qui en ont la jouissance tiennent de l'État seul la qualité de personnes juridiques, et par conséquent, la capacité d'acquérir des biens.

La proposition qui vient d'être énoncée, ne résulte pas d'une manière explicite du texte du Code[2], mais elle découle de la nature même des communautés et du but de leur fondation. Elle doit avoir pour résultat de placer, quant à leur administration, les biens des communes et des établissemens d'utilité publique sous la surveillance immédiate du gouvernement, et de les soumettre, en ce qui concerne leur aliénation, aux garanties constitutionnelles dont jouissent les biens de l'État proprement dits. Cpr. art. 537, 542[3]. Voy. aussi § 53.

---

[1] Cpr. sur cette distinction : *Traité du domaine public ou de la distinction des biens considérés. principalement par rapport au domaine public,* par Proudhon, Dijon, 1834, 5. vol. in-8°.

[2] Voy. *Discussion au conseil d'État* (Locré, *Légis.,* t. VIII, p. 29-31, nᵒˢ 2-4); Malleville sur les art. 516 et 537.

[3] Il ne faut cependant pas conclure de ce principe que ces biens soient régis en tout point par les règles relatives aux biens de l'État proprement dits. Lassaulx, III, 24 et suiv.

Les biens de l'État, *sensu stricto*, peuvent être rangés en quatre classes, selon l'usage auquel ils sont affectés, et l'étendue des droits de propriété qui compètent à l'État.

La première classe comprend les choses destinées à l'usage commun des citoyens, et que l'État doit entretenir dans ce but. De ce nombre sont : les routes et rues à la charge de l'État[4]; les fleuves ou rivières navigables ou flottables[5]; les rivages de la mer[6]; les ports, les havres et les rades.

La seconde contient les choses dont le gouvernement use par lui-même, dans un but d'utilité générale. Telles

[4] Les chemins vicinaux appartiennent aux communes. Loi du 28 juillet 1824 relative aux chemins vicinaux. — Voy., sur les chemins en général : *Code des chemins vicinaux*, Paris 1814, in-8°; Isambert, *De la voirie*, Paris, 1826, 2 vol. in-12; *Traité des chemins de toute espèce, suivi d'un appendice sur le régime des eaux*, par Garnier, 3e édit., Paris, 1826, in-8°; Merlin, *Rép.*, v° Chemin; Dalloz, *Juris. gen.*, v° Voirie; Lassaulx, III, 23.

[5] Les rivières navigables sont celles qui portent bateaux. Ordonnance de 1669, tit. XXVII, art. 41. Loi du 15 avril 1829, sur la pêche fluviale, art. 1. La question de savoir si l'on ne doit ranger, parmi les rivières faisant partie du domaine public, que les rivières flottables avec trains ou radeaux, ou si l'on doit également y comprendre celles qui le sont à bûches perdues, était autrefois controversée (cpr. crim. rej., 22 août 1823, Sir., XXIV, 1, 1); mais elle a été implicitement décidée dans le premier sens par l'art. 1er de la loi du 15 avril 1829. Proudhon, *du Domaine public*, III, 857-860. — Cpr. sur les rivières : *Recueil des lois, réglemens et actes de l'administration publique concernant les cours d'eau*, par Lepasquier, Paris, 1826, 2e édit. in-8°; *Régime ou Traité des rivières*, etc., par Garnier, 2e édit., Paris, 1825, 2 vol. in-8°; Dalloz, *Juris gen.*, v° Voirie. — Les canaux, dont l'entretien est à la charge de l'État, lui appartiennent également. Loi du 15 avril 1829, art. 1er. — Cpr. sur les canaux : Décret du 16 mars 1810; Merlin, *Rép.*, v° Canal, Curage et Navigation.

[6] Les rivages de la mer s'étendent jusqu'au point où arrive ordinairement le plus grand flot de mars, point facile à reconnaître par le gravier qui y est déposé. L. 96, *D. de V. S.* (50, 16). Ordonnance de la marine de 1681, liv. IV, tit. VII, art. 1er. Merlin, *Quest.*, v° Rivages de la mer. Toullier, III, 31. Duranton, IV, 194. — Voy. en ce qui concerne les rives des fleuves et rivières publiques, art. 556 et 650.

sont : les fortifications ; les édifices consacrés aux séances des autorités publiques[7], etc. Art. 540.

La troisième renferme les choses dont la jouissance ou la disposition est abandonnée au gouvernement, afin de le mettre à même de pourvoir aux besoins de l'État. De ce nombre sont : les lais et relais de la mer[8], c'est-à-dire les terrains que la mer, en se retirant, laisse à découvert d'une manière permanente ; les biens vacans et sans maître[9] ; les biens des personnes qui décèdent sans héritiers, ou dont les successions sont abandonnées (art. 539) ; les îles et îlots des fleuves et rivières navigables ou flottables (art. 560) ; les forêts nationales.

La quatrième, enfin, comprend les choses qui appartiennent à l'État, en ce sens seulement, qu'il a le droit de déterminer les conditions auxquelles les particuliers peuvent en acquérir la propriété. Cpr. art. 715-717, et § 200.

Cette classification des biens de l'État, *sensu stricto*, s'applique également aux biens des communes et des établissemens publics[10].

§ 175.

Continuation. — c. *Des choses qui sont dans le commerce et de celles qui n'y sont pas.*

Une chose est hors de commerce lorsqu'elle est frappée d'une inaliénabilité absolue.

---

[7] Les biens qui composent le domaine de la couronne, rentrent, selon leur nature et leur destination, tantôt dans la seconde classe, et tantôt dans la troisième. Voy. § 25.

[8] Voy. sur la concession à des particuliers des terrains de cette nature ; Loi du 16 septembre 1807, art. 41.

[9] Voy. circulaire du ministre des finances du 16 juin 1809, Sir., X, 2, 324 ; Lassaulx, III, 22.

[10] Par exemple, les églises et les cimetières rentrent, comme biens de communes, dans la première classe ci-dessus indiquée. Vazeille, *des Prescriptions*, n° 93.

Les choses de cette espèce sont :

1° Les choses appartenant à l'État et aux communes, comprises dans les deux premières classes établies au paragraphe précédent[1]. Ces choses ne sont cependant pas irrévocablement placées hors du commerce; elles n'en sont exclues que pendant la durée de leur destination; elles y rentrent dès que cette destination est légalement changée[2]. Arg. art. 538 et 541.

2° Les choses comprises dans un majorat[3].

3° Enfin les choses dont une loi pénale prohibe la possession, la vente ou la distribution, sous peine de confiscation. Telles sont : les armes offensives, secrètes ou cachées[4]; les armes et munitions de guerre[5]; les livres, chansons et gravures, pour la publication desquels on ne s'est pas conformé aux loix sur la presse[6].

Toutes autres espèces de choses susceptibles de propriété[7], sont dans le commerce. Cette seconde catégorie

---

[1] Cpr. Troplong, *de la Prescription*, I, 158 et suiv.

[2] Toullier, VI, 157 et suiv. Vazeille, *des Prescriptions*, n° 80 et suiv. Troplong, *op. cit.*, I, 171 et 174. Civ. cass., 3 mars 1828, Sir., XXVIII, 1, 146. Cet arrêt décide que les terrains des fortifications ne peuvent changer de destination que par la remise que le ministre de la guerre en fait aux autorités administratives, conformément à l'art. 2, tit. IV de la loi du 8-10 juillet 1791. Mais, en thèse générale, les choses placées hors du commerce peuvent y rentrer, indépendamment de toute déclaration de l'autorité compétente, lorsqu'elles ne sont plus matériellement susceptibles de remplir l'usage auquel elles étaient destinées, ou que le service auquel elles étaient affectées, a été anéanti. Proudhon, *du Domaine public*, I, 216-230.

[3] Décret du 1er mars 1808, art. 40-46 et 54-63.

[4] Déclaration du 23 mars 1728. Décrets du 2 nivôse an XIV et du 12 mars 1806. Code pénal, art. 314. Loi du 24 mars 1834, art. 1.

[5] Loi du 24 mars 1834, art. 2, 3 et 4.

[6] Code pénal, art. 283-287.

[7] La distinction dont il est question dans ce paragraphe ne s'applique pas aux choses qui, d'après leur nature physique, ne sont pas susceptibles de propriété, et qui ne peuvent, par ce motif, devenir l'objet d'une acquisition. *Sunt nec in commercio, nec extra commercium.*

comprend donc tout à la fois les choses que la loi n'a pas déclarées inaliénables, et celles dont elle n'a défendu l'aliénation que d'une manière relative[8]; telles sont les immeubles dotaux[9].

Les choses qui sont dans le commerce, peuvent, à moins de disposition contraire (cpr. art. 691), être acquises par usucapion. *Quod alienabile, prescriptibile.*

Les choses placées hors du commerce sont imprescriptibles (art. 2226) : l'usucapion, qui est plutôt un mode de consolider qu'un mode d'acquérir la propriété, et qui suppose une acquisition préexistante[10], ne peut s'appliquer à des choses frappées d'une inaliénabilité absolue[11].

§ 176.

5. *Distinction des choses en principales et accessoires*[1].

La distinction des choses en principales et accessoires, est fondée sur la relation intime qui peut exister entre deux choses dont l'une est destinée à suivre le sort et la condition de l'autre. *Accessorium sequitur principale.*

[8] L'inaliénabilité relative dont une chose est frappée, ne la soustrait pas au commerce; c'est ce que suppose l'art. 1598, qui n'aurait aucun sens, si on voulait appliquer l'exception qu'il établit à des choses absolument inaliénables.

[9] Leur inaliénabilité n'est que relative, puisque l'aliénation en est permise en certains cas. Cpr. art. 1558 et 1559.

[10] Cpr. § 209, note 1.

[11] Les choses qui ne sont frappées que d'une inaliénabilité relative, sont prescriptibles, quoique le cours de l'usucapion soit, en certains cas, suspendu à leur égard. Cpr. art. 1560 et 2255. L'art. 1561 ne s'exprime pas d'une manière parfaitement juste, lorsqu'il dit que *les immeubles dotaux sont imprescriptibles pendant le mariage :* en suspendant, à l'égard de ces immeubles, le cours de l'usucapion pendant la durée du mariage, l'art. 2255 les suppose évidemment prescriptibles.

[1] Cpr. sur cette distinction, Merlin, *Rép.* v° Accessoire.

23 *

Une relation de cette nature existe:

1° Entre un immeuble et les accessoires qui en dépendent. Voy. § 170.

2° Entre deux choses dont l'une est unie ou incorporée à l'autre. Voy. §§ 202 - 204.

3° Entre deux choses, dont l'une est censée comprise dans la donation, le legs, ou la vente de l'autre, d'après l'intention présumée du donateur, du testateur, ou des parties contractantes. Voy. art. 1018, 1019 et 1615.

Cette distinction s'applique également aux biens. Voy. art. 696, 1692.

III. DES DROITS SUR LES OBJETS EXTÉRIEURS EN GÉNÉRAL.

§ 177.

Les droits sur les objets extérieurs sont réels ou personnels [1].

Ces deux espèces de droits diffèrent sous trois rapports principaux:

1° Les droits réels portent sur un objet qui existe. Les droits personnels portent sur l'accomplissement d'un fait (*prestation*), et par conséquent sur un objet qui n'existera que par la réalisation de ce fait.

2° Celui qui possède un droit réel peut en revendiquer l'objet entre les mains de tout possesseur ou détenteur. Celui qui ne possède qu'un droit personnel (*le créancier*) ne peut l'exercer que contre la personne obligée à la prestation (*le débiteur*) [2].

3° Lorsque plusieurs personnes ont acquis, à des époques différentes, le même droit réel sur la même chose, le droit

---

[1] L. 25. *D. de obl. et act.* (44, 7).

[2] Le droit romain appelle *vindicationes* les actions réelles, et *condictiones* les actions personnelles. Le Code civil n'a pas constamment suivi cette terminologie. Cpr. § 218, note 1.

acquis antérieurement l'emporte sur le droit acquis plus tard. Au contraire, en cas de collision de droits personnels contre un même débiteur, aucun des créanciers ne jouit, en thèse générale, d'un droit de préférence[3].

Il y a trois sortes de droits réels : la propriété, les servitudes, et les hypothèques simples ou privilégiées. Art. 543, 2114 et 2166.

Les droits personnels sont tous de même nature, quoique les faits à l'accomplissement desquels une personne peut être obligée, soient susceptibles de varier à l'infini.

En général, le même droit ne saurait être tout à la fois réel et personnel. Il est cependant des droits qui, considérés sous des points de vue différens, présentent un mélange de réalité et de personnalité. Tels sont :

1° Les droits personnels qui s'exercent de la même manière que les droits réels, savoir : le droit appartenant au mari de contraindre sa femme à cohabiter avec lui; les droits des père et mère sur la personne de leurs enfans; et en général, tout droit garanti par la contrainte par corps.

2° Les droits personnels que l'on peut, à l'instar des droits réels, poursuivre contre tout possesseur de la chose formant l'objet de la prestation. Ces droits se nomment, à raison de cette faculté, droits personnels écrits dans la chose (*Jura personalia in rem scripta*). On ne doit considérer comme tels que les droits qui ont pour objet une prestation consistant dans l'obligation de faire servir une certaine chose à un usage déterminé. Cpr. art. 1743 et § 180.

---

[3] A ces caractères distinctifs des droits réels et des droits personnels, on pourrait peut-être en ajouter un quatrième. Tout droit réel est essentiellement indivisible, en ce sens qu'il affecte également toutes les parties de la chose; tandis que les droits personnels sont divisibles ou indivisibles, selon la nature de l'objet sur lequel ils portent. L. 64. D. de contr. empt. (18, 1).

IV. GÉNÉRALITÉS CONCERNANT L'ACQUISITION ET LA TRANSMISSION DE DROITS SUR DES OBJETS EXTÉRIEURS.

§ 178.

Du titre et du moyen d'acquérir.

Dans toute acquisition de droits, on distingue le titre et le mode d'acquérir. Le titre [1] (*titulus ad acquirendum habilis*) est la cause qui rend une acquisition légalement efficace. Le moyen ou mode d'acquérir (*modus acquirendi*) est le fait même par lequel l'acquisition se consomme.

Il ne faut pas entendre cette distinction en ce sens que le titre et le moyen d'acquérir doivent toujours avoir une existence séparée, et reposer l'un et l'autre sur des faits, c'est-à-dire sur des actes émanés de la volonté de l'homme ou sur des événemens de la nature.

D'abord, la loi peut, en certaines occasions, constituer elle-même le titre d'une acquisition dans laquelle le moyen d'acquérir est seul fondé sur un fait. C'est ce qui a lieu dans l'accession. Art. 551 et suiv.

En second lieu, il est des actes, tels que les conventions, qui sont tout à la fois titre et moyen d'acquérir. Ainsi, une acquisition basée sur une convention, se consomme par le seul effet de celle-ci, c'est-à-dire du fait juridique qui sert de fondement à cette acquisition. Cpr. § 180.

---

[1] Comme le droit français n'admet la preuve testimoniale qu'avec de notables restrictions (voy. art. 1341 et suiv.), les titres d'acquisition résultant de conventions, sont le plus souvent constatés par écrit. De là vient que, dans l'usage, le mot *titre* exprime tout à la fois la cause juridique de l'acquisition (*titulus*), et l'écrit qui en contient la preuve (*instrumentum*). Souvent aussi on emploie le mot *titre* dans une signification restreinte, en ne l'appliquant qu'aux titres résultant de conventions ou de dispositions de dernière volonté. Voy. art. 690 et 691. C'est prendre l'espèce pour le genre.

Enfin, la loi fait quelquefois dépendre l'acquisition d'un droit, d'un fait indépendant de tout concours des parties intéressées, et qui ne se rattache à cette acquisition, ni comme titre, ni comme moyen d'acquérir. C'est ainsi qu'au décès d'une personne, ses héritiers légitimes deviennent de plein droit propriétaires de tout ce qui compose son hérédité. Art. 724. Cpr. encore art. 305.

Les titres d'acquisition se divisent :

1° En titres universels, et titres particuliers. Les premiers embrassent l'universalité ou une partie aliquote du patrimoine d'une personne; les seconds ne portent que sur des objets particuliers.

2° En titres onéreux, et titres lucratifs, selon que la translation du droit se fait moyennant un équivalent fourni par celui qui l'acquiert, ou sans charge de sa part [2].

3° Enfin, en titres entre-vifs et titres à cause de mort, selon qu'ils confèrent un droit irrévocable, ou qu'ils ne transmettent qu'un droit révocable jusqu'à la mort de celui qui le concède. La révocabilité est-elle même absolue ou relative : absolue, lorsqu'elle porte sur le titre lui-même (testamens); relative, lorsqu'elle est restreinte aux choses qui en sont l'objet (donations à cause de mort, institutions contractuelles). Voy. art. 1082 et 1083.

Par le mot *disposition*, on désigne ordinairement les donations et les legs. Voy. art. 896, 900 et 909. Le mot *aliénation*, au contraire, s'applique plus spécialement à la transmission à titre onéreux des différens droits qui en sont susceptibles.

Les moyens d'acquérir se divisent, de même que les titres, en universels et particuliers.

---

[2] Le Code civil ne reproduit pas, et avec raison, la maxime de droit romain, *Duœ lucrativæ causæ in eamdem rem concurrere nequeunt*. Cette maxime n'a pas d'objet dans une législation qui n'admet, en aucun cas, la donation ou le legs de la chose d'autrui. Cpr. art. 1021 et 1038.

§ 179.

Des differentes espèces de successeurs.

Les successeurs ou ayant-cause [1] (*sensu latissimo*) sont ceux auxquels passent les droits d'une personne avec le pouvoir de les exercer désormais en leur propre nom. Le terme *successeur* ne s'applique donc pas à ceux auxquels un droit ne fait que retourner, par suite de son extinction dans la personne qui en était investie. Ainsi, le nu-propriétaire n'est pas, en cas de cessation de l'usufruit, le successeur de l'usufruitier.

Les successeurs sont universels ou particuliers. Les premiers succèdent à l'universalité ou à une quote-part de l'universalité des biens d'une personne; les seconds ne succèdent qu'à des objets particuliers.

Parmi les successeurs universels, les uns sont réputés faire une seule et même persónne avec leur auteur; on les appelle représentans. Tels sont, dans tous les cas, les héritiers du sang, et les légataires universels quand il n'existe point d'héritiers à réserve. Voy. art. 724 et 1006. Les autres ne sont pas censés représenter la personne de leur auteur; on les appelle plus spécialement successeurs

---

[1] Pour désigner les différentes espèces de successeurs, le Code civil réunit le plus souvent les termes, *représentans* et *ayant-cause*, ou *héritiers* et *ayant-cause*. Cpr. art: 137, 1122 et 1322. Cependant, dans l'art. 941, le mot *ayant-cause* s'applique à tous les successeurs sans distinction. Quant à l'expression *ayant-droit*, elle a le sens le plus étendu. Cpr. art. 129. — L'incertitude qui règne sur la portée légale du mot *ayant-cause* a occasioné de nombreuses controverses. Voy. *le nouveau Ferrière*, v° Ayant-Cause; Grenier, *des Donations*, II, 503, et *des Hypothèques*, II, 354; Toullier, VIII, 245 et suiv., t. X, p. 613 et suiv.; Duranton, XIII, 132 et suiv.; Merlin, *Quest.*, v° Tiers; *Dissertation* de Ducaurroy (Thémis, t. III, part. III, p. 46). Le parti le plus sage à suivre est de s'attacher aux choses plutôt qu'aux mots, en déterminant le sens de ces derniers d'après le but et le motif de la loi.

universels. Tels sont, dans tous les cas, les légataires à titre universel, et les légataires universels quand il existe des héritiers à réserve. Voy. art. 1006 et 1011.

Les successeurs universels sont en même temps successeurs particuliers par rapport aux objets particuliers compris dans l'universalité à laquelle ils succèdent.

Les successeurs tiennent leur qualité de la loi ou de la volonté de celui aux droits duquel ils succèdent. Les successeurs de la dernière espèce sont : les acquéreurs, les preneurs à bail, les donataires, les légataires, les cessionnaires, les créanciers subrogés conventionnellement aux droits d'un autre créancier.

Ceux qui, sans succéder aux droits d'une personne, jouissent néanmoins de la faculté de les exercer à leur profit, ne sont point des successeurs proprement dits, bien que, sous le point de vue légal, et en ce qui concerne leur position à l'égard des tiers, ils soient placés sur la même ligne. Tels sont les créanciers à qui la loi permet, pour obtenir le paiement de ce qui leur est dû, de frapper de saisie et de faire vendre les biens de leur débiteur (art. 2093), ou d'exercer les droits et actions qui lui compètent. Art. 1166.

§ 180.

Principes sur la transmission des droits. — Premier principe.

Les droits personnels ou réels transmis par une convention, passent à l'acquéreur par le seul effet de cette convention, sans qu'il soit besoin ni de tradition ni d'aucune solennité extérieure, à moins que, par exception, la loi n'en exige pour la validité de certains contrats. En d'autres termes, la convention est tout à la fois titre et moyen d'acquérir. Art. 711, 938, 1138 et 1583.

Ce principe, établi par la législation nouvelle[1], peut, sans doute, se justifier en théorie. Mais, dans l'application, il ne manquerait pas de compromettre, d'une manière fâcheuse, la sûreté des propriétés, si, d'une part, il n'avait reçu d'importantes restrictions, et si, de l'autre, les inconvéniens qu'il présente, n'étaient en quelque sorte neutralisés par les règles sur la preuve des conventions[2].

Les restrictions dont nous venons de parler sont relatives :

1° Aux aliénations d'immeubles susceptibles d'hypothèque. Quoique les conventions à titre onéreux transmettent à l'acquéreur, de plein droit, et même à l'égard des tiers, la propriété des immeubles aliénés, la transcription des actes instrumentaires qui renferment ces conventions, est cependant nécessaire pour faire jouir l'acquéreur de certains avantages, par exemple, pour opérer ou faciliter l'extinction des hypothèques qui grèvent ces immeubles du chef des précédens propriétaires. Cpr. Code de procédure, art. 834; Code civil, art. 2180, 2183, 2185; et § 208.

2° Aux donations d'immeubles susceptibles d'hypothèque. Elles ne deviennent parfaites que par la transcrip-

---

[1] En droit romain, au contraire, la maxime fondamentale sur cette matière était, *Traditionibus et usucapionibus dominia rerum, non nudis pactis transferuntur.* L. 20, C. de pactis. (2, 3.) Ce principe avait passé dans l'ancienne jurisprudence française. En tenant compte de cette circonstance, on ne sera pas étonné de rencontrer dans le Code civil quelques passages dont la rédaction rappelle les principes de l'ancien droit français, et choque évidemment la règle développée au présent paragraphe. Cpr. art. 1303 et 1867.

[2] L'intérêt de la propriété eut peut-être exigé la conservation du principe posé par la loi du 11 brumaire an VII, d'après laquelle les actes translatifs de propriété ne pouvaient être opposés aux tiers, qu'après avoir été transcrits au bureau des hypothèques. Les auteurs sont divisés sur ce point de législation. M. Toullier (IV, 54 et suiv.) se prononce d'une manière absolue en faveur du principe adopté par le Code civil.

tion des actes qui les contiennent, au bureau des hypothèques; jusquelà, elles ne peuvent être opposées aux
tiers, et n'opèrent pas, à leur égard, transmission de la
propriété des immeubles donnés. Art. 939 et suiv., 1069
et suiv.

3° Aux hypothèques. En général, elles ne deviennent
efficaces à l'égard des tiers, et n'ont de rang que du jour
de leur inscription au bureau des hypothèques. Art. 2134
et 2166. Voy. aussi art. 2074 et 2075.

4° Aux aliénations et aux donations de meubles corporels. Lorsqu'on s'est obligé de livrer à deux personnes une
chose purement mobilière, celle qui en a été mise en possession réelle, en demeure propriétaire[3] préférablement
à l'autre, encore que son titre soit postérieur en date,
pourvu que sa possession soit de bonne foi. Art. 1141.
Cpr. art. 2279, et § 186.

5° Enfin, aux cessions de créances. Le cessionnaire ne
devient, à l'égard des tiers, propriétaire de la créance cédée, que par la notification au débiteur de l'acte qui la contient, ou par l'acceptation que ce dernier fait du transport, dans un acte authentique. Art. 1690 et 1691.

Quant à l'influence qu'exercent sur le principe posé en
tête de ce paragraphe, les règles relatives à la preuve des
conventions, elle est facile à saisir. En effet, en cas de contestation entre deux successeurs qui prétendent avoir acquis sur le même objet des droits dont l'un aurait pour
résultat d'anéantir ou de restreindre l'autre, la préférence
doit appartenir à celui dont l'acquisition est antérieure.
La question de transmission se trouve ainsi subordonnée
à une question de priorité, pour la solution de laquelle
il faut recourir aux règles reçues en matière de preuves.
Or, ces règles nous apprennent qu'un acte sous signature
privée, quoique prouvant contre toute personne l'existence de la convention qu'il renferme, ne fait cependant,

---

[3] L. 15, *C. de rei vind.* (3, 32.)

par lui-même, foi de sa date que contre le signataire et ses héritiers ou successeurs universels, et non vis-à-vis de ses successeurs particuliers qui sont, à cet égard, de véritables tiers. Art. 1322 et 1328. Ainsi de deux successeurs particuliers, celui qui produit un acte dont la date est légalement assurée, doit l'emporter sur celui qui ne peut invoquer qu'un écrit sous seing-privé n'ayant point acquis date certaine. Arg. art. 1690, 1691 et 1743 [4].

§ 181.

Continuation. — Deuxième principe.

Un successeur n'acquiert pas, comme tel, des droits plus solides et plus étendus que ceux dont jouissait son auteur, peu importe d'ailleurs que son titre soit fondé sur la volonté de ce dernier ou sur la loi [1]. Art. 2182; Code de proc., art. 731.

De ce principe découlent les conséquences suivantes :

1° La convention par laquelle une personne aliène, comme lui appartenant [2], une chose qui appartient à autrui, est nulle. Art. 1599 et arg. de cet article [3]. Cette règle s'ap-

[4] Voy. la note du paragraphe précédent.

[1] Ce principe qui n'est pas, il est vrai, textuellement énoncé dans le Code, sert de base aux articles ci-dessus cités, et à plusieurs autres dispositions qui seront indiquées plus tard. — Il n'est pas applicable en matière de possession : on doit donc se garder d'en conclure qu'une action possessoire puisse être dirigée contre un successeur, par cela seul qu'elle aurait pu l'être contre son auteur. Vazeille, *des Prescriptions*, n° 652. Cpr. § 190, note 1.

[2] *Comme lui appartenant.* Il en est autrement, lorsqu'une personne aliène la chose d'autrui *comme telle*, soit sous la condition suspensive de son acquisition, soit en se portant fort pour le propriétaire. Art. 1120. Delvincourt, sur l'art. 1599. Turin, 17 avril 1811, Sir., XII, 2, 55. Limoges, 1er juillet 1822, Sir., XXII, 2, 260.

[3] L'art. 1599 ne parle, à la vérité, que de la vente, mais sa disposition, fondée sur un motif général, s'applique à toute espèce d'aliénation, à l'échange, par exemple (civ. rej., 16 janvier 1810, Sir., X, 1, 204), et à la donation. *Consultation*, Sir., X, 2, 142.

plique non-seulement aux aliénations de propriété, mais encore à toute espèce de concessions de jouissance. Ainsi, lorsqu'un propriétaire a loué sa maison à deux ou plusieurs personnes, la préférence est due à celle dont le titre est antérieur[4].

2° Un droit sujet à révocation y reste, en général, soumis après sa transmission. *Revocatio generaliter fit ex tunc.* Cpr. art. 1183, 1184, 1654, 1664, et § 196.

3° Un droit soumis à des charges correspondant à des droits réels ou à des droits personnels *in rem scripta*, ne passe qu'avec elles entre les mains de celui auquel il est transmis[5]. Ainsi l'acquéreur d'un immeuble est obligé de respecter les servitudes créées et de maintenir les baux passés par le vendeur antérieurement à la vente. Art. 1743[6]; Code de proc., art. 691[7].

§ 182.

Suite du deuxième principe.

Ce principe s'applique aux successeurs universels comme aux successeurs particuliers. Mais les conséquences qui en résultent, ne présentent d'intérêt pratique que relativement à ces derniers. En effet, les successeurs universels sont

---

[4] Delvincourt, sur l'art. 1743.

[5] M. Toullier (VI, 426 et suiv.), donne sur cette règle des développemens fort étendus.

[6] La loi 9 au Code, *loc. cond.* (4, 65), connue sous le nom de loi *emptorem*, contient une décision contraire à celle de l'art. 1743. Quoique cet article se borne à interdire à l'acquéreur d'expulser le fermier ou le locataire, ce qui suppose l'entrée en jouissance de ce dernier, la règle qu'il établit doit, par identité de motifs, être étendue au cas où le preneur n'est point encore entré en possession. Voy. cependant en sens contraire, Delvincourt, sur l'art. 1743. — Il est du reste hors de doute que l'art. 1743 s'applique à l'échange et à la donation aussi bien qu'à la vente. Pothier, *du Contrat de louage*, n° 269. Delvincourt, *loc. cit.*

[7] Delvincourt, *loc. cit.* Turin, 21 juillet 1811, Sir., XII, 2, 271.

déjà, comme représentant la personne de leur auteur, ou du moins comme appréhendant tout ou partie de son patrimoine, tenus de toutes ses obligations, sans aucune distinction entre celles qui correspondent à des droits réels ou personnels *in rem scripta*, et celles qui ne sont corrélatives qu'à des droits personnels proprement dits.

Les successeurs particuliers, au contraire, ne sont astreints aux obligations de leur auteur, qu'autant qu'elles leur sont imposées comme conséquences du principe dont nous nous occupons. Ainsi, ils ne sont point directement tenus de ses engagemens purement personnels. S'ils peuvent se trouver indirectement soumis à la nécessité de les remplir, ce n'est que dans les cas où, à défaut de cet accomplissement, ils se verraient, par suite du même principe, exposés à perdre la chose qui leur a été transmise. C'est ce qui a lieu : 1° Lorsque l'immeuble faisant l'objet de la transmission est grevé d'hypothèques. Cpr. art. 2167 et 2172. 2° Lorsque le prix de l'immeuble faisant l'objet de la transmission, est encore dû à un précédent propriétaire, cas auquel ce dernier a le droit de rentrer dans sa propriété au moyen d'une action en résolution. Cpr. art. 1183, 1184 et 1654.

Le principe posé au paragraphe précédent, n'était pas reçu en droit romain d'une manière aussi générale qu'il l'est en droit français [1]. Il se concilie difficilement avec l'intérêt de la propriété; et les restrictions auxquelles il a été directement ou indirectement soumis, n'ont pas fait disparaître tous les inconvéniens qui en résultent.

Les exceptions directement apportées à ce principe, sont au nombre de trois.

1° Le possesseur d'une chose mobilière en est réputé propriétaire, sans qu'il soit tenu d'indiquer son auteur, et sans qu'on puisse se prévaloir contre lui des droits acquis

---

[1] *Non obstant*, L. 54 et 143. D. *de R. J.* (50, 17). Thibaut, *System des Pandectenrechts*, §§ 159 et 160. Cpr. aussi § 181, note 6.

par convention, ou autrement, contre un précédent propriétaire dont il ne serait pas le successeur universel [2].

2° Un successeur particulier peut usucaper un immeuble
dont la propriété lui a été transmise par un possesseur
précaire qui, cependant, n'aurait pu l'acquérir de cette
manière. Art. 2239 [3]. Il peut aussi, lorsqu'il est de bonne
foi, et que sa possession est fondée sur un juste titre,
usucaper, par dix ans, un immeuble que son auteur n'aurait pu acquérir, à raison de sa mauvaise foi, que par
trente ans de possession. Art. 2265, cbn. 2262.

3° Les droits révocables avant leur transmission, sont
irrévocables dans les mains du successeur auquel ils ont
été transmis, dans les cas où, par exception, la révocation
opère sans rétroactivité. *Quando revocatio fit ex nunc.*
Cpr. art. 956, et § 196.

Les modifications auxquelles se trouve indirectement
soumis ce même principe, sont le résultat des règles admises
en matière de preuve; et les explications données à ce sujet
au § 180, doivent également recevoir ici leur application.
Cpr. art. 1743 et 2102, n° 1.

§ 183.

Continuation. — Troisième Principe.

Tous les droits acquis par le possesseur d'une chose,
pour l'utilité ou à l'occasion de cette chose, passent de
plein droit à ses successeurs, même particuliers [1]. En

---

[2] Art. 2279 al. 1, et 2118. Voy. cependant art. 2279 al. 2, cbn.
art. 2280; art. 2102, n° 1, al. 5, cbn. Code de proc., art. 819 et 820;
art. 2120, cbn. Code de com., art. 190, 195 et 196. — Cpr. § 186.
[3] La Loi 33, § 4. *D. de usurp. et usucap.* (41, 3), dont la disposition a été reproduite par l'art. 2239, n'offrait pas, en droit romain,
la même anomalie que cet article présente en droit français.
[1] L. 17, § 5, L. 21, § 5, *D. de pactis* (2, 14). Toullier, VI, 420
et suiv. Duranton, *des Contrats et Obligations*, I, 181. Thibaut,
System des Pandectenrechts, § 160.

contractant, nous sommes censés stipuler, tant pour nous que pour nos héritiers et ayant-cause. Cette présomption ne fléchit que dans les cas où le contraire résulte, soit de la convention, soit de la nature même du droit que nous acquérons. Art. 1122. Il suit de là, par exemple, que le preneur à bail ne peut, en cas d'aliénation de l'immeuble loué, demander la résiliation du bail, lors même que l'acquéreur jouirait de cette faculté[2].

On appelle pactes réels les conventions d'où naissent, même pour les successeurs particuliers, des droits ou des obligations. Il résulte de ce qui précède que, dans l'esprit du droit français, les conventions relatives à des choses individuellement envisagées, sont en général des pactes réels, en ce qui concerne la succession au bénéfice des droits qui en dérivent[3].

V. DE LA POSSESSION.

Sources : Code civil, art. 2228-2235. Code de procédure, art. 23-27. Coutume de Paris, art. 96, 97 et 98. Ordonnance de 1667, tit. XVIII. — Les principes établis par les lois romaines sur les actions possessoires, n'ont été reçus en droit français qu'avec d'importantes modifications, résultant de l'ancien droit allemand et du droit canonique. Ainsi, la législation romaine ne doit être consultée en cette matière qu'avec beaucoup de réserve et de discernement. — Bibliographie : Pothier, *Traité de la possession. Observations de la Cour de cassation sur le projet du Code de procédure*, Sir., IX, 1, 5. *Die Lehre vom Besitze nach den Grundsætzen des franzœsischen Civilrechts*, par Planck, Gœttingue, 1811, in-8°. *Dissertatio de jure possessionis*, par Rauter, Strasbourg, 1812, in-4°. *Traité des actions possessoires*, par Garnier,

[2] Delvincourt, sur l'art. 1743. Voy. cependant L. 33. D., *Loc. cond.* (19, 2); Pothier, *du Contrat de louage*, n° 298 et suiv.
[3] Pour ce qui regarde la succession aux charges, cpr. § 182.

Paris, 1833, 1 vol. in-8°. Troplong, *de la Prescription*, I, n°s 217-467. Dalloz, *Jurisprudence générale*, v° Action possessoire.

§ 184.

Généralités. — De la détention. — Du droit de rétention.

Le fait que l'on désigne communément sous le nom général de *possession*, peut être envisagé sous un triple rapport :

1° Comme un fait pur et simple dégagé de toute relation avec l'acquisition ou l'exercice d'un droit.

2° Comme un fait à l'aide duquel se manifeste et s'exerce un droit préexistant, auquel il se rattache par voie de conséquence.

3° Comme un fait juridique qui peut entraîner par lui-même, et abstraction faite de tout droit préexistant, certaines conséquences légales.

Envisagée sous le premier point de vue, la possession se nomme plus particulièrement *détention*[1]. La détention consiste à tenir une chose sous sa puissance, indépendamment de toute intention de la soumettre à l'exercice d'un droit. Elle ne produit par elle-même aucun effet juridique. Si le détenteur est autorisé à repousser par la force les voies de fait dirigées contre la chose qu'il détient, s'il jouit en certains cas de la faculté d'en refuser la restitution, sa détention n'est cependant que l'occasion et non la cause de ces droits, dont le premier dérive du principe de

---

[1] Afin d'éviter toute équivoque, nous nous servirons exclusivement du mot *détention* pour qualifier ce fait, que quelques jurisconsultes appellent aussi *possession naturelle*.

la légitime défense [2], et le second, de considérations d'é-
quité [3].

Le droit de rétention [4] autorise le détenteur de la chose
d'autrui, à en refuser l'extradition au propriétaire jusqu'à
parfait paiement des sommes que ce dernier lui doit. Ce
droit dérive, ou de la loi, ou d'une convention. Au dernier cas, on l'appelle nantissement. Art. 2071.

Le droit de rétention légale existe, en thèse générale [5],
toutes les fois que le détenteur est, à raison de la chose
même qu'il détient, créancier du propriétaire de cette
chose (*propter debitum cum re junctum*). C'est ce qui a
lieu lorsqu'il a fait, pour sa conservation ou son amélioration, des impenses dont le remboursement lui est dû [6].

§ 185.

Continuation. — Du droit de posséder. — Définition
de la possession.

Envisagée sous le second point de vue (cpr. § 184), la
possession est un fait dans lequel un droit vient se réaliser.
Un droit sur un objet extérieur quelconque n'a qu'une
existence virtuelle et abstraite, tant qu'il n'a pas été exercé
au moyen d'actes sensibles. On appelle droit de posséder

---

[2] Cpr. Code pénal, art. 322, 328 et 329.

[3] L'équité repousse une action en restitution qui dénoterait une
insigne mauvaise foi de la part du demandeur : aussi, dit-on avec
raison, que le droit de rétention n'est qu'une exception de dol.

[4] Cpr., sur cette matière, Troplong, *des Hypothèques*, I, 254 à
264.

[5] Voy. cependant art. 1885 et L. ult., C. commod. (4, 23).

[6] L'ordonnance de 1667, tit. XXVII, art. 9, avait consacré d'une
manière explicite cette règle, que le Code civil n'a pas reproduite
en termes formels, mais que présupposent évidemment les dispositions des art. 867, 1885 et 1984. Merlin, *Rép.*, v° Privilége,
sect. IV, § 5. Toullier, III, 129 et 130. Paris, 1er mars 1808, Sir., VIII,
2, 19.

(*jus possidendi*), le lien juridique qui rattache, en pareil cas, le fait de la possession au droit dont ce fait est en même temps la manifestation et la conséquence.

Enfin, sous le troisième rapport (cpr. § 184), la possession est le fait de celui qui, au moyen d'actes sensibles exercés sur un objet extérieur, manifeste l'intention où il est que cet objet soit soumis à un droit en sa faveur. Ce fait, qui peut se concevoir à l'occasion de toute espèce de droits sur des objets extérieurs envisagés individuelle-ment [1], ne produit, d'après la législation française, de conséquences légales que lorsqu'il concerne un droit de propriété ou de servitude.

En envisageant la possession sous ce point de vue plus restreint, on peut la définir [2], le fait de celui qui, voulant qu'une chose soit soumise en sa faveur à un droit de pro-priété ou de servitude, manifeste cette volonté, soit par la garde de la chose, soit par l'exercice de la servitude [3]. C'est à ce fait, considéré indépendamment de la question de

[1] Les universalités de choses ne sont pas, comme telles, suscepti-bles de possession réelle. *Universitas juris possideri nequit.* Cpr. cependant note 3.

[2] La définition donnée dans le texte ne diffère que par les termes de celle de l'art. 2228. — Les nombreuses difficultés que pré-sente, en droit romain, la théorie de la possession, proviennent de ce que les jurisconsultes romains considèrent la garde de la chose comme un élément constitutif de la possession, et non pas seule-ment comme un moyen de manifester la volonté de posséder.

[3] Le droit français admet cependant que la possession du défunt se continue, de plein droit, dans la personne des héritiers du sang, (art. 724) et en certains cas, des légataires universels (art. 1006), sans exiger de leur part, ni des actes extérieurs de possession, ni même l'intention de posséder. En pareil cas, la possession (*saisine légale ou héréditaire*) est purement abstraite; elle n'est admise que par suite d'une fiction, et comme devant être la conséquence de la qualité à laquelle elle est attachée. La saisine légale porte non-seulement sur les divers objets dont l'hérédité se compose, mais encore sur l'hérédité elle-même, envisagée comme universa-lité de choses. — Cpr.; sur les effets de cette possession fictive, § 187, note 4; § 209, note 3, et § 216, note 9.

24*

savoir s'il est en réalité la conséquence d'un droit préexistant, que s'appliquent les paragraphes suivans.

La possession considérée sous le second point de vue que nous avons indiqué, sera expliquée à mesure que l'occasion s'en présentera.

§ 186.

Des effets de la possession.

La possession engendre en faveur du possesseur une présomption de propriété[1] qui, suivant les circonstances, est tantôt absolue, et tantôt ne l'est pas. Tel est l'unique effet que la possession produise immédiatement et par elle même[2].

Cette présomption de propriété ne peut, toutefois, être invoquée par celui dont la possession serait entachée de

---

[1] Troplong, *de la Prescription*, I, 217 et suiv.

[2] On range ordinairement parmi les effets de la possession des résultats qui ne dérivent pas de la possession seule, ou qui ne sont que des conséquences de la présomption de propriété qu'elle entraîne. Ainsi, que le possesseur actionné en déguerpissement doive être renvoyé de la demande, lorsque celui qui l'intenté ne justifie pas de son droit de propriété, ce n'est là qu'une application de la maxime: *Actore non probante, reus absolvitur.* Cpr. art. 1315. Que si la préférence doit être donnée au possesseur (*melior est conditio possidentis*), soit en ce qui concerne les mesures provisoires qui peuvent devenir nécessaires dans le cours d'une instance, soit pour la décision du fonds de la contestation, en cas de doute sur les droits respectifs des parties, ce n'est là qu'une conséquence de la présomption de propriété qui milite en faveur du possesseur. Quant à l'acquisition des fruits (cpr. § 201), elle n'est pas tant le résultat de la possession que de la perception faite de bonne foi. Pour ce qui concerne enfin l'action publicienne, que certains interprètes regardent comme découlant de la possession, nous n'avons pas à nous en occuper, puisque, d'après notre opinion, elle n'est pas recevable en droit français. Cpr. § 218.

précarité, de clandestinité ou de violence [3]. Le premier de ces vices, en effet, placerait le possesseur dans l'impossibilité légale d'élever aucune prétention à la propriété ; les deux derniers neutraliseraient, par une présomption contraire, celle qui découlerait du fait de la possession [4].

Lorsqu'il s'agit de choses mobilières [5], la présomption de propriété qui résulte de la possession est absolue et ne peut être détruite par la preuve contraire [6]. En fait de

[3] *Nec vi, nec clam, nec precario.* L. 1, proe., *D. Uti possid.* (43, 17). Art. 2229. Code de proc., art. 23. La nature de ces differens vices sera expliquée au § 216. Quant à présent, nous nous bornerons à faire observer que l'absence des vices de clandestinité et de violence n'est pas exigée d'une manière absolue. Cpr. § 188, note 4. — Malgré le silence de l'art. 2279, il nous paraît hors de doute que la possession doit, même en matière mobilière, demeurer sans effet, lorsqu'elle est entachée de précarité, de violence ou de clandestinité. L. uni., § 1, *D. de utrubi* (43, 31). Troplong, *de la Prescription*, II, 1062 et 1063. Toutefois il est à remarquer qu'on ne doit pas assimiler à la clandestinité un défaut de publicité qui, n'étant que le résultat de l'usage, où l'on est de renfermer certains objets mobiliers, n'éleverait pas de soupçons de mauvaise foi contre le possesseur. Cpr. note 13.

[4] On pourrait appeler *possession légale*, la possession exempte de ces vices. C'est dans ce sens que l'art. 1402 paraît avoir employé ces expressions.

[5] L'art. 2279 ne concerne que les meubles corporels envisagés d'une manière individuelle. Il ne s'applique donc pas : 1° aux universalités de meubles ; et la pétition d'hérédité est recevable dans le cas même où l'hérédité se composerait exclusivement de biens mobiliers (Malleville et Delvincourt, sur l'art. 2279. Troplong, *de la Prescription*, II, 1066. Civ. cass., 26 août 1833, Dal. 1833, 1, 307) ; 2° aux meubles incorporels, tels que les créances. Celui qui possède un acte instrumentaire destiné à constater l'existence d'une créance, ne possède pas pour cela cette dernière (Troplong, op. cit., II, 1065. Cour de cass. de Belgique, rej., 4 juin 1833 et Poitiers, 27 novembre 1833, Sir., XXXIV, 2, 679 et suiv.), à moins qu'il ne s'agisse de billets au porteur. Ces billets, en effet, se confondent avec la créance qu'ils énoncent, de telle sorte que le possesseur du billet est aussi réputé possesseur de la créance. Merlin, *Quest.*, v° Revendication, § 1. Vazeille, *des Prescriptions*, n° 620. Civ. rej., 2 nivôse an XII, Sir., IV, 1, 225.

[6] Toullier, IX, 94. Req. rej., 4 juillet 1816, Sir., XVIII, 1, 166. Cpr. Montpellier, 5 janvier 1827, Sir., XXX, 2, 188 ; Nîmes,

meubles la possession vaut titre, ou produit, en d'autres termes, les mêmes effets qu'un titre de propriété émané du véritable propriétaire. Art. 2279, al. 1 [7].

Il suit de là que la revendication est, en général [8], non recevable en matière mobilière [9]. Ce n'est que par exception à cette règle que la loi admet celui qui a perdu [10] une chose mobilière, et celui auquel une pareille chose a été volée, à la revendiquer, pendant trois ans [11], entre les mains du possesseur quel qu'il soit. Art. 2279, al. 2. Encore le revendiquant ne peut-il se la faire restituer qu'en remboursant au possesseur le prix qu'il en a payé, lorsque celui-ci l'a

8 janvier 1833, et Bordeaux, 21 décembre 1832, Sir., XXXIII, 2, 202 et 203. Ces derniers arrêts, qui semblent consacrer par leurs considérans une opinion contraire, ont cependant bien jugé au fond, puisque, dans les espèces sur lesquelles ils ont statué, la possession était ou déniée ou arguée de précarité.

[7] Le principe établi par l'art. 2279 dans l'intérêt seul du tiers possesseur, ne peut être invoqué par celui qui, en vertu d'une convention, d'un quasi-contrat, d'un délit, ou d'un quasi-délit, est personnellement obligé à la restitution d'un effet mobilier. Voy. aussi § 182. — Cpr. sur l'art. 2279 : *Dissertatio de vi atque effectu possessionis rerum mobilium ad* art. 2279, C. civ., par Ant. Bauer, Gœttingue, 1813, in-4°; Troplong, *de la Prescription*, II, 1040 et suiv.

[8] Outre les exceptions indiquées au texte, on peut encore citer celle qui concerne les navires et autres bâtimens de mer. Art. 2120, cbn. Code de comm., art. 190, 195 et 196. Voy. aussi la note suivante.

[9] Il en est de même de l'action hypothécaire. Art. 2118. Voy. cependant art. 2102, n° 1, al. 5, cbn. Code de proc., art. 819 et 830.

[10] On doit considérer comme perdues, les choses entraînées par les eaux. Toullier, XI, 323. — Il en est de même des marchandises expédiées à une fausse adresse. Cpr. Req. rej., 16 février 1820, Sir., XX, 1, 178.

[11] En limitant à trois ans la durée de la revendication, l'art. 2279 ne crée ni une usucapion triennale semblable à celle du droit romain, ni même une prescription extinctive proprement dite. Il établit seulement un délai dont l'écoulement emporte déchéance de la faculté d'exercer la revendication. *Exposé des motifs*, par M. Bigot-Préameneu (Locré, *Légis.*, t. XVI, p. 586, n° 44). Cpr. § 209, note 2.

chetée dans une foire, dans un marché, ou d'un marchand vendant des choses pareilles. Art. 2280.

L'exception établie par le second alinéa de l'art. 2279, ne doit pas être étendue par voie d'analogie. Ainsi, par exemple, celui qui aurait été privé d'une chose mobilière par suite d'un abus de confiance, d'une violation de dépôt, ou même d'une escroquerie [12], ne pourrait pas la revendiquer contre le tiers possesseur, à moins toutefois qu'il ne prouvât que ce dernier l'a acquise de mauvaise foi [13].

Lorsqu'il est question d'immeubles, la présomption de propriété qui résulte de la possession, n'est point absolue, et peut par conséquent être détruite par la preuve contraire.

Cette présomption, qui est indépendante du temps pendant lequel la possession a duré, acquiert plus de gravité lorsque celle-ci a continué sans interruption pendant une année. La possession constitue alors un état de fait que la loi protège provisoirement jusqu'à la reconnaissance ju-

[12] Paris, 5 avril 1813, Sir., XIV, 2, 306. Bordeaux, 14 juillet 1832, Sir., XXXIII, 2, 18. Civ. cass., 20 mai 1835, Sir., XXXV, 1, 341. Paris, 21 novembre 1835, Sir., XXXVI, 2, 18. Voy. cependant en sens contraire : Lyon, 15 décembre 1830, Sir., XXXII, 2, 348. Troplong (de la Prescription, II, 1069 et 1070) admet l'opinion énoncée au texte, en ce qui concerne l'abus de confiance et la violation du dépôt, mais il pense que la revendication est recevable en cas d'escroquerie.

[13] Arg., art. 1141, 2102, n° 1, alin. 4, et Code de commerce, art. 576. Le possesseur actuel ne peut invoquer la maxime, qu'en fait de meubles possession vaut titre, que parce qu'il a pu croire, en vertu de cette même maxime, à la propriété du précédent possesseur ; c'est ce qu'exprime très-bien l'adage du droit allemand : Hand muss Hand wæhren. Le possesseur de mauvaise foi, c'est-à-dire, celui qui a connu les vices de la possession de son auteur, ne peut donc se prévaloir de l'art. 2279, d'autant plus qu'il s'est rendu coupable du délit ou du quasi-délit par suite duquel la chose est sortie des mains de celui auquel elle appartenait, et qu'ainsi il est obligé à réparer le préjudice qu'il a causé. Art. 1382 et 1383. Troplong ; de la Prescription, II, 1061. Cpr. Merlin, Quest., v° Revendication, § 1 ; Req. rej., 22 mai 1824, Sir., XXV, 1, 116.

diciaire du droit de propriété, et pour le maintien ou le rétablissement duquel elle accorde une action spéciale, appelée action possessoire [14].

Enfin, de simple qu'elle était dans l'origine, la présomption de propriété devient, même en fait d'immeubles, absolue ou irréfragable, lorsque la possession a continué sans interruption pendant trente ans. Cpr. § 216. Une possession de dix à vingt ans est même suffisante pour produire cet effet, lorsqu'elle est de bonne foi, et qu'elle est fondée sur un juste titre [15]. Cpr. § 217.

§ 187.

Des choses et des droits qui peuvent être l'objet de l'action possessoire.

L'action possessoire s'applique :

1° Aux immeubles corporels [1]. Ils ne peuvent cependant

[14] La possession annuelle est ordinairement appelée *saisine possessoire* ou simplement *saisine*. Toullier, XI, 125. Il ne faut pas confondre cette saisine avec la saisine légale ou héréditaire. Cpr. § 185, note 3.

[15] La possession avec juste titre et bonne foi était appelée en droit romain *possession civile*. A cette possession, qui seule pouvait conduire à l'usucapion, on opposait la possession sans titre ni bonne foi, qui ne donnait droit qu'aux interdits, et qu'on appelait *possession naturelle*. Cependant, ces expressions étaient aussi employées pour désigner la simple *détention*, et par opposition à cette dernière, la possession des interdits était alors simplement appelée *possession*, sans autre désignation. Toute possession légale, pouvant en droit français conduire à l'usucapion, est véritablement civile, dans le sens que le droit romain attachait à cette expression. La distinction de la possession, en civile et naturelle, doit donc demeurer étrangère à l'enseignement du droit français, pour l'intelligence duquel il suffit de séparer nettement la détention de la possession proprement dite, et de distinguer, quant à cette dernière, si elle est exempte ou non des vices qui l'empêchent de produire des effets juridiques, c'est-à-dire si elle est ou non légale. Cpr. note 4.

[1] Quoique les rentes sur l'État et les actions de la banque de

être l'objet de cette action qu'autant que, placés dans le commerce, ils sont susceptibles d'être acquis par usucation. Ainsi, le terrain dépendant des fortifications d'une place de guerre ne peut, tant qu'il conserve sa destination primitive, former l'objet de l'action possessoire. En général les biens de l'État et des communes sont ou non soumis à l'action possessoire, selon qu'ils sont ou non placés hors du commerce, d'après les principes posés aux §§ 174 et 175 [2].

2° Aux universalités de meubles [3]. Les choses mobilières considérées individuellement, ne sauraient être l'objet de l'action possessoire. Arg. art. 2279. Cette action ne peut même, en fait d'universalités de meubles, être exercée que par l'héritier ou le légataire universel auxquels la loi attribue la saisine héréditaire. Art. 724 et 1006 [4].

France puissent être immobilisées d'une manière absolue, lorsqu'elles sont destinées à faire partie d'un majorat (cpr. § 169), elles ne seraient cependant pas susceptibles de faire l'objet d'une action possessoire. On ne concevrait pas, en effet, qu'un trouble de possession fût possible à leur égard. Cpr. § 189.

[2] Ainsi les lais et relais de la mer sont susceptibles d'être l'objet d'une action possessoire. Civ. cass., 3 novembre 1824, Sir., XXV, 62. — Il en est autrement des églises. Civ. rej., 1er décembre 1823, Sir., XXIV, 1, 161. Req. rej., 19 avril 1825, Sir., XXVII, 1, Pothier, de la Possession, n° 37.

[3] Ordonnance de 1667, tit., XVIII, art. 1. Merlin, Rép., v°. Complainte, § 3, n° 2. Henrion de Pansey, de la Compétence des juges de paix, chap. V, § 5. Paillet sur l'art. 23 du Code de proc., n° 20. Lassaulx, III, 383. Troplong, de la Prescription, I, 281. Voy. cependant en sens contraire: Carré, Lois de l'organisation et de la compétence, t. Ier, p. 494, t. II, p. 307.

[4] Les universalités de choses ne sont pas en effet susceptibles de possession réelle (cpr. § 185, note 1), mais seulement d'une possession fictive; or, la loi n'admet celle-ci que dans les cas de saisine légale. Cpr. § 185, note 3.—Quoique la saisine légale ne puisse, d'après la nature des choses, servir de base à l'usucapion (cpr. § 209, note 3), rien n'empêche qu'elle ne devienne le fondement d'une action possessoire. Il y a d'autant plus de raison d'attribuer cet effet à la saisine légale, que non-seulement elle emporte la présomption d'un droit, mais qu'elle n'est même que la conséquence d'un droit reconnu.

3° Aux servitudes, soit personnelles, soit réelles.[5] Cette proposition, qui n'est pas vraie d'une manière absolue, demande quelques développemens.

Les servitudes personnelles, c'est-à-dire l'usufruit, l'usage et l'habitation, sont toutes susceptibles d'être l'objet de l'action possessoire[6].

En ce qui concerne les servitudes réelles, il faut distinguer celles qui sont établies par la loi de celles qui dérivent du fait de l'homme. Parmi ces dernières, il faut sous-distinguer encore celles qui sont susceptibles de s'acquérir par usucapion, et celles qui ne peuvent s'ac-

---

5. L'action possessoire est-elle admissible pour se faire maintenir en possession d'un bénéfice ecclésiastique? Voy., sur cette singulière question, un arrêt rendu par la cour de Nîmes, le 26 mai 1824. (Sir., XXV, 2, 23).

6 Poncet, *des Actions*, n° 78. Toullier, III, 418 et 419. Duranton IV, 513, Proudhon, *de l'Usufruit*, III, 1234 et suiv. — Lorsque l'usufruitier est troublé dans la possession du fonds soumis à sa jouissance, le nu-propriétaire peut, aussi bien que ce dernier, former l'action possessoire. Art. 614. Cpr. sur la concurrence d'actions qui peut alors se présenter, Poncet, *des Actions*, n° 79 et 80. — L'usufruitier doit-il, pour être admis à former l'action possessoire, justifier de l'existence d'un titre constitutif? La solution de cette question dépend de la manière dont nous résoudrons celle de savoir si l'usufruit peut s'acquérir par l'usucapion de trente ans. Voy., à cet égard, § 223, note 4. — Les différens droits d'usage, dans les bois et forêts, sur les terres vaines et vagues, ou sur celles dont la récolte a été faite, donnent-ils ouverture à l'action possessoire? MM. Merlin (*Quest.* v° Droit d'usage) et Henrion de Pansey (*de la Compétence des juges de paix*, chap. XLIII, §.8), décident cette question négativement, par le motif que les droits d'usage dont il s'agit rentrent dans la classe des pures servitudes discontinues, et ne sont point susceptibles d'usucapion. M. Proudhon (*de l'Usufruit*, VIII, 3538 et suiv.) enseigne, au contraire, que ces droits d'usage donnent lieu à l'action possessoire, toutes les fois qu'il y a, dans la cause possessoire, des actes ou des faits exclusifs de précarité, c'est-à-dire de toute idée de simple tolérance ou de familiarité. Telle est aussi l'opinion de MM. Carré (*Lois de l'organisation et de la compétence*, t. II, p. 316) et Troplong (*de la Prescription*, I, 400-407).

quérir que par un titre émané du propriétaire du fonds servant [7].

Les servitudes établies par la loi, et celles qui, dérivant du fait de l'homme, peuvent s'acquérir par usucapion, donnent ouverture à l'action possessoire, en faveur du possesseur du fonds dominant, toutes les fois qu'il est troublé dans l'exercice de son droit [8].

Au contraire, les servitudes qui ne s'acquièrent que par une concession du propriétaire du fonds servant, ne sauraient être l'objet de l'action possessoire, à moins que celui qui prétend une servitude de ce genre ne puisse invoquer à l'appui de sa possession, et pour la colorer, comme on dit (*pro colorando possessorio*), le titre constitutif de cette servitude [9]. Si le juge du possessoire peut

---

[7] Malleville sur l'art. 701. Pardessus, *des Servitudes*, n° 323 et suiv. Toullier, III, 713 et suiv. Carré, *Lois de l'organisation et de compétence*, t. II, p. 307 et suiv.

[8] Poncet, *des Actions*, n° 98. Pardessus, *des Servitudes*, n° 325 et suiv. Carré, *op. cit.*, t. II, p. 310 et 313. Merlin, *Rép.*, v° Servitudes, § 35, n° 2. Civ. cass., 19 juin 1840, Sir. XI, 1, 164. Civ. cass., 1er mars 1815, Sir., XV, 1, 120. Civ. cass., 13 juin 1814, Sir., XV, 1, 239. Req. rej., 29 novembre 1814, Sir., XVI, 1, 225. — On avait cependant soutenu (cpr. Toullier, III, 552) que le trouble apporté à la servitude légale de passage, en cas d'enclave (cpr. art. 691), ne pouvait donner lieu à l'action possessoire; mais cette opinion, contraire aux principes, a été proscrite par la jurisprudence. Req. rej., 7 mai 1829, Sir., XXIX, 1, 332. Req. rej., 10 mars 1830, Sir., XXX, 1, 271. Civ. cass., 19 novembre 1832, Sir., XXXIII, 1, 253. Cpr. civ. cass., 16 février 1835, Sir., XXXV, 1. 806. — Au surplus, les servitudes légales n'autorisent à former l'action possessoire qu'autant que celui qui prétend une servitude de ce genre en a déjà joui.

[9] Toullier, III, 715 et suiv. Merlin, *Rép.*, v° Servitude, § 35, 2 bis et *Quest.*, v° Servitude, § 6. Poncet, *op. cit.*, n° 96. Carré, *op. cit.*, t. II, p. 308. Duranton, V, 638 et suiv. Civ. rej., 24 juillet 1810, Sir., X, 1, 334. Civ. cass., 6 juillet 1812, Sir., XIII, 1, Req. rej., 2 mars 1820, Sir., XX, 1, 243. Civ. cass., 17 mai 1830, Sir., XX, 1, 273 et 324. Cpr. 192, note 2. — Si le demandeur ne peut invoquer de titre, son action doit être rejetée. Civ. cass., 23 novembre 1808 et 13 août 1810. Sir., IX, 1, 35 et X, 1, 333.

et doit, dans cette circonstance, apprécier le titre invoqué par le demandeur, il ne faut pas en conclure qu'il soit appelé à statuer sur le fond du droit, ou que sa sentence préjuge le pétitoire. En rejetant l'action, ce juge ne prononce pas l'inexistence de la servitude dans l'exercice de laquelle le demandeur prétend se faire maintenir; il déclare simplement que les actes de jouissance dont se prévaut ce dernier, doivent être provisoirement considérés comme le résultat d'une simple tolérance. En accueillant la demande, il ne porte aucune atteinte aux droits du défendeur, qui peut toujours faire valoir au pétitoire les moyens de défense tirés du fond de la cause, ou de la nullité du titre[10]. Cpr. Code de proc., art. 25, et § 192.

Les servitudes que l'ancien droit déclarait susceptibles d'usucapion, et que le Code civil a rendues imprescriptibles, ne pourraient donner lieu à l'action possessoire, quand même le demandeur exciperait d'une possession annale antérieure au Code civil et continuée depuis sa publication[11]. Si cependant il résultait, de l'aveu du défendeur ou d'un acte instrumentaire, que l'usucapion était accomplie dès avant cette époque, on devrait considérer la servitude comme fondée sur un titre, et comme pouvant par ce motif être l'objet d'une action possessoire[12].

[10] Cpr. les deux arrêts de cassation du 17 mai 1820, cités à la note précédente; Merlin, Quest., v° Complainte, § 2; Toullier, III, 716.

[11] Poncet, op. cit., n° 96. Merlin, Quest., v° Servitude, § 5, n° 2. Toullier, III, 717. Duranton, V., 636 et 637. Civ. rej., 10 février 1812, Sir., XIII, 1, 3. Civ. cass., 3 octobre 1814, Sir., XV, 1, 145. Civ. cass., 2 juillet 1823, Sir., XXIII, 1, 430. Ce dernier arrêt juge que l'action possessoire serait non recevable, quand même le demandeur alléguerait que l'usucapion était acquise avant la survenance du Code civil : le juge de paix ne peut admettre cette preuve sans préjuger le pétitoire.

[12] Poncet, op. cit., n° 97. Carré, op. et loc. cit. Voy. aussi civ. cass., 3 octobre 1814, Sir., XV, 1, 145.

§ 188.

Des qualités que doit avoir la possession.—Du temps
pendant lequel elle doit avoir duré pour donner lieu à
l'action possessoire.

L'art. 23 du Code de procédure paraît, au premier
abord, constituer le siége unique de la matière qui nous
occupe; il n'a cependant pour objet que de régler le temps
au bout duquel la possession autorise l'introduction de
l'action possessoire, et de fixer le délai dans lequel elle
doit être intentée.

L'énonciation que cet article fait de quelques-unes des
qualités nécessaires à la possession, est incomplète. On est
obligé, pour la compléter, de recourir à l'art. 2229 [1] du
Code civil, en admettant, comme règle générale, que la
possession ne peut fonder d'action possessoire que lorsqu'elle réunit les qualités dont elle doit être revêtue pour
servir de base à l'usucapion de trente ans [2]. Il faut donc
qu'elle soit exclusive de précarité [3], exempte de clandestinité

---

[1] Rapport fait au corps législatif par M. Faure, orateur du tribunat (Locré, *Légis.*, t. XXI, p. 558, n° 11).

[2] C'est pour cette raison que nous nous dispensons de développer ici les règles sur la possession considérée comme fondement
de l'action possessoire. Nous renvoyons ce développement au
§ 216, où nous expliquerons les principes qui régissent la possession envisagée comme condition de l'usucapion.

[3] Ainsi le fermier, le locataire, le créancier à antichrèse, ne
peuvent former l'action possessoire. Art. 2236. Code de proc.,
art. 23. Cpr. Pothier, *de la Possession*, n° 100; Henrion de Pansey,
de la Compétence des juges de paix, chap. XI; Merlin, *Rép.*, v°
Complainte, § 2; Carré, *Lois de l'organisation et de la compétence*,
t. II, p. 338; Civ. cass., 7 septembre 1808, Sir., VIII, 1, 555.
Voy. cependant ce qui sera dit de la réintégrande au § 191. —
Mais l'action possessoire est recevable entre copropriétaires, à
raison de troubles apportés par l'un d'eux, à la possession com-

et de violence[4], et que de plus elle ait duré, d'une manière continue et non interrompue, pendant l'intervalle de temps exigé par l'article ci-dessus cité du Code de procédure.

Cet intervalle de temps est fixé à une année au moins. Il doit avoir immédiatement[5] précédé le trouble dont se plaint le possesseur, qui peut, du reste, pour compléter l'année requise, joindre à sa possession celle de son auteur. Cpr. § 216.

§ 189.

Du trouble de possession.

L'action possessoire suppose un trouble de possession causé par le défendeur.

Ce trouble résulte de tous actes extérieurs qui, soit directement et par eux-mêmes, soit indirectement et par voie de conséquence, sont contraires à la possession du demandeur. Ainsi, des travaux exécutés par une personne sur son propre fonds peuvent constituer un trouble à la possession d'une autre personne[1].

mune. *Dissertation*, Sir., XXIV, 2, 236. Civ. rej., 8 décembre 1824, Sir., XXV, 1, 197. Civ. cass., 19 novembre 1828, Sir., XXIX, 1, 109. Req. rej., 14 avril 1830, Sir., XXX, 1, 296. — L'action possessoire peut-elle être formée par l'usufruitier? Cpr. § 187, note 6. — Compète-t-elle à l'emphytéote? Cpr. § 198, note 10.

[4] L'absence des vices de clandestinité et de violence n'est pas exigée d'une manière absolue, mais relativement au défendeur seulement. Pothier, *de la Possession*, n° 96. Poncet, *op. cit.*, n°s 82 et suiv. Lassaulx, III, 263 et suiv. Troplong, *de la Prescription*, I, 332, 369 et 370. Civ. cass., 26 juin 1822, Sir., XXII, 1, 362. La précarité, au contraire, est un vice absolu qui, dès qu'il existe à l'égard d'une personne, existe nécessairement à l'égard de toutes autres. Voy. cependant Troplong, *loc. cit.*

[5] Il ne faut pas inférer de là que les faits possessoires allégués par le demandeur doivent nécessairement se rapporter à cet intervalle de temps. Ce serait confondre la preuve de la possession avec la possession elle-même. Cpr. § 216.

[1] Il n'est pas même nécessaire, en pareil cas, que le demandeur

Comme l'étendue de la possession se détermine non-seulement par les actes possessoires eux-mêmes, mais encore par l'intention dont ils sont la manifestation, le trouble existe par cela seul que les faits dont se plaint le demandeur, se trouvent en opposition avec cette intention. Ainsi, l'action possessoire est recevable, lors même que le défendeur n'a exercé sur l'héritage du demandeur qu'un droit de vue, ou toute autre servitude de ce genre, dont l'exercice n'affecte pas matériellement le fonds assujéti [2].

Les caractères physiques des faits articulés par le demandeur, comme constituant une attaque contre sa possession, sont sans influence sur le sort de l'action possessoire. Il importe peu que ces faits soient ou non accompagnés de violence, qu'ils soient clandestins ou publics, qu'ils constituent une spoliation complète ou un trouble proprement dit.

Tout au contraire, les caractères légaux de ces faits peuvent et doivent être pris en considération pour apprécier le mérite de l'action possessoire. Le défendeur qui, sans anticiper sur le pétitoire, établirait, d'une manière évidente, la légalité des faits à raison desquels il est recherché, devrait être renvoyé de la demande. On peut donc, pour résister à l'action possessoire, exciper d'un jugement ou même d'un réglement émané de l'autorité administrative [3].

L'action possessoire peut être fondée non-seulement sur un trouble de fait, c'est-à-dire sur une atteinte matérielle portée à la possession, mais encore sur un trouble de

ait éprouvé un préjudice actuel par suite de ces travaux; il suffit qu'ils soient de nature à occasioner nécessairement un dommage futur. Civ. cass, 1er décembre 1829, Sir., XXX, 1, 32. Req. rej., 14 août 1832, Sir., XXXII, 1, 734.

[2] On dit alors, dans le langage de la science, que le demandeur a été troublé dans sa quasi-possession de franchise. Merlin, Quest., vo Servitude, § 5, no 3.

[3] Carré, Lois de l'organisation et de la compétence, t. II, p. 347.

droit[4], c'est-à-dire sur une attaque judiciaire ou extra-judiciaire[5] dirigée contre la possession[6].

L'action possessoire doit être exercée dans l'année du trouble. Ce délai expiré, on est déchu de la faculté d'agir au possessoire. En vain alléguerait-on l'ignorance de l'existence du trouble[7]. En vain se prévaudrait-on des poursuites dirigées contre son auteur devant un tribunal de justice répressive[8]. Cette ignorance n'aurait pas plus pour effet de suspendre le cours du délai ci-dessus indiqué, que des poursuites correctionnelles n'auraient pour résultat de l'interrompre.

§ 190.

Du défendeur à l'action possessoire.

L'action possessoire est donnée contre celui qui a commis le trouble ou qui l'a fait commettre, et contre ses héritiers ou successeurs universels[1].

[4] Henrion de Pansey, *de la Compétence des juges de paix*, chap. XXXVII. Merlin, *Rép.*, v° Complainte, § 4, n° 1. Rauter, *Cours de procédure civile*, § 396. Cpr. Civ. cass., 20 janvier 1824, Sir., XXIV, 1, 81; Civ. cass., 10 janvier 1827, Sir., XXVII, 1, 284.

[5] L'art. 103 de la Coutume de Bretagne autorisait même l'action possessoire, à raison de simples menaces (*trouble comminé*). Cpr. Henrion de Pansey, *op. et loc. cit.*; Carré, *op. cit.*, t. II, p. 346.

[6] Cependant le possesseur actionné au pétitoire ne pourrait, par ce motif seul, agir au possessoire contre le demandeur : une action pétitoire est une attaque dirigée, non contre la possession, mais contre le droit de propriété ou de servitude. Merlin, *Quest.*, v° Complainte, § 1. Carré, *op. et loc. cit.* Au contraire, le possesseur actionné au possessoire peut, en prenant pour trouble l'action intentée contre lui, demander, incidemment (*par opposition*), le maintien dans sa paisible possession. Rauter, *op. et loc. cit.*

[7] Civ. rej., 12 octobre 1814, Sir., XV, 1, 124.

[8] Civ. cass., 20 janvier 1824, Sir., XXIV, 1, 265.

[1] Le droit romain ne donnait pas indistinctement l'action possessoire contre tous les héritiers de l'auteur du trouble. Mais les distinctions qu'il avait établies à ce sujet, ne sont plus admissi-

Le fermier, et en général tous ceux qui, ayant détenu un immeuble en vertu d'une convention, se maintiennent en possession après l'expiration du temps fixé pour la durée de leur jouissance, ne peuvent être poursuivis au possessoire. On ne peut introduire contre eux que l'action personnelle résultant de la convention [2].

§ 191.

Du but de l'action possessoire.

Le but de l'action possessoire varie selon la nature du trouble qui donne lieu à la contestation. Lorsque le demandeur a été troublé dans la jouissance d'un immeuble, ou gêné dans l'exercice d'un droit de servitude, l'action possessoire tend à le faire maintenir en paisible possession. S'il a été expulsé de la possession, elle tend à l'y faire réintégrer. Enfin, lorsque le trouble a été causé par un nouvel œuvre, elle a pour but le rétablissement des lieux dans l'état où ils se trouvaient avant l'entreprise.

Indépendamment de ces fins particulières, qui varient suivant les trois hypothèses ci-dessus indiquées, l'action possessoire a toujours pour but de faire condamner l'auteur

bles, parce qu'en droit français, les héritiers et successeurs universels sont tenus de toutes les obligations de leur auteur, même de celles qui procèdent d'un délit ou d'un quasi-délit. — L'action possessoire peut-elle être exercée contre les successeurs particuliers? La question, ainsi posée, n'est point susceptible d'une solution absolue. Elle doit être résolue affirmativement en ce sens, que le rétablissement dans la possession peut être demandé contre toute personne qui détient l'objet dont on a été dépossédé; et négativement en ce sens, que les dommages-intérêts résultant du trouble, ne peuvent être réclamés contre le détenteur qui ne serait pas personnellement tenu des obligations de son prédécesseur. Cpr. L. 1, § 3, D. de interd. (43, 1); *System des Pandectenrechts*, §§ 314 et 315; Troplong, *de la Prescription*, I, 238.

2 Voy. cependant en sens contraire, civ. rej., 6 frimaire an XIV, Sir., VII, 2, 772.

du trouble à réparer le préjudice qu'il a occasioné, avec défense de récidiver[1].

On distinguait, dans l'ancien droit français, trois espèces d'actions possessoires.

1° La complainte, en cas de saisine et de nouvelleté[2], appelée aussi action en complainte, ou simplement complainte. Elle correspondait à l'interdit *uti possidetis*, ou plutôt au *possessorium summarium* du droit germanique.

2° La réintégrande, ou l'interdit *unde vi* modifié par l'action *spolii*, que le droit canonique[3] avait entée sur cet interdit[4].

3° La dénonciation de nouvel œuvre qui constituait, à quelques innovations près, la *operis novi nunciatio* des Romains[5].

La législation actuelle n'a pas maintenu ces distinctions. Aujourd'hui, quelle que soit la nature du trouble, l'action possessoire, régie par les mêmes principes, exige le con-

---

[1] Cpr. *Observations de la Cour de cassation sur le projet de Code de procédure civile*, art. 41, Sir., IX, 1, 6.

[2] La complainte était l'action par laquelle le possesseur annal, et à titre non précaire pouvait demander à être maintenu ou rétabli dans sa possession, lorsqu'il y avait été troublé. Ord. de 1667, tit. XVIII, art. 1.

[3] C. *redintegranda* (3), C. III, *Quæst.* 1.

[4] La réintégrande était l'action au moyen de laquelle tout possesseur, à titre même précaire, expulsé par violences et voies de fait, pouvait demander le rétablissement dans la possession. Ordonnance de 1667, tit. XVIII, art. 2. Cette action, fondée sur la maxime, *spoliatus ante omnia restituendus*, laissait au défendeur qui avait été condamné au délaissement, le droit d'intenter la complainte immédiatement après avoir exécuté le jugement rendu contre lui. Henrion de Pansey, *de la Compétence des juges de paix*. Chap. LII.

[5] La dénonciation de nouvel œuvre était une action au moyen de laquelle toute personne pouvait s'opposer, en justice, à la continuation de nouvelles entreprises qu'elle prétendait être préjudiciables à ses intérêts. Cette action, plutôt provisoire que possessoire, devait être intentée avant l'achèvement des travaux. Cpr. D. *de ope. nov. nunciat* (39, 1); Merlin, *Rép.*, v° Dénonciation de nouvel œuvre, n°° 1-5; Henrion de Pansey, *op. cit.*, chap. XXXVIII.

cours des mêmes conditions. Toutes les actions possessoires, en un mot, se trouvent fondues dans la complainte[6].

Ainsi, la dénonciation de nouvel œuvre n'existe plus
avec les caractères particuliers qui la distinguait dans l'ancien droit, et l'on ne peut plus s'opposer, par cette voie, à
la continuation de travaux quels qu'ils soient, sur le seul
fondement du préjudice qui pourrait en être le résultat[7].
Mais celui dont la possession réunit les caractères exigés
pour l'exercice de la complainte, et qui y a été troublé, par
suite d'un nouvel œuvre, fait sur son fonds ou sur celui
d'autrui, peut, soit avant, soit après l'achèvement des
travaux, demander au possessoire, le rétablissement des
lieux dans leur ancien état[8].

Quant à la réintégrande, c'est-à-dire à l'action possessoire formée à la suite d'une dépossession accompagnée de

[6] Arg., art. 23 et 1041 du Code de procédure.
[7] Carré, *Lois de l'organisation et de la compétence*, t. I, p. 499.
M. Henrion de Pansey (*loc. cit.*) considère l'action en dénonciation
de nouvel œuvre comme existant encore aujourd'hui; il la range
dans la classe des actions possessoires, sans cependant exiger
pour son exercice, le double fait d'une possession annale, et d'un
trouble apporté à cette possession. Telle paraît être aussi l'opinion
de M. Merlin (*Rép.*, v° Dénonciation de nouvel œuvre, n°s 6 et 7,
et *Quest. eod. v.*, § 2). M. Troplong (*de la Prescription*, I, 319-
325) n'admet la dénonciation de nouvel œuvre qu'en faveur du
possesseur annal, mais il l'accorde comme moyen de s'opposer
à la continuation de travaux qui ne constituent pas un trouble de
possession. Cpr. § 189. Ces différentes opinions nous paraissent
également contraires au texte combiné des art. 23 et 1041 du Code
de procédure.
[8] Carré, *op. et loc. cit.*, note 19. Troplong, *op. cit.*, I, 325 et suiv.
Merlin, *Quest.*, v° Dénonciation de nouvel œuvre, § 5 et 6. Civ.
rej., 28 avril 1829, Sir., XXIX, 1, 183. Civ. cass., 27 mai et
18 juin 1834, Sir. XXXIV, 1, 423 et 542. Voy. cependant en sens
contraire, Req. rej., 15 mars 1826, Sir., XXVI, 1. 349. — Rien
ne s'opposerait non plus à ce que, dans le cours d'une instance liée,
soit au possessoire, soit au pétitoire, on ne pût demander, par pro-
vision, la suspension (mais non la destruction) des travaux qui ont
donné lieu au litige. Carré, *op. et loc. cit.*, Troplong, *op. cit.*,
I, 319 et 320.

violences et voies de fait, elle a cela de particulier, que l'exécution du jugement de condamnation prononcé contre le défendeur, peut être poursuivie par la voie de la contrainte par corps (art. 2060, n° 2); mais en ce qui concerne les conditions de son admissibilité, elle est placée sur la même ligne que la complainte, et ne peut, par conséquent, être exercée que par celui qui a possédé pendant une année au moins, et à titre non précaire [9].

§ 192.

De la manière de procéder sur l'action possessoire.
Des rapports du possessoire et du pétitoire.

L'action possessoire est de la compétence du juge de paix. Code de proc., art. 3, n° 2.

[9] Toullier, XI, 123 et suiv. Poncet, *op. cit.*, n° 99. Berriat de Saint-Prix, *Cours de procédure civile*, p. 117, n° 35, et p. 118, n° 37. Troplong, *op. cit.*, I, 305 et suiv. Rauter, *Cours de procédure civile*, § 395. Voy. cependant en sens contraire: Henrion de Pansey, *de la Compétence des juges de paix*, chap. LII; Duranton, IV, 246; Dalloz, *Jur. gén.*, v° Degré de juridiction, sect. I, n° 4; Req. rej., 10 novembre 1819 et 16 mai 1820, Sir., XX, 1, 209 et 430; Req. rej., 28 décembre 1826, Sir., XXVII, 1, 73; Civ. cass., 17 novembre 1835, Sir., XXXVI, 1, 15. Cpr. aussi Req. rej., 4 décembre 1833, Sir., XXXIV, 1, 335. Cette dernière opinion est en opposition formelle avec les art. 23 et 1041 du Code de procédure. Les motifs d'ordre public que l'on invoque pour la justifier, ne nous paraissent plus concluans sous l'empire d'une législation qui, punissant de peines plus ou moins sévères toutes espèces de violences contre les personnes, ainsi que toutes destructions ou dégradations de propriétés (Code pén., art. 295 à 329, 434 et suiv., 471 et 475. Loi sur la police rurale du 28 septembre-6 octobre 1791, tit. II), et qui d'ailleurs, posant en principe que tout délit engendre une action publique et une action civile (Code d'inst. crim., art. 1 - 4), offre des garanties suffisantes contre toute atteinte à la paix sociale et à la sûreté des individus. Les décisions rendues jusqu'à ce jour par la Cour de cassation, paraissent d'autant plus difficiles à expliquer que cette Cour avait elle-même, dans ses observations sur le projet du Code de procédure civile (art. 36, Sir., IX, 1, 5), émis une opinion conforme à celle que nous professons.

La possession et le trouble de possession se prouvent par témoins. Code de proc., art. 24.

Les rapports du possessoire et du pétitoire, ou en d'autres termes, de l'instance qui ne porte que sur la possession et de celle qui a pour objet le fond du droit, se déterminent d'après les règles suivantes :

1° Le demandeur a le choix d'agir au possessoire, ou au pétitoire[1], mais il ne peut cumuler les deux instances. Code de proc., art. 25[2].

2° Celui qui s'est pourvu au pétitoire, est par cela même déchu de la faculté d'agir au possessoire[3] (Code de proc., art. 26), à moins toutefois qu'il n'ait essuyé un nouveau trouble de possession depuis l'introduction de l'instance[4]. Rien, au contraire, n'empêche le défendeur au pétitoire d'agir au possessoire pour tout trouble de possession antérieur ou postérieur à l'introduction de la demande dirigée contre lui[5].

---

[1] Merlin, Rép., v° Complainte, § 7.

[2] Poncet, des Actions, n° 93. — La règle qui défend le cumul du possessoire et du pétitoire, n'empêche pas que le demandeur ne puisse invoquer son titre ; et le juge qui le prend en considération, dans le seul but d'apprécier les caractères des faits de possession, ne cumule pas le possessoire et le pétitoire. Henrion de Pansey, de la Compétence des juges de paix, chap. LI. Civ. rej., 26 janvier 1825, Sir., XXV, 1, 397. Civ. rej., 9 novembre 1825, Sir., XXVI, 1, 248. — Cette règle n'a pas non plus pour but de défendre au juge du pétitoire de prendre, dans le cours de l'instance liée devant lui, des mesures provisoires au sujet de la possession. Voy. Lassaulx, III, 379; Req. rej., 28 juin 1830, Sir., XXX, 1, 409; Req. rej., 19 décembre 1831, Sir., XXXII, 1, 67. Cpr. § 187.

[3] Il n'y serait plus recevable, même en se désistant de son action pétitoire. Ici s'applique la maxime electa una via, non datur regressus ad alteram. Cpr. § 34, note 1; Carré, Lois de la procédure civile, t. I, p. 50 et suiv.

[4] Req. rej., 7 août 1817, Sir., XVIII, 1, 400. Civ. cass., 4 août 1819, Sir., XX, 1, 112. Civ. rej., 28 juin 1825, Sir., XXVI, 1, 239. Cpr. Req. rej., 30 mars 1830, Sir., XXX, 1, 320.

[5] Carré, Lois de l'organisation et de la compétence, t. II, p. 367 et suiv. Civ. cass., 8 avril 1823, Sir., XXIII, 1, 305. Cpr. cep. Henrion de Pansey, op. cit., chap. LIII et LIV.

3° Celui qui a succombé au possessoire, ne peut se pour-voir au pétitoire, qu'après avoir pleinement satisfait aux condamnations contre lui prononcées. Code de proc., art. 27.

4° La décision intervenue au possessoire ne préjuge en rien la question du pétitoire[6].

[6] *Possessorium non prejudicat petitorio.* Nîmes, 17 janvier 1812, Sir., XIII, 2, 131.

LIVRE PREMIER.
DES DROITS SUR LES OBJETS EXTÉRIEURS CONSIDÉRÉS INDIVIDUELLEMENT.

PREMIÈRE DIVISION.
DES DROITS SUR LES CHOSES.

SECTION PREMIÈRE.
DU DROIT DE PROPRIÉTÉ SUR LES CHOSES.

SOURCES : Code civil, art. 544-577, 2219 et suiv. Les dispositions du Code civil sur cette matière sont principalement puisées dans le droit romain. — BIBLIOGRAPHIE : *Traité du domaine*, par Pothier. Dalloz, *Jur. gen.*, v° Propriété. *Traité de la propriété*, par Comte, Paris, 1834, 2 vol. in-8°.

I. NOTION DU DROIT DE PROPRIÉTÉ.

§ 193.

La propriété, en général [1], est le droit en vertu duquel un objet est soumis, d'une manière absolue, au bon plaisir d'une personne. Le propriétaire est souverain par rapport à l'objet sur lequel porte son droit.

---

[1] L'art. 711 emploie le mot *propriété* dans ce sens général. Cpr. Code de commerce, art. 136. — En droit romain, le terme *dominium* ne désigne que la propriété des choses.

La propriété des choses, en particulier, est le droit qui
vient d'être défini, en tant qu'il s'applique à des objets corporels dépourvus de capacité juridique[2]. Art. 544.

Quoique les productions de l'esprit et les inventions en
tout genre ne constituent pas des objets corporels, elles
sont cependant susceptibles d'une propriété qui peut, jusqu'à un certain point, être assimilée à celle des choses.
Mais, comme les dispositions qui régissent cette espèce de
propriété, sont contenues dans des lois spéciales, nous
n'aurons pas à nous en occuper. On pourra consulter, à
cet égard, les lois et les auteurs cités en note[3]. Ainsi, dans

[2] Ainsi que nous l'avons fait jusqu'à présent, nous emploierons
toujours le mot *chose* dans le sens restreint indiqué au texte. Cpr.
§ 168.

[3] PROPRIÉTÉ LITTÉRAIRE. — *Législation :* Loi des 13-19 janvier
1791. Loi des 19 juillet-6 août 1791. Loi du 19 juillet 1793. Arrêté du
gouvernement du 1er germinal an XIII. Décrets du 8 juin 1806, et
du 5 février 1810, art. 39 et 40. Avis du conseil d'État du 23 août 1811.
Code pénal, art. 425 à 430.—*Bibliographie: De la Propriété littéraire,*
par Prudhomme, Paris, 1808, in-8°. *Du Droit de propriété dans ses
rapports avec la littérature et les arts,* par Duprès, Paris, 1825,
in-8°. *Essai sur la propriété littéraire,* par Florentin Ducos, Paris,
1825, in-8°. *Collection des procès-verbaux de la commission de la
propriété littéraire,* Paris, 1826, in-4°. *Code de la presse,* par Gar-
nier-Dubourgneuf, Paris, 1822, in-8°. *Code des imprimeurs, li-
braires, écrivains et artistes,* ou *Recueil des dispositions législatives
qui déterminent leurs droits et leurs obligations,* par F. A. Pic,
Paris, 1825, 2 vol. in-8°. Merlin, *Rép. et Quest.,* vis Contrefaçon,
Plagiat et Propriété littéraire. Dalloz, *jur. gén.,* v° Propriété
littéraire.

PROPRIÉTÉ DES INVENTIONS OU DÉCOUVERTES. — *Législation:* Loi
des 31 décembre 1790-7 janvier 1791. Loi des 14-25 mai 1791. Arrêté des consuls du 5 vendémiaire an IX. Décrets des 25 novembre
1806, 25 janvier 1807, et 13 août 1810. Ce dernier décret, qui accorde aux brevets d'importation une durée égale à celle des brevets
d'invention et de perfectionnement, n'a pas été imprimé. Cpr. aussi
Loi du 18 mars 1806, art. 14-19. — *Bibliographie: Traité des brevets d'invention, de perfectionnement et d'importation,* par Re-
nouard, Paris, 1825, un vol. in-8°. *De la Législation concernant
les brevets d'invention, de perfectionnement et d'importation,* par
Th. Regnault, Paris, 1825, un vol. in-8°. *Code des brevets d'inven-*

la suite de ce chapitre, le mot *propriété* sera exclusivement employé pour désigner celle des choses.

Le droit de propriété s'étend non-seulement à la chose qui en fait l'objet, mais encore à ses accessoires. Cpr. § 170. Il confère, en général, les mêmes avantages, soit qu'il s'applique à des meubles, ou à des immeubles. Toutefois, la propriété des meubles, qui, par sa nature, est de fait moins certaine et moins stable que celle des immeubles, est aussi en droit moins complète et moins bien garantie. Voy. art. 686, 2118 et 2279.

Quelques auteurs distinguent deux espèces de droit de propriété: le domaine éminent et le domaine du droit civil. Mais ce que l'on entend par domaine éminent ne constitue pas un véritable droit de propriété. Ce domaine ne donne pas au souverain le pouvoir de disposer, d'une manière absolue, des choses qui appartiennent à des personnes privées; il l'autorise seulement à soumettre l'exercice du droit de propriété aux restrictions commandées par l'intérêt général, à contraindre le propriétaire au paiement de l'impôt, enfin, à lui demander, en cas de nécessité, le sacrifice de sa propriété [4].

II. DES DROITS QUE RENFERME LA PROPRIÉTÉ.

§ 194.

Généralités.

1° Le droit de propriété est de sa nature illimité. Il au-

tion, par Blanc-Saint-Bonnet. Merlin, *Rép.*, v° Invention. Dalloz, *Jur. gén.*, v° Brevets d'invention.

PROPRIÉTÉ INDUSTRIELLE. — *Législation:* Arrêté du 23 nivôse an IX. Loi du 22 germinal an XI. Décret du 5 septembre 1810. Loi du 28 juillet 1824. — *Bibliographie:* Dalloz, *Jur. gén.*, v° Propriété industrielle.

[4] Cpr. Exposé des motifs, par M. Portalis (Locré, *Légis.*, t. VIII, p. 152 et suiv., n°ˢ 6-8). « Au citoyen, disait ce conseiller d'État, « appartient la propriété, et au souverain, l'empire. »

torise à faire, sur la chose qui en est l'objet, tous les actes[1] compatibles avec les lois de la nature[1].

2° Cet empire illimité appartient au propriétaire à l'exclusion de tous autres.

3° Il existe de plein droit : celui qui réclame sur la chose d'autrui un droit quelconque, doit en prouver l'existence[2]; jusque-là, le propriétaire est légalement considéré comme investi d'un droit illimité et exclusif.

4° L'exercice du droit de propriété n'est soumis à d'autres restrictions qu'à celles qui résultent, soit d'un titre fondé sur le fait de l'homme, soit d'une disposition spéciale de la loi. Art. 545. On ne peut donc gêner cet exercice, sous prétexte qu'en s'y livrant, le propriétaire enleverait à un tiers l'espoir de quelque avantage, ou lui occasionerait un préjudice quelconque[3]. Du reste, le propriétaire est libre de faire valoir ses droits, ou de ne pas les faire valoir.

Le nombre des dispositions législatives qui restreignent le droit de propriété, notamment celui des immeubles, est assez considérable. Le Code civil en renferme plusieurs que nous exposerons en temps et lieu. Les autres étant contenues dans des lois spéciales, il n'entre pas dans notre plan d'en présenter le détail. Ces dernières restrictions sont principalement relatives au régime des forêts[4], au desséchement des marais[5], à l'exploitation des

---

[1] Le droit de propriété, renfermant en lui tous les autres droits que l'homme peut avoir sur une chose, on conçoit que les principes qui le concernent reçoivent souvent application dans d'autres matières.

[2] De là, la maxime *Quilibet fundus liber a servitutibus esse præsumitur.* Cpr. § 219.

[3] *Nullus videtur dolo facere qui suo jure utitur.* Loi 65, *D. de R. J.* (50, 17). Voy. cependant Metz, 10 novembre 1808 et 16 août 1820, Sir., XXI, 2, 154 et 155.

[4] Cpr. Code forestier du 21 mai 1827, art. 122 à 143, 151 à 157, 219 à 224. Cpr. § 6, note 1, et § 25, note 8.

[5] Cpr. Loi du 16 septembre 1807 (Locré, *Lég.*, t. IX, p. 48 à 58); Merlin, *Rép.*, v° Marais; *Code des desséchemens, ou Recueil des*

mines[6] et à l'établissement des manufactures, usines et ateliers dangereux, insalubres ou incommodes[7]. D'autres restrictions sont fondées sur les exigences du trésor[8], et sur la nécessité de veiller, soit à la sûreté et à la commodité du passage dans la voie publique[9], soit à la défense de l'État[10].

réglemens rendus sur cette matière, depuis Henri IV jusqu'à nos jours, par Poterlet, Paris, 1817, in-8°; Proudhon, *du Domaine public,* V, 1583-1662.

[6] Cpr. Loi du 21 avril 1810 (Locré, *Lég.,* t. IX, p. 107 à 647); Décrets des 11 janvier 1808 et 22 mars 1813; Toullier, III, 292 et suiv.; Merlin, *Rép.,* v° Mines; Dalloz, *Jur. gén.,* v° Mines; *Code des mines, ou Recueil des lois arrêtés, etc., concernant les mines minières, salines et carrières,* par Barrier, Lyon, 1829, in-8°.—Cpr. sur les fouilles de salpêtre et les matériaux de démolition propres à sa fabrication : Loi du 13 fructidor an V, art. 1 à 10; Loi du 10 mars 1819, art. 2 à 6.

[7] Cpr. Décret du 15 octobre 1810; Ordonnances des 14 janvier 1815, 29 juillet 1818, 25 juin et 29 octobre 1823, 20 août 1824, 9 février 1825, 5 novembre 1826, et 20 septembre 1828; Favard de Langlade, *Rép.,* v° Manufactures et ateliers incommodes et insalubres; Dalloz, *Jur. gén.,* v° Manufactures et Ateliers; Cormenin, *Questions de droit administratif,* t. II, p. 466 et suiv.; *Manuel des ateliers dangereux, insalubres ou incommodes,* par Macarel, Paris, 1825, in-18; *Traité de la législation concernant les manufactures et ateliers dangereux, insalubres et incommodes,* par Taillandier, Paris, 1825, in-8°.

[8] De là, les restrictions auxquelles est soumise la culture du tabac. Cpr. Loi du 28 avril 1816, partie des contributions indirectes, tit. V (Locré, *Lég.,* t. IX, p. 58 à 106); Loi du 12 février 1835 qui proroge le monopole de la régie des tabacs jusqu'au 1er janvier 1842.

[9] De là, les réglemens relatifs à la réparation et à la démolition des bâtimens menaçant ruine, et aux alignemens. Cpr. Loi des 16-24 août 1790, tit. XI, art. 3; Arrêt du conseil du 27 février 1765; Loi des 7-14 octobre 1790, art. 1er; Loi des 19-22 juillet 1791, tit. I, art. 29. Dalloz, *Jur. gén.,* v° Autorité municipale et Voirie; Favard de Langlade, *Rép.,* v° Voirie; Cormenin, *Questions de droit administratif,* t. II, p. 607 et suiv.; Proudhon, *du Domaine public,* I, 243-251.

[10] De là, le droit de martelage, c'est-à-dire le droit accordé au gouvernement de prendre dans les forêts des particuliers, moyennant une juste indemnité, les bois de construction nécessaires au service de la marine. Voy. art. 122 et suiv. du Code forestier

§ 195.

Énumération des principaux droits compris dans la propriété.

1° Le propriétaire a le droit de dénaturer la chose qui lui appartient. Ainsi, il peut changer la culture des immeubles, démolir les bâtimens ou les laisser s'écrouler, et faire au-dessus ou au-dessous du sol les constructions qu'il juge à propos[1].

2° Il a le droit de faire servir la chose à tous les usages compatibles avec sa nature, d'en recueillir tous les fruits ou produits sans distinction, et même de réclamer la restitution de ceux que des tiers auraient perçus sans son consentement, à charge de leur rembourser les impenses faites dans le but de les obtenir. *Fructus non intelliguntur nisi deductis impensis.* Art. 547, 548 et 549. Voy. cependant § 201.

Le mot *fruits*, dans son acception propre, ne s'applique qu'aux objets qu'une chose produit et reproduit sans se consommer. Tels sont, par exemple, les récoltes des prairies et des champs, les fruits des jardins, le croît des animaux[2], les produits de la pêche.

Cependant la loi assimile, en certains cas, aux fruits proprement dits des objets qui ne sont, à vrai dire, que des

---

et art. 152 et suiv. de l'ordonnance faite pour l'exécution de ce Code. — De là aussi, la défense de bâtir sur les terrains qui avoisinent, dans un certain rayon, les places de guerre et les forteresses. Voy. Loi du 17 juillet 1819, art. 2; Ordonnance du 1er août 1821; Proudhon, *du Domaine public*, I, 322-327.

[1] Voy. en ce qui concerne la faculté d'établir un étang : Duranton IV, 408 et suiv.; Garnier, *Traité des rivières*, II, 98 et suiv.; Proudhon, *du Domaine public*, V, 1575 et suiv.

[2] Le croît des animaux est considéré comme fruit des femelles. L. ult., *D. de rei vind.* (6, 1).

accessoires de la chose. Tels sont les produits des mines, carrières et tourbières en exploitation[3]. Cpr. art. 598 et 1403.

D'un autre côté, la loi considère comme fruits les revenus que le propriétaire de la chose perçoit pour prix de la jouissance qu'il en a concédée à un tiers. Tels sont, par exemple, les intérêts d'un capital, les arrérages d'une rente[4], les loyers d'une maison, d'un moulin, d'une fabrique.

Ces revenus sont appelés fruits civils[5], par opposition aux fruits naturels[6] qui comprennent les deux espèces de produits dont il a été précédemment question. Art. 583, 584 et 585.

Le Code civil, dérogeant à cet égard aux principes du droit romain, range dans la classe des fruits civils le prix des baux à ferme. Art. 584, al. 2. Toutefois, si le bail était consenti pour une portion aliquote de fruits, cette portion serait soumise, pour son échéance et sa perception, aux mêmes règles que les fruits naturels[7].

---

[3] Duranton, IV, 348. Cpr. sur les coupes de bois, § 227, note 9.

[4] Le mot *intérêts* désigne toujours le revenu d'un capital dont le créancier peut exiger le remboursement quand bon lui semble, ou du moins après un intervalle de temps déterminé. Le mot *arrérages*, au contraire, qui, suivant l'usage ordinaire, se prend pour toute espèce d'intérêts échus et non encore payés, ne s'applique, dans le langage juridique, qu'aux sommes à payer périodiquement par le débiteur d'une rente, c'est-à-dire d'un capital dont le créancier ne peut demander le remboursement. Proudhon, *de l'Usufruit*, I, 205.

[5] *Fructus naturales naturæ debentur, civiles ex obligatione percipiuntur.* Tel est le caractère distinctif de ces deux espèces de fruits, caractère auquel il faut s'attacher pour résoudre les différentes questions que cette matière peut présenter.

[6] On divise ordinairement (cpr. art. 583) les fruits naturels, en fruits naturels proprement dits et fruits industriels. Les premiers sont ceux que la terre produit spontanément et sans le secours de la culture. Les seconds sont ceux qui ne s'obtiennent qu'à l'aide du travail ou de l'industrie de l'homme. Mais, comme il n'existe pas de différences légales entre ces deux espèces de fruits, cette division est sans importance en pratique. Voy. art. 585.

[7] Toullier, III, 400. Proudhon, *de l'Usufruit*, II, 905. Duranton, IV, 532.

Les fruits sont à percevoir, tant qu'ils forment un accessoire de la chose qui les a produits. Ils sont perçus, lorsqu'ils sont entrés dans le patrimoine d'une personne, comme objets distincts de cette chose.

Les fruits naturels sont censés perçus dès qu'ils sont séparés du fonds, et même avant leur enlèvement. Les fruits civils, qui, dans la réalité, ne se perçoivent que par le paiement, sont réputés s'acquérir jour par jour; de telle sorte que si le droit aux fruits civils d'une même chose, passe successivement à plusieurs personnes, chacune d'elles doit en obtenir une part proportionnée à la durée de sa jouissance, sans que celle qui de fait les a perçus en totalité, puisse, à raison de cette perception, jouir de quelque avantage[8]. Art. 585 et 586.

3° Le droit qu'a le propriétaire de dénaturer la chose qui lui appartient et d'en jouir à l'exclusion de tous autres, lui donne la faculté de clore ses fonds[9]. Cette faculté existe même à l'égard des terres qui seraient soumises à la vaine pâture ou au parcours, en vertu de la coutume, ou d'un usage local et immémorial[10]. Mais si la vaine pâture

[8] Si, par exemple, un immeuble affermé est vendu au milieu de l'année, la moitié du prix de location appartient au vendeur, et l'autre moitié à l'acheteur.

[9] Toullier, III, 160 et suiv. Pardessus, *des Servitudes*, n° 131 et suiv. Merlin, *Rép.*, v° vaine Pâture.

[10] La vaine pâture est le droit réciproque que les habitans d'une même commune ont d'envoyer leurs bestiaux paître sur les fonds les uns des autres, aux époques déterminées par la loi et l'usage, et où les terres, sans semences et sans fruits, ne sont pas en défens. Ce droit prend le nom *de parcours, d'entrecours* ou *de marchage*, lorsqu'il est établi entre les habitans de deux ou plusieurs communes. Dans les provinces de droit écrit et dans quelques pays coutumiers, la vaine pâture n'avait jamais été considérée que comme le résultat d'une simple tolérance; d'autres coutumes, au contraire, l'avaient érigée en une servitude légale qui a été abolie par la loi des 28 septembre-6 octobre 1791, tit. I, sect. IV, art. 2, 3, 4, 5 et 7. Toutefois on ne peut s'opposer d'une manière absolue à l'exercice de la vaine pâture; on ne s'en affranchit qu'en faisant clore ses terres.

et le parcours avaient été établis à titre de servitude[11], en vertu d'une convention expresse[12], le propriétaire ne pourrait s'en affranchir par la clôture de son fonds. Du reste, celui qui use de la faculté de se clore, perd son droit à la vaine pâture et au parcours en proportion du terrain qu'il y soustrait. Art. 647 et 648[13]. Cpr. Loi des 28 septembre - 6 octobre 1791, tit. I, sect. IV.

4° Le propriétaire a le droit de céder sa chose, en tout ou en partie[14], par actes entre-vifs ou de dernière volonté,

[11] *A titre de servitude.* Il ne suffit pas de produire un acte constatant l'établissement du droit de vaine pâture; il faut de plus que cet acte indique qu'il a été dans l'intention des parties de se constituer réciproquement un droit de servitude. Voy. Proudhon et Curasson, *des Droits d'usage*, I, 337.

[12] Le droit de vaine pâture ou de parcours établi à titre de servitude conventionnelle, a été formellement maintenu par les art. 2 et 3, sect. IV, tit. I de la loi des 28 septembre - 6 octobre 1791. Le droit de se clore accordé à tout propriétaire par les art. 4 et 5 de la même section se trouve nécessairement soumis à la restriction résultant des deux articles précédens, Merlin, *Rép.*, v° vaine Pâture, § 1, art. 2, n° 2. Proudhon, *des Droits d'usage*, I, 338 et 339. *Dissertation* de Sirey, suivie de deux arrêts de la Cour de cassation, l'un de rejet du 14 fructidor an IX, l'autre de cassation du 13 décembre 1808, Sir., IX, 1, 72. Voy. cependant en sens contraire, Curasson, *des Droits d'usage*, I, 350. — L'art. 647 du Code civil n'a-t-il pas, sur ce point, dérogé à la loi de 1791, en n'apportant à la faculté de se clore d'autre restriction que celle mentionnée en l'art. 682? Nous ne le pensons pas. L'exception résultant de l'art. 682 n'est pas la seule que reçoive la faculté de se clore, qui, par exemple, ne pourrait s'exercer, s'il existait une servitude de passage fondée sur une convention. L'argument tiré de l'art. 647 n'est donc pas concluant. D'ailleurs, on ne doit pas supposer que le Code civil ait voulu anéantir des droits acquis par convention expresse. Toullier, III, 161. Delvincourt, t. I, p. 386. Lassaulx, III, 251 et suiv. Pardessus, *des Servitudes*, n° 134. Duranton, V, 259. — Le droit de vaine pâture, établi par convention expresse, a été déclaré rachetable par l'art. 8, sect. IV, tit. I de la Loi des 28 septembre - 6 octobre 1791.

[13] Cpr. sur cette matière: Les différens commentateurs du titre *des Servitudes;* Proudhon et Curasson, *des Droits d'usage*, I, 329 - 366; *Législation de la vaine pâture,* par A. Lepasquier, Paris, 1824, in-8°.

[14] C'est ainsi que la superficie d'un immeuble ou une propriété

de la grever de servitudes ou d'hypothèques, enfin d'abdiquer sa propriété, c'est-à-dire d'y renoncer purement et
simplement et sans se donner de successeur [15]. Ces différens
actes sont abandonnés au libre arbitre du propriétaire.
Ainsi, on ne peut le contraindre à céder ses droits de propriété [16]. Si cependant la cession d'une chose [17] est reconnue
nécessaire à l'utilité publique [18], par exemple, pour la construction d'une route ou des travaux d'assainissement, le
propriétaire peut être contraint à en faire le sacrifice,
moyennant une juste [19] et préalable indemnité [20]. Art. 545;
Charte, art. 10.

5° Enfin, le propriétaire a le droit de défendre sa pro-

souterraine peuvent être aliénées séparément du fonds. Art 553.
Toullier, III, 469. Proudhon et Curasson, *des Droits d'usage*, I,
367 et suiv.

[15] Voy. sur le droit d'abdiquer sa propriété : Art. 656 et 2172;
Toullier, III, 88.

[16] Les dispositions des art. 660 et 661 renferment une exception
à ce principe.

[17] Ou d'un droit, par exemple, d'un droit de péage. Req. rej.,
23 février 1825, Sir., XXV, 1, 297. — Toutefois, la propriété littéraire n'est pas susceptible d'expropriation forcée pour cause d'utilité publique. Crim. cass., 3 mars 1826, Sir., XXVI, 1, 365.

[18] Malleville, sur l'art. 545. Cpr. aussi Civ. rej., 18 janvier 1826,
Sir., XXVI, 1, 267.

[19] Ainsi, lorsqu'il s'agit d'une maison, on doit, pour déterminer le montant de l'indemnité, prendre en considération, non-
seulement la valeur de la maison en elle-même, mais encore les
avantages particuliers que sa situation offre au propriétaire, pour
l'exercice de sa profession.

[20] L'expropriation pour cause d'utilité publique était autrefois
réglée par la loi du 8 mars 1810 actuellement abrogée. La loi du
7 juillet 1833 est aujourd'hui la loi principale de la matière. Cpr.
Loi du 30 mars 1830, relative à l'expropriation et à l'occupation temporaire des propriétés privées nécessaires aux travaux
des fortifications. Voy. aussi Loi du 16 septembre 1807; Loi du
21 avril 1810; Avis du conseil d'État du 11-12 janvier 1811; Loi
du 15 avril 1829, art. 4. Cpr. enfin *Traité de l'expropriation forcée
pour cause d'utilité publique*, par Delalleau, 2ᵉ édit., Paris, 1836,
1 vol. in-8°.

priété au moyen des actions ou des exceptions qui en dérivent et dont il sera traité plus tard. Cpr. §§ 218 et 219.

III. DES DIFFÉRENTES DIVISIONS DE LA PROPRIÉTÉ.

§ 196.

1° *De la propriété révocable, et de la propriété irrévocable.*

Le terme *résolution* ou *révocation* est quelquefois employé, par la loi [1] et par les auteurs [2], dans une acception générale, qui embrasse les différentes manières dont le propriétaire, ou celui qui se gère comme tel, perd son droit, soit par une renonciation volontaire, soit par un motif quelconque indépendant de sa volonté. En ce sens, il y a résolution de propriété:

1° Lorsque les parties qui ont concouru à une aliénation, la résilient d'un commun accord [3].

2° Lorsque celui qui possède une chose, à titre de propriétaire, est condamné à la délaisser, soit par suite d'une demande en nullité ou en rescission, soit par suite d'une action paulienne, d'une demande en revendication ou en restitution de l'indu.

3° Dans les hypothèses prévues par les art. 859 et suiv., 920 et suiv., 2172, et autres semblables.

4° Enfin, par l'événement d'une condition résolutoire.

Cette énumération suffit pour donner une idée de la confusion dans laquelle les auteurs ont dû nécessairement tomber, en donnant au mot *résolution* une signification aussi large, et en l'appliquant à des cas tout-à-fait différens, qui ne sauraient être régis par les mêmes principes. Pour

[1] Voy. art. 2125.
[2] Voy. Toullier, III, 681; Merlin, *Rép.*, v° Résolution, et *Quest.*, eod. verb.
[3] Pothier, *de la Communauté*, n° 189.

TOME I. 26

éviter cet inconvénient, nous ne traiterons ici que de la propriété révocable de sa nature, en attribuant au mot *révocation* le sens restreint qui lui est propre.

La propriété révocable de sa nature est celle dont la révocabilité prend naissance dans une cause d'éviction [4] inhérente au titre d'acquisition. Les principes qui régissent la propriété considérée sous ce rapport, peuvent se résumer dans les propositions suivantes :

1° La propriété, en général, est irrévocable.

2° Elle est révocable, par exception, lorsqu'elle n'a été transférée que sous une condition résolutoire formellement exprimée, ou sous-entendue, en vertu d'une disposition spéciale de la loi. Les art. 955, 960, 1184 et 1654, présentent des dispositions de cette espèce; les unes sont fondées sur la nature même du titre, les autres sur la volonté présumée des parties contractantes. Les conditions résolutoires, qu'elles soient expresses ou tacites, produisent en général les mêmes effets.

3° Les conditions résolutoires opèrent de deux manières différentes: ou bien l'ancien maître est, en rentrant dans sa propriété, censé ne l'avoir jamais perdue, c'est la résolution *ex tunc ;* ou bien l'ancien maître ne recouvre sa propriété qu'à partir de l'accomplissement de la condition, et l'acquéreur est considéré comme ayant été propriétaire jusqu'à cette époque, c'est la résolution *ex nunc.*

La résolution *ex tunc* produit effet, non-seulement entre les parties contractantes, mais encore à l'égard des tiers [5], en vertu de la maxime que nul ne peut transférer à autrui plus de droits qu'il n'en a lui-même. Dans cette hy-

[4] Il ne peut donc être ici question de la révocation qui s'opérerait en vertu de la clause appelée *pactum displicentiæ.* L'acquéreur, en pareil cas, ne souffre pas d'éviction. Pardessus, *des Servitudes,* n° 319. Merlin, *Rép.,* v° Résolution, n° 3, et *Quest.,* *eod. verb.,* § 1.

[5] A moins qu'il ne s'agisse de choses mobilières. Art. 2279 et 2102, n° 4.

pothèse, l'ancien propriétaire a la faculté d'agir contre le tiers-détenteur par voie de revendication [6], et l'immeuble rentre dans sa possession libre et exempt des servitudes et des charges hypothécaires dont l'aurait grevé le premier acquéreur ou le tiers-détenteur. Voy. art. 954, 1673 et 2125.

La résolution *ex nunc*, au contraire, n'a pas d'effet rétroactif à l'égard des tiers. Elle laisse subsister les aliénations faites par l'acquéreur, ainsi que les servitudes et les hypothèques qu'il peut avoir créées. Voy. art. 958.

Du reste, entre les parties contractantes, la révocation entraine, dans l'un et l'autre cas, toutes les conséquences attachées à l'événement d'une condition résolutoire, en général.

4° Toute condition résolutoire entraine la révocation *ex tunc*, à moins que le contraire ne résulte d'une clause de l'acte d'acquisition, ou d'une disposition spéciale de la loi. Cpr. art. 958 [7].

5° La révocation de la propriété s'opère de plein droit, ou ne résulte que du jugement qui la prononce. Elle a lieu de plein droit lorsqu'une disposition spéciale de la loi (voy. art. 960), ou une clause expresse de l'acte d'acquisition le veut ainsi [8]. Cpr. art. 1183. Hors de ces cas, elle doit être demandée et prononcée en justice. Cpr. § 302.

---

[6] Civ. cass., 2 décembre 1811, Sir., XII, 1, 56. Merlin, *Quest.*, v° Résolution, § 1.

[7] L'exception établie par l'art. 958 est fondée sur des considérations d'équité. Voy. cependant Delvincourt sur l'art. 958; Merlin, *Quest.*, *loc. cit.*

[8] La résolution de plein droit attachée à l'événement d'une condition casuelle se réalise à dater de l'accomplissement de cette condition. Cpr. art. 960. La résolution de plein droit subordonnée à l'arrivée d'une condition plus ou moins dépendante de la volonté du nouveau propriétaire, ne s'opère qu'après qu'il a été constitué en demeure. Cpr. art. 1656 et 1139. Toutefois, il en est autrement : 1° lorsque les parties ont stipulé que la résolution aurait lieu, non-seulement de plein droit, mais encore sans qu'il soit besoin d'acte par le seul fait de l'arrivée de la condition ou

Ces deux espèces de résolution diffèrent sous plusieurs rapports. Si la résolution doit être demandée en justice, le juge peut encore, après l'action intentée, accorder à l'acquéreur un délai de grâce pour remplir la condition à raison du non-accomplissement de laquelle la demande a été formée (cpr. art. 1655), et l'ancien propriétaire n'a d'action contre le tiers-détenteur qu'après avoir fait prononcer la résolution vis-à-vis de l'acquéreur. Si la résolution a lieu de plein droit, il n'est pas permis au juge d'accorder de délai de grâce (cpr. art. 1656), et l'ancien propriétaire peut agir directement contre le tiers détenteur[9].

§ 197.

2° *De la propriété appartenant à un seul, et de celle appartenant à plusieurs en commun*[1].

La copropriété est le droit de propriété de plusieurs personnes sur une seule et même chose[2]. Elle est de deux espèces : ou bien chacun des communistes est propriétaire de la totalité de la chose (*in solidum*), quoique l'exercice

---

du terme (cpr. art. 1139) ; 2° lorsque cela résulte d'une disposition spéciale de la loi (cpr. art. 1657) ; 3° Ou enfin, lorsque la résolution est le résultat du défaut d'un paiement qui aurait dû être fait au domicile de l'ancien propriétaire. Cpr. art. 1247. Toullier, VI, 549 à 570. Duranton, XI, 88 à 90.

[9] Duranton, *des Contrats*, II, 503 et suiv. — Il ne faut pas confondre la résolution *ex tunc* avec la résolution de plein droit. Si la résolution *ex tunc* a quelquefois lieu de plein droit, dans d'autres cas aussi elle doit être demandée en justice.

[1] Cpr. Pothier, *du Quasi-contrat de communauté* (ce traité se trouve à la suite du *Traité sur le contrat de société* dont il forme le premier appendice); Lassaulx, III, 94.

[2] Si les différens étages d'une maison appartiennent à différens propriétaires, ceux-ci ne peuvent être considérés comme copropriétaires de la maison, quoiqu'ils le soient des gros murs qui la soutiennent, et du toit qui la couvre. Cpr. art. 664; Toullier, III, 222. Voy. aussi Civ. rej., 23 mars 1825, Sir., XXV, 1, 414.

de son droit soit restreint par la présence et le droit de ses associés; ou bien chacun des communistes n'est propriétaire que d'une quote-part idéale dans la chose commune.

La première espèce de copropriété est appelée *condominium in solidum seu pro indiviso, condominium juris germanici.* Les règles admises par le droit français en matière de succession, supposent l'existence d'une copropriété de cette nature entre les membres d'une même famille. Cpr. §§ 589 et 609. Mais on n'en trouve de traces dans aucune autre partie de la législation française.

La seconde espèce de copropriété est appelée *condominium pro diviso, condominium juris romani.* C'est là seule dont nous ayons à nous occuper [3]. Elle est régie par les principes suivans :

1° Chaque propriétaire jouit, en ce qui concerne sa quote-part idéale, de tous les droits que renferme la propriété en général, et peut les exercer sans l'autorisation ou le consentement de ses consorts. Ainsi, chacun des communistes a la faculté d'aliéner [4] sa part indivise, de la revendiquer entre les mains d'un tiers-détenteur, et de la grever de servitudes [5] ou d'hypothèques [6], sauf, dans ce

[3] Le Code civil ne contient pas de théorie générale sur la copropriété des choses individuellement considérées; il faut, pour compléter cette matière, recourir, mais avec précaution, aux principes généraux sur la propriété et le partage des successions. Merlin, *Rép.*, v° Partage, § 10, n° 1. Cpr. notes 4, 7 et 23.

[4] La disposition de l'art. 841 doit être restreinte à l'hypothèse d'une vente de droits successifs; elle ne s'applique pas à la cession de droits de copropriété d'une autre nature.

[5] Pardessus, *des Servitudes*, n°s 254 à 258. Toullier, III, 573. — Une servitude réelle supposant un corps certain sur lequel elle porte, l'exercice de la servitude concédée sur la part idéale et indivise de l'un des communistes, doit rester en suspens jusqu'au partage.

[6] Bruxelles, 13 décembre 1808, Sir., X, 2, 528. Req. rej., 18 mars 1829, Sir., XXX, 1, 339. — Les créanciers ayant acquis hypothèque sur la part indivise de l'un des communistes, peuvent en provoquer la vente par voie de saisie immobilière, et se faire

dernier cas, les effets du partage. Les créanciers du communiste peuvent aussi exercer sur cette part tous les droits qui leur compètent, en général, sur les biens de leur débiteur. Ils ont donc notamment la faculté de faire vendre, par voie d'expropriation forcée, sa part indivise dans un immeuble commun [7].

2° Les parts idéales des copropriétaires, ne constituant pas des corps certains, aucun d'eux ne peut, sans le consentement de ses consorts, exercer sur la totalité de la chose commune, ou même sur une partie physiquement déterminée de cette chose, des actes de propriété de nature à porter atteinte aux droits de ces derniers. Ainsi : 1) Tous actes de disposition matérielle et actuelle sont interdits à l'un des communistes, qui ne peut, sans le concours des autres, faire de changement dans la chose commune. *Melior est conditio prohibentis.* Voy. cep. Code de commerce, art. 220. 2) Les actes de propriété qui n'emportent pas nécessairement disposition matérielle et actuelle

colloquer hypothécairement sur le prix en provenant. L'exercice de l'hypothèque n'est donc pas, comme celui de la servitude, suspendu jusqu'au partage, quoique l'une et l'autre puissent s'évanouir par suite de ses effets. Cpr. la note suivante.

[7] L'art. 2205 ne s'applique qu'aux immeubles indivis entre cohéritiers, et ne doit pas être étendu, par voie d'analogie, au cas où l'indivision ne porte pas sur l'ensemble d'un patrimoine, mais bien sur une chose considérée individuellement : *non est eadem ratio.* L'art. 2205 est en effet fondé sur l'impossibilité, ou du moins sur la difficulté qu'il y aurait à déterminer, dans la liquidation de la succession tout entière (*in judicio familiæ erciscundæ*), la position et les droits de l'adjudicataire qui n'aurait acquis qu'une part indivise dans un ou plusieurs objets particuliers, au partage isolé desquels il ne pourrait astreindre les cohéritiers du débiteur exproprié, par le moyen de l'action *communi dividundo.* Merlin, *Quest.*, v° Expropriation forcée, § 7, n° 4 *in fine.* Paris, 1er juin 1807, Sir., VII, 2, 666. Metz, 28 janvier 1818, Sir., XVIII, 2, 337. Liège, 23 janvier 1834, Sir., XXXIV, 2, 683. Voy. cep. en sens contraire : Tarrible, *Rép.*, v° Saisie immobilière, § 3; Berriat-de-Saint-Prix, t. II, p. 572, note 23; Lyon, 9 janvier 1832, Sir., XXXIII, 2, 381; Pau, 10 décembre 1832, Sir., XXXIII, 2, 240. Cpr. § 581.

de tout ou partie de la chose commune, sont, en ce qui concerne leur efficacité, subordonnés à la condition qu'ils ne porteront pas atteinte aux droits des autres communistes; en d'autres termes, leur validité reste en suspens jusqu'au partage [8].

3° Tout copropriétaire peut contraindre ses consorts de contribuer aux frais d'entretien et de conservation de la chose commune, sauf à ces derniers à s'affranchir de cette obligation par l'abandon de leur droit de copropriété. Arg. art. 1859, n° 3 et 4, et art. 656 [9].

4° Chacun des communistes a le droit de demander, en tout temps, le partage de la chose commune [10].

---

[8] Cpr. sur les servitudes imposées à l'héritage commun par l'un des copropriétaires: Pardessus, *des Servitudes*, n°s 250-254; Toullier, III, 573. — Cpr. sur les hypothèques grevant un objet commun : Delvincourt sur l'art. 883; Grenier, *des Hypothèques*, 1, 158. — Le principe énoncé au texte, s'applique tout aussi bien aux hypothèques légales et judiciaires qu'aux hypothèques conventionnelles. — Les créanciers peuvent provisoirement inscrire l'hypothèque générale ou spéciale qui leur compète, quoique son efficacité dépende de l'événement du partage. Guichard, *Jurisprudence hypothécaire*, v° Hérédité. — Quel est l'effet du bail de la chose commune passé par l'un des communistes sans le consentement des autres? Il résulte de la distinction, indiquée dans le texte, qu'il n'est point opposable à ceux-ci, mais que, par contre, le preneur pourra le faire valoir contre le bailleur, si la chose louée échoit en partage à ce dernier. Cpr. L. 28, *D. comm. divid.* (10, 3); Merlin, *Quest.*, v° Location, § 1.

[9] Pothier, *op. cit.*, n° 192.

[10] Ce principe s'applique non-seulement au partage des choses, mais à celui de toute espèce de droits indivis entre plusieurs personnes, tel qu'un droit de pacage. Civ. rej., 18 novembre 1818, Sir., XIX, 1, 229. — Il s'applique aussi aux biens indivis entre deux ou plusieurs communes. Merlin, *Rép.*, v° Biens communaux, § 6, et v° Partage, § 10, n° 5. — Mais les habitans d'une commune ne pourraient, en se fondant sur le principe en question, demander le partage des biens communaux. Les lois des 14 août 1792 et 10 juin 1793, qui avaient ordonné le partage de tous les biens communaux, ont été abrogées par les lois des 21 prairial an IV, et 9 ventôse an XII. Voy. Merlin, *Rép.*, v° Marais, § 4; Dalloz, *jur. gén.*, v° Communes, sect. IV.

Ce droit et l'action qui en dérive sont imprescriptibles aussi long-temps que les copropriétaires possèdent ensemble tout ou partie de la chose commune, encore qu'ils en aient, par convention, divisé la jouissance entre eux[11]. Arg. art. 815 et 816. Cpr. § 622. La prescription de l'action en partage[12] ne court qu'à dater du moment auquel l'un des communistes a possédé, à titre de propriétaire exclusif, la totalité de la chose commune, ou de celui auquel les différens communistes ont possédé, chacun *pro suo*, et comme s'il y avait eu partage, des portions matériellement distinctes dont l'ensemble compose la totalité de cette chose[13].

Les copropriétaires ne peuvent renoncer indéfiniment au droit de provoquer le partage. Il leur est cependant permis de convenir de la suspension du partage pour un délai de cinq ans[14]; et cette convention est susceptible d'être renouvelée plusieurs fois. Art. 815 et 816. Un testateur ou donateur peut aussi attacher à sa disposition la condition que les donataires ou légataires resteront dans l'indivision pendant le même espace de temps[15].

---

[11] Civ. cass., 15 février 1813, Sir., XIII, 1, 316. Cpr. Req. rej., 9 mai 1827, Sir., XXVII, 1, 471.

[12] L'imprescriptibilité de l'action en partage, tant qu'une partie quelconque de la chose commune demeure indivise, ne forme point obstacle à ce que l'un des communistes ne puisse, au moyen d'une possession exclusive et exempte de précarité, acquérir par usucapion une portion déterminée de la chose commune. L'usucapion, dans ce cas, entraîne extinction partielle de l'action en partage, en ce qui concerne la portion usucapée. Arg. art. 816. Cpr. Duranton, VII, 88-96.

[13] Chabot de l'Allier, *des Successions*, sur l'art. 816. Vazeille, *des Prescriptions*, n°ˢ 377 et suiv. Riom, 25 mai 1810, Sir., XI, 2, 320. Req. rej., 5 janvier 1814, Sir., XIV, 1, 192. Cpr. Civ. rej., 23 novembre 1831, Sir., XXXII, 1, 71.

[14] Lorsque la clause relative à l'indivision n'en fixe pas le terme ou en prolonge la durée au-delà de cinq ans, cette clause n'est pas nulle, mais son effet est restreint à cet espace de temps. Voy. cependant Chabot, *op. cit.*, sur l'art. 815.

[15] Delvincourt, II, p. 344. Duranton, VII, 80. Dalloz, *jur. gén.*,

Par exception au principe ci-dessus posé, les époux ne peuvent demander le partage des biens appartenant à la communauté que lors de la dissolution de cette dernière (art. 1441); et les associés qui ont conclu une société pour un temps limité, sont assujétis à rester dans l'indivision, tant que le terme fixé pour la durée de la société n'est pas arrivé. Art. 1871 [16]. Ce principe souffre encore exception dans les cas où l'indivision, forcée en raison des localités, doit être considérée comme une espèce de servitude réciproque entre les différens copropriétaires. C'est ce qui a lieu, par exemple, pour les allées ou vestibules communs à deux maisons [17]. Voy. aussi Code de commerce, art. 220.

Le partage se fait, soit à l'amiable, soit en justice au moyen de l'action *communi dividundo*. Quel que soit le mode adopté, le partage doit se faire en nature (*divisio naturalis*), à moins que la chose commune ne puisse pas être commodément partagée, ou que, dans un partage à l'amiable, aucune des parties ne veuille recevoir cette chose dans son lot, cas auxquels elle est vendue aux enchères, et le prix en provenant réparti entre les copropriétaires (*divisio civilis*). Art. 575, 826, 827, 1686 et suiv. [18]. En

---

v° Succession, chap. VI, sect. III, art. 1, n° 3. Civ. rej., 20 janvier 1836; Dal., 1836, 1, 42. MM. Chabot (*op. cit.* sur l'art. 815, n° 2), et Merlin (*Rép.*, v° Partage, § 1, n° 1, 2 et 3) enseignent au contraire qu'une condition de cette nature est nulle comme contraire à la loi et à l'ordre public.

[16] Req. rej., 5 juillet 1825, Sir., XXVI, 1, 413.

[17] L. 19, § 1, D. comm. divid. (10, 3). Toullier, III, 469. Colmar, 20 mars 1813, Sir., XIV, 2, 292. Req. rej., 10 décembre 1823, Sir., XXIV, 1, 239. Cpr. Req. rej., 21 août 1832, Sir., XXXII, 1, 775.

[18] La vente aux enchères d'une chose indivise entre plusieurs personnes s'appelle licitation. — Voy. sur la procédure, en matière de licitation : art. 1687 et 1688; Code de procédure art. 966 et suiv., cbn. art. 953 et suiv., 707 et suiv. — Cpr. sur la question de savoir si l'art. 710 du Code de procédure est applicable aux licitations : Douai, 16 août 1810, Sir., XI, 2, 83; Rouen, 24 mai 1817, Sir., XVII, 2, 234; Civ. cass., 22 juin 1819, Sir., XX, 1, 20; Civ. cass., 16 novembre 1819, Sir., XXI, 1, 271; Grenoble, 25 juin 1825, Sir., XXV, 2, 172; Req. rej., 4 avril 1827, Sir.,

procédant au partage, les copartageans peuvent, en même temps, faire valoir leurs prétentions réciproques à raison de l'administration ou de la jouissance que l'un ou plusieurs d'entre eux auraient eu de la chose commune [19]. La procédure à suivre en matière de partage, est déterminée par les art. 817 et suiv. du Code civil et les art. 966 et suiv. du Code de procédure. Cpr. aussi art. 1476 et 1872; §§ 611 et suiv.

Le partage, ainsi que tout acte qui en tient lieu [20], n'est pas translatif, mais simplement déclaratif de propriété. Le communiste [21] au lot duquel le partage [22] a fait tomber tout ou partie de la chose commune, est considéré comme en ayant été, dès le principe, seul et unique pro-

XXVII, 1, 385; Montpellier, 29 août 1829, Sir., XXIX, 2, 284; Req. rej., 18 mai 1830, Sir., XXX, 1, 227. La jurisprudence tend à distinguer, dans la solution de cette question, le cas où la licitation a lieu entre majeurs seulement, de celui où des mineurs s'y trouvent intéressés.

[19] C'est par ces réclamations accessoires que plusieurs auteurs cherchent à expliquer la nature mixte de l'action en partage. Cette explication nous paraît inexacte. Cpr. § 746.

[20] On considère comme acte de partage la licitation par laquelle l'un des communistes devient propriétaire exclusif de la chose commune. Civ. cass., 27 novembre 1821, Sir., XXII, 1, 211. — On regarde aussi comme acte de partage la cession par laquelle l'un des copropriétaires transmet sa part indivise à son consort, pourvu, toutefois, que cette cession fasse cesser l'indivision. Req. rej., 3 mars 1807, Sir., VII, 1, 270. Req. rej., 25 janvier 1809, Sir., IX, 1, 139. Nîmes, 25 février 1819, Sir., XIX, 2, 287. Il en serait autrement s'il y avait d'autres copropriétaires que le cédant et le cessionnaire. Civ. cass., 16 janvier 1827, Sir., XXVII, 1, 242. Civ. cass., 24 août 1829, Sir., XXIX, 1, 421. Req. rej., 18 mars 1829, Sir., XXX, 1, 339. Montpellier, 6 mai 1831, Sir., XXXI, 2, 278. Lyon, 21 décembre 1831, Sir., XXXII, 2, 274. Voy. cependant, en sens contraire, Montpellier, 19 juillet 1828, Sir., XXIX, 2, 52.

[21] Ce principe ne s'applique donc pas au cas où un tiers devient, par suite de la licitation, propriétaire de la chose commune.

[22] Le copropriétaire qui se rend adjudicataire de la chose commune, sur la poursuite en expropriation dirigée par le créancier de tous les communistes, en devient propriétaire à titre nouveau; l'art. 883 est ici sans application. Paris, 2 juin 1817, Sir., XVIII, 2, 38.

priétaire, et comme n'ayant jamais eu aucun droit de propriété sur ce qui est échu à ses copartageans. Arg. art. 883[23]. En vertu de ce principe, les servitudes et les hypothèques consenties par l'un des communistes sur sa part indivise dans un immeuble commun, s'évanouissent, lorsque, par suite du partage, il n'en obtient aucune portion. Si, au contraire, la totalité ou une partie de l'immeuble commun tombe dans son lot, les servitudes ou les hypothèques qu'il a établies, affectent ce qui lui est échu. Cette conséquence s'applique également aux actes d'aliénation et aux constitutions d'hypothèque ou de servitude portant sur la totalité ou sur une portion physiquement déterminée de la chose commune. Par suite du même principe, il faut aussi décider que le ci-devant copropriétaire, auquel est dû une soulte ou retour de lot, ne peut, à défaut de paiement, exercer l'action accordée en cas d'aliénation par les art. 1183 et 1654[24].

§ 198.

3° De la propriété pleine, et de la propriété moins pleine. (Dominium plenum, minus plenum.)

La propriété est appelée pleine ou moins pleine, suivant

[23] Le Code civil a puisé ce principe dans l'ancien droit français. D'après le droit romain, dont les dispositions nous paraissent moins conformes à la nature du droit de copropriété, le partage était considéré comme translatif de propriété, c'est-à-dire comme contenant aliénation d'une part, et acquisition de l'autre. Pothier, op. cit., n° 199. Bruxelles, 20 février 1811, Sir., XI, 2, 375. — Quoique l'art. 883 ne parle que des cohéritiers, il doit s'appliquer à tous les copropriétaires; cela ne fait aucun doute en jurisprudence. Delvincourt, sur l'art. 883.

[24] Civ. rej., 24 mars 1823, Sir., XXIII, 1, 200. Besançon, 25 juin 1828, Sir., XXIX, 2, 86. Req. rej., 9 mai 1832, Sir., XXXII, 1, 367. — Il résulte encore de ce principe que le cohéritier adjudicataire par suite de licitation, n'est pas soumis à la revente sur folle enchère. Paris, 21 avril 1830, Sir., XXX, 2, 370. Voy. cependant en sens contraire, Paris, 21 mai 1816, Sir., XVIII, 2, 10.

qu'elle n'est pas, ou qu'elle est décomposée en domaine direct et utile.

Le domaine utile consiste dans un droit de jouissance exercé, non à titre de servitude, mais comme conséquence de la propriété partielle de la chose qui en est l'objet. Le domaine direct se compose, à l'exception de cette jouissance, des différens droits que la propriété renferme, et en reconnaissance desquels le propriétaire utile est astreint envers le propriétaire direct soit à des services personnels, soit au paiement d'un canon, ou d'une rente annuelle[1].

Cette décomposition de la propriété, qui peut être modifiée de mille manières, se présente dans l'histoire sous des formes tellement variées[2] qu'il est impossible de déterminer, d'une manière générale, l'étendue des droits que comportent le domaine direct et le domaine utile.

La propriété d'un grand nombre de biens-fonds était autrefois décomposée chez toutes les nations d'origine germanique. Cet état de choses, qui subsiste encore aujourd'hui chez plusieurs d'entre elles, avait reçu en France plus de développement que partout ailleurs, à raison de l'influence que le système féodal exerça sur les institutions de ce pays dans lequel il avait pris naissance[3].

---

[1] Le droit de superficie ne constitue pas une propriété moins pleine dans le sens que nous attachons à ces mots : le domaine de la superficie et celui du sol portent, en effet, sur deux objets distincts. Cependant, M. Proudhon (des Droits d'usage I, 368), considère ce droit de superficie comme une espèce de domaine utile. En fait, il est parfois, à raison du silence de la législation, assez difficile de les distinguer l'un de l'autre. — Du reste, il peut se présenter d'autres décompositions matérielles du droit de propriété qui n'ont rien de commun avec la division dont il est question au paragraphe. Cpr. Req. rej., 26 décembre 1833, Sir., XXXIV, 1, 720; Req. rej., 13 février 1834, Sir., XXXIV, 1, 205.

[2] On connaissait en France des emphytéoses, des locatairies perpétuelles, des champarts, des baux à domaine congéable, etc. Voy. Merlin, Rép. et Quest., v⁰ Emphytéose, Locatairie perpétuelle, Champart, Bail à domaine congéable; Toullier, III, 95-104; Lassaulx, III, 48; Duranton, IV, 75-92.

[3] Voy. Merlin, Rép., v⁰ Fief.

Aux embarras résultant de la versatilité des principes qui régissaient cette matière, venait encore se joindre un autre inconvénient : comme les biens-fonds pouvaient, abstraction faite de toute concession de nature à entraîner une division de propriété, être grevés de redevances irrachetables, qu'aucun signe caractéristique ne différenciait d'avec les rentes dues par suite d'une concession de cette espèce, on était souvent exposé à confondre les immeubles dont la propriété avait été divisée, avec ceux dont la propriété était demeurée pleine.

Les charges et les entraves multipliées qui pesaient sur la propriété foncière, avaient puissamment contribué au renversement de l'ancien régime. Aussi, l'affranchissement du sol français, depuis long-temps sollicité par tous les économistes, fut-il une des premières mesures qu'amena la révolution de 1789. Les principales lois promulguées à cet effet, sont celles des 11 août 1789, 3 novembre 1789, 15-28 mars 1790, 18-29 décembre 1790, 25-28 août 1792, et 17 juillet 1793.

Ces lois convertirent tous les droits de domaine utile en droits de pleine propriété. Elles anéantirent, dans toute leur étendue, les institutions féodales, et par suite, elles supprimèrent, sans indemnité, les corvées, les services, et même les redevances dont l'origine se rattachait à ces institutions. Quant aux rentes non entachées de féodalité, elles les déclarèrent indistinctement rachetables.

La loi des 18-29 décembre 1790 admit cependant une exception pour les rentes et les emphythéoses non perpétuelles. «Les baux à rente ou emphytéoses non perpé- «tuelles, porte l'art. 1er de cette loi, seront exécutés pour «toute leur durée, et pourront être faits à l'avenir pour «quatre-vingt-dix-neuf ans et au-dessous, ainsi que les «baux à vie, même sur plusieurs têtes, à la charge qu'elles «n'excèdent pas le nombre de trois.»

Tel était l'état de la législation lors de la promulgation du Code civil, dont l'art. 530 déclare rachetables toutes les rentes constituées à perpétuité pour prix de la vente d'un immeuble, ou comme condition de la cession, à titre onéreux ou gratuit, d'un fonds immobilier.

Cet article, qui reproduit les principes du droit intermédiaire, en ce qu'il rend impossible toute décomposition perpétuelle de la propriété, ne s'explique pas sur les effets des conventions qui, d'après le droit ancien et la loi des 18-29 décembre 1790, en entraînaient la décomposition temporaire. On peut dès-lors se demander quelles doivent être aujourd'hui les conséquences de ces conventions, dont l'usage s'est conservé dans plusieurs provinces [4]. Nous pensons qu'elles ne peuvent avoir, en aucun cas, pour résultat d'opérer une division de propriété. En effet, d'une part la loi des 18-29 décembre 1790, a été abrogée par l'art. 7 de celle du 30 ventôse an XII (cpr. § 14); d'autre part, la lettre de l'art. 543, l'esprit [5] qui a présidé à sa rédaction ainsi qu'à celle des art. 530 et 896, s'opposent à toute décomposition, même temporaire, de la propriété; et cette décomposition devient d'ailleurs inutile, puisque le contrat de louage, que les lois permettent de modifier à l'infini, suffit aux exigences de toutes les relations sociales. Voy. art. 1717 et 1742.

En résumé, la matière est, à notre avis, régie par les principes suivans :

[4] Cpr. sur cette matière : Delvincourt sur l'art. 530; Toullier, *loc. cit.*; Grenier, *des Hypothèques*, I, 143; Duranton, *loc. cit.*; Merlin, *Quest.*, v° Emphythéose, § 5.

[5] Cet esprit résulte clairement de la discussion de ces articles au conseil d'État, des discours et des exposés de motifs faits et présentés par les orateurs du tribunat et ceux du gouvernement. Voy. surtout : *Discussion* sur l'art. 530 (Locré, *Légis.*, t. VIII, p. 79 à 93); *Discours préliminaire*, de Portalis (Locré, *Légis.*, t. I, p. 309, n° 89). — Il est encore à remarquer que la Loi du 11 brumaire an VII, sur le régime hypothécaire, avait, dans son art. 6, rangé les emphythéoses non perpétuelles au nombre des biens susceptibles d'hypothèque, et que le Code civil n'a pas reproduit cette disposition qui se trouve évidemment abrogée d'après la rédaction limitative de l'art. 2118.

1° Lorsqu'un immeuble est cédé à la charge ou sous la réserve d'une rente perpétuelle, le droit de propriété passe tout entier sur la tête de l'acquéreur; et la rente, assimilée d'ailleurs à un prix de vente, est essentiellement rachetable[6]. Voy. § 398.

2° Si, au contraire, la cession de jouissance n'est que temporaire[7], et si les clauses[8] de la convention n'établissent pas clairement[9] qu'il ait été dans l'intention des contractans d'opérer, soit une translation de propriété, soit une constitution de servitude personnelle, le contrat est soumis aux règles du louage, et le possesseur de l'immeuble dont la jouissance a été ainsi cédée, ne peut ni l'hypothéquer, ni former à son égard d'action possessoire[10].

Les biens compris dans une substitution fidéi-commis-

---

[6] Merlin, *Quest.*, v° Emphytéose, § 5, n° 4. Civ. rej., 12 nivôse an XII, Sir., IV, 1, 115. Civ. cass., 7 nivôse an XII, Sir., IV, 1, 236. Civ. cass., 5 octobre 1808, Sir., IX, 1, 115. Civ. cass., 8 novembre 1824, Sir., XXV, 1, 290;

[7] Cpr. Avis du conseil d'État du 1-7 mars 1808; Req. rej., 29 thermidor an X, Sir., III, 1, 117; Rouen, 1er août 1811, Sir., XII, 2, 76.

[8] La qualification donnée au contrat est indifférente; c'est aux clauses mêmes de la convention qu'il faut s'attacher, pour en déterminer le caractère et les effets. L'emphytéose, par exemple, peut être placée tantôt dans la première, et tantôt dans la seconde des hypothèses que nous avons établies.

[9] *Alienatio non præsumitur.*

[10] Grenier, *des Hypothèques*, I, 143. Delvincourt, III, p. 185. Proudhon, *de l'Usufruit*, I, 97. MM. Merlin (*Quest.*, v° Emphytéose, § 5, n° 8) et Duranton (IV, 80) professent une opinion diamétralement opposée. Ils soutiennent que l'on peut encore aujourd'hui établir des emphytéoses temporaires dans lesquelles le bailleur, en se réservant le domaine direct, transfère au preneur un véritable domaine utile, que ce dernier a le droit de grever d'hypothèque, et à l'occasion duquel il peut former l'action possessoire. Voy. encore, dans ce sens: Battur, *des Hypothèques*, II, 246; Favard de Langlade, *Rép.*, v° Hypothèque, n° 2; Dalloz, *Jur. gén.*, v° Hypothèque, chap. II, sect. I, n° 11; Troplong, *des Priviléges et Hypothèques*, II, 405; Civ. cass., 26 juin 1822, Sir., XXII, 1 362; Req. rej., 19 juillet 1832, Sir., XXXII, 1, 531; Douai, 15 décembre 1832, Sir., XXXIII, 2, 65.

saire, et ceux composant un majorat offrent par exception
des exemples de propriété divisée[11].

IV. DE L'ACQUISITION DE LA PROPRIÉTÉ.

§ 199.

Généralités.

Les moyens d'acquérir la propriété des choses sont universels ou particuliers. Il sera question des premiers dans
la théorie du patrimoine. Parmi les seconds, les uns reposent sur la loi, tels que l'occupation, l'accession, la perception des fruits de la chose d'autrui, et l'usucapion; les
autres, sur la volonté de l'ancien propriétaire, tels que les
conventions, et les legs à titre particulier dont nous traiterons en parlant des dispositions à titre gratuit.

1. DE L'OCCUPATION.

§ 200.

L'occupation est un moyen d'acquérir la propriété par
le seul fait de la prise de possession d'une chose qui n'appartient à personne. *Res nullius cedit occupanti.*

Le Code civil n'admet pas d'occupation proprement dite,
puisqu'aux termes des art. 539 et 713, tout ce qui n'a pas
de maître appartient à l'État. Toutefois, l'occupation est
encore aujourd'hui un moyen d'acquérir, en ce sens qu'il
est permis aux particuliers de s'approprier, par prise de

---

[11] Voy. aussi le sénatus-consulte du 30 janvier 1810, dont
l'art. 14 porte: «Les domaines productifs qui se trouvent attachés
«à la dotation de la couronne, peuvent être affermés, sans que
«néanmoins la durée des baux puisse excéder le temps déterminé
«par les art. 595, 1429, 1530 et 1718 du Code civil, à moins qu'un
«bail emphytéotique n'ait été autorisé par décret délibéré au conseil d'État.»

possession, certaines choses qui appartiennent de plein droit à l'État[1]. Telles sont :

1° Les choses prises sur l'ennemi, en tant qu'il peut être permis de faire du butin[2].

2° Les choses rejetées par la mer, et les plantes qui croissent sur son rivage, pourvu toutefois que l'on se conforme aux réglemens rendus à ce sujet[3]. Art. 717.

3° Les choses perdues ou égarées (arg. art. 2279), et celles volontairement abandonnées par le propriétaire[4].

[1] Delvincourt, II, p. 1.

[2] Toullier, III, 371. Duranton, IV, 335 et suiv. — Les lois ne s'occupent que des prises maritimes. Cpr. sur cette matière : Ordonnance de la marine du mois d'août 1681, liv. III, tit. IX et X; Réglement du 26 juillet 1778 concernant la navigation des bâtimens neutres, en temps de guerre; Arrêté du 2 prairial an XI, sur les armemens en course; *Code des prises*, par Lebeau, Paris, an VII, 3 vol. in-4° et 4 vol. in-8°; *Code des prises maritimes*, par Dufriche-Foulaines, Paris, 1804, 2 vol. in-8°; Merlin, *Rép.*, v° Prise maritime.

[3] Ces choses étaient autrefois appelées épaves maritimes, ou varech. Cpr. à cet égard, ainsi que sur les objets naufragés ou jetés à la mer, *navis levandæ causâ :* Ordonnance de la marine de 1681, liv. IV, tit. IX; Loi des 9-24 août 1791, tit. I, art. 3 et 6, tit. V, art. 1; Toullier, IV, 37 et suiv.; Duranton, IV, 305 et suiv., 327 et suiv.; Merlin, *Rép.*, v° Varech; *Dissertation sur les épaves*, (Sir., VIII, 2, 4); Garnier, *Traité des rivières*, I, 138 et suiv.

[4] Dans l'ancien droit, les choses égarées étaient appelées épaves. On fait ordinairement dériver ce mot de *expavescere*, étymologie qui en restreindrait la signification primitive aux animaux effrayés et errans. Voy. *Dictionnaire de droit*, de Ferrière, et *Glossaire du droit français*, par De Laurière, v° Épaves. — Les épaves appartenaient aux seigneurs haut-justiciers. L'art. 7, tit. I, de la loi des 13-20 avril 1791 les leur enleva, sans indiquer toutefois à qui elles appartiendraient à l'avenir. L'art. 717 se réfère, en ce qui les concerne, à des lois spéciales. Mais, comme il n'en existe pas de nouvelles sur la matière, plusieurs auteurs (Cpr. Merlin, *Rép.*, v° Épaves; Toullier, IV, 48 et suiv.), ont conclu des art. 539 et 713 que les épaves étaient aujourd'hui indistinctement acquises à l'État. D'autres auteurs, au contraire (Cpr. Duranton, IV, 270, 318 et suiv.; Garnier, *Traité des rivières*, I, 140 - 145), se sont prononcés en faveur de l'inventeur. Cette dernière opinion a été consacrée par une décision du ministre des finances du 3 août

4° La moitié du trésor découvert par le pur effet du hasard. On appelle trésor toute chose cachée ou enfouie [5] de la propriété de laquelle personne ne peut justifier [6]. La moitié du trésor est attribuée, à titre d'occupation (*invention*), à celui qui le découvre [7]; l'autre moitié appartient au propriétaire du fonds dans lequel il était enfoui.

Le droit d'invention, qui ne s'exerce que sur les trésors dont la découverte est due au hasard, ne peut être invoqué, ni par l'ouvrier que le propriétaire du fonds a chargé de faire des fouilles ayant pour objet la découverte d'un

1825 (Sir., **XXVI**, 2, 4), comme étant la plus conforme à l'équité naturelle et à la disposition de l'art. 2279. Cependant, cette règle n'est pas sans exception. Ainsi, les choses abandonnées dans les greffes des tribunaux et les bureaux de voitures publiques, appartiennent exclusivement à l'État, lorsqu'elles ne sont pas réclamées dans les délais déterminés par les lois et réglemens. Voy. Loi du 11 germinal an IV; Décret du 13 août 1810; Ordonnance du 22 février 1829. Les sommes versées aux caisses des agens des postes pour être remises à destination sont définitivement acquises à l'État, lorsque le remboursement n'a pas été réclamé par les ayants-droit dans un délai de huit années à partir du jour du versement des fonds. Loi du 31 janvier 1833, art. 1.

[5] La définition que le second alinéa de l'art. 716 donne du trésor, n'en restreint pas l'idée aux choses cachées dans un immeuble. Ainsi, quoique le premier alinéa de cet article ne paraisse avoir en vue qu'un objet trouvé dans un immeuble, il n'en est pas moins applicable à l'hypothèse plus rare d'un trésor découvert dans un meuble : *eadem est ratio*. — Au surplus, il n'est pas nécessaire, pour qu'une chose cachée ou enfouie doive être considérée comme trésor, que le dépôt soit ancien. Duranton, IV, 310. Cpr. L. 31, § 1, *D. de adq. rer. dom.* (41, 1); L. *uni.*, *C. de Thesau.* (10, 15). — Les choses trouvées dans des tombeaux peuvent-elles être envisagées comme des trésors? Voy. Bordeaux, 6 août 1806, Sir., VI, 2, 175. — Cpr., sur l'historique de cette matière, *Jurisprudence du Code civil*, VII, 362.

[6] On doit admettre à cet effet toute espèce de preuves et même de simples présomptions. Voy. Toullier, IV, 36; Duranton, IV, 311.

[7] C'est-à-dire, à celui qui, le premier, a rendu le trésor visible, bien qu'il ne l'ait pas découvert en totalité, ou que même, il n'ait pas d'abord reconnu que ce fut un trésor. Bruxelles, 15 mars 1810, Sir., X, 2, 230.

trésor, ni par le tiers qui, dans le même but[8], aurait fait des recherches non autorisées par le propriétaire. Dans l'une et l'autre de ces hypothèses, le trésor appartient en totalité à ce dernier, à titre d'accession. Art. 522. Mais l'ouvrier travaillant sur le fonds d'autrui, a droit à la moitié du trésor qu'il a découvert sans avoir été spécialement chargé de le rechercher[9]. Art. 716.

5° Le gibier. Tout propriétaire jouit aujourd'hui du droit de chasse sur ses terres, à charge de se conformer aux lois qui en règlent l'exercice[10], et notamment sous la condition d'obtenir du préfet du département un permis de port d'armes de chasse[11]. Le propriétaire peut exercer par lui-même le droit de chasse, ou le céder, en tout ou partie, soit à titre gratuit, soit à titre onéreux[12].

6° Le poisson.

La pêche dans la mer, ainsi que dans les fleuves et les rivières qui s'y jettent jusqu'aux limites de l'inscription ma-

---

[8] Si les fouilles ont été faites dans tout autre but que celui de trouver un trésor, l'inventeur doit obtenir la moitié de celui qu'il a découvert, quoique les recherches aient été faites sans la permission du propriétaire. *L. un. C. de Thesan.* (10, 15). M. Toullier (IV, 35) paraît être d'un avis différent,

[9] Duranton, IV, 315 et suiv. Bruxelles, 15 mars 1810, Sir., X, 2, 230.

[10] La principale loi sur cette matière est celle des 28-30 avril 1790. Cpr. *Traité général des eaux et forêts, chasses et pêches,* par Baudrillart, Paris, 1821-1831, 3 vol. in-4°; *Code de la chasse et de la pêche,* par Rondonneau, Paris, 1826, in-8°; *Code de la chasse et de la pêche,* par un anonyme, Paris, 1826, in-32; Dalloz, *Jur. gén.,* v° Chasse; Duranton, IV, 275 et suiv.

[11] Cela est exigé par le décret du 4 mai 1812, qui est encore aujourd'hui en vigueur, d'autant plus qu'il a été implicitement confirmé par la loi des finances du 28 avril 1816. Merlin, *Rép.,* v° Port d'armes. Crim. cass., 7 mars 1823, Sir., XXIII, 1, 240. Crim. cass., 3 mai 1834, Sir., XXXIV, 1, 576. Cpr. aussi les arrêts cités à la note sixième du § 5. Voy. cependant Toullier, IV, 6 et suiv.

[12] Crim. cass., 13 juillet 1810, Sir., X, 1, 297.

ritime[13], est libre pour toute personne, à la condition d'observer les réglemens qui existent à cet égard[14].

Le droit de pêche s'exerce au profit de l'État dans les fleuves, rivières, canaux, contre-fossés et dépendances navigables ou flottables avec bateaux, trains, ou radeaux, et dont l'entretien est à la charge de l'État ou de ses ayants-cause. Les particuliers ne peuvent y pêcher qu'à la ligne flottante et tenue à la main, à moins d'avoir obtenu une licence ou d'être adjudicataires de la ferme de la pêche[15].

Dans les rivières et canaux autres que ceux ci-dessus désignés, les propriétaires riverains ont le droit de pêche, chacun de leur côté, jusqu'au milieu du cours de l'eau[16].

---

[13] Loi du 15 avril 1829, sur la pêche fluviale, art. 3, alin. 2.—Les limites de l'inscription maritime sont, pour les fleuves et rivières qui se jettent dans l'Océan, au point où remonte le flot d'équinoxe, et pour les fleuves et rivières affluant à la Méditerranée, au point où les bâtimens cessent de pouvoir remonter à la voile. Loi sur l'inscription maritime du 3 brumaire an IV, art. 1 et 2. Voy. aussi le tableau annexé à l'ordonnance, relative à la pêche fluviale, du 10 juillet 1835. Ce tableau contient l'indication des limites entre la pêche fluviale et la pêche maritime.

[14] Cpr. sur la pêche maritime en général : Ordonnance de la marine du mois d'août 1681, liv. V; sur la pêche du hareng et du maquereau : Ordonnance des 14 août 1816 et 4 janvier 1822; sur la pêche de la morue à l'île de Terre-Neuve : Arrêté du 15 pluviôse an XI; Ordonnances du 13 février 1815 et du 20 novembre 1821; sur la pêche du corail : Loi du 17 floréal an X; Merlin, *Rép.*, v° Pêche, sect. II ; Favard de Langlade, *Rép.*, v° Pêche, sect. II.

[15] Loi du 15 avril 1829, sur la pêche fluviale, art. 1, art. 3, alin. 1, et art. 5, alin. 3. Voy. aussi l'ordonnance du 10 juillet 1835 sur le même objet et le tableau y annexé. Ce tableau indique, par département, les parties de fleuves et rivières, et les canaux navigables ou flottables sur lesquels la pêche doit être exercée au profit de l'État.

[16] Loi sur la pêche fluviale, du 15 avril 1829, art. 2. — Cpr. sur la pêche fluviale en général : Motifs et discussion de la Loi du 15 avril 1829 aux deux chambres, Sir., XXX, 2, 249; *Code de la pêche fluviale et de la chasse*, Dijon, 1829, in-8°; Proudhon, *du Domaine public*, III, 888-899, IV, 1245-1254; et les ouvrages cités à la note 10.

La pêche des étangs et des eaux dormantes, est réglée par les art. 524 du Code civil, et 388 du Code pénal.

7° Enfin, les essaims d'abeilles. Le propriétaire du fonds sur lequel vient s'abattre un essaim, est autorisé à s'en emparer, lorsque le propriétaire des abeilles ne les poursuit pas [17]. Loi des 28 septembre-6 octobre 1791, tit. I, sect. III, art. 5.

2. DE LA PERCEPTION DES FRUITS.

§ 201.

La propriété renfermant un droit exclusif aux fruits, celui qui les a perçus, sans y être autorisé en vertu d'un titre susceptible d'être opposé au propriétaire, est en général obligé de les lui restituer. Voy. § 195. La loi fait exception à ce principe en faveur du possesseur de bonne foi, qui acquiert, par le seul fait de la perception, tous les fruits [1] qu'il a recueillis [2] pendant la durée de sa bonne foi.

On appelle possesseur de bonne foi celui qui possède comme propriétaire, en vertu d'un titre translatif de propriété dont il ignore les vices [3]. Peu importe la nature de ces vices, qu'ils soient de fond ou de forme [4], qu'ils entraînent une nullité relative ou une nullité absolue, il

[17] Le propriétaire des abeilles a donc le droit de les suivre sur le terrain d'autrui, à charge toutefois de réparer le dommage qu'il peut occasioner. Toullier, III, 374.

[1] *Fructus tam extantes quam consumptos suos facit.* Delvincourt, sur l'art. 549. Cpr. § 35, *Inst. de rer. div.* (2, 1); L. 4, § 2, *D. fin. regund.* (10, 1).

[2] Tout ce que nous disons ici des fruits réellement recueillis, s'applique également à ceux que la loi répute perçus.

[3] Il faut bien se garder d'appliquer à la perception des fruits, exclusivement régie par les art. 549 et 550, les dispositions des art. 2265 - 2269 (cpr. § 217) sur la bonne foi et le juste titre requis en matière d'usucapion.

[4] Douai, 7 mai 1819, Sir., XX, 2, 127. Angers, 9 mars 1825, Sir., XXVI, 2, 181.

n'en est aucun qui fasse par lui-même obstacle au gain des fruits, parce qu'il n'en est aucun que la loi présume nécessairement connu du possesseur. Ce principe s'applique même aux vices résultant d'une violation formelle de la loi qui, par suite d'une erreur de droit, est restée inconnue à ce dernier [5]. La question de bonne foi [6], c'est-à-dire celle de savoir si le possesseur ignorait ou non les vices dont se trouve entaché son titre, ne peut donc être décidée que d'après des considérations de fait [7] puisées dans les circonstances particulières à chaque espèce, et notamment dans la condition individuelle du possesseur [8].

Il est même à remarquer que l'art. 550, qui parle d'un titre translatif de propriété, n'en fait pas une condition distincte de la bonne foi (cpr. au contraire, art. 2265); il ne l'exige, par conséquent, que comme moyen de preuve ou élément de cette dernière [9], et parce qu'en thèse générale, il est impossible d'admettre la bonne foi de celui qui possède sans titre. Il faut en conclure, que celui qui possède, en vertu d'un titre translatif de propriété, une chose

---

[5] On ne peut invoquer contre le possesseur l'application de la maxime *que nul n'est censé ignorer la loi.* Cpr. Civ. cass., 11 février 1835, Dal., 1835, 1, 132. C'est à tort que la Cour de Bourges a jugé le contraire par arrêt du 28 août 1832 (Sir., XXXIV, 2, 38.)

[6] Quoique l'art. 2268 ne puisse être invoqué dans la matière qui nous occupe (cpr. note 3), la bonne foi du possesseur n'en doit pas moins être présumée jusqu'à preuve du contraire, à raison de la faveur qui s'attache en général à la possession. Cpr. § 186. Civ. cass., 8 février 1830, Sir., XXX, 1, 94. Civ. cass., 15 décembre 1830, Sir., XXXI, 1, 33.

[7] Aussi, l'erreur du juge dans la solution de cette question, ne constitue-t-elle qu'un mal jugé. Civ. rej., 23 mars 1824, Sir., XXV, 1, 79. Req. rej., 13 décembre 1830, Sir., XXXI, 1, 24.

[8] On a poussé l'application de ce principe jusqu'à admettre la bonne foi de l'acquéreur qui, instruit du vice de son acquisition par l'acte même qui la constatait, avait des motifs plausibles de croire que ce vice serait couvert. Amiens, 18 juin 1814, Sir., XV, 2, 40. Req. rej., 5 décembre 1826, Sir., XXVII, 1, 311.

[9] Angers, 9 mars 1825, Sir., XXVI, 2, 181.

à laquelle ce titre ne s'applique pas en réalité (*titre putatif*), peut cependant, à raison de la croyance contraire dans laquelle il se trouve, acquérir les fruits qu'il recueille. Ainsi, par exemple, l'héritier fait siens les fruits de la chose qu'il possède de bonne foi comme dépendant de l'hérédité, quoiqu'elle n'en fasse réellement pas partie. Ainsi encore, l'héritier apparent fait siens les fruits provenant d'une hérédité à laquelle il se croyait appelé, et dont il est plus tard évincé [10].

La question de bonne foi doit être envisagée d'une manière distincte par rapport à la personne de chacun des possesseurs qui se sont succédé [11]. Ainsi, l'héritier de bonne foi peut acquérir, par la perception, les fruits d'une chose que son auteur possédait de mauvaise foi [12]; et *vice versa*, celui qui connaît les vices de son titre, ne peut se prévaloir de la bonne foi de son prédécesseur.

Le possesseur de bonne foi dans le principe, cesse de l'être, et n'a plus par conséquent droit aux fruits, du moment où il obtient connaissance des vices de son titre [13],

---

[10] La maxime *Fructus augent hereditatem* n'est pas applicable en pareil cas. Art. 138 et arg. de cet article. Dijon, 9 janvier 1817, Sir., XVII, 2, 357. Req. rej., 3 avril 1821, Sir., XXI, 1, 354. Civ. cass., 18 août 1830, Sir., XXX, 1, 312. Paris, 5 juillet et 1er août 1834, Sir., XXXIV, 2, 416 et 458. Voy. cependant en sens contraire, Bordeaux, 20 mars 1834, Sir., XXXIV, 2, 375.

[11] Il ne peut y avoir lieu, comme en matière d'usucapion, à continuation et à accession de possession. La raison en est que l'acquisition des fruits repose sur une perception faite de bonne foi, et que tout acte de perception constitue un fait isolé, dont le caractère est nécessairement indépendant des faits de perception antérieurs. L'usucapion repose, au contraire, sur la possession, qui est un état permanent dont le caractère est en général déterminé d'une manière invariable d'après les circonstances qui en ont accompagné l'établissement.

[12] Delvincourt sur l'art. 550. Voy. cependant en sens contraire, Caen, 25 juillet 1826, Sir., XXVIII, 2, 131.

[13] Il suffit, en matière d'usucapion, que la bonne foi ait existé dans le principe. La raison de cette différence se trouve déjà indiquée dans la note 11.

soit par l'effet d'une demande en justice ou d'une sommation extra-judiciaire, soit de toute autre manière[14].
— Art. 549 et 550 [15].

3. DE L'ACCESSION.

§ 202.

Généralités.

Tout ce qui s'unit et s'incorpore à une chose, appartient au propriétaire de cette dernière. Art. 551. C'est sur ce principe que repose le droit d'accession.

On entend par accession la réunion de deux choses par suite de laquelle l'une devient l'accessoire de l'autre [1].

L'accession pouvant être le résultat d'un événement naturel, ou du fait de l'homme, ou de la combinaison de

[14] Suivant l'ancien droit français, le possesseur, de bonne foi dans le principe, ne pouvait être constitué en mauvaise foi qu'au moyen d'une demande judiciaire. Cpr. Ordonnance de 1539, art. 94. D'après le Code civil, il n'en est plus ainsi. La question de savoir dans quel cas les vices du titre sont censés connus au possesseur, n'est plus qu'une question de fait abandonnée, comme telle, à la prudence des tribunaux. Toullier, III, 75 et 76. Duranton, IV, 362. Paris, 1er mars 1808, Sir., VIII, 2, 116. Toutefois, une demande en justice ou une sommation extra-judiciaire seront toujours les moyens les plus directs de constituer le possesseur en mauvaise foi. Cpr. Bruxelles, 28 mars 1810, Sir., X, 2, 363; Bordeaux, 14 août 1809, Sir., XI, 2, 85.

[15] Cpr. sur ces articles : Duranton IV, 351 et suiv. — La prescription de cinq ans établie par l'art. 2277, ne s'applique point aux restitutions de fruits. Duranton, IV, 363. Voy. en sens contraire, Delvincourt, sur l'art. 549.

[1] On peut *être* propriétaire d'une chose, à *titre* d'accession. Voy. § 170. On peut aussi, ce qui est bien différent, *devenir* propriétaire d'une chose, *par droit* d'accession. Ce n'est que sous ce dernier rapport que l'accession constitue un mode d'acquérir, et que nous aurons à l'examiner dans les paragraphes suivans. Le Code civil n'a pas toujours tenu compte de la différence que nous venons de signaler. Cpr. art. 546 et 547.

ces deux causes, les jurisconsultes divisent ordinairement l'accession en naturelle, industrielle, et mixte. Le Code civil ne distingue l'accession que sous le rapport des choses auxquelles elle s'applique, et trace, en conséquence, dans deux sections différentes, les règles qui régissent le droit d'accession relativement aux meubles, et celles qui régissent ce droit relativement aux immeubles.

§ 203.

Du droit d'accession, relativement aux choses immobilières.

1° Le propriétaire d'un terrain devient, par droit d'accession, propriétaire des constructions, plantations, et ouvrages établis au-dessus et au-dessous du sol, qu'ils aient été exécutés par lui-même avec les matériaux d'autrui, ou par un tiers possesseur avec ses propres matériaux.

Dans la première hypothèse, le propriétaire du sol est tenu de payer les matériaux dont il s'est servi, et peut même être condamné à des dommages-intérêts, s'il y a lieu; mais le propriétaire des matériaux n'a pas le droit de les enlever, tant qu'ils adhèrent au sol et ne forment avec lui qu'un seul et même tout [1].

Dans la seconde, il faut distinguer si le tiers était de bonne ou de mauvaise foi au moment de l'exécution des ouvrages [2]. Au dernier cas, le propriétaire peut demander, soit la suppression des travaux, avec des dommages-intérêts pour le préjudice qu'il aurait éprouvé, soit leur con-

---

[1] L'art. 554 ne parle que de matériaux proprement dits; il ne s'applique point aux choses mobilières qui, sans avoir été incorporées au bâtiment d'une manière parfaite, y auraient été attachées à perpétuelle demeure. Cpr. art. 525, et § 171; Malleville, sur l'art. 554; Lassaulx, III, 75; Toullier, III, 126.

[2] Duranton, IV, 376.

servation, à charge de rembourser le prix des matériaux et de la main-d'œuvre, obligation dont il ne peut se libérer en offrant la mieux-value de l'immeuble. Au premier cas, le propriétaire de l'immeuble ne peut demander la suppression des travaux; mais il a le choix de rembourser la valeur des matériaux et de la main-d'œuvre, ou de payer une somme égale à celle dont le fonds a augmenté de valeur. Art. 554 et 555 [3].

2° Lorsqu'un fleuve ou une rivière, navigable, flottable, ou non, se retire peu à peu de l'une de ses rives, et laisse à découvert quelques portions de terrain, ou lorsque les eaux courantes qui baignent un fonds, déposent, d'une manière imperceptible, des terres qui en augmentent successivement l'étendue, les relais ou attérissemens appartiennent, par droit d'accession et à titre d'alluvion, au propriétaire riverain [5]. Art. 556 et 557 [6].

[3] Voy. sur ces articles: Toullier, III, 123 et suiv.; Duranton, IV, 369 et suiv. — Les dispositions de l'art. 552 appartiennent, non à la théorie de l'accession considérée comme moyen d'acquérir, mais à celle des droits que renferme la propriété et des objets auxquels elle s'étend. Cpr. §§ 170, 193 et 195.

[4] Cpr. sur l'alluvion proprement dite et sur les autres espèces d'accession produite par les eaux : Traité du droit d'alluvion, par Chardon, Paris, 1830, 1 vol. in-8°; Proudhon, du Domaine public, IV, 1264-1297; Garnier, Traité des rivières, I, 78-90.

[5] L'existence d'un chemin de halage ne forme point obstacle au droit d'alluvion, parce que ce chemin reste la propriété de celui sur le terrain duquel il a été pris à titre de servitude légale. Art. 650. Toulouse, 26 novembre 1812, Sir., XXII, 2, 32. Montpellier, 5 juillet 1833, Sir., XXXIV, 1, 120. — Quid, si la rivière est longée par un chemin public? L'alluvion profite à l'État ou à la commune propriétaire du chemin. Chardon, op. cit., n° 159. Proudhon, op. cit., IV, 1271. Garnier, op. cit., I, 83. Civ. cass., 12 décembre 1832, Sir., XXXIII, 1, 1.

[6] Cet article s'étend, par analogie, au cas où les eaux déposent, sur un champ, des terres qui ne peuvent plus en être séparées. Pothier, du Domaine, n° 165. Duranton, IV, 417. — Cpr. sur la compétence qui peut, en pareille matière, appartenir à l'autorité administrative: Décrets rendus, sur l'avis du comité du contentieux, les 18 et 28 mars 1807, 19 février 1811, Sir., XVI, 2, 217, 281 et 283; Ordonnance du 4 mars 1819, Sir., XX, 2, 174.

Le retrait des eaux de la mer, d'un lac, ou d'un étang[7], ne peut donner lieu au droit d'alluvion. Art. 557 et 558.

3° Lorsqu'un fleuve ou une rivière, navigable, flottable, ou non, enlève, par une force subite, une partie considérable et reconnaissable d'un champ riverain, et la porte vers un champ inférieur ou sur la rive opposée, la partie ainsi enlevée ne cesse pas d'appartenir à l'ancien propriétaire, qui peut, par conséquent, la revendiquer[8]. Mais il est tenu de former sa demande dans l'année; après ce délai, il n'y serait plus recevable, à moins que le propriétaire du champ auquel la partie enlevée a été réunie, n'eût pas encore pris possession de celle-ci. Art. 559 [9].

4° Les îles, îlots et attérissemens qui se forment dans le lit des fleuves ou rivières navigables ou flottables, appartiennent à l'État. Cpr. § 174. Ceux, au contraire, qui se for-

---

[7] Voy. sur les limites des lacs et des étangs: Lassaulx, III, 80; Garnier, *op. cit.,* II, 118. — Lorsque la diminution du volume des étangs dans des momens de sécheresse, laisse à découvert des terrains que l'eau couvre quand elle est à la hauteur du niveau des vannes du canal de décharge, les propriétaires riverains ne peuvent acquérir sur ces terrains aucune possession utile. Civ. rej., 23 avril 1811, Sir., XI, 1, 312.

[8] *Palam est partem eam tuam remanere.* § 21, *Inst. de rer. div.* (2, 1.) — Le propriétaire d'un terrain que l'impétuosité des eaux a porté vers un champ inférieur, n'est tenu, ni d'enlever ce terrain, ni de payer des dommages-intérêts au propriétaire du champ auquel il a été réuni. Lassaulx, III, 85.

[9] Cet article n'exige pas une possession annale: l'action est non recevable par cela seul qu'il s'est écoulé une année depuis la réunion, quelle que soit l'époque où le propriétaire du terrain auquel la partie enlevée est venue se joindre, ait pris possession de cette dernière. Il ne s'agit pas ici d'usucapion, ni même de prescription extinctive, mais d'une simple déchéance. Cpr. § 209, note 2.—En fixant invariablement à une année le délai au bout duquel cette déchéance est encourue, le Code civil s'est écarté de la disposition du § 21, *Inst. de rer. div.* (2, 1), pour donner une règle à la fois plus générale et plus certaine. Voy. cependant Lassaulx, III, 85. Cpr. sur les éboulemens de montagnes, Malleville sur l'art. 559. Lassaulx III, 84.

ment dans les rivières non navigables et non flottables, se partagent entre les propriétaires des deux rives, à partir de la ligne que l'on suppose tracée au milieu du cours d'eau, dans la proportion de l'étendue du front que chaque champ présente sur le rivage[10]. Art. 560 et 561.

Le terrain englobé par un nouveau bras que se forme une rivière navigable, flottable, ou non, demeure la propriété de celui auquel il appartenait avant d'avoir été converti en île. Art. 562.

5° Lorsqu'une rivière navigable, flottable, ou non, se forme un nouveau cours, en abandonnant son ancien lit, les propriétaires des fonds nouvellement occupés prennent, à titre d'indemnité, le lit abandonné, chacun dans la proportion du terrain qui lui a été enlevé[11]. Art. 563.

6° Les pigeons, lapins, et poissons qui changent de colombier[12], de garenne, ou d'étang, appartiennent au pro-

[10] Les propriétaires de l'île jouissent à leur tour du droit d'alluvion; tout atterrissement devient donc la propriété de celui auquel appartient la portion de l'île du côté de laquelle il s'est formé, et non au propriétaire du champ riverain au devant duquel il s'étend. Voy. LL. 56 et 65, § 3, D. de adq. rer. dom. (41, 1). — L'accession à l'égard des îles qui se forment dans un fleuve ou une rivière non navigable, ni flottable, n'est pas, à proprement parler, un mode d'acquérir; c'est une conséquence immédiate de la propriété du lit de la rivière (cpr. § 202 à la note), qui appartient aux riverains. Troplong, de la Prescription, I, 145. Voy. cependant en sens contraire, Proudhon, du Domaine public, III, 933 et suiv. Cpr. aussi Civ. rej. 11 février 1834, Sir., XXXIV, 1, 280.

[11] Le droit romain donnait à cet égard une règle différente. Voy. § 23, Inst. de rer. div. (2, 1); L. 7, D. de adq. rer. dom. (41, 1). — Les servitudes et les hypothèques conventionnelles établies sur les fonds nouvellement occupés par les eaux, ne se reportent pas de plein droit sur l'ancien lit abandonné. Req. rej., 11 février 1813, Sir., XV, 1, 100.

[12] L'art. 564 ne parle que des pigeons de colombiers, c'est-à-dire des pigeons fuyards; il ne s'applique pas aux pigeons domestiques. Voy. Lassaulx, III, 82.

priétaire de leur nouvelle retraite, pourvu qu'ils n'y aient pas été attirés par fraude et artifice [13]. Art. 564 [14].

§ 204.

Du droit d'accession, relativement aux choses mobilières [1].

Ce droit d'accession a lieu dans les hypothèses suivantes :

1° Lorsque deux choses appartenant à différens maîtres ont été unies en un seul tout, dont chacune forme cependant une partie distincte et reconnaissable (*Adjonction*). Art. 566 - 569.

2° Lorsque la matière d'autrui a été employée à former une chose d'une espèce nouvelle (*Spécification*). Art 570, 571, 572 et 576.

3° Lorsque des choses appartenant à différens maîtres ont été mêlées ou confondues (*Mélange proprement dit, ou Confusion*). Art. 573.

Toutefois, il ne pourrait y avoir lieu au droit d'accession, si ces différens changemens ou transformations avaient été effectués du consentement de toutes les parties intéressées.

Le Code civil, après avoir tracé quelques règles spéciales sur chacune des trois espèces d'accession ci-dessus énumé-

---

[13] Dans ce cas, il y aurait lieu à une action pour cause de dol. Pothier, *du Domaine*, n° 167. Merlin, *Rép.*, v° Colombier. Lassaulx, III, 82.

[14] La disposition de l'art. 564 s'applique, par analogie, au cas où le gibier renfermé dans un parc ou enclos, passe dans un autre parc.

[1] Cette matière a beaucoup perdu de son importance pratique par l'admission de la maxime. En fait de meubles, possession vaut titre. Art. 2279. Voy. Duranton, IV, 433.

rées [2], autorise les juges à statuer, sur les cas non prévus, d'après les principes de l'équité naturelle, et en prenant pour exemples les règles qu'il a données. Art. 565.

Au surplus, dans toute espèce d'accession, ceux qui ont employé des matières appartenant à autrui, peuvent, selon les circonstances, et indépendamment de la restitution des matières ou du paiement de leur valeur, être condamnés à des dommages-intérêts, sans préjudice des poursuites par voie extraordinaire, s'il y écheoit.

4. DE L'ACQUISITION DE LA PROPRIÉTÉ PAR L'EFFET DES CONVENTIONS.

§ 205.

Généralités. — De la transcription.

En droit français, la propriété se transmet par le seul effet des conventions, indépendamment de la tradition [1] et de tout autre solennité. Art. 711 1138 et 1483.

Cette règle n'est cependant pas absolue.

Elle reçoit une première exception en ce qui concerne les choses mobilières, dans l'hypothèse prévue par l'art. 1141. Cpr. § 180, n° 4.

Une seconde exception est relative aux donations entre-vifs d'immeubles susceptibles d'hypothèques. Ces donations ne deviennent efficaces, à l'égard des tiers, qu'au moyen de l'accomplissement d'une formalité spéciale, à savoir, de la transcription de l'acte qui les renferme. Cpr. § 180, n° 2.

[2] Voy. sur le développement de ces règles: Pothier, *du Domaine*, n° 180 et suiv.; Delvincourt sur les art. 565 et suiv.; Duranton, IV, 430 et suiv.; Lassaulx, III, 87 et suiv.

[1] C'est par ce motif que le Code civil, en donnant l'énumération des différentes manières d'acquérir la propriété, ne fait pas mention de la tradition, et n'en traite qu'à l'occasion de la vente, comme d'une obligation dérivant de ce contrat. Voy. art. 1604 et suiv.

Enfin, et en troisième lieu, l'accomplissement de cette formalité est encore nécessaire pour consolider, à l'égard des créanciers hypothécaires, les acquisitions d'immeubles susceptibles d'hypothèques. C'est, en effet, par la transcription que l'acquéreur peut, d'un côté, arriver au purgement des priviléges et hypothèques valablement inscrits qui grèvent les immeubles acquis, et que de l'autre, il fait courir le délai après l'expiration duquel les créanciers ayant du chef du précédent propriétaire des priviléges et hypothèques non encore inscrits, sont déchus du droit de les inscrire. Cpr. § 180, n° 1, et § 208.

La transcription [2] dont il est ici question [3], consiste dans la copie littérale et entière, sur un registre public tenu par le conservateur des hypothèques, des actes contenant transmission d'immeubles ou de droits réels immobiliers susceptibles d'affectation hypothécaire [4]. Cpr. art. 2181.

§ 206.

Aperçu historique sur la transcription.

Avant la révolution, la transmission conventionnelle des immeubles ne devenait parfaite que par le concours d'un juste titre et de la tradition. Il en était ainsi, non-seulement dans les pays de droit écrit, mais encore dans la majeure partie des pays coutumiers. Dans quelques provinces

[2] Voy. sur la transcription: les ouvrages qui traitent du régime hypothécaire, et Merlin, *Rép.*, v° Transcription.

[3] La transcription, en général, est la copie d'un acte quelconque sur un registre public. Ce mot se trouve plusieurs fois employé en ce sens, dans le Code de procédure. Voy. art. 677 et suiv., 719 et suiv. de ce Code.

[4] Ainsi la transcription s'applique aux actes contenant constitution d'un droit d'usufruit de choses immobilières (art. 2118), et à ceux portant transfert d'actions immobilisées de la banque de France ou de la compagnie des canaux d'Orléans et de Loing. Cpr. §§ 169 et 171; Grenier, *des Hypothèques*, I, 144; 164 et 165.

du nord, qui avaient long-temps fait partie des Pays-Bas, et qui s'appelaient *pays de nantissement*[1], on tenait même pour règle, que la propriété des immeubles ne pouvait se transférer civilement qu'au moyen d'une investiture donnée par le seigneur ou ses officiers de justice, et précédée de la renonciation de l'ancien propriétaire à tous ses droits (*Investitura allodialis*). A cette règle[2] se rattachait un système hypothécaire propre aux pays de nantissement, et qui offrait plusieurs points de ressemblance avec la législation actuelle.

La loi du 11 brumaire an VII, sur le régime hypothécaire, avait érigé en droit commun le principe des pays de nantissement, dont l'expérience paraissait attester l'utilité, en substituant toutefois la formalité de la transcription au nantissement, tel qu'il se pratiquait dans l'ancien droit. Il résultait de la combinaison des art. 26 et 28 de cette loi que l'acquéreur d'un immeuble volontairement aliéné n'en devenait propriétaire, à l'égard des tiers, que par l'effet de la transcription[3]. Tant que cette formalité n'avait point été accomplie, les aliénations faites par le vendeur, ainsi que les hypothèques par lui consenties, étaient valables, et à plus forte raison, ses créanciers pouvaient-ils faire inscrire jusqu'à cette époque les hypothèques antérieures à l'aliénation.

Telle était la législation sur cette matière lorsque le Code civil fut mis en délibération. La section de législa-

---

[1] Dans ce sens, le mot *nantissement* désigne un acte judiciaire, par lequel on prend civilement possession d'un héritage pour en jouir à titre de propriété, d'usufruit, d'hypothèque, etc. C'est l'ensemble, le complément ou le résultat des formalités que l'on appelle tantôt devest et vest, tantôt dessaisine et saisine, tantôt mise de fait, tantôt enfin main assise. Voy. Merlin, *Rép.*, v° Nantissement.

[2] Cette règle, d'origine germanique, est encore aujourd'hui en vigueur dans plusieurs pays de l'Allemagne. Voy. Westphalen, *Monumenta cimbrica*, in præfat, ad tom. II et III.

[3] Civ. rej., 3 thermidor an XIII, Sir., VI, 1, 60. Civ. cass., 11 juillet 1820, Sir., XXI, 1, 12.

tion du conseil d'État adopta le système de la loi du 11 brumaire an VII, et proposa deux articles ainsi conçus :

Art. 91. «Les actes translatifs de propriété qui n'ont "pas été transcrits, ne peuvent être opposés aux tiers qui "auraient contracté avec le vendeur, et qui se seraient "conformés aux dispositions de la présente. »

Art. 92. «La simple transcription des titres translatifs "de propriété sur le registre du conservateur, ne purge "pas les hypothèques et priviléges établis sur l'immeuble.»

Après de longs débats, on s'arrêta à l'opinion que la transcription ne pouvait transférer la propriété à l'acheteur, lorsque le vendeur n'était pas propriétaire, et par là même se trouva repoussé le principe fondamental de la loi de brumaire. Les deux articles dont s'agit ayant été renvoyés à la section de législation, le premier fut entièrement rayé du projet; mais le second fut maintenu, comme étant en harmonie avec le résultat des délibérations qui avaient eu lieu au sein du conseil d'État, et devint l'art. 2182 du Code civil. Toutefois, pour dissiper toute espèce d'incertitude à cet égard, on ajouta à cet article l'alinéa suivant: « Le vendeur ne transmet à l'acquéreur " que la propriété et les droits qu'il avait lui-même sur la "chose vendue. Il les transmet sous l'affectation des mêmes "priviléges et hypothèques dont il était chargé.»

L'esprit de la loi nouvelle se trouvait par là nettement indiqué, et désormais, il ne pouvait tout au plus s'élever de doute que sur la question de savoir s'il était permis d'inscrire utilement jusqu'à la transcription, les hypothèques ou priviléges acquis antérieurement à l'aliénation; et cette question même devait être résolue négativement [4], d'après les principes nouvellement admis.

C'est dans cet état des choses que fut décrété l'art. 834

[4] Aussi, la jurisprudence s'est prononcée dans ce sens. Civ. rej., 13 décembre 1813, Sir., XIV, 1, 46. Civ. rej., 9 février 1818, Sir., XVIII, 1, 89. Civ. cass., 22 février 1825, Sir., XXV, 1, 178.

du Code de procédure, qui s'écarta de la rigueur de ces
principes, et modifia, d'une manière importante, le système consacré par le Code civil, en permettant de prendre
inscription, à raison des hypothèques ou priviléges antérieurs à l'aliénation, non-seulement jusqu'à la transcription, mais encore dans la quinzaine qui suit l'accomplissement de cette formalité[5].

§ 207.

Règles concernant l'exécution de la transcription.

La transcription se fait au bureau des hypothèques
dans l'arrondissement duquel sont situés les biens aliénés. Art. 2181.

Les fonctions et les obligations du conservateur relativement à la transcription, sont en général les mêmes que
celles qui concernent les inscriptions hypothécaires. Voy.
art. 2196 et suiv., et § 268.

La transcription peut être requise par toute partie intéressée agissant, soit en personne, soit par le ministère
d'un fondé de pouvoir[1]. Ainsi, elle peut l'être par le vendeur, par l'acquéreur, par les créanciers du vendeur, etc.
Voy. art. 2108. Mais elle n'est obligatoire pour personne;

[5] Cpr. sur la matière traitée dans ce paragraphe : Malleville,
sur l'art. 2181; Persil, *Régime hypothécaire*, sur les art. 2181 et
2182; Grenier, *des Hypothèques*, II, 350 et suiv.; Merlin, *Rép.*
v° Inscription hypothécaire, § 4, n° 8, § 8 *bis*, n° 2; Locré, *Esprit
du Code de procédure*, sur l'art. 834; *Bibliothèque du barreau*, 1808,
I, 289; Req. rej., 8 floréal an XIII, Sir., V, 1, 162; *Dissertation*,
Sir., XI, 2, 249; Lyon, 14 mars 1811, Sir., XI, 2, 454; Turin,
23 novembre 1810, Sir., XI, 2, 284; *Consultation*, Sir., XIII, 2,
145.

[1] Un pouvoir quelconque, un pouvoir même verbal suffit à
cet égard. La transcription est un acte conservatoire qui, loin
de pouvoir jamais nuire à l'acquéreur ne peut que lui profiter.
Merlin, *Rép.* v° Transcription, § 2, n° 1. Battur, *des Hypothèques*, n° 543.

et la loi ne fixe aucun délai pour son accomplissement. Voy. cependant art. 2183, n° 2[2]. Du reste, les actes sous seing-privé sont susceptibles de transcription, aussi bien que les actes passés en forme authentique[3].

La transcription ne peut être suppléée par aucune autre formalité. Toutefois, les avantages que la loi y attache, ne sont subordonnés à son accomplissement qu'autant qu'il s'agit d'une acquisition fondée sur la volonté de l'ancien propriétaire[4]; mais il importe peu, du reste, que cette acquisition ait eu lieu purement et simplement ou sous condition[5], par acte entre-vifs ou de dernière volonté[6]. Ces avantages sont acquis à l'acquéreur qui a fait transcrire son acte d'acquisition, sans qu'il soit tenu de faire transcrire les actes de ses prédécesseurs qui n'auraient pas accompli cette formalité[7].

Celui qui requiert la transcription, dépose, entre les

[2] Merlin, *Rép.*, v° Transcription, § 2, n° 3. Battur, *des Hypothèques*, n° 544.

[3] Avis du conseil d'État du 2 mai 1805, Sir., V, 2, 157. Grenier, *des Hypothèques*, II, 539.

[4] Les jugemens d'adjudication sur expropriation forcée sont, par conséquent, affranchis de la formalité de la transcription. En émettant cette opinion, nous supposons que les hypothèques légales dispensées d'inscription sont, comme toutes autres hypothèques, purgées, de plein droit, par l'effet du jugement d'adjudication. Voy. cependant à cet égard, § 293. — Les ventes de biens de mineurs, d'interdits, d'absens, doivent, quoique faites en justice, être considérées comme purement volontaires, et sont, par conséquent, sujettes à transcription. Cpr. § 350; Battur, *des Hypothèques*, n° 495.

[5] Grenier, *op. cit.*, I, 153.

[6] Voy. Denevers, 1810, p. 46.

[7] Civ. rej., 28 mai 1807, Sir., VII, 1, 295. Civ. rej., 13 décembre 1813, Sir., XIV, 1, 46. M. Battur (n° 494) n'admet cette opinion qu'avec une restriction importante; il veut, pour que la transcription du dernier acte de mutation puisse servir à purger les acquisitions précédentes, que les noms de tous les propriétaires antérieurs, dont les actes d'acquisition n'ont pas encore été transcrits, y soient exactement rappelés. Cpr. Merlin, *Rép.*, v° Transcription, § 3, n° 2; Grenier, *op. cit.*, II, 265.

28 *

mains du conservateur des hypothèques, l'original ou une copie en bonne forme de l'acte à transcrire. Le conservateur fait mention de ce dépôt sur un registre d'ordre ou de présentation, et délivre au requérant, si celui-ci l'exige, un certificat indiquant la date de la remise et le numéro sous lequel elle est inscrite dans ce registre. La transcription doit se faire, sur le registre à ce destiné, dans le plus bref délai, et en observant le rang et la date des présentations. Le conservateur ne peut, sous aucun prétexte, refuser d'y procéder. Art. 2181, 2196 à 2203. Les frais de la transcription[8] sont, à moins de stipulation contraire, à la charge de l'acquéreur. Ils doivent être avancés par le requérant.

§ 208.

Des effets de la transcription.

La transcription produit les effets suivans[1] :

1° Elle affranchit, directement et par elle-même, l'immeuble acquis des priviléges et hypothèques qui, procédant du chef des précédens propriétaires, et soumis à la formalité de l'inscription, n'auraient pas été inscrits dans la quinzaine à dater de la transcription. Art. 2182; Code de procédure, art. 834. Voy. cependant art. 2108; et note 1.

2° Elle met l'acquéreur en position de prescrire la libération des priviléges et hypothèques dont l'immeuble acquis n'aurait pas été affranchi par l'effet de la transcription elle-même. Art. 2180, n° 4. Cpr. § 293.

En outre, la transcription constitue le premier acte des formalités que doit, en général, remplir l'acquéreur qui

[8] Voy. sur les droits de transcription: Lois, des 22 brumaire an VII, 24 mars 1806, 15 novembre 1808, et 28 avril 1816, art. 52, 54 et 61.

[1] L'art. 2108 attache encore un autre effet à la transcription; mais la disposition de cet article est étrangère à la théorie de la propriété.

veut procéder au purgement des priviléges et hypothèques susceptibles d'être poursuivis contre lui. Art. 2181. Cpr. §§ 294 et 295.

Du reste, l'acquisition de la propriété n'est pas subordonnée à la transcription, et, *vice versa*, elle ne résulte pas de l'accomplissement de cette formalité. Elle est l'effet direct et immédiat du titre qui lui sert de base. Art. 2182. De là découlent les conséquences suivantes :

1° L'acquéreur peut, sans avoir rempli la formalité de la transcription, faire valoir son droit de propriété, soit par voie de revendication, soit au moyen de l'action négatoire, contre tout tiers indistinctement.

2° Il peut, en particulier, l'invoquer contre ceux qui prétendraient avoir acquis, depuis l'aliénation faite en sa faveur, et du chef de l'ancien propriétaire, des droits quelconques sur l'immeuble. Ainsi, il n'est tenu de supporter ni les servitudes, ni les hypothèques conventionnelles[2], légales, ou judiciaires, dont la création ou l'origine serait postérieure à son acquisition. Ainsi encore, en cas d'une seconde aliénation, le premier acquéreur est préféré au second, lors même que celui-ci aurait fait transcrire son titre et qu'il aurait été mis en possession[3].

3° L'acquéreur est admis, sans avoir fait transcrire son acte d'acquisition, à consolider par le moyen de l'usucapion un titre émané *a non domino*[4]. Cpr. cependant art. 2180.

4° Par contre, les tiers qui ont acquis avant l'aliénation des droits réels sur l'immeuble, les créanciers hypothécaires, par exemple, peuvent agir contre l'acquéreur avant qu'il ait fait transcrire son acte d'acquisition[5].

---

[2] Duranton, **X**, 429.

[3] Voy. les autorités citées à la note 5 du § 206.

[4] L'acquéreur est, comme on dit, *in conditione usucapiendi*. Planck, *von der Verjæhrung*, n° 47. Merlin, *Rép.*, v° Prescription, sect. I, § 5, art. 1, n° 3.

[5] Grenier, *des Hypothèques*, II, 346. Poitiers, 18 janvier 1810, Sir., **X**, 2, 374. *Jurisprudence du Code civil*, IX, 230.

5° Enfin, la transcription ne fournit pas à l'acquéreur d'exception à l'aide de laquelle il puisse se soustraire aux poursuites des tiers[6].

5. DE L'USUCAPION OU PRESCRIPTION ACQUISITIVE.

SOURCES : Code civil, art. 2219 - 2281. — BIBLIOGRAPHIE : Pothier, *de la Prescription*. (Ce traité n'a pour objet que l'usucapion, l'auteur s'est occupé de la prescription extinctive dans son *Traité des obligations*). *Traité des prescriptions*, par Dunod, 3e édit., Paris, 1753, in-4°. *Le nouveau Dunod, ou Traité des prescriptions de cet auteur, mis en concordance avec la législation actuelle*, par Delaporte, Paris, 1810, in-8°. (Ce travail n'offre qu'une refonte assez médiocre de l'ouvrage de Dunod). *Die Lehre von der Verjæhrung nach den Grundsætzen des franzæsischen Civilrechts*, par Planck, Gœttingue, 1809, in-8°. *Traité des prescriptions*, par Vazeille, Paris, 1824, 1 vol. in-8°, et Clermont-Ferrand, 1832, 2 vol. in-8°. *De la Prescription*, par Troplong, Paris, 1835, 2 vol. in-8°.

§ 209.

Préliminaires.

La prescription, dans l'acception étendue de ce mot, comprend tout à la fois l'usucapion ou la prescription acquisitive, et la prescription proprement dite ou extinctive.

L'usucapion est un moyen de consolider, à l'aide d'une possession revêtue de certains caractères et continuée pendant un intervalle de temps déterminé, des droits de pro-

---

[6] On peut donc attaquer un contrat d'acquisition qui a été transcrit par les mêmes moyens que s'il ne l'avait pas été. Grenier, *des Hypothèques*, II, 368. Merlin, *Quest.*, v° Expropriation forcée, §§ 1 et 2. Req. rej., 22 mars 1809, Sir., IX, 1, 208.

priété ou de servitude sujets à éviction jusqu'à son accomplissement[1].

La prescription, proprement dite, est une exception, au
moyen de laquelle on peut repousser une action, par cela
seul que celui qui la forme a, pendant un certain laps de
temps, négligé de l'intenter ou d'exercer matériellement le
droit auquel elle se rapporte. Cpr. art. 617, 706, 709 et
710[2].

L'usucapion a pour fondement le besoin d'assurer la

[1] L'usucapion n'est pas un moyen d'acquérir proprement dit,
mais un moyen de consolider une acquisition antérieure, ou qui
du moins est supposée préexistante. Cpr. § 186. Aussi, l'usucapion
une fois accomplie, l'acquisition est censée remonter au jour où la
possession a commencé. Cpr. art. 1402; Troplong, II, 826. — Sans
l'appui de l'usucapion, la propriété resterait toujours incertaine,
puisque jamais on ne pourrait acquérir la certitude que l'objet de
l'acquisition ne sera pas ultérieurement revendiqué par l'un de
ses anciens possesseurs. Sous ce rapport, la preuve de l'usucapion
équivaut à celle de la transmission légitime de l'objet acquis depuis celui qui en a été le premier propriétaire jusqu'à celui qui le
possède actuellement.

[2] Il ne faut pas confondre la prescription avec une déchéance
encourue par suite de l'expiration du délai à la durée duquel est
circonscrit l'exercice d'une faculté. Nous entendons ici par *faculté*, un moyen juridique accordé par la loi, par la convention,
ou par le juge, pour s'assurer un avantage auquel on n'a pas encore un droit acquis (cpr., par exemple, art, 2106 et 2134, cbn.
Code de procédure, art. 834), ou pour se garantir du préjudice qui
résulterait de la perte définitive d'un droit déjà compromis. Cpr.,
par exemple, art. 559, 809, 880, 1660, 1662 et 2279; Code de procédure, art. 443. Il existe des différences notables entre la prescription et les déchéances. Ainsi, par exemple, le délai à l'expiration duquel une déchéance est accomplie, court contre toutes
personnes, même contre les mineurs. Vazeille, n°s 258 à 266. Troplong, I, 27, et II, 1038. Grenoble, 27 décembre 1821, Sir., XXII,
2, 364. La prescription, au contraire, est suspendue en faveur
de certaines classes de personnes, et notamment en faveur des
mineurs. Cpr. art. 2252. On peut néanmoins, en tenant compte
de ces différences, appliquer aux déchéances les règles relatives
à la prescription. Merlin, *Rép.*, v° Prescription, sect. I, § 1, n° 3.
Vazeille, n°s 319 et suiv. Troplong, *loc. cit.* Crim. cass., 13 avril
1810, Sir., XI, 1, 63.

stabilité de la propriété de choses particulières. La prescription a pour base la nécessité de garantir le patrimoine des attaques auxquelles il pourrait être exposé.

L'usucapion ne peut avoir pour objet que des immeubles corporels[3], ou certains droit de servitude. La prescription, au contraire, atteint toute espèce de droits ou d'actions[4].

L'usucapion, ayant pour effet de consolider, à tous égards et envers toute personne, une acquisition préexistante, donne à la fois une action et une exception. La prescription, n'étant qu'un moyen de repousser une action, ne confère jamais qu'une exception.

Malgré ces différences, les rédacteurs du Code civil, entraînés par l'exemple de Justinien, dont la législation leur à servi de guide en cette matière, ont confondu, dans un même titre, les règles relatives à l'une et à l'autre espèce de prescription[5]. Quant à nous, nous devons, d'après le plan de cet ouvrage, ne traiter ici que de l'usucapion. Toutefois, pour éviter des redites, nous exposerons, dans les §§ 210 et 211, quelques règles communes à l'usucapion et à la prescription proprement dite.

[3] Une universalité de meubles ne saurait, sous ce rapport, être assimilée à un immeuble corporel. En effet, les universalités de choses ne sont pas susceptibles de possession réelle. Elles peuvent bien, à la vérité, être l'objet d'une saisine héréditaire; mais comme cette dernière n'est que la conséquence d'une qualité reconnue et des droits qui y sont attachés (cpr. § 185, note 2), on ne saurait, sans contradiction, la considérer comme pouvant servir de fondement à l'usucapion de ces mêmes droits.

[4] Il est bien entendu que la prescription, comme l'usucapion (cpr. § 175), ne peut atteindre que des objets placés dans le commerce.

[5] Cette confusion a fait naître des doutes sur le sens de plusieurs articles du Code civil. Voy. entre autres, art. 2229. Cpr. Merlin, *Rép.*, v° Prescription, sect. I, § 5, art. 3, n° 1.

a. *Dispositions de la loi qui concernent à la fois l'usucapion et la prescription proprement dite.*

§ 210.

Des personnes qui peuvent prescrire.

Toute personne capable d'acquérir un immeuble corpoporel, ou un droit de servitude, jouit aussi de la faculté de consolider par l'usucapion une acquisition de cette nature. *Accessorium sequitur principale.* Il résulte de ce principe que l'étranger et le mort civilement peuvent consolider par l'usucapion [1] les acquisitions que la loi leur permet de faire [2].

La prescription extinctive étant fondée sur une présomption de paiement ou de remise de dette, et devant d'ailleurs

[1] Cette opinion est généralement reçue. Voy. les autorités citées au § 78, note 5, et au § 164, note 8. La plupart des auteurs se déterminent pour l'admettre, par la considération que l'usucapion est de droit naturel ou de droit des gens. Mais la question ainsi envisagée est tout au moins sujette à controverse. Cpr. Pothier, *de la Prescription*, n° 20; Merlin, *Rép.*, v° Prescription, sect. I, § 1, n° 3. La manière dont nous l'avons considérée, nous paraît offrir un principe de solution plus simple et plus concluant.

[2] L'étranger pouvant, depuis la loi du 14 juillet 1819 (cpr. § 79), acquérir en France, soit à titre onéreux, soit à titre gratuit, de la même manière que le Français, il jouit sans restriction, et à l'instar de ce dernier, du droit d'usucaper. — Le mort civilement qui invoque l'usucapion de dix ans, est tenu de prouver que sa possession se rattache à un titre à l'aide duquel la loi lui permet d'acquérir. Cpr. art. 25. Mais s'il se fonde sur l'usucapion de trente ans, on n'est pas admis à prouver contre lui que sa possession est le résultat d'un titre nul pour défaut de capacité de sa part: la présomption absolue qui résulte de la possession trentenaire, porte, en effet, tant sur l'acquisition elle-même que sur sa validité.

être considérée plutôt comme une peine contre le créancier négligent, que comme un bénéfice pour le débiteur (*odio negligentiæ, non favore prescribentis*), la faculté de l'invoquer est indépendante de toute question relative à la capacité de ce dernier; et l'étranger ou le mort civilement peuvent s'en prévaloir comme le Français qui jouit de la plénitude des droits civils [3].

§ 211.

Des personnes contre lesquelles on peut prescrire.

En principe général, la prescription (*sensu lato*) court contre toutes personnes (art. 2251); et elle se trouve soumise aux mêmes conditions, quelle que soit la position particulière de ceux contre lesquels elle court.

Ainsi, on prescrit contre l'État ou contre les communes, de la même manière et par le même laps de temps que contre les particuliers [1]. Art. 2227. Ainsi encore, on prescrit indistinctement contre les personnes présentes et contre les personnes absentes [2] (voy. cependant art. 2265), contre ceux qui sont informés du cours de la prescription et contre ceux qui l'ignorent [3].

---

[3] Delvincourt, II, p. 639. Vazeille, n° 253. Troplong, I, 35 et 36.

[1] Pothier, *des Obligations*, n°s 755 et suiv. Merlin, *Rép.*, v° Prescription, sect. III, § 5, n° 3. Planck, p. 74. Troplong, I, 183 et suiv.

[2] Merlin, *loc. cit.* Req. rej., 25 octobre 1813, Sir., XV, 1, 51. — Aux termes de l'art. 2 de la Loi du 6 brumaire an V, la prescription a été suspendue, au profit des personnes attachées au service des armées de terre et de mer, jusqu'au 14 mars 1816, époque à laquelle s'est écoulé le mois qui a suivi la publication de la paix générale. Vazeille, n° 315. Dalloz, *Jur. gén.*, v° Prescription, chap. I, sect. V, n° 33. Voy. aussi Merlin, *Rép.*, v° Divorce, sect. IV, § 8, et v° Cassation, § 5, n° 10.

[3] L. ult., *C. de presc.*, 30. v. 40 *ann.* (7, 39). Dunod, part. 1, ch. XI, p. 65 et suiv. Merlin, *Rép.*, v° Prescription, sect. I, § 7, art. 2, quest. 8.

Par exception[4], la prescription ne court point :

1° Au préjudice des mineurs[5] et des interdits, si ce n'est dans les cas spécialement indiqués par la loi. Voy. art. 1676 et 2278[6]. Encore dans ces cas, le tuteur ne peut-il prescrire contre son pupille[7].

2° Entre époux, sous quelque régime qu'ils soient mariés[8]. Art. 2253.

3° Contre la femme pendant la durée du mariage[9] :

1) Lorsqu'elle est mariée sous le régime dotal, à l'égard des immeubles dotaux. Art. 2255 cbn. art. 1560 et 1561.

2) Quand elle est mariée sous le régime de la communauté, à l'égard des actions qu'elle ne pourrait exercer qu'après une option à faire entre l'acceptation et la répudiation de la communauté[10].

---

[4] Le cours de la prescription n'est suspendu que dans les cas spécialement indiqués par la loi. Cpr. cependant Proudhon, *de l'Usufruit*, II, 759 et suiv.

[5] Les mineurs émancipés doivent, à cet égard, être placés sur la même ligne que les mineurs non émancipés. Troplong, II, 740. — Cette suspension de prescription ne profite point aux majeurs, à moins que leur cause ne soit indivisible avec celle du mineur. Merlin, *Rép.*, v° Prescription, sect. I, § 7, art. 2, quest. 2, n° 10, et *Quest.*, *eod. ver.*, § 14. Troplong, II, 739. Req. rej., 5 décembre 1826, Dal., 1827, 1, 81.

[6] Cependant, l'exception établie par l'art. 2278, semble devoir être étendue à toutes les prescriptions de courte durée établies par des lois spéciales, et notamment par le Code de commerce. Vazeille, n°s 267 et suiv. Troplong, II, 1038 et 1039. — Cpr. sur les déchéances, § 209, note 2.

[7] Le tuteur est dans l'obligation de défendre son pupille. Duranton, III, 604. Mais nous ne saurions partager l'avis de M. Duranton (*loc. cit.*), qui pense que l'on doit également admettre la proposition inverse avec la L. 1, § 7. *D. de cont. tut. act.* (24, 7).

[8] Malleville, sur l'art. 2253. Il en est ainsi, quand même les époux sont séparés de corps.

[9] Néanmoins, en cas de séparation de biens judiciaire, la prescription commence à courir du jour du jugement qui prononce la séparation tant à l'égard des immeubles dotaux (art. 1561; voy. cependant note 11), qu'à l'égard des actions qui dépendent d'une option à faire sur la communauté.

[10] Cpr. Req. rej., 24 août 1809, Sir., VII, 2, 839.

3) Sous quelque régime qu'elle soit mariée, à l'égard des actions qui réfléchiraient contre le mari[11] (art. 2256), et de celles au moyen desquelles elle peut attaquer les actes qu'elle a passés sans l'autorisation de son mari ou de justice. Art. 1304[12].

Sous tous les autres rapports, la prescription court contre la femme mariée, sauf son recours contre le mari lorsqu'il a eu l'administration de la fortune[13].

4° Enfin, la prescription ne court point au préjudice de l'héritier bénéficiaire, par rapport aux créances qu'il a contre la succession, ni réciproquement au préjudice de la succession, par rapport aux créances qu'elle a contre l'héritier bénéficiaire[14].

---

[11] Par exemple, en raison d'une garantie due par le mari. Cpr. Delvincourt sur l'art. 2256; Vazeille, n° 285; Bellot des Minières, *du Contrat de mariage*, IV, p. 221; Merlin, *Rép.*, v° Prescription, sect. I, § 6, art. 4. — Cette règle est absolue et reçoit application, même après séparation de biens prononcée en justice. Ainsi, l'art. 1561, qui fait courir la prescription, à l'égard des immeubles dotaux, du jour de la séparation de biens, souffre exception dans le cas où l'action interruptive de la femme réfléchirait contre le mari. Troplong, II, 778 et suiv. Civ. cass., 24 juin 1817, Sir., XVII, 1, 304. Req. rej., 11 juillet 1826, Sir., XXVII, 1, 287. Grenoble, 28 août 1829, Sir., XXX, 2, 99. Civ. cass., 18 mai 1830, Sir., XXX, 1, 266. Voy. cependant en sens contraire, Vazeille, n° 294.

[12] Voy. sur les prescriptions qui peuvent courir, en général, contre les femmes mariées : Pothier, *de la Puissance maritale*, n°° 79 et suiv.; *Le Nouveau Dunod*, p. 311; Merlin, *Rép.*, v° Prescription, sect. I, § 7, art. 2, quest. 5.

[13] Pour juger de la responsabilité du mari, on ne doit pas distinguer entre les prescriptions commencées avant ou après le mariage; toutefois, comme le mari serait dégagé de toute responsabilité, s'il avait été hors d'état d'arrêter le cours de la prescription, on doit consulter les circonstances pour déterminer si l'accomplissement de la prescription peut lui être imputé à faute. L. 16, *de fund. dot.* (23, 5). Vazeille, n° 282. Toullier, XII, n° 414. Troplong, II, 760-765.

[14] L'héritier bénéficiaire est tenu d'exiger de lui-même le paiement de ce qu'il doit à la succession : *A se ipso exigere debet.* Duranton, *des Obligations*, IV, 1103 et suiv. — Cpr. quant au

Mais la prescription court contre une succession vacante. Elle court aussi pendant les délais accordés à l'héritier pour faire inventaire et pour délibérer[15]. Art. 2258 et 2259.

Lorsqu'une prescription ne court point, on dit qu'elle est suspendue ou qu'elle dort (*prescriptio quiescit, dormit*). La suspension de prescription a cela de commun avec l'interruption, qu'elle ne peut, en général, ni profiter, ni préjudicier aux tiers[16].

§ 212.

Des conditions de la prescription. — Du temps requis pour prescrire.

Toute prescription exige, en premier lieu, l'écoulement d'un certain laps de temps, qui varie pour les différentes prescriptions, ainsi que nous l'expliquerons plus tard. Quelle que soit la durée de ce temps, il se calcule d'après les règles suivantes :

1° La prescription se compte par jours, et non par heures. Art. 2260.

2° Elle est acquise, lorsque le dernier jour du terme est accompli. Art. 2261. Ainsi, une prescription de trente ans, commencée le 1er janvier 1800, à dix heures du matin,

cours de la prescription entre cohéritiers bénéficiaires : Delvincourt sur l'art. 2258; Troplong, II, 805.

[15] Dans l'un et l'autre cas, les parties intéressées peuvent, sans prendre qualité, faire les actes nécessaires pour interrompre la prescription. Pothier, *des Obligations*, n° 650. — Il est hors de doute, que la prescription court au profit d'une succession vacante ou acceptée sous bénéfice d'inventaire. Merlin, v° Prescription, sect. I, § 7, art. 2, quest. 17.

[16] Tout ce qui sera dit sous ce rapport de l'interruption de la prescription, s'applique pareillement à la suspension. Pothier, *op. cit.*, n° 647.

s'est accomplie au coup du minuit qui a séparé le 1er et le 2 janvier 1830[1].

3° Le calendrier grégorien sert de base au calcul des prescriptions. Les mois se comptent, date par date, tels qu'ils sont fixés par ce calendrier, sans avoir égard au nombre de jours dont ils se composent. Ainsi, une prescription de six mois, commencée le 1er janvier, s'accomplit à la fin du 1er juillet suivant[2]. Code de commerce, art. 132.

4° Le jour bissextile se compte, comme tout autre, dans les prescriptions qui s'accomplissent par un certain nombre de jours[3].

5° On ne distingue pas, sous le rapport de la prescription, entre les jours de fêtes légales et les jours ouvrables. Toute prescription, quelque courte qu'elle soit, peut ar-

---

[1] Delvincourt sur l'art. 2261. Vazeille, nos 320 et suiv. Toullier, XIII, 54. Troplong, II, 812. Crim. cass., 27 décembre 1811, Sir., XII, 1, 199. M. Merlin (*Rép.*, v° Prescription, sect. II, § 2, n° 5) est d'un avis contraire; il soutient que l'on doit comprendre dans le terme le jour *a quo*, c'est-à-dire le jour où est arrivé le fait qui donne naissance à la prescription. Voy. dans ce sens, Bruxelles, 6 juillet 1833, Sir., XXXIV, 2, 401. Cette opinion nous semble en opposition formelle avec le texte de l'art. 2260 qui, en statuant que la prescription se compte par jours et non par heures, donne clairement à entendre que le jour *a quo* n'entre pas dans le terme, puisqu'il ne pourrait y entrer en totalité.

[2] C'est en ce sens que la jurisprudence s'est fixée. La difficulté tient à ce qu'à l'époque de la publication du Code civil, le calendrier grégorien n'était point en usage, et que, d'après le calendrier républicain, chaque mois se composait de trente jours. Vazeille, n° 332. Crim. cass., 27 décembre 1811, Sir., XII, 1, 199. Civ. rej., 12 mars 1816, Sir., XVI, 1, 331. — Cpr. Code de commerce, art. 132; Code pénal, art. 40.

[3] Merlin, *Rép.*, v° Jour bissextile. Delvincourt, sur l'art. 2261. — L'art. 2261 contenait originairement un second alinéa ainsi conçu : « Dans les prescriptions qui s'accomplissent dans un cer- «tain nombre de jours, les jours complémentaires sont comptés. «Dans celles qui s'accomplissent par mois, celui de fructidor «comprend les jours complémentaires. » Mais ces dispositions ont été retranchées par la Loi du 3 septembre 1807. Voy. § 11.

river à son terme un jour férié [4]. Voy. cependant Code de commerce, art. 134.

Toutes les prescriptions [5] admises par le Code civil [6], se règlent d'après les lois anciennes, en ce qui concerne le laps de temps et les autres conditions nécessaires à leur accomplissement [7], lorsqu'elles ont commencé à courir avant le 25 mars 1804, jour de la promulgation du titre de la prescription.

Cette règle reçoit cependant deux exceptions. D'après la première, un droit déclaré imprescriptible par le Code civil ne peut aujourd'hui se prescrire, encore que la prescription, admise dans l'ancien droit, ait commencé à courir avant la promulgation de la loi nouvelle. Art. 691 et arg. de cet article [8]. D'après la seconde, les prescriptions commencées sous l'empire des lois anciennes, et pour l'accomplissement desquelles il faudrait encore, suivant ces lois, plus de trente ans [9] à compter de la publication de la loi

[4] Vazeille, nº 334.

[5] L'art. 2281 traite de la prescription proprement dite, aussi bien que de l'usucapion. Les arrêts cités à la note 9 le présupposent. Merlin, *Rép.*, vº Prescription, sect. I, § 3, nos 8 et suiv.

[6] La disposition principale de l'art. 2281 est donc inapplicable aux prescriptions qui font l'objet de lois spéciales. Civ. rej., 30 novembre 1813, Sir., XIV, 1, 75. Cpr. Merlin, *Rép.*, vº Prescription, sect. I, § 3, nos 11 - 13. — Elle ne s'applique aux prescriptions réglées par le Code civil dans des titres autres que celui dont l'art. 2281 fait partie, que dans le cas où le laps de temps requis pour ces prescriptions, ne se trouvait pas encore révolu lors de la publication du titre de la prescription. Merlin, *loc. cit.*

[7] Civ. cass., 1er août 1810, Sir., X, 1, 319.

[8] Civ. cass., 31 août 1825, Sir., XXVI, 1, 27.

[9] Au contraire, la règle s'applique aux cas où le laps de temps requis par la loi ancienne, quoique plus considérable que celui qui est nécessaire d'après la loi nouvelle, n'excède cependant pas trente ans. Civ. cass., 21 décembre 1812, Sir., XIII, 1, 182. Civ. cass., 28 décembre 1813, Sir., XIV, 1, 92. Civ. cass., 30 janvier 1816, Sir., XVI, 1, 221. Riom, 13 juin 1818, Sir., XIX, 3, 293. Req. rej., 12 juin 1822, Sir., XXII, 1, 319. M. Delvincourt (sur l'art. 2281) professe l'opinion contraire.

nouvelle, s'accomplissent aujourd'hui par le laps de trente ans. Art. 2281 [10].

§ 213.

Continuation. — *De l'interruption de la prescription.*

Il faut, en second lieu, pour l'accomplissement de toute prescription, que le cours n'en soit pas interrompu, c'est-à-dire, s'il s'agit de prescription proprement dite, qu'il n'y ait pas d'interruption dans la négligence ou l'inertie de celui contre lequel on prescrit, et s'il est question d'usucapion, qu'il n'y ait point d'interruption dans la possession de celui au profit duquel elle court [1].

L'interruption de l'usucapion résulte donc de toute cause qui interrompt la possession. Voy. § 216. Toutefois, l'interruption de possession n'opère interruption définitive de l'usucapion, qu'autant qu'elle a duré plus d'un an. Si, avant l'expiration de ce délai, le possesseur rentre de fait dans la possession, ou forme, pour s'y faire réintégrer, une action [2] dont l'issue lui soit favorable, l'usucapion est censée n'avoir jamais été interrompue. Art. 2243.

L'interruption de la prescription extinctive est de fait ou de droit.

Elle a lieu de fait au moyen de l'exercice matériel du

---

[10] Cpr. sur cet article : Civ. cass., 10 mars 1828, et les observations de M. Sirey, à la suite de cet arrêt, Sir., XXVIII, 1, 129.

[1] Le Code civil (art. 2242) et les auteurs français divisent l'interruption de la prescription, en naturelle et civile. Les développemens renfermés dans ce paragraphe, expliquent suffisamment les motifs qui nous ont déterminés à ne pas adopter cette division, vicieuse sous plusieurs rapports, notamment en ce qu'elle tend à faire croire, ou que l'usucapion est susceptible d'interruption civile, ou que la prescription proprement dite, n'est pas sujette à une interruption naturelle ou de fait. Cpr. art. 2242 à 2245.

[2] Il est indifférent que ce soit une action possessoire ou une action pétitoire. Vazeille, n° 181.

droit sujet à extinction par suite de non usage. Cpr. art. 707, et § 209.

L'interruption de droit est réelle ou fictive. L'interruption réelle résulte d'une assignation en justice, d'un commandement, ou d'une saisie, signifiés[3] à celui que l'on veut empêcher de prescrire. Art. 2244[4]. Elle résulte pareillement d'une citation en conciliation, pourvu toutefois que cette citation soit suivie d'une assignation régulière dans le délai fixé par la loi (art. 2245 ; Code de procédure, art 57) ; peu importe, du reste, que la cause soit du nombre de celles que la loi dispense du préliminaire de conciliation, ou même, qu'elle ne soit pas susceptible de se terminer par transaction[5]. Arg. art. 2246. La comparution volontaire des parties devant le juge de paix, semble devoir produire le même effet que la citation en conciliation. Arg. Code de procédure, art. 48[6].

[3] La loi n'exige que la signification de la saisie. Vazeille, n° 205. Voy. Code de procédure, art. 563, 565 et 882.

[4] L'interruption de la prescription ne résulte que des actes mentionnés dans l'art. 2244. Une simple sommation ou interpellation extra-judiciaire ne saurait produire cet effet. *Le Nouveau Dunod*, p. 95. Delvincourt, sur l'art. 2244. Vazeille, n° 190. Troplong, II, 576 à 579. Voy. aussi art. 2180; § 236, note 6. — Mais il suffit, pour interrompre la prescription d'une créance, de la faire valoir par voie de reconvention. Merlin, *Rép.*, v° Compensation, § 2, n° 7. Troplong, II, 562. Civ. rej., 30 frimaire an XI, Sir., III, 1, 435. — Il est des lois spéciales qui ont dérogé à la règle ci-dessus posée. Cpr. sur l'interruption de la prescription de l'action accordée à la régie de l'enregistrement par l'art. 17 de la Loi du 22 frimaire an VII : Art. 18 de la même loi ; Civ. cass., 5 décembre 1820, Sir., XXI, 1, 240. Voy. quant à l'interruption de la prescription des rentes sur l'État, Avis du conseil d'État du 8 avril 1809.

[5] Vazeille, n° 195. Civ. rej., 9 novembre 1809, Sir., X, 1, 77. MM. Delvincourt (sur l'art. 2245) et Troplong (II, 592) distinguent entre les causes qui ne sont pas susceptibles de se terminer par voie de transaction, et celles qui sont simplement dispensées du préliminaire de conciliation. Nous ne croyons pouvoir admettre cette distinction qui, quoiqu'en pense M. Troplong, a été implicitement rejetée par l'arrêt de la Cour de cassation ci-dessus cité.

[6] Vazeille, n° 191. Voy. cependant en sens contraire, Colmar, 15 juillet 1809, Sir., XIV, 2, 89.

Une citation en justice interrompt la prescription, lors même qu'elle est donnée devant un juge incompétent. Art. 2246. Mais si elle est annulée pour défaut de forme [7], l'interruption est regardée comme non avenue. Il en est de même si le demandeur se désiste de sa demande (Code de procédure, art. 403), s'il laisse périmer l'instance (Code de procédure, art. 397 et suiv.), ou enfin si la demande est rejetée [8]. Art. 2247.

L'interruption fictive résulte de la reconnaissance que le débiteur, ou le possesseur de la chose grevée, fait du droit de celui contre lequel courait la prescription [9]. Art. 2248. Cpr. § 338.

---

[7] Voy. cependant Code de procédure, art. 173. — Cette règle ne s'applique pas au cas où le demandeur, qui avait besoin, pour former régulièrement son action, de l'autorisation ou du concours d'une autre personne, procède seul ou sans l'autorisation nécessaire. Ce défaut d'autorisation ou de concours, n'opère, en général, qu'une nullité relative (art. 1125); et, quoique cette nullité soit absolue, en ce qui concerne les communes et les établissemens publics, elle est cependant susceptible de se couvrir par une autorisation accordée après la demande, et même en instance d'appel. Troplong, II, 599. Req. rej., 24 décembre 1828, Dal. 1829, 1, 82.

[8] Il importe peu que l'action soit rejetée indéfiniment ou seulement quant à présent, comme cela arrive, par exemple, dans le cas où le préliminaire de conciliation n'a pas été rempli. Civ. rej., 30 mai 1814, Sir., XIV, 1, 201. Civ. cass., 5 mai 1834, Sir., XXXIV, 1, 403. C'est en confondant *l'action* et *la demande* que M. Troplong (II, 610) a émis une opinion contraire : lors même qu'une action n'est rejetée que provisoirement, la demande au moyen de laquelle elle a été exercée, l'est toujours d'une manière définitive.

[9] Les uns considèrent cette reconnaissance, comme une interruption naturelle de la prescription; les autres, comme une interruption civile. Voy. *Le Nouveau Dunod*, p. 95, et Planck, p. 89. Cette dernière opinion est la plus exacte, d'après la terminologie généralement usitée. Pour nous, une pareille reconnaissance ne constitue qu'une interruption fictive de la prescription. — Du reste, il ne faut pas confondre la reconnaissance du droit sujet à prescription avec la renonciation à la prescription. Duranton, *des Contrats*, IV, 1107.

Du reste, l'interruption de l'usucapion produit aussi interruption de la prescription qu'aurait entraînée l'accomplissement de l'usucapion [10], et *vice versa*.

L'interruption de l'usucapion, à laquelle il faut assimiler, sous ce rapport, l'interruption de fait de la prescription extinctive, est absolue et opère à l'égard de toutes personnes indistinctement. Au contraire, l'interruption de droit de la prescription extinctive n'a d'effet qu'entre les parties, leurs successeurs et ayants-cause [11]. Art. 2249 et 2250, cbn. art. 709, 710, 1199 et 1206.

L'interruption de l'usucapion ou de la prescription a pour effet de rendre inutile le temps qui l'a précédée. Elle ne change rien aux conditions de l'usucapion ou de la prescription [12], et laisse le possesseur [13] ou le débiteur dans l'état dans lequel il se trouvait lorsque l'une ou l'autre a commencé à courir.

---

[10] Cela a lieu, par exemple, pour l'action en revendication, et pour l'action confessoire.

[11] Voy. sur les applications dont ce principe est susceptible : Pothier, *de la Prescription*, n° 54; Vazeille, n°ˢ 231 et suiv.; Delvincourt, II, p. 640; Duranton, II, 596, IV, 111; Troplong, II, 626-677; Riom, 20 décembre 1808, Sir., IX, 2, 123; Req. rej., 18 octobre 1809, Sir., X, 1, 37; Paris, 13 décembre 1813, Sir., XVI, 2, 98; Paris, 8 juin 1825, Sir., XXV, 2, 265; Bourges, 28 juin 1825, Sir., XXVI, 2, 136.

[12] Troplong, II, 553. Il pourrait cependant en être autrement, dans le cas d'une interruption fictive produite par un acte qui contiendrait novation (Troplong, II, 697 et 698); ainsi que dans l'hypothèse où l'interruption résulterait d'une demande en justice : *Actiones quæ tempore pereunt, semel inclusæ judicio, salvæ permanent.* Cpr. Troplong, II, 681 et suiv.

[13] Ainsi, le tiers-acquéreur dont la bonne foi aurait cessé avant ou depuis l'interruption, n'en pourrait pas moins usucaper par dix ans à partir de la cessation de l'interruption. Cpr. § 217. M. Troplong, qui émet une opinion contraire (II, 553 et 688), nous paraît oublier que les art. 2265 et 2269 n'exigent la bonne foi qu'au moment de l'acquisition.

29 *

§ 214.

Continuation. — *De la maxime* contra agere non
valentem, non currit præscriptio.

Cette maxime, tirée de la loi 1re, § 2, *C. de ann. except.*
(7-40), n'est rappelée, d'une manière formelle, par aucun
texte du Code civil. Mais, comme plusieurs dispositions
de ce Code ne sont que des applications ou des conséquences directes de cette règle (cpr. art. 2257 [1]), il est
hors de doute qu'elle doit être considérée comme ayant
été virtuellement maintenue, d'autant plus qu'elle est conforme à la raison [2].

Le sens de cette maxime, qu'il ne faut pas interpréter
d'une manière trop générale, est que la prescription ne
court pas contre celui qui se trouve, à raison de quelque
empêchement, soit légal, soit conventionnel, ou par suite
de circonstances de force majeure, dans l'impossibilité absolue de poursuivre son droit. Ainsi, par exemple, le cours
de la prescription est suspendu, lorsque les communica-
tions avec un pays ou avec une ville sont interdites par un
acte de l'administration, et lorsqu'une invasion ou une
inondation les rendent impossibles [3].

---

[1] Nous ne nous occuperons que plus tard (cpr. § 772) de cet article, qui ne s'applique qu'à la prescription et non à l'usucapion:
un immeuble soumis à un droit conditionnel peut, avant l'arrivée
de la condition, être usucapé, et par suite, affranchi du droit
dont il était affecté. Delvincourt sur l'art. 2257. Proudhon, *de
l'Usufruit*, IV, 2130 et suiv. Duranton, IX, 610. Troplong, II,
791 et suiv., 851 et 852. — Ce principe reçoit exception dans l'hypothèse prévue par l'art. 966. — *Quid*, des immeubles grevés de
substitution? Cpr. § 696.

[2] Troplong, II, 700 et suiv.

[3] Merlin, *Rép.*, v° Prescription, sect. I, § 7, art. 2, quest. 10.
Cpr. Avis du conseil d'État du 25 janvier 1814.

b. *Dispositions particulières à l'usucapion.*

§ 215.

Généralités.

Tous les immeubles corporels qui se trouvent dans le commerce (cpr. § 175), peuvent, en général, être l'objet de l'usucapion.

Le Code civil admet deux espèces d'usucapion[1], celle de dix à vingt ans, et celle de trente ans[2].

L'une et l'autre, ayant pour résultat de consolider la propriété à l'égard de toutes personnes, donnent à la fois une exception à l'effet de repousser toute demande en revendication, et une action à l'effet de revendiquer l'immeuble contre un tiers-détenteur quelconque, même contre l'ancien propriétaire.

L'usucapion de dix à vingt ans consolide la propriété telle qu'elle a été acquise et possédée, et la dégage, par

---

[1] Quelle que soit la faveur due à la personne physique ou morale contre laquelle on invoque l'usucapion, il n'est plus de cas où la loi exige une possession qui ait duré au-delà de trente ans. Cpr. art. 2227. Voy. cependant art. 2281. Quant à l'usucapion par un temps immémorial, que l'ancien droit admettait dans des cas où il rejetait toute usucapion par un temps déterminé, le Code n'en parle (art. 691) que pour la proscrire. Cpr. Merlin, *Rép.*, v° Prescription, sect. II, §§ 20-24.

[2] En droit romain, la prescription de trente ans n'était pas acquisitive, mais simplement extinctive. Elle ne conférait au possesseur qu'une exception, qui le mettait à l'abri de toute revendication. La rédaction de l'art. 2262 pourrait, au premier abord, faire penser qu'il en est de même sous l'empire du Code civil. Cet article, en effet, ne définit la prescription de trente ans que comme un moyen d'éteindre les actions tant réelles que personnelles; mais en droit français, la possession de trente ans a toujours été considérée comme moyen d'acquérir, et le Code civil lui-même l'envisage ainsi. Voy. art. 690 et 691. Cpr. aussi art. 712.

conséquent, des charges qui la grevaient, lors de l'acquisition, à l'insu de l'acquéreur. Cpr. §§ 230 et 255. Voy. cependant art. 2180, n° 4. Cet effet serait également attaché à l'usucapion de trente ans, s'il n'était déjà le résultat de l'extinction, par suite du non-usage pendant trente ans, des charges qui affectent la propriété d'autrui. Art. 617, 706, 2180, n° 4, cbn. 2262.

§ 216.

De l'usucapion par trente ans.

A la différence de la prescription extinctive qui, en général, s'accomplit par la seule inertie ou la négligence de celui auquel appartient le droit ou l'action sujets à extinction, l'usucapion exige le fait positif de la possession de l'immeuble corporel, ou celui de l'exercice de la servitude, que l'on prétend acquérir par cette voie.

Aussi les effets de l'usucapion sont-ils toujours restreints à l'objet, et renfermés dans les limites de la possession: *Tantum præscriptum quantum possessum*[1].

Il en résulte, en premier lieu, que la possession doit porter sur un objet déterminé d'une manière certaine. Une possession de laquelle on ne peut dire qu'elle s'exerce jusqu'à telle limite, ne saurait servir de fondement à l'usucapion. Telle est, par exemple, la possession résultant des anticipations que les voisins commettent souvent sur leurs propriétés contigues, lors du labourage ou de la fauchaison[2].

Il en résulte, en second lieu, que celui qui soutient avoir

---

[1] Merlin, *Rép.*, v° Prescription, sect. I, § 5, art. 3, n° 7. Voy. aussi : L. 6, D. *de acquir. vel amitt. posses.* (41, 2); L. 7, C. *de acquir. vel retin. posses.* (7, 32).

[2] Pardessus, *des Servitudes*, n° 126. Toullier, III, 175. Troplong, I, 250. Paris, 28 février 1821, Sir., XXII, 2, 116.

acquis par usucapion un droit de propriété ou de servitude, doit justifier de faits possessoires qui embrassent la jouissance pleine et entière de ce droit, sous le rapport des divers avantages qu'il peut conférer. Ainsi, de simples faits de pacage ne pourraient constituer une possession suffisante pour fonder l'usucapion d'un droit de propriété[3].

Mais il n'est pas nécessaire que les faits de possession soient personnels à celui qui s'en prévaut. On peut posséder par soi-même ou par autrui; et, sous cette dernière expression, il faut comprendre les membres de la famille, les domestiques du possesseur, et tous ceux qui détiennent sous obligation de restitution[4]. Art. 2228. Code de procédure, art. 23.

La possession invoquée à l'appui de l'usucapion, doit être (art. 2229):

1° *Exclusive de précarité*. On appelle précaire, la possession de ceux qui, ne détenant une chose qu'en vertu d'un titre ou d'une qualité qui les oblige à la restituer, ou qui, n'exerçant une servitude qu'à la faveur d'une simple tolérance, c'est-à-dire d'un consentement momentané accordé par esprit de familiarité et en vue de rapports de bon voisinage, sont légalement réputés n'avoir pas la volonté de posséder à titre de droit[5]. Art. 2236 et 2232. Une

---

[3] Vazeille, nos 62 et 63. Civ. cass, 1er brumaire an VI, Sir., XV, 1, 115.

[4] On ne comprend pas comment la Cour de cassation (civ. cass., 6 mai 1822, Sir., XXII, 1, 298) a pu juger que le nu-propriétaire n'avait pas le droit de se prévaloir contre des tiers de la possession de l'usufruitier. Cpr. art. 2228 cbn. 2236.

[5] L'art. 2236 se sert des expressions *qui détiennent précairement* comme synonymes des termes, *qui possèdent pour autrui*, employés dans le même article, et ce, par opposition aux mots *possession à titre de propriétaire*, qu'on trouve dans l'art. 2229. Cpr. aussi art. 2230 et 2231. Notre définition est plus complète en ce qu'elle explique ce que c'est que la précarité, tant en fait de possession d'immeubles corporels, qu'en fait de jouissance de servitudes.

volonté contraire de leur part est impuissante à changer le caractère de la possession : *Nemo potest sibi mutare causam possessionis* [6]. Art. 2240. Celui qui a commencé à posséder à titre précaire, est toujours présumé posséder au même titre (art. 2231) ; et aucun laps de temps ne peut effacer le vice de précarité [7] : *Nemo contra titulum suum usucapere potest* [8]. Art. 2240. Cpr. art. 2241.

Ce vice reste attaché à la possession, lorsque l'immeuble passe dans les mains d'un successeur universel [9]. Art. 2237. Il ne se transmet pas au successeur particulier, qui peut

---

Art. 2232. Cpr. Merlin, *Rép.*, v° Prescription, Sect. I, § 6, art. 4 et 5.

[6] L. 33, § 1, *D. de usurp. et usuc.* (41, 2). Cpr. Proudhon, *de l'Usufruit*, II, 756.

[7] Le locataire, le fermier, l'usufruitier, le créancier avec antichrèse, ne peuvent jamais acquérir par usucapion les immeubles qu'ils détiennent, ni par conséquent opposer à l'action en revendication l'exception de prescription, à l'aide de laquelle il leur est cependant permis de repousser les actions personnelles que le propriétaire pourrait avoir à exercer contre eux. Ainsi, par exemple, l'action en reddition de compte contre le créancier avec antichrèse (cpr. art. 2085) et l'action en dommages-intérêts contre tout détenteur précaire qui a disposé de l'immeuble, se prescrivent par trente ans. Troplong, II, 474, 478 et 479.

[8] Cette règle ne s'oppose pas à ce que l'on puisse usucaper au-delà de son titre ; et elle ne s'applique pas à la prescription extinctive. Art. 2241. Cpr. Merlin, *Quest.*, v° Absent, § 3, v° Fait du souverain, § 1 ; Vazeille, n° 174 ; Troplong, II, 521 à 534 ; Riom, 28 mai 1810, Sir., XI, 2, 322 ; Req. rej., 9 novembre 1826, Sir., XXVII, 1, 29 ; Bordeaux, 11 janvier 1828, Sir., XXVIII, 2, 105.

[9] Les héritiers continuent de plein droit, en vertu de la saisine légale, la possession du défunt. Art. 724. Quoique les autres successeurs universels ne continuent pas de plein droit la possession de celui auquel ils succèdent, les actes possessoires auxquels ils se livrent, ne peuvent cependant pas avoir pour résultat de faire commencer dans leur personne une possession nouvelle, distincte de celle de leur auteur, parce que, tenus des obligations personnelles de ce dernier, le vice de précarité qui affectait sa possession, se transmet, malgré eux, à la leur. Cpr. § 12, *Inst. de usucap.* (2, 6) ; *Le nouveau Dunod*, p. 67 ; Pothier, *de la Prescription*, n° 112 ; Troplong, II, 502. Voy. aussi la note suivante.

commencer une nouvelle possession [10]. Toutefois, si le successeur particulier laissait l'immeuble entre les mains de son auteur, ce dernier devrait, en thèse générale, et sauf les exceptions résultant de circonstances particulières, être considéré comme possédant toujours au nom de celui pour le compte duquel il a commencé à posséder à titre précaire [11].

Les possesseurs précaires et leurs successeurs universels ne sont plus soumis à la règle *nemo contra titulum suum usucapere potest*, toutes les fois qu'il survient une interversion de possession, c'est-à-dire que la possession précaire dans le principe, revêt le caractère de possession à titre de droit. L'interversion ne peut résulter que d'une cause venant d'un tiers, ou de la contradiction formelle opposée par le possesseur au droit de celui pour le compte duquel il possédait [12]. Art. 2238. Par cause venant d'un tiers, on entend un titre de propriété onéreux ou gratuit, donné au possesseur par une tierce personne. Un titre de cette nature opère interversion de possession, *ipso facto*, et sans qu'il soit nécessaire de le notifier à celui au nom duquel s'exerçait la possession [13].

[10] Le successeur particulier ne continuant pas, malgré lui, la possession de son auteur, aux obligations personnelles duquel il n'est pas soumis, peut commencer à usucaper par lui-même: *Non continuatur possessio, attamen tempora conjungi possunt.* §§ 12 et 13, *Inst. de usucap.* (2, 6).

[11] Bourges, 10 janvier 1826, Sir., XXVI, 2, 260. Pau, 14 mai 1830, Sir., 31, 2, 285.

[12] M. Vazeille (nos 128 et suiv.) pense que les mandataires légaux ou conventionnels, détenteurs à titre précaire, peuvent, abstraction faite de toute autre interversion, commencer à usucaper, dès que leurs pouvoirs sont expirés. Cette opinion nous paraît inadmissible: tout mandat cesse par la mort du mandataire (art. 2003 et 419), et cependant, aux termes de l'art. 2236, les héritiers ou successeurs universels du mandataire détenteur précaire, ne peuvent pas plus usucaper que leur auteur, quoiqu'ils n'aient jamais été revêtus de la qualité de mandataires. Cpr. Troplong, II, 487 à 489.

[13] Cpr. Troplong, II, 507 et 508.

La précarité ne se présume point. Art. 2230. Celui qui invoque l'usucapion ne peut être astreint, pour établir la non-précarité de sa possession, à faire connaître son titre, et bien moins encore à en débattre la validité. Toutefois, si les faits ou actes extérieurs de possession ne sont point assez caractérisés pour annoncer clairement, de la part de leur auteur, une prétention à la propriété ou à un droit de servitude, la possession, dès-lors équivoque[14] en elle-même, ne peut servir de fondement à l'usucapion, à moins que le possesseur ne parvienne, par la production de son acte d'acquisition, ou par d'autres moyens de preuve, à dissiper toute incertitude sur le véritable caractère de sa possession. Dans le doute, la faveur de l'ancienne propriété doit l'emporter.

2° *Exempte de clandestinité.* La loi n'exige point une publicité absolue; il suffit que les actes de possession soient de nature à pouvoir être connus, surtout de celui qui aurait intérêt à interrompre l'usucapion[15].

3° *Exempte de violence.* En droit français, la violence employée pour acquérir la possession, ne la rend pas perpétuellement vicieuse. Le vice de violence peut être purgé par la continuation paisible de la possession, sans qu'il soit nécessaire que la chose retourne préalablement au pouvoir de celui qui en a été dépouillé[16]. Art. 2233. Toutefois, la possession paisible succédant à une possession violemment appréhendée, ne devient définitivement utile que

[14] Merlin, *Rép.*, v° Prescription, sect. I, § 5, art. 3, n° 5. — M. Pardessus (*des Servitudes*, n° 126) appelle possession équivoque celle qui n'est pas déterminée d'une manière certaine. D'après M. Troplong (I, 359), la possession est équivoque, toutes les fois que celui qui s'en prévaut, ne prouve pas d'une manière suffisante, qu'elle réunit les différentes qualités exigées par l'art. 2229.

[15] *Le nouveau Dunod*, p. 56 et suiv. Vazeille, n° 49, Bourges, 28 janvier 1826, Sir., XXVI, 2, 260.

[16] Il en était autrement en droit romain. Cpr. §§ 2 et 8, *Inst. de usucap.* (2, 6.)

lorsqu'elle a été exercée, sans nouvelles violences, pendant une année au moins. Arg. Code de procédure, art. 23, cbn. Code civil, art. 2233. Lorsque la possession est ainsi devenue utile, les effets en remontent au premier acte de jouissance paisible; et elle ne devra plus être considérée comme entachée de violence, si, pour s'y maintenir, le possesseur exerce des voies de fait, même contre le propriétaire qui tenterait de rentrer en possession [17].

4° *Continue.* La possession une fois acquise au moyen d'actes sensibles [18], se conserve par la seule intention [19]; et la loi ne fixe aucun délai à l'expiration duquel la possession exigerait le secours de nouveaux actes extérieurs : *Olim possessor hodie possessor præsumitur* [20]. La question de savoir s'il y a eu discontinuation de possession, se réduit donc toujours à celle de savoir s'il y a eu, de la part de l'ancien possesseur, volonté de ne plus posséder. Cette question, toute de fait, est abandonnée à l'arbitrage du juge, qui cependant ne doit prendre en considération que la durée de l'inaction depuis le dernier acte possessoire, dont l'exercice est censé avoir complètement neutralisé l'inaction antérieure. Ainsi, ce n'est que par une preuve contraire,

---

[17] L. 1, § 28. *D. de vi et vi arm.* (43, 16). Cpr. Toullier, XI, 134 et suiv.

[18] La loi n'ayant pas déterminé le nombre des actes sensibles nécessaires à l'acquisition de la possession, et n'ayant pas requis que ces actes aient été répétés pendant un intervalle de temps plus ou moins long, c'est à tort que quelques auteurs (cpr. Vazeille, n° 38) exigent qu'ils aient été continués au moins pendant un an.

[19] *Licet possessio nudo animo acquiri non possit, tamen solo animo retineri potest.* L. 4, *C. de acq. et ret. poss.* (7, 32). Dunod, *des Prescriptions*, part. 1re, chap. IV, p. 17. Pothier, *de la Possession*, n° 64. Merlin, *Rép.*, v° Prescription, sect. I, § 5, art. 3, n° 3. Troplong, I, 263-264.

[20] Cette maxime est extraite de la glose sur la loi 16. *C. de probat.* (4, 19). Les docteurs (voy. Dunod, *loc. cit.*) qui avaient fixé à dix années la durée de la possession intentionnelle, s'étaient mis en contradiction avec cette règle et le principe dont elle découle : *solo animo possessio retinetur.* Cpr. Troplong, I, 337-348.

c'est-à-dire par une preuve d'interruption que peuvent être détruits les effets de la possession intentionnelle comprise entre deux actes de possession matérielle : *Probatis extremis præsumitur medium*[21]. Art. 2234.

5° *Non interrompue.* La possession est interrompue : 1) Lorsqu'un tiers[22] nous prive de la garde de l'immeuble dont nous étions en possession, ou nous empêche d'exercer la servitude dont nous avions la jouissance, peu importe que les actes auxquels ce tiers s'est livré, soient publics ou clandestins, et qu'ils soient ou non accompagnés de violence[23]. 2) Lorsqu'un événement de la nature place le possesseur dans l'impossibilité absolue et perpétuelle de jouir de l'immeuble ou de la servitude : des événemens de cette espèce, des inondations, par exemple, dont l'effet ne serait que temporaire, n'interrompent pas

[21] En consacrant cette maxime, qui est principalement relative à la non-interruption de la possession, le Code civil n'a point, ainsi que le pensent MM. Vazeille (n° 35 et suiv.) et Troplong (I, 423), abrogé la règle *olim possessor hodie possessor præsumitur*, qui concerne la continuation de la possession. En effet, l'art. 2234 n'a pas défini ce qu'il faut entendre par les mots *possesseur actuel;* en d'autres termes, il n'a pas déterminé le temps passé lequel l'ancien possesseur ne doit plus être réputé possesseur actuel. La règle dont il s'agit subsiste donc toujours, sauf au juge à en restreindre l'application d'après les circonstances. Les arrêts invoqués par M. Troplong (Civ. cass., 6 février et 3 avril 1833, Dal. 1833, 1, 170), ne sont aucunement contraires à notre manière de voir : la présomption résultant de la règle *olim possessor, hodie possessor,* peut disparaître devant la seule inaction de l'ancien possesseur, dans le cas où le juge penserait que cette inaction équivaut de sa part à une manifestation expresse de la volonté de ne plus posséder; au contraire, la présomption qui naît de la maxime *probatis extremis præsumitur medium,* conserve sa force jusqu'à preuve contraire, c'est-à-dire jusqu'à preuve d'interruption de la possession.

[22] Que ce soit le véritable propriétaire ou toute autre personne, peu importe. Art. 2243. — Lorsque la cessation de jouissance a été toute volontaire de la part du possesseur, elle n'interrompt pas la possession. Nîmes, 9 novembre 1830, Sir., XXXI, 2, 194.

[23] Cpr. Civ. cass., 29 novembre 1825, Sir., XXVI, 1, 103.

la possession [24]. Art. 2243 et arg. de cet article. Voy. ce pendant § 213.

Lorsque la possession [25] réunit les qualités que nous venons d'énumérer, l'usucapion s'accomplit par trente ans, sans que la mauvaise foi du possesseur, c'est-à-dire le sentiment intérieur de l'injustice de sa prétention empêche ce résultat [26].

Tout successeur universel ou particulier peut, pour compléter le temps de l'usucapion, joindre à sa possession celle de son auteur qui se trouvait *in conditione usucapiendi.* Art. 2235. Cpr. notes 9 et 10. Cette jonction de possession, que l'on appelle accession, exige :

1° Que la possession du successeur porte sur le même objet que celle de son prédécesseur.

2° Que le successeur se trouve aux droits de la personne dont il veut joindre la possession à la sienne.

3° Que les deux possessions se suivent immédiatement et sans interruption. Si, avant l'entrée en jouissance du successeur, un tiers a interrompu la possession, l'accession ne peut avoir lieu utilement. Si, au contraire, la possession a été simplement vide, comme cela peut arriver à l'égard d'une succession dévolue exclusivement à des personnes qui ne jouissent pas de la saisine, rien ne s'oppose à l'accession de possession. La saisine des héritiers n'empêche pas non plus la jonction de la possession du défunt

---

[24] Malleville, sur l'art. 2243.

[25] Les actes possessoires qui ne consistent qu'en faits purs et simples peuvent toujours se prouver par témoins. Cpr. Merlin, *Rép.,* v° Prescription, sect. 1, § 5, art. 3, n° 9; Vazeille, n° 78 et suiv. En est-il de même : 1° des actes possessoires qui constituent des actes juridiques, tels qu'une vente de fruits ou une constitution de servitude? 2° des conventions à l'aide desquelles celui qui invoque l'usucapion, entend prouver que la possession exercée par un tiers, l'a été pour son compte? Cpr. sur cette question qui ne paraît pas susceptible d'une solution générale : Merlin et Vazeille, *loc. cit.;* Troplong, I, 279.

[26] Pothier, *de la Prescription,* n° 162 et suiv. Merlin, *Rép.,* v° Prescription, sect. I, § 5, art. 4.

à celle des légataires ou des successeurs universels, qui obtiennent la délivrance de leurs legs ou de leurs parts héréditaires[27].

§ 217.

De l'usucapion par dix à vingt ans.

Lorsque la possession revêtue des qualités ci-dessus indiquées, est encore soutenue par un juste titre et par la bonne foi, elle entraîne, au bout de dix ans, l'usucapion de l'immeuble[1] dont le véritable propriétaire a, pendant tout ce temps, conservé son domicile[2] dans le ressort de la Cour royale sur le territoire de laquelle cet immeuble est situé. Art. 2265. Les années durant lesquelles le véritable propriétaire a été domicilié hors dudit ressort, se comptent doubles, en ce sens, qu'il faut deux années d'absence pour remplacer une année de présence[3]. Ainsi, le temps requis pour l'usucapion, est susceptible de varier de onze manières différentes, depuis dix jusqu'à vingt ans. Art. 2265 et 2266.

---

[27] Cpr. sur cette matière : L. 15, § 1. *D. de divers. temp. prescrip.* (44, 3); L. 20, *D. de usuc. et usurp.* (41, 3); L. 13, § 10, *D. de acqui. vel amitt. posses.* (41, 20); Merlin, *Rép.*, v° Prescription, sect. I, § 5, art. 3, n° 8; Vazeille, n° 72; Troplong, I, 428-467.

[1] L'usucapion de dix à vingt ans, s'applique non-seulement aux immeubles corporels, mais encore aux servitudes personnelles, cpr. § 223. Quant aux servitudes réelles, elles ne peuvent s'acquérir que par l'usucapion de trente ans. Cpr. § 251. Voy. encore, en ce qui concerne les droits d'usage dans les forêts, § 187, note 6.

[2] La loi considère ici le *domicile* (cpr. art. 102 et § 142), et non *la résidence* ou *l'habitation*. Il n'y a donc aucune différence à faire, sous le rapport du délai dans lequel s'accomplit l'usucapion, entre le cas où le véritable propriétaire est absent de son domicile et celui où il s'y trouve présent. Vazeille, n°° 504-509. Proudhon, I, p. 190. Troplong, II, 865 et 866. Montpellier, 11 mai 1829, Sir., XXX, 2, 44. Voy. cependant, en sens contraire, Nîmes, 12 mars 1834, Sir., XXXIV, 2, 360.

[3] Le droit romain et la coutume de Paris (art. 113) contenaient déjà une disposition semblable.

Le juste titre n'est pas seulement exigé comme élément ou moyen de preuve de la bonne foi : il forme une condition propre et distincte [4] de cette dernière. Arg. des art. 2265 et 2267 , opposés aux art. 549 et 550. Il doit s'appliquer en réalité, et non pas seulement d'une manière putative [5], à l'objet de la possession. La croyance de celui qui s'imaginerait, par exemple, posséder, à titre d'héritier, et comme dépendant de la succession, un immeuble qui n'en ferait réellement pas partie, pourrait bien donner au possesseur le droit de faire les fruits siens (cpr. § 201), mais ne suffirait jamais en matière d'usucapion, quelques plausibles que fussent les raisons sur lesquelles se fonderait sa conviction.

On appelle juste titre, tout titre qui, à ne le considérer que d'une manière abstraite (*in thesi*), serait de fait et de droit habile à conférer un droit de propriété ou de servitude. En d'autres termes, tout titre qui a pour objet de conférer un droit de propriété ou de servitude, est un juste titre, lorsqu'il est légalement autorisé, quant à son genre, et que les solennités auxquelles la loi subordonne sa validité, ont été observées [6].

D'après cela, on ne peut considérer comme justes titres :

1° Les conventions ou dispositions qui n'emportent pas transmission de propriété ou constitution de servitude [7]; tel un bail.

---

[4] Angers, 9 mars 1825 , Sir., XXVI, 2, 181.

[5] Troplong, II, 888, 890-899. — A la différence du droit romain, le Code civil n'admet pas comme fondement de l'usucapion, les titres putatifs, par exemple, le titre *pro hærede*. Cpr. L. 3, *D. pro hæred.* (41, 5).

[6] Le mot *juste* s'entend de la réunion de ces conditions légales et non de l'existence d'un droit de propriété dans l'auteur de la transmission : c'est précisément le vice résultant de l'inexistence de ce droit que l'usucapion a pour but de couvrir. Ainsi, une vente consentie à *non domino* forme un juste titre, pourvu que le vendeur ait disposé de l'immeuble comme d'une chose à lui appartenante. Toullier, VII, 605 et suiv. Troplong, II, 873. Cpr. L. 27, *D. de contr. empt.* (18, 1). Voy. aussi § 192, note 1.

[7] La transaction est-elle un juste titre? Nous croyons qu'en

2° Celles à l'égard desquelles on n'a pas observé les solennités spéciales que la loi a exigées pour leur validité[8] (art. 2267); telle, une donation sous seing-privé. Art. 931. Cpr. art. 970 et suiv. cbn. 1001.

---

thèse générale, cette question doit être résolue négativement, parce que, d'ordinaire, la transaction n'a d'autre but que de reconnaître ou de confirmer un titre antérieur, dont l'existence ou la validité étaient contestées ; elle se confond dès-lors avec ce titre, et n'en forme point un par elle-même : *Confirmatio nil dat novi*. Si cependant, en transigeant, une partie abandonne à l'autre un immeuble, à la propriété duquel cette dernière ne pouvait prétendre en vertu d'aucun titre antérieur, la transaction devrait être considérée comme un titre nouveau, susceptible de conduire à l'usucapion, en supposant qu'elle ait été accompagnée de bonne foi. Civ. cass., 14 mars 1809, Sir., X, 1, 94. Cpr. sur cette question, Troplong, II, 882. — *Quid* d'un jugement ordonnant le délaissement d'un immeuble? Nous ne le considérons pas comme un juste titre; un jugement ne peut être que déclaratif et non translatif de propriété. L'argument qu'on voudrait tirer, à l'appui de l'opinion contraire, de la théorie du contrat judiciaire, nous paraît dénué de fondement. En formant ce contrat sur une action en revendication, les parties ne reconnaissent au juge que le pouvoir de déclarer les droits du véritable propriétaire, et ne l'autorisent pas à transférer ces droits à celui auquel ils n'appartiendraient pas. L'engagement que les parties prennent de se soumettre à la décision du juge, n'emporte point, de la part de celui qui doit succomber, abandon éventuel d'un droit de propriété existant à son profit, mais simple renonciation à faire valoir des prétentions qui, désormais, n'auront plus aucune apparence de réalité, *quia res judicata pro veritate habetur*. Troplong, II, 883. Voy. cependant, en sens contraire : Rauter, *Cours de procédure civile*, § 59, note *b*. Civ. rej., 21 février 1827, Sir., XXVII, 1, 451.

8 Les nullités de forme sont en général des nullités absolues, et peuvent par conséquent être opposées par celui contre lequel on invoque l'usucapion. Cpr. § 37. Si, cependant, une nullité de ce genre était susceptible de se couvrir par confirmation ou prescription (cpr. art. 1304 et 1340), la convention, ou la disposition nulle, *in principio*, deviendrait un juste titre à partir de l'époque à laquelle la nullité aurait été couverte. Troplong, II, 900 et 901. — Les nullités résultant de l'inobservation des formalités spéciales prescrites dans l'intérêt de certaines personnes, par exemple, des mineurs ou des interdits, ne sont pas des nullités de forme absolues, et n'enlèvent, par conséquent pas, au titre qui en est entaché, le caractère de juste titre. Troplong, II, 902. Cpr. note 10.

3° Celles enfin qui sont prohibées quant à leur genre[9]. Telle une substitution. Art. 896. Cpr. art. 791 cbn. 1130.

Au contraire, un acte de sa nature translatif de propriété ou constitutif de servitude, est un juste titre, encore qu'il se trouve entaché d'une cause de nullité relative ou de rescision. Le tiers au préjudice duquel s'est accomplie une usucapion fondée sur un titre de cette espèce, ne peut, pour la repousser, contester l'efficacité de ce titre, lors même que les personnes dont il émane, se trouveraient encore dans le délai utile pour l'attaquer par voie de nullité ou de rescision[10]. Arg. *a cont.* art. 2267.

Le titre subordonné à une condition suspensive ne devient utile pour l'usucapion, qu'à dater de l'événement de la condition[11].

L'acte instrumentaire destiné à justifier de l'existence du titre invoqué à l'appui de l'usucapion, ne peut remplir ce but lorsqu'il est nul en la forme[12]. Si cet acte est sous

---

[9] Cette proposition, que le code civil n'énonce pas en termes formels, ne saurait être contestée. D'une part, la prohibition d'un certain genre de convention ou de disposition ne pouvant être considérée que comme fondée sur un motif d'ordre public, l'infraction de cette prohibition entraîne une nullité absolue qui peut être proposée par toute personne intéressée (cpr. § 37); d'autre part, on pourrait, au besoin, soutenir que l'art. 2267 s'applique tant aux nullités de forme intrinsèque qu'aux nullités de forme extrinsèque. Cpr. Delvincourt sur l'art. 2267; *Jurisprudence du Code civil,* IV, 166.

[10] Troplong, II, 906. En émettant une opinion contraire, M. Vazeille (nos 474 et suiv.) a oublié que le véritable propriétaire ne saurait se prévaloir de nullités relatives, établies dans tout autre intérêt que dans le sien, et qui doivent, par cela même qu'elles lui sont étrangères, rester sans influence sur l'usucapion qu'on lui oppose.

[11] Toullier, VII, 609. Planck, p. 157. Troplong, II, 910. Au contraire, le titre soumis à une condition résolutoire est, dès son origine, utile pour l'usucapion. Cpr. art. 1665. Troplong, II, 911.

[12] Angers, 9 mars 1825, Sir., XXVI, 2, 181. Cet acte, sans force probante à l'égard des parties elles-mêmes, en est à plus forte raison dépourvu vis-à-vis du véritable propriétaire auquel il ne peut être opposé. — La règle énoncée dans le texte ne s'applique

seing-privé, sa force probante ne remonte qu'au jour où il a acquis date certaine à l'égard des tiers. Cpr. art. 1328.

Un possesseur est de bonne foi, dans le sens absolu de ce mot, lorsqu'il a la conviction que sa possession est légitime à tous égards; ou, en d'autres termes, lorsqu'il est dans l'ignorance de tous les vices sans exception dont son titre peut être entaché. C'est dans cette acception que la bonne foi semble devoir s'entendre en fait de perception de fruits[13]. Arg. art. 549. Cpr. § 201. Mais en matière d'usucapion, elle se prend dans un sens plus restreint, et consiste uniquement dans la croyance où est l'acquéreur, que la chose appartient à celui qui en dispose en sa faveur, ou mieux encore, dans l'ignorance où il se trouve que le disposant n'en est pas le légitime propriétaire. Les appréhensions que peut avoir un acquéreur sur la validité de son acquisition considérée sous tous autres rapports, ne le constituent pas en mauvaise foi[14].

pas aux actes notariés qui, dépourvus d'authenticité, seraient cependant revêtus de la signature de toutes les parties contractantes : ils valent comme actes sous seing-privé. Loi du 25 ventôse an XI, art. 68. Code civil, art. 1318. Elle ne s'applique pas davantage aux actes sous seing-privé qui, renfermant des conventions synallagmatiques, n'auraient pas été rédigés en double original (art. 1325): ils forment un commencement de preuve par écrit (art. 1347), susceptible d'être corroboré par la preuve testimoniale. Vazeille, n° 490.

[13] La perception est un moyen d'acquérir la propriété des fruits recueillis de bonne foi, quel que soit le vice qui entache le titre du possesseur, et quel que soit le demandeur auquel il oppose cette exception. Ce résultat absolu ne peut être que la conséquence d'une bonne foi également absolue, d'une bonne foi complète. Aussi la question git-elle uniquement dans la bonne foi: le titre n'est exigé que comme preuve de cette dernière. Arg. art. 549 et 550, cbn. 2265. Angers, 9 mars 1825, Sir., XXVI, 2, 181. Cpr. § 201, et note suivante.

[14] L'usucapion n'a d'autre but que de couvrir, par rapport au véritable propriétaire, le vice résultant du défaut de droit de propriété dans la personne de celui duquel émane le titre translatif de propriété. Ce but relatif n'exige qu'une bonne foi relative. Demander une bonne foi absolue, ce serait renouveler les contro-

La bonne foi n'est exigée qu'au moment de l'acquisition[15]. La connaissance que le possesseur obtiendrait plus tard des droits du véritable propriétaire, serait sans influence sur l'usucapion. Art. 2269.

Toute possession fondée sur un juste titre, est présumée de bonne foi[16] jusqu'à preuve du contraire[17]. Art. 2268.

V. DES ACTIONS QUI NAISSENT DU DROIT DE PROPRIÉTÉ.

§ 218.

De l'action en revendication. — De l'action publicienne.

La principale action naissant du droit de propriété, est l'action en revendication. Cette action, qui, de sa nature, peut avoir pour objet des meubles ou des immeubles corporels, n'est admise en droit français qu'à l'égard de ces derniers[1], sauf les cas d'exception spécialement déterminés par la loi. Cpr. art. 2279 et § 186.

verses que l'art. 2267 a eu pour but de faire cesser. La nullité relative, dont un titre est entaché, ne lui ôte pas le caractère de juste titre. Arg. art. 2267. Cpr. notes 8 et 10. Or, ce principe serait pour la plupart du temps illusoire, si la connaissance d'une nullité dont l'existence n'ôte pas au titre le caractère de juste titre, devait cependant être un obstacle à la bonne foi. Nous différons sur cette question d'opinion avec M. Troplong (II, 915-922), qui du reste paraît détruire, par la concession qu'il fait au n° 922, la base du système exposé dans les numéros précédens.

[15] *Non opus est bona fide continua.* Il en est autrement en matière de perception de fruits. Art. 550, al. 2. — *Au moment de l'acquisition.* Ce n'est donc pas la date du titre, mais celle du moyen d'acquérir, qu'il faut considérer, pour déterminer l'époque à laquelle la bonne foi doit exister. — Quant aux dix années, elles ne commencent jamais à courir que du moment de l'acquisition de la possession. Toullier, VII, 603.

[16] Pothier, *de la Prescription*, n° 98. Planck, p. 142.

[17] Cette preuve peut se faire par témoins. Voy. cependant, en sens contraire: Vazeille, n° 492; Dunod, p. 43.

[1] C'est à tort que les art. 1926 et 2102, n° 4, du Code civil,

Elle exige que le demandeur prouve son droit de propriété, et, par conséquent, celui de ses auteurs. Arg. art. 1599. Cpr. §§ 181 et 182. Cette preuve ne peut être établie, d'une manière complète, qu'au moyen de l'usucapion. Cpr. § 209, note 1.

On peut, en général, intenter cette action contre tout possesseur, quelles que soient la cause et l'origine de la possession; mais elle ne peut être dirigée contre celui qui, en cas d'éviction, aurait un recours en garantie à exercer contre le demandeur : *Quem de evictione tenet actio, eumdem agentem repellit exceptio*[2].

L'action en revendication tend, dans tous les cas, à faire condamner le défendeur à rendre, à ses frais[3], la chose revendiquée avec tous ses accessoires[4]. Lorsque le possesseur est de mauvaise foi, elle tend en outre à le faire condamner à rendre compte, non-seulement des fruits qu'il a perçus, mais de ceux même qu'il aurait pu percevoir[5], comme aussi à indemniser le demandeur des détériorations ou dégradations que la chose a éprouvées[6].

576 et suiv. du Code de commerce, appellent revendication des actions qui sont purement personnelles, et qui ne sont pas données contre les tiers-détenteurs. — La revendication, dont parle l'art. 2102, n° 1, al. 5, est bien une action réelle, mais elle dérive d'un droit de privilége, et non d'un droit de propriété. Cpr. Code de procédure, art. 819 et 820.

[2] LL. 11 et 31. *C. de evict.* (21, 2). Pothier, *du Contrat de vente,* n° 165. Merlin, *Quest.*, v° Garantie. Civ. cass., 24 janvier 1826, Sir., XXVI, 1, 387.

[3] L'art. 1608 n'est pas applicable à cette matière.

[4] *Quid* si le possesseur a disposé de choses mobilières qui formaient des accessoires de l'immeuble? Le possesseur de mauvaise foi devra indemniser le propriétaire du tort qu'il lui a causé; le possesseur de bonne foi, au contraire, ne pourra être recherché que par l'action *de in rem verso*, c'est-à-dire, jusqu'à concurrence seulement de ce dont il a profité. Cpr. Duranton, IV, 366 et suiv.

[5] Toullier, III, 110. Duranton, IV, 360. — Cpr. sur la manière dont la restitution des fruits doit être opérée: Code de procédure, art. 129 et 526; Pigeau, I, p. 534, et II, p. 388.

[6] L. 25, § 11. *D. de hæred. petit.* (5, 3). L. 18. *D. quod metus causa* (4, 2). Duranton, *loc. cit.*

Lorsque le demandeur obtient gain de cause, l'immeuble revendiqué rentre dans ses mains, libre et franc des servitudes et des hypothèques venant du chef du défendeur. Cpr. § 196. Du reste, le demandeur n'est pas tenu de restituer au défendeur le prix que ce dernier peut avoir payé[7].

La question relative aux impenses faites par le possesseur, se résout au moyen d'une distinction entre les impenses nécessaires, utiles et voluptuaires[8]. Les premières sont celles que nécessite la conservation de la chose; les secondes, celles qui, sans être commandées par cette nécessité, ont pour résultat d'augmenter la valeur de la chose; les troisièmes enfin, celles qui tendent seulement à l'embellir ou à la rendre plus commode, sans en augmenter la valeur réelle.

Les obligations imposées au propriétaire relativement au remboursement des impenses faites par le possesseur, dérivant de ce précepte d'équité naturelle, que personne ne doit s'enrichir au détriment d'autrui[9], se bornent à la restitution de ce dont il se trouve réellement enrichi. Il en résulte: 1° que le demandeur en revendication doit tenir compte au défendeur des impenses faites pour la conservation de la chose, ces impenses ayant nécessairement tourné à son avantage; 2° qu'il doit également lui rembourser les impenses utiles ou d'amélioration, mais jusqu'à concurrence seulement de la mieux-value de la chose, à moins qu'il ne préfère, dans le cas où le possesseur est de mauvaise foi, demander la suppression des travaux[10] (art. 555 et arg. de cet article); 3° qu'il n'est pas

---

[7] Voy. cependant art. 2280, et Pothier, *du Domaine*, n° 353.

[8] Le Code fait mention de ces trois espèces d'impenses. Voy. art. 1381, 1634, 1635, 1673.

[9] Ce précepte sert de fondement à l'action *de in rem verso*. Cpr. art. 861 et 2175.

[10] Voy. aussi L. 38. *D. de rei vind.* (6, 1); Delvincourt, II, p. 7; et les différens commentateurs sur l'art. 2175.

tenu de bonifier les impenses purement voluptuaires ou
d'agrément, sauf au défendeur à enlever les ornemens et
autres objets qu'il a fait placer, mais à la charge de réta-
blir les lieux dans leur premier état. Arg. art. 599, al. 3.
Cpr. § 231, note 4.

Le défendeur auquel est dû un remboursement d'impenses, peut exercer le droit de rétention jusqu'à ce qu'il
soit indemnisé par le propriétaire[11]. Voy. § 184.

Outre la revendication proprement dite, le droit romain admettait une action analogue, appelée *actio in rem
publiciana*. Elle était donnée à celui qui, ayant possédé de
bonne foi, et en vertu d'un juste titre, avait perdu la possession avant l'accomplissement de l'usucapion courant
à son profit, et compétait contre tous ceux qui possé-
daient, ou sans titre, ou en vertu d'un titre moins solide
et moins apparent. Elle n'exigeait pas la preuve de la propriété, et, sous ce point de vue, elle différait de la revendication, avec laquelle elle se confondait, sous le rapport
de son objet et de ses résultats[12]. Du reste, elle pouvait
être formée, soit séparément, soit cumulativement avec
la revendication.

Quoique le Code civil ne fasse aucune mention de l'action publicienne, plusieurs auteurs[13] la considèrent, par
des motifs d'équité, comme existant encore aujourd'hui.
Nous ne saurions partager leur opinion. Les raisons qui
avaient fait admettre en droit romain l'action publicienne,
ne sont plus en harmonie avec les principes de notre législation. La possession pouvant, quoique dénuée de titre et
de bonne foi, conduire à l'usucapion, a aujourd'hui beaucoup plus de force qu'elle n'en avait autrefois. Cpr. § 186.

---

[11] Le défendeur ne jouit cependant pas du droit de rétention
dans le cas prévu par l'art. 2175. Persil, *Régime hypothécaire*, sur
l'art. 2175, n° 5. Turin, 30 mai 1810, Sir., X, 2, 338.

[12] Cpr. Thibaut, *System des Pandektenrechts*, §§ 570 et suiv.

[13] Duranton, IV, 233 et suiv. Lassaulx, III, 378, 388 et suiv.
Troplong, *de la Prescription*, I, 230.

Si la partie qui possède actuellement, est en possession depuis au-delà d'une année, elle a, d'une part, interrompu l'usucapion de son adversaire et réduit au néant tous les effets juridiques de la possession antérieure de ce dernier; d'autre part, elle a acquis la saisine possessoire, dont le bénéfice ne peut lui être enlevé que par la preuve d'un droit de propriété. Si, au contraire, le possesseur actuel ne possède pas depuis un an, et que son adversaire puisse se prévaloir d'une possession antérieure qui ait duré au-delà d'une année, ce dernier arrivera par le moyen de l'action possessoire, aux mêmes fins que par l'action publicienne. Cette action est donc non recevable dans la première hypothèse, et inutile dans la seconde. Ce ne serait tout au plus que dans le cas où aucune des parties n'aurait la possession annale, que l'on pourrait invoquer des considérations d'équité pour faire admettre l'action publicienne. Encore pensons-nous que, dans ce cas même, la possession actuelle devrait l'emporter jusqu'à la preuve du droit de propriété : la possession, quelque courte qu'elle soit, entraîne présomption de propriété, et porte en elle le germe de l'usucapion.

§ 219.

De l'action négatoire.

La propriété emporte, de sa nature, un droit illimité et exclusif à la jouissance et à l'usage de la chose. Voy. § 194. Le propriétaire d'un immeuble que l'on prétend assujétir à quelque servitude[1], a donc une action pour l'en faire déclarer libre, avec défense de l'exercer à l'avenir, et même pour faire condamner, s'il y a lieu[2], le défendeur à des

---

[1] Pardessus, *des Servitudes*, n° 337.
[2] On doit se conformer, à cet égard, aux règles tracées au paragraphe précédent : l'action négatoire est une *quasi-revendication* de la liberté naturelle de l'héritage.

dommages-intérêts. Cette action, appelée négatoire, compète également à ceux qui jouissent d'un droit de servitude personnelle[3]. Son caractère distinctif consiste en ce que le propriétaire, quoique demandeur, n'est pas astreint à la preuve de la liberté de son héritage. C'est à celui qui exerce la servitude à prouver qu'il l'a acquise. Il en serait ainsi, lors même que, par jugement au possessoire, le défendeur aurait été maintenu en possession de la servitude[4].

VI. DES DIFFÉRENTES MANIÈRES DONT SE PERD LA PROPRIÉTÉ.

§ 220.

La propriété s'éteint :

1° Par l'anéantissement de la chose.

2° Par l'abdication ou l'abandon de la chose[1].

3° Par l'aliénation, soit volontaire, soit forcée[2].

4° Par l'effet de la loi, dans les cas où elle attribue à une autre personne la propriété d'une chose qui nous appartient.

[3] Toullier, III, 418. Pardessus, *des Servitudes*, n° 333. Cpr. § 227, note 21. — Le fermier et le locataire sont sans qualité pour former l'action négatoire. Toullier, III, 719. Pardessus, *op. cit.*, n° 334. Merlin, *Rép.*, v° Servitude, § 35, n° 3, *Quest.*, v° Fermier, § 1.

[4] Toullier, III, 714. Grenoble, 14 juillet 1832, Sir., XXXIII, 2, 11. M. Duranton (V, 641) combat cette opinion par le motif qu'elle rendrait sans effet réel l'avantage de la possession en fait de servitudes. C'est aussi ce que paraît décider le droit romain. Voy. L. 5, § 1. D. si ususf. petat. (7, 6); L. 6, § 1, L. 8, § 3. D. si servit. vind. (8, 5); L. 15. D. de nov. oper. nunciat. (39, 1); Thibaut, *System des Pandektenrechts*, § 625, aux notes f. et g.

[1] Voy. art. 656, 699 et 2172; Pothier, *du Domaine*, n° 271 et suiv.; Toullier, III, 341 et suiv. — La cession de biens n'emporte, ni abdication, ni transmission de propriété de la part du débiteur. Art. 1269.

[2] Toullier, III, 359.

5° Enfin, par suite de confiscation[3]. Toutefois, l'art. 66 de la charte de 1814, reproduit par l'art. 57 de la charte de 1830, a aboli la confiscation générale, c'est-à-dire l'attribution au domaine de l'État de tous les biens d'un condamné.

[3] Cpr. Code pénal, art. 7, 11, 37 et suiv., 75 et suiv., 86 et suiv., 91, 131, 139, 176, 180, 286, 314, 318, 364, 410, 413, 423, 427 et suiv., 470, 477 et 481.

30*

TABLE DES MATIERES

CONTENUES

DANS LE PREMIER VOLUME.

———

	Pages.
INTRODUCTION	1
De la jurisprudence en général.	ib.
Du Droit français	4
I. Du Code civil.	9
II. Du Code de procédure civile.	25
III. Du Code de commerce	31
IV et V. Du Code d'instruction criminelle et du Code pénal	35
Du Droit civil français	36
I. De l'objet du Droit civil.	ib.
II. Divisions du Droit civil	37
III. De la force obligatoire des lois civiles.	44
IV. De l'interprétation des lois civiles.	71
V. Des études accessoires utiles à l'intelligence du Droit civil actuellement en vigueur en France	82
1° De l'histoire du Droit civil français	ib.
2° De l'ancien Droit civil français	93
3° Du Droit civil français intermédiaire	98
4° Des lois françaises actuellement en vigueur qui ne font pas partie du Droit civil	ib.
VI. Bibliographie du Droit civil français actuellement en vigueur.	114
DROIT CIVIL THÉORIQUE FRANÇAIS	125
PREMIÈRE PARTIE. De l'état civil	ib.
INTRODUCTION. Notion de la personne. — Division des personnes en physiques et morales. — Droits civils de ces dernières. — État civil, état politique. — Actes de l'état civil.	ib.

Pages.

PREMIÈRE SECTION. De l'acquisition de l'état civil. . . 152

DEUXIÈME SECTION. Des droits attachés à l'état civil. . 159

TROISIÈME SECTION. De l'influence qu'exercent sur l'état civil les différentes qualités physiques qui distinguent les hommes 170

PREMIÈRE SUBDIVISION. De la tutelle 182

Chapitre premier. De la tutelle des mineurs . . . . . . ib.

Introduction . . . . ib.

I. Des différentes manières dont la tutelle et la subrogée tutelle peuvent être déférées 200

II. Du droit de gérer la tutelle et la subrogée tutelle. 209

III. De l'obligation de gérer la tutelle et la subrogée tutelle 212

IV. Des obligations et des droits du tuteur et du subrogé tuteur 218

V. De la fin de la tutelle et de la subrogée tutelle. . 239

Chapitre deuxième. De la tutelle des interdits 252

DEUXIÈME SUBDIVISION. De la curatelle 261

I. Des curateurs des mineurs émancipés 262

II. Des curateurs appelés à représenter un certain individu 269

III. Des curateurs appelés à gérer certaines espèces de biens 270

TROISIÈME SUBDIVISION. Du conseil 271

I. Du conseil que le mari est autorisé à nommer à sa femme 272

II. Des conseils nommés par les tribunaux aux personnes affectées de faiblesse ou d'infirmité d'esprit et aux prodigues 273

QUATRIÈME SECTION. De l'influence qu'exercent sur l'état civil les rapports de localité 277

Chapitre premier. Du domicile . . . . ib.

Chapitre deuxième. De l'absence 286

I. De l'absence relativement au patrimoine délaissé par l'absent 290

Pages.

A. Des présumés absens 290

B. Des absens déclarés 294

1. De la déclaration d'absence et de l'envoi en possession provisoire des biens de l'absent 294

2. De l'envoi en possession définitif. 308

II. Des droits qui s'ouvrent au profit de l'absent depuis sa disparition ou ses dernières nouvelles. . . 313

III. De l'influence de l'absence sur le mariage . . . 315

IV. De l'influence de l'absence sur la puissance paternelle 316

CINQUIÈME SECTION. De la cessation et de la perte de
l'état civil 318

I. De la perte de l'état civil *sensu lato* . . . . *ib.*

II. De la perte de l'état civil *sensu stricto* 327

III. Des cas dans lesquels un individu peut, sans
perdre son état civil d'une manière générale et
absolue, être privé, soit pendant un certain temps
de l'exercice de tous les droits civils, soit pour
toujours de la jouissance de certains droits civils. 329

SECONDE PARTIE. Des droits civils considérés
sous le rapport des objets auxquels ils s'appliquent 331

INTRODUCTION . . . . *ib.*

I. Des objets des droits civils en général . . . . . *ib.*

II. De la distinction des choses et de celle des biens. 335

III. Des droits sur les objets extérieurs en général. 356

IV. Généralités concernant l'acquisition et la transmission des droits sur les objets extérieurs. . . . 358

V. De la possession 368

LIVRE PREMIER. Des droits sur les objets extérieurs considérés individuellement. 391

PREMIÈRE DIVISION. Des droits sur les choses . . . . *ib.*

SECTION PREMIÈRE. Du droit de propriété sur les choses. . *ib.*

I. Notion du droit de propriété. . . . . *ib.*

Pages.

II. Des droits que renferme la propriété 393

III. Des différentes divisions de la propriété 401

IV. De l'acquisition de la propriété 416

1. De l'occupation . . . . ib.

2. De la perception des fruits 421

3. De l'accession 424

4. De l'acquisition de la propriété par l'effet des conventions. 430

5. De l'usucapion 438

V. Des actions qui naissent du droit de propriété. . 467

VI Des différentes manières dont se perd la propriété 472

FIN DE LA TABLE DU PREMIER VOLUME.

b) Les semences jetées en terre[5].

c) Les récoltes pendantes par racines et les fruits des arbres non encore cueillis. La loi permet cependant de saisir, séparément et sans le fonds, les récoltes ou fruits pendans par racines ou par branches[6]. Les ventes de récoltes sur pied sont même considérées comme ventes de meubles[7]. Les grains et les fruits deviennent meubles dès qu'ils sont détachés, et même avant leur enlèvement.

d) Les plantes, arbres ou arbustes[8] sur pied. Ces objets deviennent meubles par leur séparation du sol[9]. Tel est le principe général qui s'applique, en ce qui concerne les forêts, tout aussi bien au cas où elles ont été mises en coupes réglées, qu'à l'hypothèse contraire[10]. L'existence d'un aménagement peut cependant, à certains égards et d'une manière indirecte, faire considérer comme meubles

l'être, est à considérer, comme vente de meubles, Req. rej., 29 mars 1816, Sir., XVII, 1, 7. Voy. dans le texte le passage relatif à la vente de fruits encore pendans.

[5] § 32, *Inst. de div. rer.* (2, 1). Pothier, De la communauté, n° 33.

[6] Cette saisie, réputée mobilière, s'appelle saisie-brandon. Cpr. Code de procédure, art. 626 et suiv.; Lettre du grand juge du 11 prairial an XIII, Sir., V, 2, 120; Dijon, 17 messidor an XIII, Sir., V, 2, 23.

[7] Civ. cass., 19 vendémiaire an XIV, Sir., VI, 1, 65. Civ. cass., 8 mars 1820, Sir., XX, 1, 217.

[8] Les fleurs et arbustes plantés dans des caisses ou dans des pots sont meubles, quand même ces caisses ou ces pots seraient placés en terre. Delvincourt, sur l'art. 521. Duranton, IV, 45. — Quant aux arbres des pépinières, ils sont immeubles, tant qu'il restent attachés au sol. Une fois arrachés, ils prennent la qualité de meubles et la conservent, encore qu'ils aient été transplantés dans une autre terre, dans le but seulement d'y rester en dépôt pendant quelque temps, et non pour s'y nourrir et s'y fortifier. Pothier, *op. cit.*, n° 34. Duranton, IV, 44.

[9] Cette proposition est développée par M. Duranton (IV, 32 et suiv.)

[10] On aurait tort de conclure, par argument *a contrario*, de l'art. 521, que les futaies, non mises en coupes réglées, restent immeubles, même après leur abattage.

des arbres qui ne seraient point encore abattus. Ainsi, par exemple, le bois d'une forêt aménagée, prenant le caractère de fruits aussitôt qu'est arrivée l'époque où il doit être coupé, le créancier hypothécaire ne peut plus, après cette époque, empêcher le propriétaire de le faire abattre, si ce n'est dans le cas prévu par l'art. 689 du Code de procédure civile [11]. Par le même motif, les bois compris dans une coupe réglée sont, comme toute autre espèce de fruits ou de récoltes, susceptibles d'être frappés de saisie-brandon [12]. Voy. Code de procédure civile, art. 626. Du reste, la règle qui répute immeubles les arbres encore attachés au sol, n'est pas tellement absolue qu'on doive considérer comme vente d'immeubles, la vente de bois destinés à être abattus au profit de l'acheteur [13]. Une vente de cette nature, lors même qu'elle porte sur des bois non aménagés, est purement mobilière [14], abstraction faite toutefois des droits des tiers et de la capacité du vendeur [15].

e) Enfin, les édifices élevés au-dessus du sol, ainsi que les constructions faites au-dessous [16], et tout ce qui forme

---

[11] Civ. rej., 26 janvier 1808, Sir., IX, 1, 65. Req. rej., 24 mai 1815, Sir., XV, 1, 335. — Lorsque le propriétaire abat, sur un fonds hypothéqué, une futaie non mise en coupes réglées, il s'expose à l'application de l'art. 2131. Duranton, IV, 35.

[12] Duranton, IV, 38.

[13] Voy. cependant : Civ. rej., 8 septembre 1813, Sir., XVI, 1, 15 ; Civ. rej., 4 avril 1827, Sir., XXVII, 1, 440. Ces arrêts décident que la vente de la superficie d'une forêt est purement mobilière, en ce qui concerne les droits d'enregistrement, lors même qu'elle serait faite à celui qui était déjà acquéreur du sol ou qui l'est devenu par un contrat séparé.

[14] Req. rej., 24 mai 1815, Sir., XV, 1, 335. Req. rej., 21 juin 1820, Sir., XXI, 1, 109.

[15] Le mineur, émancipé, par exemple, peut bien faire procéder aux coupes ordinaires et vendre les bois qui en proviennent, mais il est sans capacité pour disposer des futaies non mises en coupes réglées. Duranton, IV, 37.

[16] L. 18. *D. de act. emp. vend.* (19, 1). Voy. aussi la note 3 ci-dessus.

www.ingramcontent.com/pod-product-compliance
Lightning Source LLC
Chambersburg PA
CBHW031612210326
41599CB00021B/3150